U0563013

资产价格泡沫及预警

Asset Price Bubble and Precaution

王　军　逯新红　刘向东
王冠群　张焕波　王金萍 / 著

社会科学文献出版社
SOCIAL SCIENCES ACADEMIC PRESS (CHINA)

国家社科基金后期资助项目
出版说明

后期资助项目是国家社科基金设立的一类重要项目，旨在鼓励广大社科研究者潜心治学，支持基础研究多出优秀成果。它是经过严格评审，从接近完成的科研成果中遴选立项的。为扩大后期资助项目的影响，更好地推动学术发展，促进成果转化，全国哲学社会科学规划办公室按照“统一设计、统一标识、统一版式、形成系列”的总体要求，组织出版国家社科基金后期资助项目成果。

全国哲学社会科学规划办公室

作者简介

王　军　男，山西临汾人。中央财经大学经济学博士，特华投资控股有限公司金融学博士后。曾供职于中共中央政策研究室，任政治研究局处长；现任中国国际经济交流中心咨询研究部副部长，副研究员。主要研究领域是：宏观经济运行与政策，金融理论与金融市场，资本市场改革与发展等。已出版《中国经济分析与展望》《中国石油安全保障体系建设》《亚洲竞争力研究》《中国财政、金融问题研究》《中国财政支出效益研究》《中国固定资产投资效益研究》等10余部学术著作，在《经济日报》《金融时报》《中国金融》《宏观经济研究》《经济学家》《中国工业经济》等报刊上发表学术论文200余篇。多次主持或参与国家及省部级研究课题，多次获省部级科研成果奖。

逯新红　女，山东巨野人。现为中国国际经济交流中心副研究员、副处长，中国国际经济交流中心博士后科研工作站博士后导师助理。日本广岛大学经济学博士，中国人民银行金融研究所博士后。从事国际经济金融和宏观经济的理论研究与政策咨询工作，主要研究方向为货币政策理论与实践、金融时间序列计量分析。发表SSCI、SCIE、CSSCI等学术论文多篇，核心期刊近10篇，参与国家自然科学基金管理学部青年基金项目、国家博士后基金项目、财政部项目、国际合作项目多项，参与中国人民银行等部门的研究课题多项，获得中国人民银行重点课题三等奖等。

刘向东　男，山东曹县人。北京大学光华管理学院管理学博士，曾作为访问学者在日本能源经济研究所工作，研究国际油价波动对中国宏观经济影响，现为中国国际经济交流中心副研究员、副处长。感兴趣研究领域包括产业经济、宏观经济、能源政策等。作为主要执笔人曾多次参与国家、地方及企业委托课题，先后在《Decision Support Systems》《经济管理》《中国物价》《中国发展观察》《中国经济报告》《中国中小企业》《财经》《中国经贸导刊》《上海证券报》等国内外期刊报纸上发表20余篇文章。

王冠群　男，天津人。南开大学经济学博士。曾于上市公司、金融机构和行业协会担任高管职务，现为中国国际经济交流中心博士后、副研究员、副处长。主要研究领域为金融方向，对行为金融与行为经济曾有涉足，公开发表文章几十篇，合著多部。

张焕波　男，山东青岛人，中国科学院管理学博士，清华大学公共管理学博士后。现为中国国际经济交流中心副研究员、副处长。从事国际经济和宏观经济的理论研究与政策咨询工作，主要研究方向为汇率、外汇储备、气候变化政策、低碳经济。发表SSCI、SCI、CSSCI等学术论文40余篇，为Elsevier经济领域期刊匿名审稿人；主持国家自然科学基金管理学部青年基金项目、世界自然基金会项目、国家博士后基金项目、财政部项目、中国发展研究基金会项目多项，参与国务院研究室、国家发改委、人事部、中国科学院、清华大学等部门的研究课题多项。参与起草中国首份低碳发展规划，2009年作为中国24名学者之一在北京签署《中国学者哥本哈根气候峰会倡议书》。

王金萍　女，江西分宜人。英国约克大学经济学硕士。现为国家统计局国际统计信息中心副处长，高级统计师。研究方向为世界经济、国际统计制度方法。曾参与2003年以来《世界经济运行报告》，为《金砖国家联合统计手册2012》撰写开篇报告，发表论文50余篇，参与撰写的研究报告多次获国家统计局机关统计科研优秀成果一、二等奖。

序　言

市场经济告诉我们，当过多的货币追逐过少的商品时，商品价格就会自然上涨。当过多的资金流入资产市场时，资产价格就会持续上涨。如果资产价格超过其实际价值时，就会形成所谓的“资产价格泡沫”。历史经验表明，没有永不破灭的泡沫，危机总是在泡沫被吹大后接踵而至。发生在2008年的全球金融危机就是美国房地产泡沫破裂的一种反映。资产价格泡沫不是一天堆积而成的，究其根源，在某种程度上应归咎于政府连续的错误决策，而如果继续延续这种错误决策，资产价格泡沫破裂引发的经济灾难将成为挥之不去的阴影。

中国有句古话叫作“人无远虑，必有近忧”。我们需要重新审视以往制定的一系列政策及其影响，以做到居安思危，防患于未然。中国的市场经济固然加上了“特色”和“社会主义”两个词，但只要还称为市场，经济规律就一定会起作用，不会因“特色”和“社会主义”而超脱于市场规律之上。近十年来，中国货币供应巨量增长，广义货币供应量（M2）平均增速在18%左右，2010年和2011年M2都达到GDP的1.8倍，而美国这一占比在1倍以下。按市场经济的道理讲，如此高的货币供应量应该会带来急剧的通货膨胀，但中国短期内已经有效地控制了通胀急剧大幅上升的势头，这一现象被麦金农等国外经济学家称为“中国货币之谜”。长期看来，未来很长一段时期内，中国依然隐存的通胀风险不可小视，但相比较而言，资产价格泡沫风险可能更值得警惕。早在2008年国际金融危机爆发前夕，国际货币基金组织（IMF）对中国信贷增长过快可能形成的资产泡沫就提出了警示，呼吁正在采取大规模财政、货币刺激政策的亚洲国家注意银行贷款质量。

近年来，中国以股票价格和房地产价格为代表的资产价格屡屡大幅波动、暴涨暴跌，不仅引发人们对中国经济增长稳定性和发展质量的担忧，而且增加了政府宏观调控的难度。比如，房价是越调控越走高，股价是越管制越低迷。这两个市场的变化，引起了国人极大的关注。可以说，资产价格泡沫问题已成为中国经济领域的焦点、热点和难点问题，无论是政府、企业抑或个人，无论是决策层还是理论界，无不给予其高度的关注，称其为万众瞩目恐怕一点也不为过。许多研究表明，比之高通胀风险，资产价格泡沫风险对中国经济的伤害更大、更持久、更难以治理，更为各界所担忧。从传导机制看，资产价格波动，能够通过消费、投资、预期、金融市场、土地市场等多种渠道，对我国宏观经济运行和宏观调控造成直接冲击，对证券市场、房地产市场的平稳运行及其相关产业的健康发展形成威胁，也对人民生活和社会稳定产生了诸多不利影响。近十几年来，我国经济在高速增长的同时，也累积了较为严重的金融、经济风险，这些风险已经严重影响了我国经济平稳较快发展的势头。2012 年以来，我国经济出现一定幅度的下滑，面临着相当大的下行风险，与资产价格的波动不无关系。

“工欲善其事，必先利其器。”要想具备见微知著、辨识风险的能力，需要借助专门的工具箱。尤其对中国经济这样的复杂开放系统，要识别资产价格波动风险，需要从理论上建立资产价格波动预警指数，深入研究资产价格波动规律并持续跟踪分析，在此基础上，甄别和预判潜在的资产价格泡沫风险，为宏观经济政策选择提供一定的预警和指引，将有利于提高政策的前瞻性、针对性和有效性。因而这项研究非常必要、非常及时，意义重大。

近几年来，我国的股票市场和房地产市场这两个重要的货币蓄水池表现不尽相同：一方面，是股市低迷、阴跌不止，非理性衰退严重，市场融资功能萎缩、投资功能丧失，又到了发展的关键时刻，不改革没有出路；另一方面，是楼市涨易跌难、上下纠结，非理性泡沫堆积，难以消解，房地产金融风险犹如“达摩克利斯之剑”始终高悬，不调整同样没有出路。从加快转变经济发展方式、推动经济结构调整的战略高度看，当前资产市场一正一负泡沫这一局面亟待改变。因为市场自有其规律，若不改变，付出的代价可能更大。

未来10年乃至20年，在推动中国经济转型升级这一历史性、全局性任务面前，资本市场应充分发挥以下三大功能：一是企业优选功能，即通过股票市场的信息披露和机构投资者理性投资与一般投资者的跟风投资，把具有发展前途、管理优异的企业优选出来；二是资本筹集功能，即运用股票市场的资本筹集功能，把资本向战略性新兴产业的骨干企业聚集，培养产业龙头以带动经济发展；三是收入分配功能，即通过股票市场使广大居民不仅成为消费者而且成为投资者，实现投资主体多元化的要求，使广大居民拥有多种资产，并不断增加财产性收入，尽快富裕起来，形成内生性增长的基础。为更好地发挥股市的三大功能，有必要保持股市大体稳定发展，避免剧烈波动形成破坏性影响，否则将会对实体经济运行、金融系统稳定和宏观经济政策目标实现产生较大冲击和负面影响。

因此，未来中国资本市场发展应坚持金融服务实体经济的本质要求，进一步推进证券发行、交易、分红、信息披露、退市、监管等一系列制度改革，真正发挥好资本市场资源配置、优胜劣汰的功能，以此迫使上市公司尽快提升核心竞争力、创新能力和赢利能力，促使包括证券投资基金、保险资金、企业年金、养老金、社保资金在内的长期资金和普通投资者都能够从市场稳步上涨上获得稳定的长期回报，分享中国经济长期稳定增长的红利。

居民住宅是带有一定社会保障性质的特殊商品，是市场上难以变现的不动产，关系着社会稳定与安全。从政府角度看，房地产市场的调控要同保障性住房建设联系在一起，抑制投机性炒作要与安居工程建设联系在一起。在房地产问题上，最基本的前提是民生，最根本的目的也是民生。解决好普通居民的居住问题，是政府应尽的责任和义务。从我国房地产发展看，根本目标是实现党的十七大提出的“住有其居”。这个目标的实现，特别是满足低收入群体的住房需求，必须要靠政府主导、靠加快发展保障性住房来实现。保障性住房建设是解决我国民生问题的关键，事关执政根基，但资金筹集、建设、分配、退出等各环节涉及方方面面，错综复杂。可以说，房地产建设既是一个经济问题，也是一个社会问题，既要考虑效率，也要兼顾公平。妥善解决好这个问题，对我国经济社会民生发展具有极端重要的意义。因此，房地产发展应在政府宏观调控下，依靠市场机制实现有序发展，避免因市场失灵而致使价格过度波动，引起社会的不稳定，造成对经济的伤害。

经过这两年的努力，我国房地产调控取得了一定成效，房价过快上涨的局面得到初步控制。但是，我国主要城市面临的高房价问题仍是社会矛盾的焦点，尤其是高房价对居民消费形成很强的“挤出效应”，影响消费需求的中长期稳定增长。当前我国的房地产市场正处于敏感时期，房地产调控也面临两难境地：一方面，为了防止经济减速过快，需要房地产市场的稳定发展，但如果政策放松过快，尤其是利率下调过快，又有可能将房地产泡沫重新吹大，将风险后移；另一方面，为了抑制房地产泡沫继续膨胀，防止房价再次反弹使民众失望、政府失信，房地产调控尚需进一步坚持和加强，但如果货币继续维持紧缩，房地产投资可能进一步下降，从而威胁到银行资产质量乃至整体宏观经济。

展望未来，要想增强消费对经济增长的拉动作用，必须进一步扩大住房消费，活跃住房市场，这是其他方面的消费难以代替的。活跃住房消费，保持房地产投资的合理规模，必须在稳定城镇住房价格的前提下进行。事实证明，地价过高是高房价的主要推手，而推高地价的主要原因是城镇土地使用的“招拍挂”制度。相对于过去的协议转让，公开、透明的“招拍挂”制度无疑是一个进步，对防止土地转让中的腐败具有重要作用。但把具有一定公共产品性质的经济适用房和保障房建设用地纳入“招拍挂”范围，必然带来过高的房价。同时，由于地方政府对土地财政的依赖，地价越高，土地出让金收入就越多，形成了地价和房价的互相推动机制。所以，稳定城镇住房价格，关键在于改革土地出让制度，对不同用途的土地实行不同的出让方式。对商业性建筑、商品住宅建设用地，可继续沿用“招拍挂”的方式；对经济适用房和保障房建设用地，应采取政策性供地方式，以降低地价。通过改革，使房地产业成为支撑经济增长的持久不衰的支柱产业。

有鉴于此，中国国际经济研究交流基金把“资产价格波动预警与宏观经济政策研究”列入2010年度重点研究项目，委托中国国际经济交流中心咨询研究部副部长王军博士牵头，会同逯新红博士、刘向东博士、张焕波博士、王冠群博士和中国国家统计局的王金萍博士等几位青年学者，用近两年时间开展这项研究。此项研究阐述了资产价格泡沫形成的原因及其对宏观经济的影响，总结了世界主要国家应对资产价格泡沫的国际经验和教训，构建和编制了股票和房地产两大主要资产价格波动预警指数，探讨了资产价格波动冲击下的货币政策选择。其中一些重要结论、观点和建议，如货币政策应关注股票价格波动，有必要建立资产价格波动预警指标体系，应继续深化利率市场化改革，治理的重点应放在泡沫破灭后，完善资产市场基础设施建设，积极培育机构投资者等。我认为这是很有见地、很有价值的。

诚然，本项研究还存在很多不足之处，有待进一步完善。总体上看，目前国内外关于建立资产价格波动预警指数的相关研究较少，这是一个攻坚课题，也是一个创新性研究。我希望他们能够继续深化和完善此项研究，向政府、企业和个人提供重要的判断依据和决策参考，向投资者提供宏观角度的风险甄别和投资建议，向学者提供严谨有效的分析工具和研究框架。

是为序。

郑新立

2013年5月

目　录

第一章

导　论

第一节　问题的提出与研究的意义

一　资产与资产价格

资产价格波动是经济实践的重要现象，也是经济理论中不断探索研究的重要课题。而研究资产价格波动需要在基本概念上廓清对资产和资产价格的基本认识。

从理论上看，资产的概念源于财务理论，同时在财务会计理论中存在较大争议。尽管，会计学家都力求对资产给出满意的公认的定义，但截至目前，关于资产的权威定义尚未形成，学术界和实务界对资产的定义仍有很多版本。为了解决相关争议，理论界大多采取了梳理资产特点的思路来近似描述何为资产。1992 年，我国颁布《基本会计准则》，对资产的定义采取了较为综合与折中的思路，将资产定义为“能够用货币计量的经济资源”，这就从较为狭义的会计学角度，走向了更为宏观的经济学视角。一定程度上解决了过于抽象和资产难以计量的缺陷，形成的资产定义具有较高的理论价值。当然，从历史与发展的角度看，任何定义都不会静止不动，都会随着经济实践与理论发展逐步前进。

资产价格是指资产转换为货币的比例，也就是一单位资产可以转换为多少货币。首先，需要注意的是：资产价格不仅涉及资产，还涉及与货币相关的各因素，换言之，资产价格与货币环境息息相关，资产价格与货币价格息息相关。其次，我们通常讨论的资产价格具有广义与狭义之分。就广义而言，任何资产都会具有自己的货币衡量，也就都会有相应的价格。简言之，任何资产的价格都可成为资产价格。但就狭义而言，经济实践与理论较为普遍涉及的资产价格则主要聚焦在与资本市场交易相关的经济资源等品种和以房地产为代表的不动产价格。进一步具体化，我们可以近似认为股票价格与房地产价格是资产价格的典型代表。本项对资产价格波动的研究就是以股票价格和房地产价格为主要研究对象。

二　问题的提出

总体而言，近年资产价格大幅波动已对世界经济产生了不容忽视的影响，成为世界经济中的重要现象。对于禀赋与后天优势不同的国家，国情差异对其影响各不相同。实际上，有些国家与地区在某种资产的价格大幅飙升中获利不菲，而有些国家与地区则深受其害。有些国家、地区和利益集团基本掌握了某种资产价格波动的主导权，在干预和适应资产价格大幅波动中游刃有余；有些国家、地区和利益主体则相对被动，举步维艰。审视近年资产价格剧烈波动，我们不难发现，资产价格剧烈波动对世界经济复苏以及对全球所有利益主体的影响正在日益扩大，对世界经济加快复苏及持续增长、国际贸易良性发展和国际分工调整与合理化都产生了深远影响，已经引发世界各国对这个问题的警醒与重视。应该说，要改革与完善全球经济治理，最大限度地创造世界经济发展良性环境，对资产价格波动预警进行研究意义重大、非常必要。

近年来，资产价格大幅波动已对我国经济产生了不容忽视的实际影响。自改革开放以来，我国经济迅猛增长，成就瞩目。但困扰我国经济发展的各种因素不断出现，其中，资产价格大幅波动已成为近年我国生产资料与消费品价格大起大落的一个重要因素，对我国宏观经济环境造成直接冲击，对我国诸多产业的健康发展形成威胁，对人民生活产生诸多不利影响，严重影响了我国经济平稳较快发展。

与此同时，随着经济全球化程度的日益加深，资产价格波动对一国经济的影响今非昔比。虽然资产价格波动在历史上屡有出现，但其情势之显著，近年尤甚，应该说，在我国以往宏观调控政策安排上，如何消弭资产价格波动的影响，我们在警觉与重视程度上存在缺欠。并且，在经济全球化背景下，这一现象对我国经济的影响也与以往显著不同，资产价格波动一定程度成为扰乱我国物价的重要因素，为此，更需要我们进行深入、系统的研究和思考。

综上所述，研究“资产价格波动预警与宏观经济政策”这一课题，分析资产价格波动的原因与影响、量度资产价格泡沫并进行预警、做好资产价格波动的宏观经济政策选择和应对，其实践意义和现实意义不容置疑。同时，从我们对文献的梳理可以看出，在以往理论研究中，将资产价格波动预警与宏观经济政策密切联系在一起，尚属目前理论研究工作中相对空白的领域，这使得本研究具有相当的理论价值。

三 本项研究的意义

以股票价格和房地产价格为代表的资产价格波动对宏观及微观经济的冲击由来已久，日趋显著。对资产价格波动预警和宏观经济政策选择进行深入思考的必要性主要体现在以下几个方面。

1. 美国金融危机中资产价格的大幅波动

美国金融危机导致的经济衰退对世界经济发展造成了巨大的危害，教训值得吸取。其中，资产价格波动在美国金融危机形成中所起作用、造成损害表明研究资产价格波动预警与宏观经济政策选择十分必要。

肇始于2007年的美国金融危机大致经过如下几个阶段。第一阶段，“次贷”露险，危机初现。2007年2～5月，汇丰控股在美次级房贷业务中出现18亿美元坏账拨备增额，美国新世纪金融公司因“次贷”濒临破产。在多米诺骨牌效应下，30余家次级抵押贷款公司被迫停业，次级抵押贷款的系统性危机步入人们视野。但美国与世界政治界和经济界并未产生足够警觉，对其系统性与全球性危害缺乏正确认识。第二阶段，危机扩散，全球涉险。2007年6～9月，“次贷”危机扩散到全球金融市场，股票市场出现剧烈反应。6 月，美国贝尔斯登公司所属对冲基金出现巨额“次贷”损失。7 月，穆迪公司对总价值约 52 亿美元的 399 种次级抵押贷款债券降低信用评级。8 月初，法国、德国、日本等国金融机构开始披露“次贷”相关损失，同时全球股票市场反应强烈。在此阶段，全球各国开始对“次贷”风险对经济的影响开始担忧，并采取了一些较为温和的增加资金流动性的措施，但同时对通胀产生的影响有所顾虑。第三阶段，危机深化，“航母倾覆”，恐慌出现。2008 年 1～5 月，美国“航母”级的巨型金融机构“次贷”风险开始爆发，其巨大的损失令人瞠目结舌。2008 年 1 月中旬，美国花旗集团和美林证券因“次贷”净亏损 98.3 亿美元和 98 亿美元，摩根大通 2007 年财务报告显示第四季度亏损 35.88 亿美元，1 月底，瑞士银行 2006 年第四季度预计出现约 114 亿美元亏损。3 月中旬，贝尔斯登因流动性不足和资产损失，被摩根大通以 2.4 亿美元的价格收购。在此阶段，险象迭出，令人错愕，恐慌情绪蔓延，股票市场大幅波动，经济预期急转悲观。为此，美国实施了 1680 亿美元的经济刺激计划，一周之内两次大幅下调利率，力求缓解危机。第四阶段，危机恶化，全球蒙难。2008 年 7 月后，危机恶化，蔓延全球，不仅股票市场反应强烈，许多非美货币开始大幅贬值，投资者陷入极度恐慌。2008 年 7 月，资产总额达 5 万亿美元以上的房利美和房地美公司陷入财务困境，其股价双双大跌 50% 以上，“次贷”危机升级。9 月，雷曼兄弟申请破产保护，美国保险巨头 AIG 陷入困境，美林证券被美国银行以 503 亿美元的价格收购。至此，华尔街前五大投资银行消失三家，另外两家暂时幸存下的高盛和摩根士丹利转变成银行控股公司。全球投资者的信心彻底丧失，即使布什政府实施 7000 亿美元救市计划、各国央行采取了一致的救市措施，恐慌情绪严重依然，全球股票市场持续暴跌。“次贷”危机转为全球性危机，欧洲尤甚，不仅股票市场大幅下跌，欧元兑美元汇率也大幅下挫；银行体系流动性恶化，股价大跌、货币贬值、银行信贷紧缩等危机典型特征一应俱全。

可以看出，资产价格波动是美国金融危机中的重要内容。时至今日，虽然美国金融危机成因源于方方面面，政治界和经济界、实务界与理论界都有基于不同视角与立场的解读，并不能简单归结为证券资产的价格波动，但一个不容回避的事实是，资产价格波动在整个金融海啸与经济危机中，扮演了肇始、传导、加剧和深化的角色。放宽视野，我们还会发现，资产价格波动不仅限于股票市场，此次美国金融危机中，美国国内房地产价格的快速回落和大宗商品价格快速飙升都有显著表现。据统计，美国房地产平均价格最高下降超过40%，目前仍无见底迹象，这些资产价格波动很难说是美国金融海啸和其引发的经济危机的原因还是结果，但人们对其预兆价值的忽略以及传导效应的失察，都进一步增加了危机带来的损失，错过了不少减轻损失的机遇。从美国金融海啸与经济危机来看，资产价格波动的预警以及应对异常波动的宏观经济政策研究具有不可忽略的价值，对防范和缓解金融风险、降低经济不确定性有着极高的意义。美国金融海啸与经济危机昭示的教训，可谓长远沉痛。

2. 我国资产价格波动及相关启示

与世界发达国家比较，我国资产价格波动伴随我国计划经济向市场经济转型的全过程，较有代表性的股票价格与房地产市场出现相对较晚，但就我国经济发展全局来看，其对宏观经济影响，呈逐步加重态势，因此，考察我国股票价格与房地产价格波动，尤其研究两者对宏观经济的影响，特别需要用动态发展的眼光与视角。

（1）对我国股票价格波动的考察

在资本市场理论中，描述股票市场价格波动轮廓的术语是牛市、熊市和横盘整理。在证券理论界和实务界，“牛市”“熊市”和“横盘整理”这几个名词人们耳熟能详，但事实上，理论界和实务界从未给出这几个基础概念的严格定义。因此，该项研究在引用相关概念时，遵从约定俗成，不作深究，并以上证指数为核心指标，将较大“反弹行情”也视作规模较小的牛市处理。就一般意义而言，自我国建立证券交易市场以来，股市已经历多次较为典型的牛市，相应在各牛市启动之间也自然形成了熊市与横盘整理区间。

中国证券市场自创立以来，大致经历了八次级别不等的牛市。第一次大牛市：1990 年 12 月 19 日至 1992 年 5 月 26 日，股指从 96.05 点开始，历时两年半时间，达到 1429 点。第二次大牛市：1992 年 11 月 17 日至 1993 年 2 月 16 日，股指从 386 点降到 1558 点，只 3 个月时间，大盘涨幅 304%。第三次大牛市：1994 年 7 月 29 日至 1994 年 9 月 13 日，一个半月时间，股指涨幅 200%，最高达 1052 点。第四次大牛市：1995 年 5 月 18 日至 1995 年 5 月 22 日，这次牛市只有三个交易日，3 天时间股指就从 582 点上涨到 926 点。第五次大牛市：1996 年 1 月 19 日至 1997 年 5 月 12 日，股指由 512 点重新回到 1510 点。第六次大牛市：1999 年 5 月 19 日至 2001 年 6 月 14 日，上证指数从 1047 点推高到 2000 点，创出 2245 点的历史最高点，证券投资基金因之出现历史上罕见的大发展。第七次大牛市：2005 年 6 月 7 日至 2007 年 10 月 16 日上证指数从 998 点到 2007 年 10 月 16 日的最高点 6124.04 点。第八次大牛市：从 2008 年 10 月 31 日到 2009 年 8 月初，上证指数从最低 1664 点攀升到 2009 年 8 月的 3478 点。

与之相对应，中国股市经历了七次熊市。第一次大熊市：从 1992 年 5 月 26 日至 1992 年 11 月 17 日仅半年时间，股指就从 1429 点下跌到 386 点，跌幅高达 73%。第二次大熊市：1993 年 2 月 16 日至 1994 年 7 月 29 日，从 1993 年 2 月 16 日的 1558 点逐步走低，进而在 777 点展开长期拉锯，到 1994 年 7 月 29 日，股指回到 325 点。第三次大熊市：1994 年 9 月 13 日至 1995 年 5 月 17 日，指数从 1052 点回到 577 点，跌幅接近 50%。第四次熊市：1995 年 5 月 22 日至 1996 年 1 月 19 日，股指从 926 点降至 512 点。第五次大熊市：1997 年 5 月 12 日至 1999 年 5 月 18 日，股指从 1510 点跌至 1047 点。第六次大熊市：2001 年 6 月 14 日至 2005 年 6 月 6 日，股指从 2245 点一路下跌到 998 点。第七次大熊市：2007 年 10 月 16 日至 2008 年 10 月，上证指数由 6124.04 点重挫 70.57% 至 2008 年 10 月 31 日的最低 1664 点。

梳理我国股票市场波动的历史情况，使我们有条件对相应时期的宏观经济政策有了针对性考察的基础，有条件对股票价格波动与宏观经济政策的关系进行深入分析。从国际国内资本市场研究文献来看，股票价格形成机制还处于积极探讨之中，尚不存在具有科学预测能力的数理模型。换言之，究竟多少因素对股票价格形成影响，各种因素究竟以什么样的机制对股票价格产生影响，以及这些影响如何量化，就目前金融研究界而言，仍是不可破解的难题。在各种研究中，徘徊不前和有所回避并非个别现象。因此，基于现实，我们只能最大限度地对影响股票价格大幅波动的各种因素进行归纳，并选择出与宏观经济政策有关的内容。

首先，对于宏观经济政策内涵，不同学者与流派有自己的认识与概括，因此，在具体细节上也有一定差异。但总体而言，宏观经济政策是指国家或政府有意识有计划地运用一定政策工具，调节控制宏观经济运行，以达到一定目标的政策总称。其目标包括：增进整个社会经济福利，改进国民经济的运行状况，达成充分就业，实现经济增长、物价稳定和国际收支平衡等。较为狭义而言，宏观经济政策是指财政政策和货币政策，或者再加上收入分配政策和对外经济政策。此外，政府对经济的干预都属于微观规制范畴，所采取的政策都是微观经济政策。其基本原则为：急则治标、缓则治本、标本兼治。宏观经济政策工具指达成政策目标的手段，常用宏观经济政策工具有需求管理、供给管理、国际经济政策。

其次，从理论上讲，股票价格波动与宏观经济政策之间存在互动关系。一方面，股票市场微观行为会汇聚成宏观影响。股票价格波动不仅会影响交易市场参与者的交易活跃程度和盈亏状况，还会影响国家税收，通过影响机构投资者、一般交易者和税收的微观效应，累积成为宏观效应。同时，股票交易价格直接影响资本市场融资功能，一般而言，交易萎缩和股票价格运行区间下移都会导致证券市场融资功能减弱，进而影响上市公司运转，这些同样会汇聚成对宏观经济的影响。上述基于微观因素汇聚成的宏观影响成为宏观经济政策选择的重要影响因素之一。另一方面，归纳历史上牛熊交替不同时期的宏观经济政策，我们发现宏观经济政策的颁布、实施与股票价格波动呈非同步不稳定相关性。但可以肯定的是货币政策、财政政策和国际经济政策都对股票价格波动产生影响。例如，货币政策和财政政策双紧时，股票价格基本难以有太出色的表现。同样，财政政策和货币政策双松时，股票价格往往会有出色的表现。当货币政策与财政政策采取松紧搭配策略时，依据货币政策和财政政策就很难对股票价格趋势作出判断。与之类似，国际经济政策所起作用突出表现在其对上市公司经营业绩和对股票市场资金供给的综合效应。

此外，大量研究表明，股票价格波动中存在较强心理因素影响，这部分内容与宏观经济政策预期具有较紧密联系。股票价格波动并非完全受经济基本因素影响，货币宽松和上市公司经营业绩仅是驱动股票价格的部分因素。投资者心理因素对股票价格的影响十分重要。其中，经济预期是心理因素的重要组成部分。而经济预期中，对宏观经济政策的预期必不可少。股票价格在许多宏观政策近似条件下的差异来源于对宏观经济的不同预期和对未来宏观经济政策的不同预期。

同时，我国某些非货币政策和非财政经济政策对股票价格的影响日趋显著。近几年，转变经济发展方式等国家重大战略都与大规模资金投入紧密相连。即使在同样的货币政策与财政政策背景下，这些非货币政策和非财政政策都有自己稳步推进的规划，在实质上形成了对一般性宏观经济政策的调整。甚至在某种意义上，货币政策与财政政策都成为我国实施某些国家重大战略的“宏观工具”。这些政策往往规模巨大，影响力深远，对宏观经济的影响甚至超过一般意义的货币政策和财政政策，对股票价格波动的影响也日趋强烈，这些政策也应被视为股票价格波动的重要影响因素。因此，在研究宏观经济政策选择时，要充分考虑这部分因素。

最后，我国股票价格波动与宏观经济政策选择之间关系的紧密程度受我国股票市场整体规模影响较大。从历史上看，当我国股票市场规模较小时，宏观经济政策对其影响有限。当股票市场规模较小时，相对有限的存量资金就足以推动产生一轮不小的牛市；同时，羊群效应下的恐慌心理也可以形成不同程度的熊市，呈现股票市场价格波动与宏观经济和宏观经济政策相背离的情况。这种现象在我国资本市场发展初期极为普遍。

因此，从宏观经济政策预期角度来研究股票价格波动与宏观经济政策选择具有较高价值。

（2）对我国房地产价格波动的考察

自改革开放以来，我国房地产市场缓慢起步，在20世纪80年代初，我国房地产市场才初步启动，后在我国沿海开放地区以及收入较高的大中城市逐步展开，较为突出的地区包括：厦门、深圳、海南、广西、上海和北京等。在随后的20多年中，我国房地产开发由点到面，蓬勃发展，截至目前，已经形成庞大的房地产产业链。在房地产发展过程中，房地产对拉动我国经济增长、改善中高收入阶层居住条件发挥了作用，但同时，其造成的整体经济结构失衡，土地财政与潜在金融风险和社会矛盾激化已十分突出。国内国际经验教训告诉我们，缺乏综合经济能力支撑，超出普通公民消费能力的房地产大发展，最终只能导致产业泡沫化，而产业泡沫化的结果只能是社会资源大量浪费，造成社会动荡、金融危机与经济衰退，即使从最为乐观的角度看，其结果也会降低经济发展速度，阻碍经济结构调整，减缓转变经济发展方式步伐。事实上，我国已经经过数次房地产价格的大幅波动，由于产业发展的不均衡，其爆发范围常局限于某一省市与地区，其对局部经济的冲击已给我们足够的教训。我国几次房地产热中都伴随了房地产价格的上升，出现了不同程度的泡沫，也经历了泡沫破裂的过程。

改革开放以来30多年时间里，我国出现了若干次房地产热与价格波动的情形。

1992～1993年我国出现首次房地产热，价格泡沫引发宏观调控。改革开放后，我国开始住房制度改革，逐步推进住房商品化试点。1979年，西安、南宁、柳州、梧州4个城市率先开始全价向个人出售住宅试点。1980年，国家开始提倡个人建房买房。1992年邓小平南方视察谈话后，房地产市场迅猛发展。但其快速发展导致房地产投资和信贷规模巨大，成为诱发通货膨胀的一个重要原因。从1993年7月开始，国家整顿金融秩序，控制资金流入房地产领域。由此，地产泡沫逐步崩溃。这一时期，房地产行业之荒诞现象，无奇不有。在泡沫较为严重的海南，房地产价格一日数涨，有些交易甚至缺乏必要的土地手续与证明。

1998～2003年我国兴起第二轮房地产热，再次孕育房地产泡沫。1998年，国务院发布《关于进一步深化城镇住房制度改革加快住房建设的通知》，规定从1998年下半年停止住房实物分配，逐步实行住房分配货币化，同时实行积极的税收政策和住房金融政策，鼓励居民住房消费，尤其是银行推出个人购房按揭贷款业务，激发了购房需求，我国实行了40多年的福利房分配制度从此发生根本性变革，住房供应体系逐步走上了住宅建设市场化和住房分配货币化的道路。从1999年下半年起，住房二级市场开始放开，住房需求短期内急剧增加。新一轮房地产热再次爆发，房地产泡沫逐步显现。2003年6月，鉴于新一轮房地产投资可能引发的风险，央行规定对手续不全、自有资金不足的房地产项目不得发放贷款，不得使用银行贷款垫资，房地产项目必须主体封顶才能发放按揭贷款，等等。

2003年至今，房地产支柱产业地位的确立掀起第三次房地产热和价格泡沫。2003年，为促进房地产业持续健康发展，国务院首次公开肯定房地产在国民经济发展中的支柱性地位，明确提出房地产业要持续健康发展。但随之而来的大量资金涌入，令中心城市房地产价格突飞猛进。为解决我国局部地区房地产热，2004年4月，国务院将房地产开发（不含经济适用房项目）固定资产投资项目资本金比例由20%提高到35%及以上。同时，国务院办公厅发文要求半年内停止审批农用地转为非农用地，全面清理整顿在建、拟建项目，暂停部分项目的开工建设。自2005年3月起，国务院、建设部等政府部门连续颁布相关文件，压缩投机需求，并在货币政策中进行相应调整。但是，截至2012年底，抑制房地产投机需求的各项措施尚未反映到房地产价格上，同时，保障房建设也存在较大问题，调控效果差强人意。

房地产行业发展表明，房地产价格大幅波动的主要驱动力量由两部分组成：一部分是自主需求或刚性需求，另一部分是投机需求或投资需求。但可以肯定的是较为宽松的货币环境容易导致房地产价格快速上升。从国内外实际情况看，如下宏观经济政策会对房地产价格具有重要影响。其一是货币政策。一定程度而言，货币政策对房地产价格影响极大。在资金较为宽松的宏观环境下，房地产价格的持续上升才会出现。其二是财政政策。财政政策对房地产价格影响相对间接，但也会很大程度影响社会资金供给总量及其持有房产的各种成本。其三是与境外资金流动相关的其他政策。因为贸易、直接投资、间接投资以及汇率等因素，都会影响海外资金流入或境内资金流出，这些都会影响房地产价格的波动。

第二节　资产泡沫的内涵与特点

一　主流经济理论对泡沫的认识

泡沫、经济泡沫和泡沫经济是理论界探讨经济领域中泡沫问题经常涉及的几个概念。不少学者对其混用，将这几个概念基本视为相同。该项研究认为，这几个概念应适当予以厘清。三者之间既有相似，更有差异，互有特点。在经济范畴中，泡沫意味着经济虚假繁荣中某些不实现象。从狭义上讲，泡沫是价格概念，一般是指脱离实际需求，由投机炒作引起的交易价格对实际价值的偏离。泡沫的形成并非源于交易品种的实际稀缺和实际需求，而是源于炒作资金获取价差的动机。因此，准确说，狭义的泡沫是一个价格差的概念。那么，经济泡沫又意味什么呢？经济泡沫的内涵不仅限于价格泡沫，比如，在价格方面外，虚假繁荣也会体现在生产规模和增长速度上，可以说，所有源于非实际需求产生的不实经济现象都可视为经济泡沫。由此，我们可以发现泡沫与经济泡沫的区别，前者相对具体，后者较为宽泛。依此类推，泡沫经济与以上两者又不相同，泡沫经济的内涵已经不限于价格与规模、增长等含义，是所有由于投机引起的经济活动及与其引起的经济现象的总和，一般被称为泡沫经济。资产价格泡沫是本项研究的焦点。

二　股票泡沫的内涵与特点

1. 股票泡沫的内涵

股票泡沫是指股票价格严重超出股票实际价值的现象。一般而言，股票作为一项风险资产，其产生的收益并不确定，目前在金融理论界和实务界也很难给出一个股票价值的测算工具，但是，从理论上讲，投资股票占用的资金在经济现实中可以获得一定程度的无风险收益，同时依据其历史业绩也可以计算出社会平均无风险投资收益条件下的股票合理价格区间。同时，历史数据表明，股票价格与自身赢利能力预期存在平均最大比例，超出这个比例，股票价格暴跌的概率极高，这个区间就可近似看作泡沫区间。

2. 股票泡沫的特点

一是股票泡沫永远存在。股票泡沫永远存在，或表现在具体股票价格上，或表现在股票市场整体上，股票价格高出股票价值或合理价格的现象永远存在。

二是股票泡沫计量尚处探讨阶段。从理论上讲，股票泡沫的计量需要能够准确测算股票合理价格，但这个合理价格目前很难在学术界统一认识。

三是股票泡沫生命周期并不确定。股票泡沫存在孕育、发展、顶峰与破灭几个阶段。但是不论是各个阶段还是整个周期的大小，目前都没有较有共识的测算模型。

四是股票泡沫包含心理因素。一般规律表明，泡沫形成机制中既包含实体经济的影响，也包括心理因素的影响，泡沫不单单具有经济含义。

三　房地产泡沫的内涵与特点

房地产泡沫是各种经济泡沫中的一种，是以房地产为载体的资产泡沫和经济活动。在世界经济中，房地产泡沫几乎在经济高增长国家都有身影。近年，日本经济衰退、东南亚金融危机、美国金融危机以及中国房地产市场过热一个共同的梦魇就是“房地产泡沫”。房地产泡沫对各国乃至世界经济的影响多与经济高增长、金融危机和严重经济衰退密切相关，对经济发展威胁极大。在某些条件下，房地产会成为这些国家和地区经济发展的支柱产业，同时，会在特定条件下成为摧毁这些国家经济、令其一蹶不振的经济重灾区。可以说，房地产泡沫是房地产经济中的焦点问题，也是理论界和实务界都极度关注的问题。

1. 房地产泡沫的内涵

一般而言，房地产泡沫内涵的认识归纳起来，包含下述内容：其一，房地产泡沫意味着其经济依托是各种形式的土地与房产，以及依据这些房地产形成的衍生品；其二，房地产泡沫核心描述的是房地产的价格，而非房地产的其他属性；其三，房地产泡沫意味着房地产价格严重脱离其价值，其价格之高无法用基本的经济学概念来解释，远在“合理价格”之上；其四，这种价格很难长期保持基本稳定与上升，泡沫破裂、价格崩溃是房地产泡沫的基本归宿；其五，房地产泡沫对经济的危害包括房地产、房地产相关行业，同时会招致极大的金融风险，其危害涉及整个实体经济；其六，房地产泡沫既是静态的也是动态的，表现为房地产价格的高位横盘或快速上升。

2. 房地产泡沫的特点

基于不同国情与其他具体社会环境，房地产泡沫具体表现各不相同，特点不一，但就整体而论，一般具备如下共性。其一，房地产泡沫具有经济衰退预警价值。房地产泡沫基本都是大型经济衰退的预兆与前奏。就国际经验而论，无数国家与地区的经验表明，房地产泡沫基本喻示一个国家或地区的经济结构已经失衡，随着地产泡沫的破灭，该国家与地区经济将进入缓慢增长阶段，甚至产生严重经济衰退。我国部分地区房地产泡沫破灭的历史教训基本说明该现象的普遍性，如海南房地产泡沫、北海房地产泡沫、香港房地产泡沫等。其二，房地产泡沫生成与破灭价格振幅超出想象。房地产泡沫生成与破灭形成的价格振幅较大。香港 1997 年金融危机时，房地产平均价格下降超过 60%，2008 年美国金融危机后，房地产平均价格已经下降接近 45%，目前仍无回暖迹象。

我国最为严重的海南省房地产泡沫经济衰退后，房地产价格下跌幅度与前两者比较更为严重。其三，房地产泡沫非常易于孕育金融风险。一般情况下，房地产行业都投入巨大，是资金密集型产业，不论是直接融资，还是间接融资，房地产行业融资规模集中，总量很大。因此，房地产泡沫破裂往往会影响上市公司股票价格和银行资产质量。无论理论上，还是实践上，房地产泡沫均与金融风险紧密相连。其四，房地产泡沫具有加剧社会矛盾的特点。历史经验表明，房地产泡沫基本上属于大资本与国家资本之间的游戏，通过土地资源交易操作形成对普通收入阶层支出的透支。这种做法一旦超出极限，就会激化社会矛盾。在现代社会，衣、食、住、行都有了与历史完全不同的基本物质标准，任何资本游戏如果无视这些基于人权的基本需求，将会导致社会运行的断裂。其五，房地产泡沫国际化因素不断上升。在经济全球化背景下，国际热钱多有介入房地产领域并催生泡沫。由于房地产泡沫具有价格波动剧烈、涉及资金巨大等特点，比较有利于巨额国际资本发挥优势，因此，规模较大的房地产泡沫均会出现国际热钱的“魅影”。

四　资产价格泡沫的内涵与特点

资产泡沫是资产价格中的重要概念。资产泡沫是资产价格中不能被基本面（如现金流、折现率等）因素所解释的部分，一般情况下会对现实经济产生非常大的影响。

由于股票价格泡沫与房地产价格泡沫这两种泡沫是当前世界经济泡沫的主要形式，所以，为精准聚焦研究对象，本课题探讨的资产泡沫内涵主要是股票价格泡沫和房地产价格泡沫，泡沫的核心内容是资产价格脱离价值的程度，某种程度上喻示了投机需求在整体需求中的比例。

资产泡沫主要特点在于：首先，“资产泡沫”往往与虚假经济繁荣相互伴随。在“泡沫”形成初期，资产价格明显上升，趋势强劲，这种态势强烈刺激投资者赢利预期，会吸引更多资金投资该项资产。其次，“泡沫”膨胀会导致金融系统风险急剧加大，一定程度上孕育金融危机。由于泡沫资产价格与实体经济内在价值偏离，因此，资产价格十分脆弱。当银行贷款大量介入泡沫资产时，金融风险已经近在咫尺，而泡沫破裂将不可避免地导致某些行业衰退。在资本市场上，资产泡沫往往与股票价格大幅波动紧密联系，当市场大跌时，资本市场融资功能与资源配置功能失效，进一步影响宏微观经济运行，同时与资本市场紧密相关金融机构的资产质量出现问题，进一步深化危机。再次，“泡沫”的产生和成长与人们对未来的预期息息相关。经济实践表明，资产泡沫形成与破灭过程中，心理作用十分显著，当某种原因形成对某种资产价格上涨强烈预期时，投资者就会在预期的推动下注入资金，资产价格会迅速上升，这使先前的预期得到证实，从而形成上升循环，由此不断膨胀起来。当资产价格急速下降时，资产泡沫破灭循环以类似的机理运行。

第三节　有关资产价格泡沫的文献回顾

一　股票泡沫重要文献回顾

资本市场建立，海外远早于国内，因此，在股票泡沫研究上，海外总体处于较先进地位，我国金融研究上的重大理论创新并不多见，梳理文献的重点是海外学者相关文献。

股票泡沫被人关注，对其研究由来已久，部分文献甚至可以追溯到几百年前。犹太商人约瑟夫·拉维格在其名著《惑中惑》中就以超人的直觉发现了经济“博傻”现象，并据此分析 17 世纪阿姆斯特丹股票投机行为，涉及股票价格泡沫现象。

1. 20 世纪 70 年代前，股票泡沫研究基本局限于描述与定性

Kindleberger（1978）将泡沫定义为“在连续交易过程中，股票价格陡然上升，使人产生持续上涨预期，吸引了新买主，投机者通常只对交易中获利感兴趣”。Garber（2000）认为，泡沫是“股票价格变动中，部分无法用基本面解释的变化”。Rosser（2000）认为，投机泡沫是“在一段时间内由非随机冲击造成价格偏离基本价值的现象”。

2. 20 世纪 70 年代后，有效市场理论应运而生

由于数学对经济金融问题研究的深层介入，也由于此前金融市场研究长期缺乏实质性突破，在20世纪70年代，有效市场理论占据主导地位，其观点认为股票市场不存在泡沫，但现实经济现象明显与有效市场假说所作的结论不符。如Shiller（1984）研究20世纪美国主要股票市场，表明股票市场均值波动与公司支付红利现值波动不匹配，红利现值基本接近平滑趋势，而股票价格波幅较大，这种背离引起了部分经济学家对有效市场理论的质疑。Blanchard（1989）证明在理性预期条件下，股票价格仍会出现泡沫成分，命名其为“理性投机泡沫”，形成学术界对有效市场假说的首次挑战，它试图论证，即使在理性预期和理性行为下，股票价格与其内在价值依然会偏离。Blanchard & Watson（1982）提出了泡沫爆炸性模型，模拟股票价格长期上涨后的崩溃。随后，确定性泡沫模型、持续再生泡沫模型、周期性爆炸模型等相继出现。Granger & Swanson（1994）利用“一般化随机鞅”给出了理性泡沫解集合，几乎囊括了学术文献中所有的理性泡沫解。虽然从理性预期方程出发可得到无数种理性投机泡沫形式，但这些泡沫形式并非都能描述现实中的经济现象，主要原因在于现实经济的丰富与理性预期推导中的约束条件基础，为此，其他研究相继衍生。Diba & Grossman（1985）从泡沫更新角度剔除了随机负泡沫；Tirole（1982）证明，如果市场上存在数目有限的理性投资者，且投资者可无限生存，经济维持原有水平时，任何资产都必须根据其基本价值定价，故理性投机泡沫不存在。Weil（1987）利用Diamond模型给出了世代交替模型中的货币随机性泡沫存在的条件，力求说明理性投机泡沫难以生存。随着信息经济学和博弈论的发展，在保持交易者理性预期基础上，有关学者开始通过放松假设条件对股票泡沫进行解释。Allen & Postlewaite（1991）构建了持续三期的有限状态理性泡沫模型，指出尽管交易者知道股票价格超出了基础价值，但理性认为价格会回归，并在其回到基础价格之前可能以更贵价格卖给其他交易者；Allen & Morris Postlewaite（1993）提出私有信息、卖空约束与非共同知识是生成泡沫的必要条件。Allen & Gale（2000）基于道德风险提出信贷扩张条件下资产价格泡沫模型。此外，其他学者基于理性预期，提出一系列检验投机泡沫的方法，如方差边界检验、单位根检验、协整检验、状态空间检验等，但不可回避的是理性预期是一种抽象假设，所以理性预期框架下的结论与经济现实相去甚远，对经济现象的解释差强人意，理性泡沫检验其实是模型检验，而非泡沫检验。

3. 从20世纪80年代至今，基于行为金融学对泡沫的研究异军突起

20世纪80年代，对相关问题的研究出现新契机。心理因素对经济行为的影响步入人们视野，通过对传统经济学的批判与修正，心理学与经济学相互融合升华产生了行为经济学，并衍生出行为金融学。从行为经济学角度研究股票泡沫问题，用代表性偏差、可得性偏差、锚定效应、过度自信等心理偏差对价格泡沫现象进行解释，增强了理论对现实的解释力，颠覆了原有的经济理论神话。Tobin（1984）指出，由于信息质量无法保证，即使市场能把信息迅速反应到价格中，也不能达到有效，错误信息交易者越多，股票价格偏离越大。Kyle（1985）首次提出了“噪音交易者”概念，Black等（1986）沿用了该说法，利用统计学术语，正式把在价格中与基本面无关的消息命名为“噪音”，那些没有内部消息、在噪音基础上交易、似乎有信息优势并努力使预期收益最大化的交易者为“噪音交易者”。Delong、Sheifer、Summers & Waldman（1990）提出DSSW模型，表明当噪音交易者对风险资产未来价格存在认知偏差时，风险资产价格将偏离基本价值，而噪音交易者有可能获得比套利者更高的预期收益。Delong、Sheifer、Summers & Waldman（1991）提出DSSW2模型，证明噪音交易者可以在市场上长期生存。Delong、Sheifer、Summers & Waldman（1990）论证了理性投机者发现并利用市场正反馈的原理，通俗而言就是“追涨杀跌”。随着“噪音交易者”概念的提出，非理性泡沫理论快速发展，比较典型的有套利者动态博弈说、公司经理操纵说、交易者过度信息说等。如Abreu（2003）认为，市场上总会存在部分套利者。这些“噪音交易者”受到羊群效应、时尚、过度信心等心理因素影响，寻求势头交易。而理性套利者则明白泡沫终究是会破灭的，他们都想在泡沫成长中利用泡沫来获取利润。这样，确定泡沫破灭的时间并在此之前离开市场就变成了理性套利者和非理性套利者参与的动态博弈过程。这个过程其实也是一个正反馈交易过程。公司经理操纵学说运用投资者心理学对价格的不合理进行详细分析。企业经理们影响市场投资者心理的方法有几种：一是通过操纵市场来制造市场价格不合理幻觉，比如在会计方法的选择上，选择能使收入增加的方法；二是在发行新股和内部交易时，经理们总倾向于增加利润；三是公司经理们总是倾向于使公司利润达到人们心理上的某些关口。所以，股票市场价格的过度波动是由公司经理们操纵和投资者心理造成的。交易者过度信心说则利用心理学上的过度信心解释了股票价格泡沫的形成。

Scheinkman & W. Xiong（2003）认为，幻觉导致人们过度自信，因此会使人们对信息以及由此进行的决策估计过高。此外，Hong、Scheinkm & Xiong（2006）的圆构造模型解释了股票价格流动性与投机泡沫之间的关系，他们认为，由于过度自信和市场卖空限制产生了投资者异质信念。随后，Hong、Scheinlan & Xiong（2008）以美国20世纪90年代的网络泡沫为背景，研究了不同特质的投资顾问与其投资者之间的信号传递所导致的投资观点差异，并由于市场卖空限制，引起了股票价格泡沫。以行为金融学理论为框架的股票价格研究更为现实地考虑了交易者有限理性和市场摩擦等问题。归纳起来，基本达成两点共识：一是投资者会由于各种内生情绪（如过度自信、时尚等）引起噪音交易者风险及由于外生因素（如企业经理操纵等）产生虚假信息风险；二是市场约束（如股票流动性、买空限制等）也是产生股市泡沫的重要原因之一。

4. 基于市场环境理论的泡沫研究成绩斐然

这类研究与前述不同，是从宏观经济层面对泡沫生成机制进行探讨，主要研究影响股票价格泡沫生成的外部因素，关注市场结构、制度、经济增长、信贷、金融自由化、货币政策等影响。Tirole（1985）通过戴蒙德模型阐述了泡沫产生机制，其理论关键是假设经济增长率超过资本回报率时，将产生泡沫，泡沫从无效率投资者中带走资源，将它们交给消费者；Guillermo A. Calvo，Leonardo Leiderm & Carmen M. Reinhart（1996）论述了国际资本流动对发展中国家股票价格的影响，在几乎所有国家中，货币供给在名义上和实际上都存在着快速的增长。证券组合流入亚洲和拉美国家的涌动伴随着股票和房地产价格剧烈上涨。Allen 和 Gale（2000）解释了信贷扩张与股票价格上涨之间的关系。Pierre Olivier、Gourrinchas、Rodrogo Valdes & Oscar Landerretche（2001）指出，借贷繁荣是近些年来金融和银行危机的基础。Allen 和 Gale（1999）指出，1999 年许多情形显示金融自由化导致了股票价格泡沫，分析表明这些泡沫是由来自中介机构代理关系的风险转移问题以及信贷扩张的不确定性互动引起的。Demirguc - Kunt & Detragiache（1998）研究了 1980 ~ 1995 年 53 个国家的数据，发现金融自由化增加了股市泡沫，但在严格制度环境中，比如尊重法律规则、较少腐败以及良好信用，将减少这个效应。Mckinnon（1996，1997）指出，政府担保是股票价格泡沫以及经济危机源泉。Allan H. Meltzer（1995）论述了货币政策产生股票价格泡沫的机制，股票价格是货币政策的重要传导渠道，他用货币主义模型阐述了股票价格对中央银行货币政策的传导机制，指出当央行实行宽松的货币政策时，很可能会通过资产价格上升影响经济，严重时会产生资产价格泡沫，导致泡沫经济威胁经济安全。市场环境理论的发展与 20 世纪 90 年代以来各国泡沫事件频发的背景有关。自 20 世纪 80 年代末开始，全球流动性充足，而各国中央银行在控制物价上较为有效，价格上涨的压力首先在以股票和房地产为代表的资产上表现出来，许多发达国家和发展中国家在低物价通胀的同时出现了股票价格膨胀。“良好”市场环境为股市泡沫生成提供了诱发条件和动力支持，再通过前面所讨论的泡沫生成机制，使股市泡沫现象更加繁荣和具有破坏力。

5. 计算机实验金融方法对股票价格泡沫的研究

在研究股票泡沫理论时，理论检验格外重要。除通过真实历史数据对理论进行验证以外，20 世纪 80 年代起实验经济学方法成为检验股票泡沫理论的重要工具，它以复杂的自适应系统为基本思想，将整个金融市场体系看成一个由众多具有自适应能力的 agent 组成的复杂系统，主要从微观的角度研究异质的 agent 之间通过交互和适应性演化而导致整体市场宏观变量变化。前述文献中所讨论的投资者信息不对称、行为非理性等因素都可以在复杂自适应系统分析框架下重构市场泡沫现象，说明这类方法不仅具有金融经济学理论基础，还可以运用“科学实验”方式探索市场泡沫产生的新机制。在复杂自适应系统基础上，使用基于主体检验模型方法，对金融市场进行自下至上的微观建模，形成了“计算实验金融”新领域。在这些研究中，Caginalp 等（1998，2001）对流动性与股票价格之间的关系进行了一系列的实验，实验结果表明现金充裕的市场证券价格显著高于现金匮乏的市场。Caginalp & Llieva（2008）连续采用类似的实验设计方法，研究了实验中的个体行为，他们把实验参与者分成基于动量的交易者和基于基础价值的交易者，实验结果表明，股票泡沫膨胀的原因是动量交易者现金的增加。关于经济预期与股票价格泡沫之间的关系，Ackert 等（2002）设计了一组实验，包含了两种不同类型的证券，它们的分红预期期望值相同，但分红预期的方差存在差异，方差大的证券称为彩票式证券（有较小的概率获得较大的收益），方差小的称为标准式证券（有较大的概率获得较小的收益）。实验结果表明，即使这两种证券具有相同的基础价值，投资者也愿意为彩票式证券支付更高的价格，彩票式证券的泡沫量和泡沫持续时间都超过标准证券。综上所述，通过计算机实验金融方法对股票价格进行微观建模，从而考察宏观涌现性与微观变量之间的内在联系及其金融泡沫生成机理，可以对传统金融理论无法很好解释的金融泡沫现象进行深入的研究。

二　房地产泡沫重要文献回顾

房地产泡沫既是历史经济现象，也是中国以及许多经济高增长的发展中国家面临的现实问题。房地产泡沫对于刺激短期经济增长似乎具有魔力，但是，无数教训证明，依靠房地产泡沫发展经济，其长期危害极为严重。2008 年爆发的美国次贷危机再一次显示了房地产泡沫对一国金融与经济破坏极大，令人触目惊心。防止房地产泡沫形成、化解房地产泡沫威胁，对任何一个国家而言都至关重要。作为经济增长较快的发展中国家，在部分历史时期，我国部分地区曾因地产获益良多，但是，其损失教训也极其惨重。为此，我国学者在对海外研究吸收的同时，对房地产泡沫的研究也极为重视。

下述文献均对房地产泡沫研究作出贡献。美国经济学会前会长金德尔伯格（C. Kindlebarger）认为："泡沫状态就是一种或一系列资产在一个连续过程中突然涨价，初期的价格上升会使人产生持续涨价预期，于是新买主接踵而至，他们只对买卖谋利有兴趣，而对使用资产不感兴趣。随着价格上涨预期逆转，价格暴跌，最后以金融危机告终。通常繁荣的时间要比泡沫状态长，价格、生产和利润的上升也比较温和，但随后价格暴跌常常引发经济危机，或者较为缓慢温和的经济衰退。"南开大学的曹振良（2002）认为，泡沫本质是一种价格运动，简单定义为：投机导致的资产价格脱离市场基础的持续上涨。北京大学的王子明（2002）认为，泡沫是经济失衡现象，是某种价格水平相对经济基础条件决定的理论价格（一般均衡稳定稳态价格）的非平稳性上移，这种偏移的数学期望可以作为泡沫的度量。所谓房地产泡沫是指因房地产投机所引起的房地产价格脱离市场基础价值、脱离实际需求的支撑而持续上涨的状态。在房地产泡沫量度方面，高汝熹、宋忠敏（2005）认为，衡量房地产泡沫的指标包括房地产投资占 GDP 的比重、房价收入比以及租售比。国际经验表明，房地产投资占 GDP 比重一般为 3%～8%，高峰时期在 8% 左右。房价收入比是 90 平方米住房的平均价格与城市家庭每年平均可支配收入的比率。租售比即房地产售价与房地产月租赁价格之间的比值，主要从租金回报角度判断住房是否具有投资价值。谢经荣（2002）提出，房地产泡沫指标分三类：预示指标、指示指标以及滞后指标。预示指标通过分析连续时间段内指标变化，以预测地价走势和地产泡沫生成的可能性。指示指标是针对地价发生明显波动时，通过相关数据分析比较，判断地产泡沫是否产生及衡量其严重程度。滞后指标是对地价波动结果的统计，是滞后数据。在房地产泡沫形成的原因方面，央行营业管理部课题组（2007）认为，房地产价格取决于其效益与效用，当价格严重背离真实价值时，泡沫不可避免。对房地产泡沫治理研究上，上海社科院张泓铭教授（2003）提出综合治理，包括明确房价调控政府目标，建立科学权威价格发布制度，不依赖建设低价住房和降低拆迁力度对房价的调控，适度控制套利需求，打击售房欺诈行为，合理安排土地供给数量和招标底价，调整税费和贷款标准，等等。闫文慧（2007）认为，治理泡沫需要把握如下基本问题。①制定科学合理的行业发展政策。通过调整投资结构来优化房地产市场商品房的供应结构，增加中低档住房特别是经济适用房的建设和供应，降低高档住房、别墅、高档公寓等商品房的比重，加强房地产建设的投资管理，根据收入的水平确定投资规模，使房地产的产与销相适应。②规范土地市场，调控好土地供应总量、供应结构和供应区域，控制高地价，防止出现结构性泡沫。③建立完善统一的全国房地产市场信息系统，合理引导市场，减少信息不对称。④加强金融监管力度，合理引导资金流向。加强对银行的监管，从源头上控制房地产泡沫的产生：一要切实加强住房开发贷款管理，二要强化个人住房贷款管理。⑤加强舆论引导，提倡住房理性消费。避免房地产消费盲目跟风、盲目投资行为，引导居民理性消费。大力宣传房地产泡沫危害，充分认识房地产过热的严重后果，增强防范房地产泡沫自觉性。

第四节　基本分析框架

本项研究遵循了以下分析框架，并采取了定性研究与定量研究的基本思路。

第一，根据以往文献研究与研究者认识，我们对本课题涉及的资产、资产价格、资产泡沫和宏观经济政策等基础概念进行了廓清与梳理，在此基础上，对提出本选题主要原因及其意义进行了摘要陈述。考察近年世界经济与我国经济发现：2008 年始于美国的金融危机与经济衰退中，资产泡沫始终扮演着重要角色，既是危机的肇始因素之一，也是危机传导的重要媒介，还是危机破坏金融经济运行正常秩序的具体表现。在对我国历史上股票和房地产价格大幅波动的回顾中，我们同样发现两者与宏观经济之间的相互影响十分密切。应该说，在以往宏观经济政策选择中，对于资产价格大幅波动考虑得不够充分，对于国际资产价格大幅波动对国内经济发展的冲击，警惕不足。基于上述理由，我们认为，资产价格波动对宏观经济影响不容忽视，有必要尽早开展预警研究，建立预警机制，并针对可能出现的情况，科学前瞻其对宏观政策的影响，安排选择合理的宏观经济政策，最大限度地实现我国经济的平稳较快发展，创造加快转变经济发展方式的良好环境，为我国经济进一步拓展国际空间创造条件。

第二，从多个角度讨论了资产价格波动对宏观经济的影响。根据以往文献研究的结论，并结合经济现实中出现的新情况，我们通过梳理和分析资产价格泡沫生成的机理、资产价格波动对实体经济的影响、资产价格波动对金融系统的冲击、资产价格波动对货币政策目标的冲击和资产泡沫化可能成为未来我国宏观经济稳定的主要威胁等问题，考察资产价格波动对宏观经济的影响。

第三，总结了资产泡沫的国际经验与教训。包括日本股市和房地产泡沫的形成、破灭和治理，中国台湾股市泡沫的形成、破灭和治理，东南亚金融危机中泡沫的形成、破灭和治理，美国网络科技泡沫及“次贷”泡沫的形成、破灭和治理，以及德国防范和治理资产价格泡沫的经验。

第四，根据相关理论，结合本课题实际，编制了股票价格波动预警指数，并根据国内数据进行了实证分析，探讨了股票价格波动下的货币政策选择。内容包括：文献综述，股票价格波动预警指数编制，股票价格波动预警指数结果与分析，货币政策是否应关注股市泡沫探讨。在这部分中，对理论与实务中涉及的主要问题都进行了具体化处理。

第五，依据房地产行业特性与资产泡沫基本理论，编制了房地产价格波动预警指数，并根据国内数据进行了实证分析，提出相关政策建议。具体步骤与内容包括：文献综述、房地产价格波动预警指数编制、泡沫检验、指标选择、指标体系构造，对房价收入比、租售比、空置率/空置量、房地产贷款增长率、贷款总额增长率、房地产价格增长率、

GDP 增长率、房地产投资在 GDP 中的比重、房价指数与商品零售价格指数之比等作了单向考察，在单变量考察基础上，采取多变量合成方式判断房地产泡沫的存在与程度。在以上研究基础上，编制了房地产价格波动预警指数，包括泡沫检验、指标选择、指标体系，如量指标、价格指标和宏观经济指标。依据这些指标，对我国房地产泡沫预警进行了实证，在实证数据支持下，提出了相关政策建议。

第六，对资产价格波动冲击下的宏观经济政策选择进行了重点论述。包括正确解读资产价格信息在货币政策中的作用，对资产价格的过度波动进行必要的调控。在货币政策体系中建立与资产价格波动相关的指标体系，将资产价格波动调控纳入货币政策框架，发挥资产价格在货币政策执行中的传导功能，实现价格总水平的稳定和金融市场的稳定。

最后，我们运用本项研究所构建的股票价格波动预警指数和房地产价格波动预警指数，对 2012 年股票市场及房地产市场的走势及相应的政策反应做了实证分析，作为我们所提出的资产价格波动预警研究的一个实际应用。

在整个研究过程中，数据可获得性对本课题研究选用的方法以及模型体系的构建约束较大，我们会在今后更深一步研究中予以丰富与完善。

第二章

资产价格波动对宏观经济的影响

资产价格的波动指资产价格相对其基础价格的偏离程度①。导致资产价格出现波动的原因有很多，比如资产市场上供求的改变，市场利率的变动，政府政策以及市场预期的改变等等。其中，资产是指任何作为价值贮藏的所有权或财产。资产可以分为实物资产和金融资产。实物资产包括土地、建筑物、知识、用于生产产品的机械设备和运用这些资源所必需的有技术的工人，等等。而与实物资产相对应的是金融资产，譬如股票或债券等。本书主要就股票和房地产这两类资产进行分析。

第一节　资产价格波动对实体经济的影响

资产价格波动对实体经济的冲击，具体表现为资产价格过度波动对企业部门、家庭和金融部门的资产负债表产生严重冲击，进而危及金融体系和实体经济的安全。这种冲击过程主要通过投资需求、消费需求和金融体系对实体经济运行产生影响，并主要通过对居民消费、企业投资及预期通货膨胀等宏观经济变量来传导。尤其是以股票及房地产为代表的资产价格波动所产生的财富效应与家庭资产选择、消费行为及企业投资行为之间所存在的互动关系，最终将影响一国实体经济的发展。此外，资产价格波动还将通过就业效应与资本流动效应对实体经济增长产

① 苏均和：《资产价格波动对消费影响的传导机制及实证研究》《学术界》2010 年第 11 期。

生影响。同时，特别值得关注的是由于资产价格波动存在不对称性效应，资产价格的变化将引致经济的巨幅波动，从而间接对实体经济产生冲击。

一　资产价格波动对消费的影响

资产价格波动对实体经济的第一影响渠道就是对消费的影响。资产价格变化主要是通过财富效应影响居民的消费行为，即资产价格变化将导致居民财富的变化，而财富变化必然导致居民消费支出的相应变化。关于财富对于家庭消费的影响效应问题，一直以来都是在持久收入假说或生命周期理论的传统分析框架下进行的。在这一框架下，居民的消费水平是根据他们的持久收入，即当期收入和预期的未来现金流，加上他们已经拥有的财富存量来决定的。一般而言，财富的增加，必然会扩大消费，当然，是以一个较小的比例增加的。财富主要通过两条渠道影响居民个人消费：第一，居民可以出售资产为消费融资；第二，居民可以以他们持有的资产作为抵押，通过消费信贷的形式提高自己的消费支出。

（1）理论文献的简要回顾

最早对资本市场发展与消费需求之间关系这一问题进行研究的是美国经济学家庇古，他提出了著名的“庇古效应”，又称为“财富效应”或“实际余额效应”①（庇古，1943）。萨缪尔森（1996）和斯蒂格利茨（1997）都对这种“财产效应”或“财富效应”作出了肯定。美国经济学家 Mark M. Zndi 指出：财富效应使每增加百元股票财富时支出增加 4 美元，但可能使每百元财富下降时支出下降 7 美元（刘建江、刘怀德，2000）。美联储在 1998 年 4 月的一次调查显示，消费者的股市财富每上升 1 美元，会增加 3 ~ 7 美分的消费，这种消费每年对 GDP 的增长贡献率为 1.9%。弗里德曼（1957）强调了持久性收入在消费支出中的

① 财富效应是指由于金融资产（或其他有形资产如房地产和无形资产如知识资产）价格上涨（如股价的持续上涨），导致金融资产持有人财富增长，进而产生刺激消费增长的效应。

决定作用，认为金融资产价格的上涨还具有“持久收入效应”。根据这一理论，在稳定的资本市场中，源于金融资产价格上涨的收入被预期为一种“持久收入”，因而具有启动消费的效应。

近几年来，随着我国资本市场的迅速发展以及宏观经济出现内需不足的趋势，国内学者也注意到了资本市场与国内需求，特别是与消费需求之间的这种联系。如王开国（2002）认为，证券市场的财富效应有三个表现：通过影响居民实际收入、居民收入预期及改善企业经济状况来扩大消费；王益民（2000）则分析了证券市场与消费需求之间的传导机制，同时指出，对财富效应不宜估计过高，有很多因素限制了这种作用的发挥，并且，通过证券市场刺激内需可能会产生诸如泡沫经济等负面作用；张纯威等学者（2000）的实证分析也表明，财富效应在我国几乎不存在，股市的超常繁荣反而会给经济带来消极影响，存在着反向的“财富效应”；詹银涛（2000）和李振明（2001）的实证分析同样指出，我国股市的财富效应对扩大消费需求的作用很小，股市上扬对提高居民的边际消费倾向的影响也很小。总之，国内学者的研究大都是从理论上肯定资本市场发展对消费需求有积极作用，但实证检验则普遍不太支持这一论点。

（2）资本市场作用于经济增长的消费需求机制的理论分析

资本市场作用于经济增长的消费需求机制主要表现在以下两个方面。

一是在假定长期边际消费倾向（Marginal Propensity to Consume，MPC）为常数时，通过影响居民实际可支配收入来刺激消费需求的增长，即所谓的“财富效应”。由金融资产价格上涨所形成的“财富效应”会刺激消费需求，进而推动经济增长。

设消费函数为 $C = C_0 + bY_d = C_0 + bY$，$C_0$代表初始消费水平，$b$ 代表 MPC，Y_d代表居民可支配收入，Y 代表国民收入或总产出水平 GDP（假设不考虑政府部门和对外部门，$Y_d = Y$，国民收入 = 消费 + 投资 = 消费 + 储蓄，即 $GDP = C + I = C + S$）。

“财富效应”导致居民实际收入的增加有两条途径：第一，金融资产价格上涨直接使证券市场投资者获得资本利得，它事实上构成居民可支配收入的一部分，对消费需求产生影响，即 MPC 不变时，P↑➡居民资本利得↑➡Y_d↑➡C↑；第二，金融资产价格上涨，或者说资本市场的发展，还会通过改善企业经营状况、扩大就业等间接影响增加居民收入，从供给的方面来刺激消费需求的增长（资本市场的发展，一方面，可适当提高企业上市融资的速度，降低企业融资成本，同时促进社会资本资源向优势高效企业集中，进而从总体上提高企业的经营业绩；另一方面，有助于企业通过制度创新，建立规范化运作的公司治理结构，突破体制的约束，从根本上解决国有企业整体效益低下的状况。这一点也是应当予以高度重视的）。即 MPC 不变时，P↑➡企业效益↑➡Y_d↑➡C↑。概言之，上述传导机制可用图 2－1 来反映。

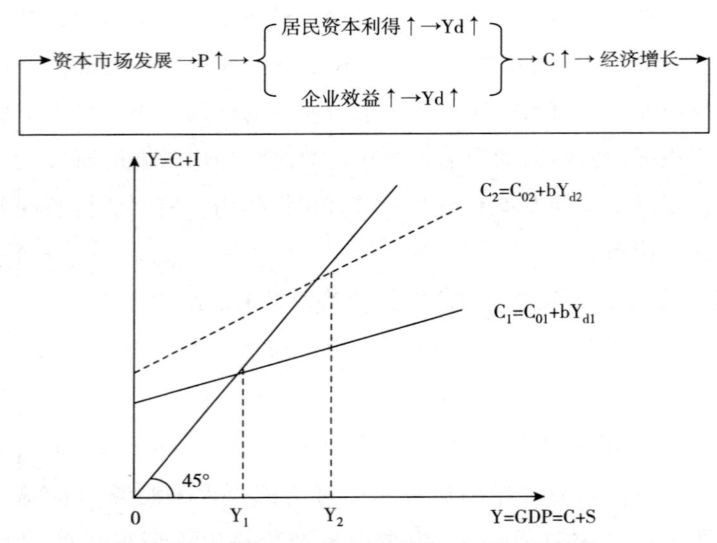

图 2－1　资本市场作用于经济增长的消费需求机制 1

图 2－1 是对凯恩斯国民收入决定模型的改进，可据此图来分析在 MPC 不变时，资本市场作用于经济增长的消费需求机制 1。

二是通过影响居民的收入预期来改变居民既有的长期边际消费倾向 MPC，进而刺激消费需求的增长。即 MPC 改变时，P↑➡收入预期↑➡MPC 或 b↑➡C↑。一般认为，长期 MPC 为常数，而短期 MPC 会受可支配收入、利率、经济及股市景气等因素影响，可能产生明显变化。事实上，长期 MPC 也是可变的。如美国在 20 世纪 90 年代的 MPC 就比 40～50 年代有较大的提高（斯蒂格利茨，1997）。金融资产价格的上涨，消费者心理上会产生一种将股票收入由暂时性收入转为“持久性收入”的预期，因此对未来经济发展的确定性预期就会增加。这种预期的良性变化将改变既定的 MPC，即使在可支配收入不变的情况下，也会促使居民扩大消费支出。资本市场历来被看作是经济长期发展状况的“晴雨表”，持续稳定向好的资本市场，再配合以健康良好的宏观经济形势，必然会增强居民、企业的信心和预期，有助于扩大消费和投资支出，从而促进经济的进一步增长，形成金融层面和实体经济层面的良性互动。我国学者的抽样调查结果也显示，股市的上涨带来的“财富效应”在一定程度上刺激了即期消费需求，增强了投资者的信心，改善了投资者的预期（梁宇峰、冯玉明，2001）。

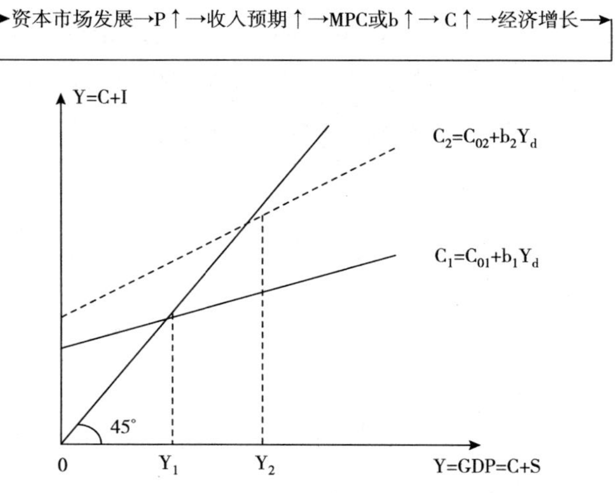

图 2－2　资本市场作用于经济增长的消费需求机制 2

可据图 2－2 来分析在 MPC 改变时，资本市场作用于经济增长的消费需求机制 2。

C_1为原 MPC（b_1）决定的消费线，C_2为金融资产价格上涨导致居民预期改变并且 MPC 改变之后，由 b_2决定的消费线，即使不考虑投资的增加，由新消费线决定的产出水平 GDP 也由原来的 Y_1 增加到 Y_2。

上述资本市场作用于经济增长的消费需求机制可以用下面的消费函数（Robert E. Hall，1978；Marjorier Flavin，1981）加以进一步的解释和说明。

$$C = aWR + b\theta Y_d + b\ (1-\theta)\ Y_{d-1}$$

其中，$0 < a,\ b,\ \theta < 1$ （2－1）

式中，WR 为实际财富（或称非劳动收入，包括储蓄、股票、债券、遗产等），a 为财富的 MPC，Y_d 为当年可支配劳动收入（通过当前工作取得的收入，不是诸如租金、利润这样的收入），Y_{d-1} 为上一年可支配劳动收入，b 为可支配劳动收入的 MPC，θ 为收入增量中持久性收入的比率（它与对持久性收入的预期最为相关，它的变化直接影响 MPC 的变化）。

该消费函数是弗里德曼（M. Friedman，1957）的持久收入理论和莫迪里安尼（F. Modighani，1986）的生命周期理论的一个综合，它将持久收入理论对未来预期的强调和生命周期理论对财富和人口的强调结合起来，并突出了对消费支出有重要影响的财富的作用。

受资本市场持续繁荣的影响，消费函数（2－1）改变为消费函数（2－2），即 WR 在原来的基础上增加 ΔWR，θ 在原来的基础上增加 Δθ（Δθ 的扩大，也即消费者信心的增强），MPC 增加。这几方面的共同作用，使消费支出 C 进一步扩大，于是产出增大，推动经济增长的实现。

$$C' = a\ (WR + \Delta WR)\ + b\ (\theta + \Delta\theta)\ Y_d + b\ (1 - \theta - \Delta\theta)\ Y_{d-1}$$

其中，$0 < a,\ b,\ \theta < 1$ （2－2）

当然，如果以股市为代表的资本市场过度膨胀、超常繁荣，会导致总需求的过度膨胀，而资本市场在一定时期内无法通过技术进步促进潜在 GDP 增长时，将引起供求缺口，从而使所需要的产出与实体经济的差距越来越大，于是“泡沫经济”不可避免地产生。资本市场积累的泡沫压力越来越大时，其破灭的风险也就越来越大，当国家采取一系列政策却又收效甚微时，如果恰好某一因素如国外投机力量冲击，就可能促使经济运行的内在机制用突发性的形式，如金融危机来释放泡沫的压力，表现为股市、汇市、期市的暴跌，对经济产生反向的或负的“财富效应”。20 世纪 90 年代日本“泡沫经济”崩溃、1997 年东南亚金融危机和 2000～2001 年美国股市下跌所造成的消费下降、经济增长速度快速下滑就是一个很好的例证。

负的“财富效应”将增加人们对持久性收入减少和未来经济发展的不确定性预期，进而大幅度减少消费支出，导致经济萎缩。即使人们的消费习惯可能使消费支出不变或只有轻微的下降（“棘轮效应”），不会影响社会消费的绝对量，但也会使其增量减少，在加速数（Accelerator）的作用下，使整个国家的产出减少。于是消费函数由（2－1）转变为（2－3）：

$$C'' = a(WR - \Delta WR) + b(\theta - \Delta\theta)Y_d + b(1 - \theta + \Delta\theta)Y_{d-1}$$

其中，$0 < a, b, \theta < 1$ （2－3）

资本市场与消费需求之间的反向传导机制同样可用图2－1及图 2－2 来说明。受金融资产价格下跌的影响，或是居民的可支配收入下降，或是 MPC 下降，原消费线 C_2变为新消费线 C_1，产出由 Y_2减少到 Y_1。

而且，资本市场发展在对消费需求产生“财富效应”的同时，还会产生“挤占效应”。所谓“挤占效应”，是指资本市场的持续繁荣而产生的赚钱效应吸引了社会资金，使其减少储蓄，将原本用于即期的消费转化为对资本市场的投资，从而减少了当期的消费。

（3）股票价格变化影响消费的传导机制

随着资本市场的飞速发展，股票已成为居民金融财富的最重要组成部分，股票市场价格的波动也相应主导了家庭持有的金融财富的变动。大量的实证分析表明，在发达国家，股票价格的变化对居民消费有着显著的影响。据有关资料显示，由于财富效应，美国股票市值每涨跌 1 美元，直接影响消费支出 4～7 美分。一方面，股价每上涨 1 美元，可能拉动消费增长 4 美分，这笔支出可使美国年 GDP 增长 1 个百分点；另一方面，股价每下跌 1 美元，可能减少消费支出 7 美分，股价的下跌对消费的负面影响表现得更为显著。股票价格的变化主要是通过财富效应对居民消费行为产生影响的。

财富效应是指货币余额的变化，假如其他条件相同，将会在总消费开支方面引起变动。这样的财富效应常被称作庇古效应或实际余额效应。股票财富是居民持有的一种重要财富，因此股票价格的上涨或下跌就会引起居民财富存量的同步上升或下降，进而对其消费产生刺激或抑制的作用。股票市场的财富效应，是指股价波动导致消费者财富变动，进而导致消费变动，最终影响总需求的一种机制。

（4）房地产价格变化影响消费的传导机制

房地产价格变化对消费的影响主要是通过房地产市场的财富效应来传导的。房地产市场的财富效应是指由于房产价格上涨或下跌，导致房产所有者财富的增加或减少，其资产组合价值增加或减少，进而产生增加或减少消费，扩大或缩小短期边际消费倾向，促进或抑制经济增长的效应。事实上，房产财富上升，在预期收入增加和预期价格上涨的推动下，也促进了房产本身消费和投资的进一步增长。房地产价格变化对消费的影响也有五种不同的传导渠道，但这些渠道与股票财富的传导渠道有所不同，特别是房地产价格的变化对于拥有房产且不存在购房需求的消费者和存在购房需求的消费者的影响是存在明显差异的。第一，兑现的财富效应。对于拥有房地产的消费者来说，房地产价格上涨带来净财富的增加，因此可以增加当期消费。如果房价上涨后可以通过再融资方式或出售房地产的形式来兑现资本收益，那么这种收益必定对家庭消费有较大的促进作用。第二，预期财富效应。同样，对于拥有房地产的消费者来说，如果房地产价格上涨，即便持有人并没有进行再融资或出售房产，但由于其房产的升值提高了其财富的贴现价值，消费者在预期他们比以前更富有时就会增加当期消费，因此，这种没有兑现的财富仍有可能促进消费。第三，预算约束效应。对于租房者来说，房地产价格的上涨对他们的个人消费就有负的效应。因为随着房地产价格上涨，承租人应付房租就会增加，这会使他们的预算变得更紧缩，因此必定导致这部分人消费的下降。第四，挤出效应。对于存在购房需求的消费者而言，房地产价格上涨可能增加其购房经济压力而迫使其减少当期消费支出。以上房地产兑现的和预期的财富效应对家庭消费有正的促进作用，可以提高消费，但从未兑现的房地产收益所导致增加的消费的边际消费倾向可能要低一些。而预算约束效应和挤出效应对消费的作用是与以上两种效应相反的，它们可能对消费起到抑制作用。

股票价格的上涨一般会通过各种渠道促进消费的增长。但房地产价格的上涨对消费的影响就有不确定性，消费可能增加也可能下降。

二　资产价格波动对投资的影响

资产价格波动影响投资主要通过托宾 Q 效应、金融加速器效应和资产负债表效应来实现①。第一，托宾 Q 效应。托宾 1969 年提出了股票价格的波动影响实体经济的传导机制。托宾的 q 值指公司的市场价值与公司的资本重置成本之比。如果 q 值高，则相对于公司的重置成本而言，公司的市场价格就高，新的工厂投资和资本设备的价格就会低于公司的市场价值。这时，公司通过发行股票获得较高的价格，这个价格会高于公司直接购买的设备和设施的成本。这样，公司的 q 值就会提高。由于公司只通过发行少量的股票，就可以购买新的投资商品，公司就会增加投资②。q 值表明了金融市场对于商品和服务品的购买的重要影响。总之，如果股价上升降低了公司新资本相对于存量资本的成本，那么公司就会发行股票，利用筹到的资金进行实物投资。股票价格上升使其收益率降低，从而发行股权凭证为投资支出筹资的成本也将降低，进而投资支出增加与此类似。第二，金融加速器效应。Bernanke & Gertler (1999) 用金融加速器机制，很好地诠释了资产价格和信用的交互作用对宏观经济、金融不稳定的影响③。由于信贷市场的信息不对称和市场

① 何德旭、饶明：《资产价格波动与实体经济稳定研究》，《中国工业经济》2010 年第 3 期。

② 成家军：《资产价格与货币政策》，社会科学文献出版社，2004。

③ Bernanke, B. and Gertler, M., Monetary Policy and Asset Price Volatility, *Economic Review of Federal*, Reserve Bank of Kansas City, 1999.

的不完全，资产价格上涨对企业现金流和资产净值有正向冲击，有利于企业获得信贷等外部融资，当企业用外部融资增加投资时，生产效益提高，或者对资产需求进一步上升，又有利于推动资产价格上涨，进一步给企业现金流和资产净值带来正向冲击，这种资产价格和信用的交互作用，对经济、金融的影响呈螺旋式放大。而一旦资产价格下跌，给企业现金流和资产净值带来负的冲击，企业获得的信贷等外部融资立即减少，企业减少投资，生产效益下降，资产价格进一步下跌，企业的抵押物价值下跌，银行坏账增加，信贷进一步紧缩，资产价格下跌给经济金融带来的紧缩效应也呈加速放大①。第三，资产负债表效应。由于信贷市场的信息不对称，企业获得贷款数量是其提供抵押标的数的倍数，当经济膨胀、企业的市值上升时，企业提供抵押标的价值充足，因此而获得更多贷款进行投资（Bernanke and Gertler，1989）。

（1）理论文献的简要回顾

美国经济学家托宾的 Q 理论可能是最早对资本市场与投资需求之间的关系进行论述的理论。托宾指出，如果企业资产的资本市场价值超过其重置价格，企业将扩大投资（托宾，1943）。凯恩斯认为，在两部门经济条件下，投资 I 恒等于储蓄 S，资本市场的一个重要功能就是将经济体系中的 S 不断地转化为 I，由此可促进投资需求的增长，投资需求增长的速度在很大程度上就取决于这种转化的速度和效率。斯蒂格利茨进一步指出，在开放经济条件下，传统的经典恒等式 $I \equiv S$ 中的 S 应分解为私人储蓄 S_p、政府储蓄 S_g 和从国外的借款 S_x，其总和即为 $S_p + S_g + S_x = I$，这样才能解释近些年来为什么在美国总是 $I > S$，即随着股市的持续繁荣，虽然私人储蓄率不断下降，但是政府储蓄和从国外的借款都一直在增加，这意味着全社会储蓄总量具有相对稳定的性质，总的国民储蓄率在上升，因此才有股市繁荣刺激投资欲望，私人投资不断上

① 李浩、王璞：《资产价格波动、货币政策反应与实体经济牵扯》，《改革》2010年第8期。

升，进而继续推动股市繁荣。有关数据[①]也支持了这一理论。

近几年来，随着我国资本市场的迅速发展以及宏观经济出现内需不足的趋势，国内学者也注意到了资本市场与国内需求，特别是与投资需求之间的这种联系。如王开国认为，可利用证券市场打通储蓄向投资转化的渠道，促进投资需求（王开国，2000）。苏宁华认为，中国经济环境的变化，使得在储蓄—投资过程中，无论是银行的间接转化方式还是个人的直接转化方式，都将遇到很大的困难，而资本市场将日益成为主导（苏宁华，2000）。王益民认为，证券市场对投资需求的刺激作用主要表现在四个方面：为企业投资需求建立了融资保证，培育了一批快速成长的大型上市公司，支持了中国财政投资体制功能的发挥，刺激了个人的投资需求；他同时指出，对这种刺激作用不宜估计过高，有很多因素限制了这种作用的发挥，并且，通过证券市场刺激内需可能会产生诸如泡沫经济等负面作用（王益民，2000）。张纯威等学者认为，股市繁荣不仅能使社会闲散资金转化为实际投资资金，它还会使人们的经济预期向好，从而刺激私人投资扩大；然而，他们的实证分析并没有能够支持这一理论假设，当前股票市场对扩大投资需求进而拉动经济增长的作用并不是很大，股市的超常繁荣反而会给经济带来消极影响（张纯威、石巧荣、卢方元、李勤英，2000）。

（2）资本市场作用于经济增长的投资需求机制的理论分析

资本市场作用于经济增长的投资需求机制主要表现在以下两个方面。

一是通过将资金盈余部门的资金转移到资金亏绌部门来促进投资需求的增长。即一方面为资金盈余部门（通常是个人）提供一种储蓄转化为投资的市场机制，以股票、债券、基金以及资产证券化等多种形式的投资品种，来满足个人及企业的投资需求；另一方面，为资金亏绌部门（通常是企业和政府）提供一种向社会融资的市场机制，实质上是

① Bea, U. S., Department of Commerce, Survey of Current Business, Aug. 1996, Feb. 1997 & Feb. 1999.

为他们的投资需求提供一种融资上的保证。如对于企业而言，可以通过股票、企业债券等投资工具来筹集资金；对于政府而言，既可以通过获得国有企业的所得税和股息收入、征收证券交易印花税和营业税、证券经营机构的所得税和营业税，以及未来有可能开征的资本利得税等收入来补充、充实用于投资的收入，又可以通过在市场上发行各种期限的国债来进行低成本（在我国当前是较高的成本）的融资，以确保财政投资功能的发挥，并在此基础上进一步吸引民间投资。概言之，上述传导机制可用图 2－3 来反映。

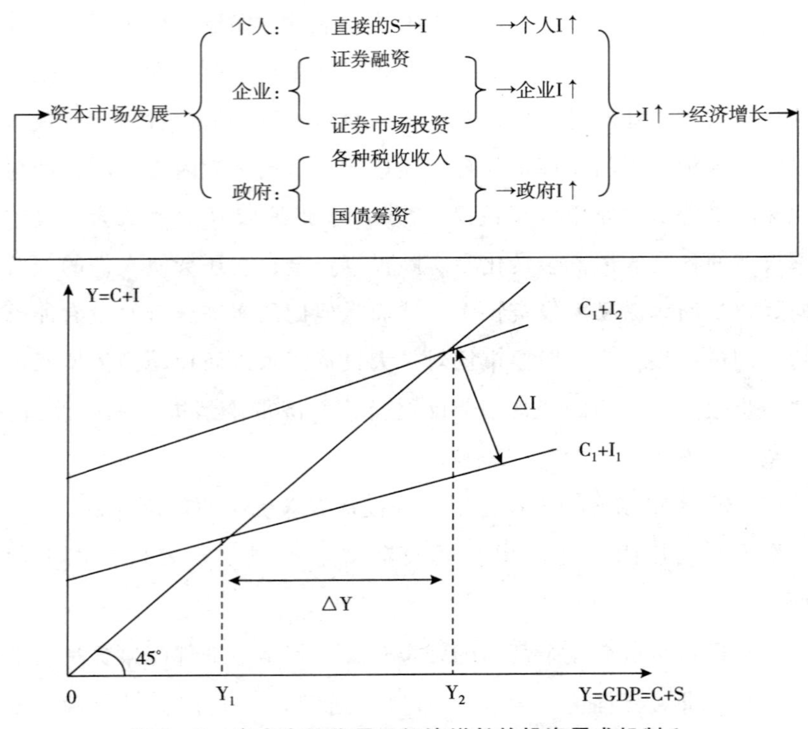

图 2－3　资本市场作用于经济增长的投资需求机制 1

C_1+I_1为投资增加前的总支出线，C_1+I_2为资本市场发展导致各经济主体投资增加后的总支出线，由新的总支出线决定的产出水平 *GDP* 也由原来的 Y_1增加到 Y_2。其中，由 ΔI（I_2-I_1）所引起的 ΔY（Y_2-Y_1）称为投资乘数效应，$\Delta Y/\Delta I=K_I$称为投资乘数。

二是通过影响各经济主体的预期作用于投资需求。一方面，会影响居民个人的收入预期，进而影响甚至改变居民既有的边际消费倾向 MPC。MPC 的改变，会直接影响投资乘数 K_I（$K_I = 1/(1 - MPC)$）。MPC 的提高，会导致 K_I 的增加，进而导致 GDP 的增加（$\Delta Y = K_I \Delta I$）；另一方面，经济主体对未来经济前景的良好预期会增加他们的投资信心，直接引发个人、企业投资需求的增加。资本市场历来被看作是经济长期发展状况的“晴雨表”，持续稳定向好的资本市场，再配合以健康良好的宏观经济形势，必然会增强居民、企业的信心和预期，有助于扩大消费和投资支出，从而促进经济的进一步增长，形成金融层面和实体经济层面的良性互动。上述传导过程可用图 2－4 来描述。

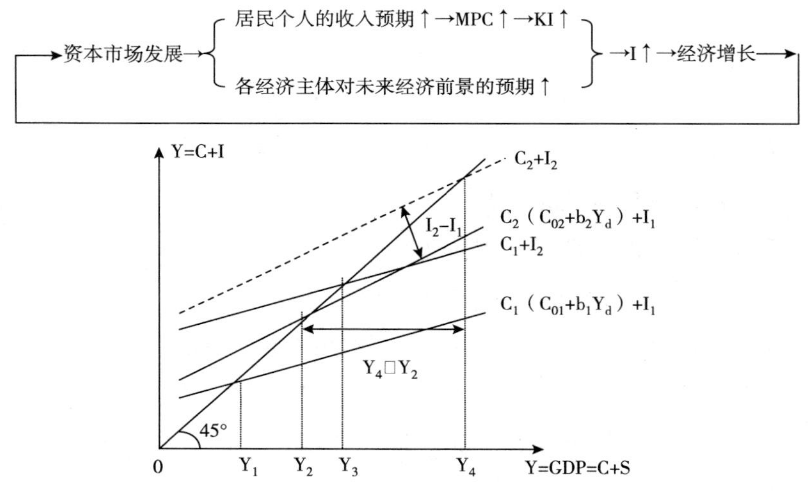

图 2－4　资本市场作用于经济增长的投资需求机制 2

$C_1 + I_1$ 为原 MPC（b_1）决定的总支出线，$C_2 + I_1$ 为金融资产价格上涨导致居民预期改变并且 MPC 改变之后，由 b_2（$b_2 > b_1$）决定的总支出线。即使不考虑投资的增加，由于 MPC 提高使得投资乘数扩大，因此由新总支出线决定的产出水平 GDP 也由原来的 Y_1 增加到 Y_2。事实上，资本市场发展在改变居民预期、提高居民 MPC 的同时，也会导致各经济主体投资增加（$I_1 \uparrow I_2$），则总支出线由 $C_2 + I_1$ 变为 $C_2 + I_2$，这时的产出水平 GDP 也由 Y_2 增加到 Y_4。其中，$Y_4 - Y_2$ 为投资乘数效应，（$Y_4 -$

Y_2）/（I_2-I_1）为相应的投资乘数。

同样，一旦资本市场过度膨胀、超常繁荣，偏离了正常运行的轨道，不能和实体经济保持一个适度的发展速度和规模时，会导致总需求的过度膨胀，而资本市场在一定时期内又无法通过技术进步促进潜在 *GDP* 增长，将引起供求缺口，使所需的产出与实体经济的差距越来越大，于是“泡沫经济”不可避免地产生。泡沫的破灭，不仅会造成消费需求的极大萎缩，也会抑制各个投资主体的投资欲望和投资能力，对经济产生反向的作用。

资本市场与投资需求之间的反向传导机制也可以用图 2－3 和图 2－4来说明。受资本市场资产价格下跌的影响，一方面，投资的下降使产出水平由 Y_2下降到 Y_1（见图 2－3）；另一方面，*MPC* 和投资的共同下降使产出由 Y_4减少到 Y_2（见图 2－4）。而且，受乘数和加速数相互作用的影响，减少了的产出会进一步引起投资水平的加倍下降，投资的乘数作用又使得投资的下降导致产出的更快下降，此时，金融危机会更进一步地演化为经济危机。

而且，资本市场发展在促进投资需求的同时，也会产生“挤占效应”。这里的“挤占效应”是指资本市场的持续繁荣而产生的赚钱效应吸引了社会资金，使其减少储蓄，将原本用于对投资品的投资资金转化为对资本市场的金融投资；也就是说，这种挤占是对生产性投资——实际资本形成的挤占，增加了经济体系中“泡沫”的成分，不利于实际投资需求的扩大。

（3）股票价格变动对投资的影响

股票市场规模越大、流动性越好，通过一系列的传导机制对宏观经济的影响就越大①。股票市场价格是否稳定上涨，客观上超前反映着投资者对投资、企业经营状况及发展趋势、经济增长的信心和预期。股票市场价格稳中趋涨，投资者的资产稳定升值，财富也随之增多，从而使得消费者信心指数攀升，消费支出增加，进而刺激经济增长，也进一步

① 何德旭、饶明：《资产价格波动与实体经济稳定研究》，《中国工业经济》2010 年第 3 期。

刺激企业的投资欲望，以更低的成本、更大的规模进行融资，实现外延式与内涵式双重扩张，加速经济结构的转化，促进潜在 GDP 增加。众多实证研究表明，股票价格仍然是影响投资的一个显著的解释变量。在美国 20 世纪 90 年代中后期的经济扩张中，股票价格对投资的影响显著，托宾 q 值在 1998 年是 1992 年的 175%，为战后的最高水平。较高的 q 值吸引了大量外国资金的进入，注入美国市场的资金从 1992 年的 387 亿美元迅速上升到 1999 年的 3731 亿美元，增加了 8.6 倍[①]。Chirinko and Schaller（2001）采用 Q 投资模型检验日本 80 年代后期是否存在泡沫。他们的结果证实存在泡沫，也发现该时期股票价格的上涨影响了企业投资[②]。

国内的大多研究也表明，我国股市的投资效应目前不显著。吕江林、朱怀镇（2004）认为，长期以来，我国股市对固定资产投资存在着比较微弱的正向影响，相对而言，其影响程度仅为银行贷款对固定资产投资影响的 1/8 左右。余元全、周孝华、杨秀苔（2007）认为，与房价相比，不论短期或长期，股价波动通过托宾 Q 效应等机制对投资波动的正向冲击并不明显。而在此前，魏永芬、王志强（2002）认为，我国股价指数与投资支出之间既不存在协整关系，也不存在托宾 Q 效应。

何德旭、饶明（2010）认为，理论上资产价格波动将显著影响投资支出，国内实证结果却显示其影响程度并不显著。从国内现有实证研究文献看，在投资样本选择上，一般都以全国城镇固定资产投资代替全国的投资而没有扣除国家预算内的投资资金，这在一定程度上可能削弱了资产价格尤其是股价波动对企业层面投资产生的托宾 q 值效应、金融加速器效应和资产负债表效应。他们的计算表明，股票价格波动产生的托宾 Q 值效应和资产负债表效应对我国企业的投资支出既会造成正向冲击，也会造成负向冲击，但总体上正向冲击多于负向冲击。从影响程

① 成家军：《资产价格与货币政策》，社会科学文献出版社，2004。

② 余元全、周孝华、杨秀苔：《资产价格对消费和投资的影响：研究综述与评价》，《生产力研究》2008 年第 10 期。

度来看，长期影响系数为 0.011，短期影响系数为 0.023，相对于实际利率变动，在第八期后股票价格上涨更容易刺激我国企业投资的增长。

（4）住房价格变动对投资的影响

住房价格对投资的作用则体现在托宾 Q 效应上。根据托宾 Q 理论，当公司建造更多的房屋有利可图时房屋的供给会增加，当房屋能以比其建造成本更高的价格销售时这种情况便会发生，也就是房屋价格与建造成本的比率即托宾 q 值大于 1 时。因此，房屋价格的升高将伴随着房屋供给即房屋投资的增加。然而，长期来看，房屋供给的增加使实际房屋价格下降，托宾 q 值趋于 1①。

日本的主银行制度本来就使得企业和银行之间建立了很紧密的关系，企业融资主要依靠银行贷款，在房地产泡沫破灭以前，房地产和资本市场价格不断走高，企业从银行获得贷款更加容易，信贷规模快速上升，二者的交互作用把泡沫越吹越大。泡沫经济崩溃后，产生了大量的坏账，日本经济也因此一蹶不振，导致了日本“失去的十年”。次贷危机前，美国房地产价格上涨，一些以前不容易从银行获得贷款的、资信较差的居民，也可以很容易地从银行获得次级住房抵押贷款。一方面因为银行看到房价在不断上涨，不用为抵押物贬值问题发愁，就算借款人还不起贷款，房产的价值也足以抵补借款人未偿还的部分；另一方面因为房地产价格上涨，伴随着良好的流动性，似乎也为借款人提供了还款的保证，即使资信不佳的借款人也不需要一直偿还贷款，过段时间将房产转手卖掉，不仅能还清银行贷款，还可以从价差中赚一部分。房价与信贷交互作用的机制已经决定了后续危机的严重程度。

房产价格对投资的影响效应很大。房产价格波动除了直接影响房地产投资外，还通过房地产业和其他产业的关联而间接影响其他行业的投资。余元全、周孝华、杨秀苔（2008）基于 SVAR 模型检验了 1996 年 1 月至 2006 年 5 月期间实际房产价格对投资的影响。结果表明，从投资

① 余元全、周孝华、杨秀苔：《资产价格对消费和投资的影响：研究综述与评价》，《生产力研究》2008 年第 10 期。

对房产价格的脉冲响应看，前两个月的响应为正，第 1 个月响应达到最大值 0. 1168，之后响应迅速下降并变为负值，然后缓慢下降，大约在两年半之后冲击反应便趋于零，这说明房产价格冲击对投资的影响快速但效应期较短、衰减迅速。从累计脉冲响应看，投资对房产价格的累计脉冲响应（CIR）为正值，第 1 ~2 月达到最大值 0. 1183 ，然后逐步下降，两年半时间的 CIR 约 0. 111 ，因此得出结论，房产价格上涨会导致短期内投资水平的提高。

第二节　资产价格波动对金融系统的冲击

一　资产价格波动与金融系统的关系

从 20 世纪 20 年代以来的历次金融危机过程中可以看出，不论是在发达国家还是发展中国家，严重的金融问题都与资产价格的巨大波动有密切联系。虽然也有一些资产价格的迅速下降可能并不总会导致金融危机，而且金融危机可能在资产价格没有显著波动时发生，但事实上，资产价格与金融危机这二者之间确实存在很强的相关性。有关这一问题的文献研究证明，金融机构作为关键的经济部门，如果它们低估了资产价格下降对其经济绩效的影响作用，将对一国宏观经济产生重大损失①。

资产价格泡沫崩溃在金融部门形成“信贷紧缩—不良贷款上升”，并容易引发系统性金融风险。伴随资产价格泡沫崩溃，相关经济主体陷于财务困境，银行不良贷款规模上升，导致银行资本充足率下降，为维持监管要求，银行只能收缩贷款规模。信贷紧缩进一步恶化了经济主体的财务困境，从而导致更为严重的信贷紧缩。这样，便产生了信贷紧缩—不良贷款上升的恶性循环，并严重恶化了金融机构的赢利能力。有关研究表明，美国、日本、英国等 15 个工业化国家 1979 ~2001 年房地产市场研究表明，在实际总房价下降阶段，银行平均资本收益率、资产

① 肖才林：《资产价格波动与金融稳定》，《财税与金融》2007 年第 5 期。

收益率几乎只有房价上涨阶段的50%，而贷款损失率是上涨阶段的2倍。有关数据显示，1987～1996年这10年间，在全球股票市场价格上涨幅度最大的10个国家中，随后有7个国家发生了金融危机；而在股票市场流通市值增加幅度最大的10个国家中，也先后有4个国家发生了金融危机。同时有关研究指出，金融危机与房地产泡沫密切相关①。

金融稳定性依赖于价格水平的稳定，防止资产价格的大幅度波动，增强货币政策的有效性，可以减轻来自金融市场的波动对经济形成的冲击。金融稳定性不仅仅是局部问题，它不能单靠某一个经济实体完全解决，而需要广泛的国际合作并共同采取措施来加以维护②。资产价格波动给金融机构带来诸多内部风险的隐患，如金融机构的盈亏性风险、资本风险、抵押物风险和流动性风险。如果金融机构不得不向央行借款以弥补缺口，又会造成基础货币扩张和再贷款长期占用无法收回，加大信用风险。

二 资产价格波动影响金融系统稳定的渠道

第一，资产价格波动对于银行信用扩张的影响。从历史实践和实证研究的结果来看，资产价格的大幅度波动和信用的快速扩张相互作用，是导致金融不稳定的重要原因。大部分的实证检验都支持这样一个逻辑：资产价格的大幅度波动与信用的快速大幅度扩张相结合，导致银行资产负债表恶化，进而引发金融不稳定。信用市场中存在着大量的信息不对称问题和激励问题，导致信用市场摩擦的存在，这也意味着资产负债表状况和现金流状况是私人部门借贷能力的重要决定因素。公司和家庭将他们所持有的资产作为抵押品来进行借贷，从而减轻信息和激励问题。当资产价格大幅度下跌时，会导致银行和借款者的资产负债表状况恶化，从而影响银行的信贷扩张能力和借款者的信用获得能力，进一步

---

① 中国人民银行南京分行课题组：《资产价格泡沫与金融稳定》，《金融纵横》2008年第3期。

② 陈伟忠、黄炎龙：《货币政策、资产价格与金融稳定性》，《当代经济科学》2011年第1期。

造成信用紧缩。对于银行来说，当资产价格的下跌导致大面积的贷款损失，从而使银行的权益资本遭到损失时，银行为了满足管制性资本金标准的要求，不得不出卖资产，并缩减贷款供给。这就是资本金紧缩所导致的信用收缩效应。对于借款者来说，在资产价格的上升阶段，借款者的净财富增加，因而可供抵押的资产价值上升，这提高了借款者获取银行贷款的能力，同时提高了借款者的负债率，扩大了银行资产暴露于风险的比重，增加了金融体系脆弱性。而当资产价格下跌时，借款者的净财富和现金流也随之下降，可供抵押的资产价值下降，导致借款者获取信贷的能力大幅度下降[①]。

第二，资产价格波动通过银行流动性影响金融稳定。如果存款者预期风险资产有低收益，则会发生银行挤兑。如果银行为了满足存款者的流动性需求而试图出售他们所持有的风险资产，会导致资产价格的下跌，银行危机因此传染到资产市场上来。当银行为了满足顾客的流动性需求而清偿他们对于其他银行的权利时，就会导致传染性和最终的破产。由于对银行的流动性需求在短期缺乏弹性，即使是对流动性需求的较小冲击也会导致资产价格的大幅度波动、银行违约或者兼有以上二者影响。

第三，资产价格波动通过加剧信息不对称问题而影响金融稳定。当对金融体系的冲击干扰了信息流，并因此导致金融体系不能够将资金有效融通给有生产性投资机会的人们时，就会发生金融不稳定。非金融机构的资产负债表状况恶化对于信息不对称问题最为关键，因为这会恶化金融市场的逆向选择和道德风险问题，并且进一步演变为金融不稳定。由于抵押品和公司净资产能够起到降低逆向选择和道德风险的作用，当资产价格或股票价格大幅度下跌时，抵押品的价值和公司净资产就会降低，这会使信息不对称问题更加严重，金融市场上的逆向选择和道德风险问题加剧，导致信贷收缩和经济紧缩。当金融市场中的逆向选择和道

① 段忠东、曾令华：《资产价格波动与金融稳定关系研究综述》，《上海金融》2007 年第 4 期。

德风险问题积累到一定程度，就使得金融市场不能将资金有效融通给有生产性投资机会的投资者。

第四，资产价格波动通过传递未来不平衡信息而影响金融稳定。当期股票价格是未来危机发生概率的函数，即未来发生危机的概率上升时，则股票价格下跌。也就是说，当期股票价格可以用来预示未来系统性危机发生的可能性。如果所有投资者都相信这一点，则资产价格的下降就会导致银行危机。当违约被视为经济将会转向坏的均衡的信号时，就会产生传染。当然，单独的一次违约可能只是一个公司具体的事件，也不一定导致投资者资本金准备的减少。但是当投资者面对不完全信息时，他们就可能错误地将一次违约归因于投资者信心的普遍下降，这种机制可能会导致股票市场价格的进一步下降。

第五，资产价格波动通过影响经纪业务收入来影响金融稳定。金融业竞争的加剧导致金融业传统业务和利润空间急剧缩小，而这种传统业务收入的下降在许多国家是通过经纪业务这种非利息收入来弥补的。资产价格的缩水将影响到经纪业务收入：首先，资产价格下降之后，如果证券交易活动减少，金融机构的佣金收入就会下降；其次，由于资产价值缩水，银行所管理的资产数量也会减少，管理费收入自然也缩水了。而且，一旦资本市场崩溃，一些特定的业务，如首次公开募股和并购等，甚至会在低迷的股票市场上消失，金融机构从这类业务中所获得的收入也急剧减少甚至消失。

第六，资产价格波动通过对附属机构影响来间接影响金融系统融稳定。虽然金融机构可能对证券和房地产行业的直接参与并不多，资产市场价格的急剧下降却可能通过对附属机构或子公司的影响而间接影响金融机构的稳定性。这些附属机构或子公司通常要依赖它们的母公司来为其提供流动性支持。一旦这些附属机构或子公司过多地参与到资本市场或衍生金融市场，这些市场的价格波动就很可能引起金融机构的附属机构或子公司的流动性危机，进而向其母公司提出新的资金要求。当金融机构没有健全的内控系统的情况时，这种附属机构的风险就可能最终影响到整个集团的稳定性。

第三节　资产价格波动对货币政策目标的冲击

货币政策是中央银行为实现一定的经济目标而在金融领域内采取的方针和各种调节措施。货币政策一贯的主要目标是保持物价稳定，促进经济增长。实践中一般把 CPI（消费者物价指数）作为衡量通货膨胀高低的数量指标。传统认为，中央银行不需要对资产价格波动进行干预。从全世界范围来看，由 CPI 反映的通货膨胀确实得到了有效控制，也积累了丰富的调控手段和技巧。

资产价格的大幅波动引起的广泛影响促使人们对货币政策的目标进行深入思考。由于资产价格的剧烈波动而导致的金融不稳定，如 1997 年的亚洲金融危机、1998 年俄罗斯证券和外汇市场的风波，以及 2007 年次贷危机引发的全球金融危机，都对实体经济产生了很大的负面影响，对货币政策的有效性形成巨大冲击，货币政策难以对资产价格、投资和消费产生预期影响。资产价格的大幅波动引起人们对货币政策的广泛思考，资产价格的过度上涨不仅会加重消费者的生活负担，而且会引致银行业问题频现；当资产价格大幅下跌时，银行业收益锐减、资产质量下降，最终破坏金融体系的稳定性。实践中，欧洲中央银行货币政策以通货膨胀率为中介目标，同时依据资产价格的波动确定长短期风险，并将金融系统中的超额流动性紧密地与资产价格泡沫相结合，但是实践中往往很难实施资产价格目标。美联储较独立地执行货币政策，货币政策对资产价格的关注程度仅限于资产价格对通货膨胀的影响，原因是资产价格的变化是复杂的，中央银行不具有跟踪资产价格的信息优势。我国中央银行同样没有将资产价格纳入其操作目标中，但是以法律、法规文本及官员的讲话、文章等形式保持了对资产价格的密切关注。货币政策最终目标常以 CPI 来替代，但这些指标仅仅包括商品或者服务的价格，由于生活成本的变化将导致未来商品价格的上升，如果房地产价格上升但租金不变，这种变化难以通过 CPI 表现出来，而生活成本的上升将最终导致通货膨胀。物价稳定只是经济持续增长、社会稳定发展的前提，而不是必然保证。随着资本市场的快速发展，规模迅速扩大，金融资产占国民经济的比重越来越大，跨国资本流动越来越频繁。资本市场价格的波动对实体经济的影响远远大于过去，成为货币政策必须应对的难题和无法视而不见的重大问题。

货币政策与资产价格之间存在相关关系，最早系统论述两者之间关系的当属费雪，他的货币数量论的贡献之一就是确立了货币政策与商品价格和资产价格之间的简单线性关系，弗里德曼也承认这种关系。通常，在资本市场有效的前提下，资产价格的波动能够反映实体经济总量的变化，中央银行不需要对资产价格波动进行干预。在新凯恩斯主义经济模型中，货币政策严格地以通货膨胀率和产出缺口为目标，利用法定存款准备金率、存贷款利率和公开市场业务等工具，以商业银行为渠道来影响实体经济，保持币值的稳定，促进经济的持续稳定增长。

一 传统的货币政策传导机制

货币政策作为宏观经济政策的一个重要组成部分，在一国宏观经济政策体系中具有特殊的重要地位。它在一国经济发展中的作用，不仅体现在它是一国宏观经济的调节工具、是通货膨胀的制动器，而且体现在它是经济增长的有效驱动器。也就是说，货币政策不仅具有对经济的调节作用、抑制经济非正常发展的作用，还具有推动经济健康发展的扩张作用。这种扩张作用对于发展中国家而言，更具有现实意义。因为“对于发展中国家来说，资本形成是决定经济增长的一个主要因素（另一主要因素是体制改进）。而货币政策的作用就在于它会对资本的形成产生影响并因此而影响着经济增长”（樊纲，2000）。在资本形成过程中，包括资本市场在内的整个金融市场作为储蓄向投资转化的渠道发挥着重要的作用。因此，在一定程度上可以说，货币政策主要是通过金融市场对经济增长发挥作用的。

对于货币政策与经济增长之间关系的详尽分析，武剑（2000）为我们提供了一个较为全面的研究框架。经济增长作为各种经济政策的最终目标，它通常取决于生产函数中劳动力、资本及全要素生产率等各项基本要素。其中，资本要素对推动像中国这样的发展中大国的经济增长尤为重要。货币作为商品和生产要素之间的交易媒介，能够深刻地影响各种实际要素的投入数量、组合方式及配置效率，因此货币政策通过资本形成对经济增长的实质——潜在的产出水平的提高产生促进或制约作用。

就货币政策推动经济增长的具体途径而言，货币政策是通过在三个市场上（商品市场、货币市场、外汇市场）作用于货币的三种价格（物价水平、利率水平、汇率水平）而对资本形成进而对经济增长发挥作用的（刘军善，1998）。首先，货币政策通过在商品市场上控制通货膨胀、稳定社会预期来决定宏观经济运行的稳定性，为经济体制转轨和金融深化创造良好的外部环境。其次，货币政策的市场化取向有助于通过在货币市场上形成一个能够正确反映资金供求状况的多层次的市场化的利率体系。利率的市场化对经济增长的积极作用有十分深远的影响，它不仅可以增加资金供给，扩大资本形成规模，更重要的是，它能够真正消除金融资源的垄断配置，提高资金转化效率，降低融资中的道德风险。利率的自由化也是金融深化的前提和关键。最后，货币政策在外汇市场上通过汇率机制和放松资本管制，扩大引进外资的规模和提高外资质量，从而增加资本要素投入，进而影响着汇率政策、外汇管理体制及国际收支体系的变革与发展，从更广泛、更深入的角度作用于长期经济增长。

对于货币如何依次影响经济体系中的各种名义变量与实际变量，并进而影响实际的经济活动，对经济增长发生作用，也即货币政策如何借助货币冲击来影响实际经济的变动及其实施影响所依赖的路径（传导渠道），货币经济学一般用“货币政策传导机制”来加以描述。货币政策传导机制是货币政策是否有效的基础，历来是各派经济学争论的焦点。

传统的货币政策传导机制理论主要分析两种机制：利率机制及信用机制。

1. 利率机制

利率传导机制历来被认为是货币政策最重要也是最有效的传导机

制，瑞典学派、凯恩斯学派、货币主义者及各国中央银行都十分强调利率在货币政策中的作用，它可以用新古典综合派的 IS－LM 模型加以描述。在封闭经济中，利率传导机制被典型地概括为如下过程[①]：

M↑➡i↓➡I↑，C↑➡Y↑

随着中央银行增加，社会货币存量增加（M↑），居民货币持有额必然增加、债券持有额必然减少。上述两种情形的结果自然是名义利率上升，如果名义价格水平未能完全调整，则真实利率随之下降（i↓），最终导致投资及消费增加（I↑，C↑），国民收入增加。这一过程可用图 2－5 加以描述：随着扩张的货币政策实行，货币供给增加，LM 曲线向右下方移动，与 IS 曲线交于 B 点，此时利率更低，国民收入更高。

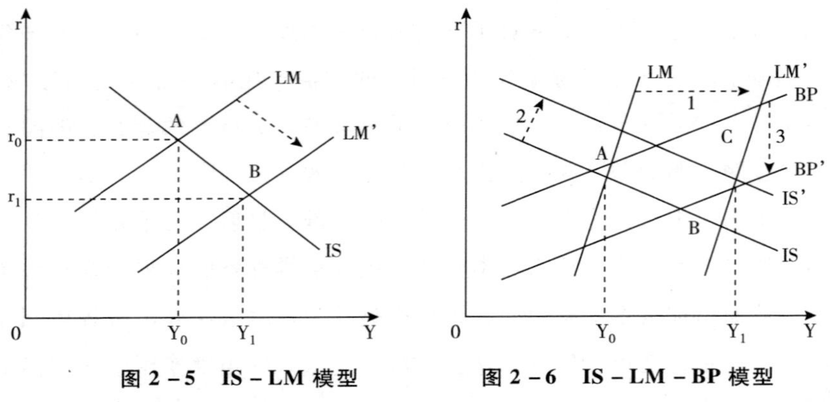

图 2－5　IS－LM 模型　　**图 2－6　IS－LM－BP 模型**

在新古典综合派的理论框架内，能方便地扩展到开放体系下的利率传导机制（Mundell，1968；Flemming，1962），可用 IS－LM－BP 模型（见图 2－6）表述，其具体的传导过程为：

↗I↑，C↑↘

M↑➡i↓　➡　➡Y↑

↘E↓→NX↑↗

与单纯的封闭经济体系相比，开放经济中的货币政策增加了一条传

① 此处以货币扩张为例，货币紧缩的作用过程正好与之相反。以下论及货币政策传导机制时均遵循此原则。

导渠道，即中央银行放松银根与降低利率后，导致汇率贬值（E↓），使出口产品竞争力增强，进口产品竞争力减弱，净出口额与国民收入增加（NX↑，Y↑）。可见，在开放经济中利率的传导功能进一步增强。

2. 信用机制

信用传导机制是在金融市场不发达、信息不对称及金融资产具有不完全的替代性的前提下，货币政策的主要传导机制。

信用机制有两条具体的传导渠道：银行借贷渠道（bank lending channel）和资产负债表渠道（balance - sheet channel）。

（1）银行借贷渠道

该理论认为，银行贷款与其他金融资产（如股票、债券）不可完全替代，特定类型的借款人（如中小企业）的融资需求只能通过银行贷款得以满足，从而使货币政策除经利率机制传导外，还可通过银行借贷进行传导。伯兰克与布林德（Bernanke and Blinder，1988）以一个类似 IS - LM 模型的理论框架（见图 2 - 7）对此进行了探讨，其传导机制为：

$$M\uparrow \Rightarrow D\uparrow \Rightarrow L\uparrow \Rightarrow I\uparrow \Rightarrow Y\uparrow$$

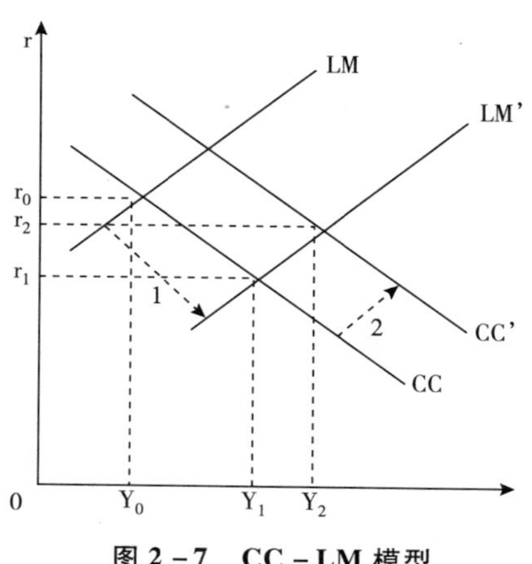

图 2 - 7　CC - LM 模型

即随着货币政策扩张（M↑），银行活期存款相应增加（D↑），在银行资产结构基本不变时，银行贷款的供给也相应增加（L↑），结果在因利率普遍降低而刺激投资的基础上，还致使那些依赖银行贷款融资的特定借款人进一步增加投资（I↑），国民收入随之增加（Y↑）。图2－7形象地描述了这一过程：当货币扩张时，一方面LM曲线右移，致使利率降低，产出增加；另一方面，由于银行贷款随之增加，CC'曲线（代表商品与信用市场同时出清）也相应右移，导致产出进一步增加。

（2）资产负债表渠道

它又被称为财富净额渠道（net wealth channel），这种传导机制理论是从不同货币政策态势对特定借款人资产负债状况的影响角度解释信用在传导过程中的独特作用（Bernanke and Gertler，1995）。资产负债表渠道的具体传导机制如下：

M↑➡i↓➡NCF，Ps↑➡资产状况改善➡L↑➡I↑➡Y↑

随着货币供给的扩张和利率的下降，借款人的资产状况将从两方面得到改善：从净现金流量（Net Cash Flow，NCF）看，利率下降导致利息等费用开支减少，从而直接增加净现金流；销售收入增加则从间接渠道进一步增加净现金流。从资本价值看，利率的下降意味着股价的上升（Ps↑），从而使现有资本品的价值随之增加，资产状况相应改善。由于上述原因，借款人担保品价值增加，贷款的逆向选择与道德风险问题得以缓解，使得更多的借款人既可以从市场上直接融资，也可以获得银行贷款，导致投资与产出额外增加。

二　资本市场传导货币政策的机制分析

传统的货币政策传导机制理论只着重分析了利率渠道和信用渠道，但是在金融市场日益发达的今天，这种分析并未全面反映货币政策对实际经济活动的影响。以股票市场为核心的资本市场是现代金融市场最主要的组成部分之一，它对实际经济生活的影响日益强大。事实上，股票收益、股票价格与实际经济活动之间存在着深刻的内在联系，股票市场对货币政策指标变化的反应最为敏感。美国联邦储备委员会主席格林斯潘在1999年8月27日举行的货币政策会议上明确提出，由于越来越多的美国人投资股票市场以及个人投资在美国家庭财富中所占的比重越来越大，美联储的货币政策将更多地考虑股票市场的因素。

在以银行为主导的金融体系中，银行信贷渠道是货币政策传导的主渠道；但随着资本市场的深化和发展，大企业以及原来主要依靠银行贷款才能获得资金的大量中小企业都能低成本地进入股票市场直接融资。这样，银行信贷作为货币政策传导的主渠道的地位将大打折扣，而资本市场传导货币政策的功能和机制则日益突出。

从货币政策的传导阶段或传导环节来看，第一个阶段是从货币政策工具到操作目标及中介目标，这属于金融体系自身调节阶段，主要是金融变量之间的相互作用过程；第二个阶段是从中介目标到最终目标，这属于金融体系作用于实体经济阶段，是金融变量与经济变量之间的相互联系和相互影响的作用过程。在这两个阶段，资本市场都发挥着重要的作用，而不是像人们以往所认为的那样，仅仅是货币市场在其中发挥作用。

1. 在金融体系自身调节阶段资本市场传导货币政策的机制

在货币政策传导的第一个环节即货币政策意图向资本市场的传递过程当中，微观主体的资产选择行为发挥了重要作用。当央行的货币政策行为引起货币供应增加时，将首先打破货币市场的均衡并引起利率下降。利率的变化从以下两个方面来影响股票价格的变动。

（1）通过改变货币市场和资本市场各种金融工具的相对收益率，从而引发居民的资产选择行为。在通货膨胀预期不变的情况下，由于存在价格黏性，在降低名义利率的同时降低了短期真实利率，可以替代股票或债券的其他金融资产的收益率将相对降低，人们将增加对股票或债券的需求，股票或债券价格上升，改善了银行、企业和居民的资产负债表。对企业来说，利率降低，股票价格上升，使其利息成本下降，净资产增加，信用增强，企业的逆向选择和道德风险降低，愿意增加投资支出。同时源于公司资信程度提高和银行放款能力增强，银行也愿意增加对企业的贷款。对居民来说，所持的股票、债券等价格上升，导致财富增加，因而消费需求增加，最终使产出增加。对银行来说，扩张性货币政策降低了负债比例，可支配资金增多，导致放款能力提高（米什金，1998）。社会总需求提高的结果将提高潜在产出水平，增加对劳动力的需求，降低自然失业率。另外，货币政策对资本市场的影响还可通过价格信号机制的作用来改善资源配置和通过产权交易与债权约束来改善公司治理结构，从而提高经济增长率。

（2）利率作为一种政策信号可以改变投资者对经济的未来预期而反映在股票的即期价格之中，换句话说，货币政策会影响社会公众对物价水平的预期情况。其传导的机理是，企业股东的收益表现为两个方面：一是股票红利，一是股票自身价格。但无论哪一种收入，都表现为名义收入。名义收入的实际价值取决于价格水平或通胀水平的高低。中央银行通过改变货币政策（如货币供应量或名义利率）影响经济社会的一般物价水平（通胀水平），居民拥有的股票收益和资本金（表现为名义收入）将受到一般物价水平的影响，股票的价格便会产生波动，这样股票持有人就会随着通胀的变化改变其对股票回报率的要求。公司为满足股东的要求就会相应调整生产，最终使总产量上升（Ralph Chami，Thomas F. Cosimano and Connel Fullenkamp，1999）。其传导机制可表述为：

M↑➡预期通货膨胀↑➡股票除息价值↓➡本期股票真实回报↓➡（在股东的压力下）企业下一期 I↑➡下一期 Y↑

此外，货币供应量的变化会引起货币余额的变化。当货币供应增加时，居民将发现他们手持货币多于所需，于是就会通过支出来花掉这些货币，去处之一就是股票市场，从而对股票需求增加，股价上涨；反之，则会导致股价下跌。

2. 在金融体系作用于实体经济阶段资本市场传导货币政策的机制

在货币政策传导的第二个环节即货币政策意图通过资本市场向实体经济的传导中，主要通过金融资产价格——主要是股价水平的变化对居民的消费和企业的投资产生影响。具体而言，股价水平的变化对实体经济产生作用主要是通过以下机制进行的。

（1）财富效应渠道

根据莫迪利安尼（Frranco Modigliani，1971）的生命周期模型（Life-cycle Model），居民的消费支出由居民的毕生财富（由人力资本、真实资本及金融财富组成）决定，毕生财富的一个重要组成部分是金融财富，而金融财富的一个主要部分是普通股。当股价上升时，金融财富增加，在边际消费倾向一定的情况下，居民的消费支出将增加，从而对实体经济产生影响。当然，股价的短期爆发性上扬，对消费者而言只是暂时性收入的变动，对消费的刺激作用较小。但如果股市的繁荣是长期而稳定的，居民的金融财富将持续增长，居民的消费支出将会增加。此外，长期稳定发展的股市还会改变人们对未来的预期，从而增加人们的边际消费倾向而增加消费支出。其传导机制为：

M↑➡i↓➡Ps↑➡W↑或公众预期改善➡C↑➡Y↑

货币扩张导致利率下降，股票与债券的相对收益随之变动，并经由公众的资产结构调整效应最终促使股价上涨（Ps↑），居民持有的金融财富价值上升（W↑），社会公众对未来经济发展的预期改善，其消费支出与产出均随之增加。

（2）流动性效应渠道

根据流动性效应的观点，汽车、住宅等属耐用品，不具有流动性。如果消费者急需现金而被迫卖掉耐用品来筹措资金，必定受很大损失。因为耐用品缺乏流动性，被迫出卖时，这些资产将贬值；相反，如果消费者持有的金融资产较多（如银行存款、股票或债券），就能很容易地按完全的市场价值将其迅速脱手变现。由此可知，消费者的资产负债状况，对消费者评价自己是否可能陷入财务困境具有重要的影响。如果消费者对自己陷入财务困境的可能性预期较高，他将减少较缺乏流动性的耐用品，多持有具有流动性的资产。而当消费者持有的金融资产比债务多时，他对财务困难的可能性预期会很低，因而更愿意购买耐用品。

股价水平的变化将引起消费者资产负债表的变化，使金融资产在总资产中的比重发生变化。由于金融资产相对于实物资产有更强的流动性，在发生财务困难时，金融资产的变现成本较低。这样，当股价上涨、金融资产增加使消费者预期发生财务困难的可能性降低，从而会增加对住房等耐用消费品的支出。由此可以得出一个新的货币政策传导机制：

M↑➡i↓➡Ps↑➡金融资产价值↑➡财务困难的可能性↓➡耐用消费品支出↑➡Y↑

(3) 托宾的 Q 值效应渠道

托宾的 Q 理论提供了一种有关股票价格和投资支出相互关联的理论，从资产结构调整角度为货币政策的传导过程提供了一个很好的思路。托宾将 q 定义为企业的市场价值除以资产的重置成本。Q 值的高低决定了企业的投资愿望。如果 q 值很高，那么企业的市场价值要高于资产的重置成本，相对于企业的市场价值而言，新厂房和设备等实物投资变得相对便宜。这种情况下，公司可发行较少的股票而买到较多的投资品，其新增投资支出便会增加，经济呈现景气态势。反之，如果 q 值很低，即公司市场价值低于资产的重置成本，厂商将不会购买新的投资品，如果公司想获得资本，它将购买其他较便宜的企业而获得旧的资本品，这样企业新增投资支出将会降低，结果是投资萎缩、产出下降。而企业的 q 值主要由股价水平的变化决定。当股价上升时，q 值升高，企业的股票发行变得相对容易；反之则反是。由此可见，货币政策通过股价的变化改变企业的 q 值，从而影响企业投资支出，以此作用于实体经济。换言之，根据托宾 Q 理论的货币政策传导机制为：

$M\uparrow \Rightarrow i\downarrow \Rightarrow Ps\uparrow \Rightarrow q\uparrow \Rightarrow I\uparrow \Rightarrow Y\uparrow$

货币扩张导致利率下降，股票与债券的相对收益随之变动，并经由公众的资产结构调整效应最终促使股价上涨（Ps ↑），q 值相应上升，投资与产出均随之增加。

(4) 非对称信息效应渠道

在货币政策传导的信贷渠道中，由于信息不对称而产生的逆向选择和道德风险会降低银行的贷款意愿，影响企业投资支出，从而使货币政策通过信贷渠道的传导受阻，影响货币政策目标的实现。解决信贷渠道中的非对称信息问题的一种有效办法，就是提高企业净值或贷款担保品的价值，从而减少企业借款时的逆向选择和道德风险。而股票市场的发展、股票价格的上涨是导致企业净值增加的重要途径之一。所以当股价上涨、企业净值增加时，企业借款时的逆向选择和道德风险减少，银行贷款就会增加，从而企业投资支出增加，总产出增加。这就是说股价水平的上升通过强化银行信贷渠道而间接作用于企业投资支出，从而作用于实体经济。其具体的传导机制如下：

M↑➡i↓➡Ps↑➡企业净值↑➡逆向选择和道德风险↓➡L↑➡I↑➡Y↑

上述几种资本市场传导货币政策的机制从不同侧面反映了货币政策通过资本市场作用于实体经济的过程。在现实经济生活中，由于资本市场受各种错综复杂因素的共同作用，使我们很难定量地分析这些效应的作用效果，也很难进行比较。但实际经济运行的结果是实实在在地表明资本市场确实通过这些过程或更为广阔的途径对实体经济发生着影响。

三 资产价格波动对货币政策的影响

20 世纪 90 年代以来，资本市场的发展对货币政策决策之所以如此重要，一是资本市场的规模和结构发生了极大的变化，这些变化影响着货币的供给和需求、货币政策的传导机制以及货币政策的工具；二是资本市场对经济的作用和对货币政策目标的影响在增强；三是资本市场是货币政策的重要传导渠道，其发展、变化对货币政策的制定、实施和传导效率具有重要影响。总之，资本市场的快速发展对现行的货币政策框架提出了巨大的挑战（苟文均，2000；任啸，2001）。

1. 货币政策传导机制更加复杂和难以测控

货币政策是否有效取决于央行对货币政策传导机制的控制程度，以及各传导主体的行为选择。过去银行信贷一直是我国最重要而且是唯一的传导渠道。但随着资本市场的兴起和逐渐发展，银行体系在一国融资体系中的地位和作用相对下降，资本市场成为重要的融资渠道。越来越多的现代企业通过发行股票、债券融资，即便一直被视为“银行依赖者”的中小企业，也将逐渐可以在二级市场上低成本融资；个人投资选择多样化，利率的一再调低使很多居民储蓄被分流到股票市场；随着放宽管制和市场竞争的加剧，银行资金通过同业拆借市场大量进入股市。资本市场对实体经济的作用越来越突出，逐渐成为一条重要的货币政策传导渠道。

如前所述，货币政策的传导存在着两个相互联系的传导阶段：一是从货币政策工具到操作目标及中介目标，即从官定利率的变动到短期利率、长期利率、金融资产价格和汇率的变动；二是从中介目标到最终目标，即从金融市场的变化到居民、企业和银行的支出变动。资本市场的深化和发展进一步加深了整个经济体系的市场化程度，货币政策的传导渠道和传导主体显著增加，官定利率的变动对消费者信心和未来就业与收益前景的预期效应随时间而变化，货币政策传导的环节增多，经济主体行为选择更加多样化、间接化，对货币政策的反应在强度和方向上的不确定性加大，其行为更具多变性，有可能和央行的货币政策意图相反，致使货币政策渠道更加复杂，并具有不可测控性。随着各种经济变量间的互动过程和互动关系更加复杂，央行在宏观经济模型中很难准确地预测家庭、企业和银行等微观经济主体对货币政策可能作出的反应。

2. 以狭义价格指数（物价指数）稳定作为货币政策的最终目标受到影响

长期以来，大多数国家包括我国都把抑制通货膨胀即保持物价稳定作为央行货币政策的最终目标，甚至是唯一目标，但不包括资产价格。事实上，随着资本市场的日益发展，股票价格已对货币政策的最终目标构成较大影响。这种影响体现如下。

从理论上看，股票价格上升改善了企业、居民的资产负债表，刺激企业投资和居民增加即期消费，可能造成一般商品和服务价格水平的膨胀；反之，股票价格下降，泡沫经济破灭，随之而来的股票价格急剧下跌会引起企业和个人的财富大幅缩水，将会动摇投资者和消费者的信心，引发不佳的心理预期，从而陷入通货紧缩的恶性循环。

从实践中看，物价水平和股票价格可能会出现相背离的情况，使央行的货币政策陷入两难局面。事实上，随着未来资产证券化和证券融资化的加速扩张，资本市场以其独特的收益性和投机性，赋予股票比商品更大吸引资金的能力，于是股价攀升而物价回落，两者相互加强的结果，是物价不对货币政策形成压力，倒是股价对货币政策构成冲击，进而影响货币政策实施效果。

3. 以货币供应量作为货币政策的中介目标受到影响

长期以来，我国货币政策是以广义货币供应量（M2）作为中介目标。但在一个开放的市场化的经济中，货币总量作为货币政策的中介目标，越来越不具有可控性、可测性和相关性。这其中有我国金融体制改革滞后、货币政策传导机制梗阻的原因，但更为重要的原因是金融深化过程中，货币供需总量发生了巨大变化。

从影响货币需求方面看，资本市场及衍生产品市场（如即将开设的股指期货市场）发展，对货币需求量大大增加，而且也改变了货币需求内部的持币动机结构。另外，随着我国加入世界贸易组织后市场化程度、开放程度和金融创新的步伐加快，投资主体更加多元化，投资工具和投资活动更加多样化，货币替代的趋势和程度将加强，致使国内企业和居民的货币需求动态地发生变化，其稳定性大大下降，货币需求与其他宏观金融指标之间的相关性趋弱。

从货币的供给量看，货币供给量由中央银行、金融机构、企业和个人的行为共同决定，尤其后三者对信用创造的影响因素日益加强，这些影响因素如商业银行的超额储备、存款人的存款额、借款人的借款额以及制度性约束等，并且资本市场又成为影响上述因素的一个重要方面。概而言之，资本市场的发展，改变了货币供给的方式，增加了货币供给的主体，影响着货币供给量的决定及其内部结构的转化。

因此，资本市场的发展及金融创新改变了经济中货币的供需总量，央行对控制货币总量并对经济作出迅速反应的能力日趋减弱。

4. 对传统货币政策工具的影响

再贴现、准备金制度和公开市场操作是中央银行传统货币政策工具的三大法宝。但是，自20世纪90年代以来主要市场经济国家中央银行货币政策工具的一个重大变化是从准备金和再贴现制度转向公开市场操作，公开市场操作成为主要的货币政策工具。这是因为在市场经济国家的公开市场上，国债的风险低（甚至可以说是无风险）、流动性强（具有近似于现金的特性）、规模大，又是其他货币市场资产定价和中央银行确定名义利率的重要基准，较之其他政策工具在操作上更富弹性、更加市场化和更具自主性。因此在资本市场得到极大发展后，公开市场操作便成为发达市场经济国家中央银行进行货币政策操作的理想工具。

而在我国，中央银行货币政策工具更多地倚重于信贷指导性计划、利率手段和存款准备金率，公开市场业务一直不发达。我国国债期限较长，品种不多，流动性差，使公开市场业务缺乏载体。由于商业银行和金融机构尚未把银行间债券市场作为自己流动性管理的场所，其他非金融机构又不能进入，因此持有大量国债的商业银行将国债视为低风险、高收益的优质资产，不愿出售。中央银行在外汇市场上的公开市场操作，考虑的是汇率目标，即为了维持人民币汇率而被动地吞吐外汇或人民币。另外，我国货币市场发育滞后于资本市场，交易品种少，受准入资格限制，交易主体少，市场规模小，并且货币市场和资本市场相互隔离，公开市场业务并不是我国主要的货币政策工具。因此，中央银行不易控制通过资本市场传导货币政策的渠道。

反观主要的市场经济国家，如美国、欧元区国家，则是另外一种情形：这些国家所追求的平衡预算政策将制约国债市场的发展，甚至使国债市场消失，国债市场的萎缩或消失将对中央银行的货币政策操作构成重大挑战，一方面是长期利率的形成基础不复存在，价格信号被严重扭曲从而极易导致货币政策被误导；另一方面将使中央银行货币政策的运作失去依托。

5. 资本市场发展所导致的金融资产价格变化对货币政策的影响

资本市场上金融资产存量的日益增长及其价格的剧烈变化是20世纪80年代以来金融深化和金融发展的重要结果。它对一国的货币政策产生了多方面的深刻影响（钱小安，2000）。

（1）金融资产价格变化会改变货币需求的稳定性

主要包括以下几个方面：首先，金融资产价格变化会改变人们的货币需求偏好，当资产价格变化形成一定的风险溢价时，持有货币的机会成本有所增加，货币存量就会相应地减少。其次，金融创新使得新的资产形式不断涌现，在资产具有一定流动性的情况下，大量存款会转化为高收益率资产而产生转移效应，最终导致货币供应量和结构发生变化，使货币供应量相对过剩。再次，资产存量的增加使商品价格和金融资产价格之间的相关性有所增强，一方面，二者都是社会财富的不同形式；另一方面，在一定条件下金融资产价格的上涨意味着金融市场远期利率的下降，并产生对放松市场条件的预期，这在一定程度上会推动商品价格的上涨。又次，资产存量的融资往往是通过资本市场运作来实现的，其价格与长期利率密切相关，因此，金融资产价格变化使货币供应发生结构性变化。最后，在资产存量不断膨胀、金融资产价格迅速上扬的情况下，货币的预防性需求会有所下降，实际货币需求与货币政策的数量目标之间会产生较大的差异，宏观调控中需求管理的有效性会有所减弱。

（2）金融资产价格变化会影响货币供应

这种影响主要表现在货币供应出现结构性的变化：M0 和 M1 增幅相对较快，而 M2 增长速度呈下降趋势。其原因除了利率调整外，主要是由于以下几点。第一，资产价格的不断上扬使货币的流动性有所增强。货币收益相对于虚拟资产名义价值的上升显得较低，流动性偏好有所上升，即在短期利率不变的条件下，居民和机构愿意持有更多的现金，导致 M0 增长相对过快。第二，资产价格的不断上扬使得储蓄的机会成本加大。货币与资产之间产生替代效应，对高收益率的追求使得资产需求看涨，而相对较低的名义利率导致储蓄心理出现扭曲，尽管存款的实际利率并不低，但还是出现了储蓄增长缓慢的现象，M2 增长回落。第三，资产价格的不断上扬使得资金需求大量从生产领域转向非生产领域，资金进入虚拟运动的数量日益庞大。甚至有的企业为了追求风险利润，不惜利用银行信贷资金进行资产市场的运作，导致虚拟资本膨胀，极易产生产业“空心化”现象。

（3）金融资产价格变化会改变货币政策的传导机制

该机制对货币政策效应产生重大影响（赵怀勇，2000）。具体体现为：首先，资产价格变化对各经济行为主体的抉择产生重要影响：资产价格变化通过影响居民的资产组合影响货币需求的稳定性，从而使得货币当局不仅对货币需求总量难以把握，而且对各层次的货币需求数量也难以把握；资产价格变化通过影响企业的投融资决策改变了货币政策作用的中介场所，从而使得中央银行仅仅针对调控货币市场来制定的货币政策在实际的实施中效率递减；资产价格变化模糊了存款货币机构和非存款货币机构的界限，从而改变了中央银行货币政策调节的范围。其次，资产价格变化通过弱化短期利率的传递功能、减弱法定存款准备金率的作用力和降低中央银行对基础货币的可控性，影响了中央银行货币政策操作目标的实现。再次，资产价格变化通过改变货币结构、增强货币流动性、缩小货币乘数、刺激企业创造货币外金融工具和改变货币政策传导机制的利率渠道，影响了中央银行货币政策中介目标的实现，从而影响了中央银行货币政策最终目标的实现。最后，资产价格变化对货币政策最终目标的影响，也就是对货币政策效应的影响，呈现出三个显著的特点：资产价格变化削弱了货币当局控制货币的能力，影响了货币与物价之间的稳定联系，破坏了货币与产出之间的关系。

（4）金融资产价格的过度上扬不可避免地会对货币政策产生不利影响

首先，资产价格变化使货币供应产生结构性变化，货币流动性相对增强，货币数量与物价之间关系的稳定性被破坏，货币数量管理面临困难。其次，资产价格上扬使货币的流动性偏好有所提高，消费者倾向于将远期消费转化为即期消费。因此，在尚未形成信息畅通、完全竞争的商品市场的情况下，资产价格过快增长使得垄断型、紧缺型商品涨价的可能性依然存在，通货膨胀压力逐渐加大。再次，资产价格上扬有可能增加金融市场的信用风险。一些非银行金融机构把货币市场上获得的短期融资用于资本市场炒作，在一定程度上把资本市场的风险渗透到货币市场，银行系统的风险骤然加大。最后，资产价格上扬使得大量资金流向非实业经济，产业经济所需资金却得不到满足，产生虚假繁荣和“泡沫经济”。“泡沫经济”一旦形成，一方面，其扭曲的价格信号会造成实体经济中的资源配置不当；另一方面，其高度波动性会在更大的范围内引起金融与经济的不稳定，严重动摇人们的消费信心，同时，由于银行抵押品价值的缩水而使银行陷入财务危机之中。巨大的金融风险，破坏了金融体系的稳定性，引起整个社会的恐慌。另外，“泡沫经济”的存在也严重影响了货币政策的传导，弱化了货币政策的效应，影响了经济增长的实现。

四　关于货币政策是否考虑资产价格的两种观点

1. 货币政策不需考虑资产价格

持有该观点的学者认为，资产价格波动相对于商品价格和服务价格而言更具不确定性和高波动性，中央银行很难区分股票价格波动是由基本面因素或非基本面因素引起的。由于中央银行并没有高于私人部门的信息优势，因而也会经常出现与私人部门一样的定价错误，对股市的趋势性预测判断失误，结果导致实行错误的货币政策。即使资产价格在向外传播冲击时能起一定的作用，将资产价格加入货币政策规则中能起的作用却很小。虽然股票价格对产出有直接影响，但考虑产出和预期通货膨胀的政策规则与考虑股票价格的政策效果相似。弹性通货膨胀制是有效的标准化制度，可以实现总体宏观经济的稳定和金融稳定。假设预期通货膨胀稳定，货币政策不需要也不值得对资产价格的变动作出反应。只有当资产价格能作为潜在通货膨胀或者通货紧缩压力的信号时，资产价格才与货币政策相关。因为无法区分资产价格变动是来自泡沫还是源自基础因素，货币政策当局对资产价格作出积极反应的潜在成本会很大，这将对经济发展不利。因此，直接的资产价格目标制并不理想①。

美联储前主席艾伦·格林斯潘在1999年向众议员战略委员会提供证词时，对资产价格与货币政策之间的关系进行了如下论述：“尽管财产价值对经济至关重要，美联储必须对此认真监督和审查，但是其本身并不是货币政策的目标。货币政策的目标是美国经济的最大可持续性增长，而不是资产具体的价格水平。”他同时认为，

① 何国华、黄明皓：《资产价格与货币政策：一个理论综述》，《中国货币市场》2008年第5期。

到目前为止，经济学家并不能预测人们的信心何时会发生逆转，而经济信心的逆转主要是通过资产泡沫的崩溃来表示的，一般来说，只有泡沫破裂之后，人们回过头来才能确认泡沫的存在。另外，正是人类的本性本身造成的泡沫经济，即人们总是经常出现悲观主义和乐观主义情绪，这两种情绪交替出现，导致投机性的过度繁荣。在这种情况下，货币政策无助于这一问题的解决，因为到现在还没有一种工具能够改变人类的本性①。

2. 货币政策应该考虑资产价格

持有该观点的学者认为，中央银行将货币政策的目标只限定在通货膨胀上，显得过于狭窄，像房地产价格和股票的价格也应包括在广义的通货膨胀指标内。如果将通货膨胀定义为货币价值的下降，那么，未来消费的价格应与现在消费的商品与劳务的价格一样重要。一些学者从理论的角度论证实行通货膨胀目标制的中央银行对资产价格的偏离作出反应可以改善宏观经济运行。资产价格偏离和由基本面驱动的资产价格波动应采取不同的政策，同时指出资产价格发生大的偏离时，中央银行比其他市场参与者在对长期的资产泡沫作出反应方面更具优势。他们的观点可以看作是对通货膨胀目标制的放松，中央银行应对资产价格偏离采取行动，而不应盯住资产价格。他们认为中央银行和政策当局关注资产价格膨胀效应对稳定金融体系是很重要的。在资产膨胀期，贷款人根据资产抵押进行贷款的行为，在膨胀破灭后对贷款人的损失很大。在资产膨胀期，政策当局可以通过征收因资产价格上升而增加的信用扩张部分的资产准备金，影响贷款人的资产组合。除了计算资产价格在通货膨胀中的影响，有学者甚至认为在标准化货币政策中，中央银行有理由只关注资产泡沫，而不需要关注资产价格的组成。这一结果不依赖于资产价格本质上的波动性，也不依赖于在资产泡沫中区分资产价格基础性波动的能力。

---

① 马亚明、王姣、谢晓冬：《资产价格波动与货币政策研究评述：信息、效应与选择》，《上海金融》2009 年第 12 期。

五　货币政策干预资产价格波动的方式

1. 直接干预

Akram（2006）构建了一个开放经济的小国模型，证明了对资产价格波动进行直接反应的利率政策比标准的利率政策更能提高实体经济的稳定性①。资产价格上涨与下跌对实际经济的影响是不对称的，金融体系内部的监管能够限制，但不能消除“泡沫”，因此，为了避免资产价格过度上涨和最终崩溃带来的长期影响，货币政策在资产价格上涨的初期就应该通过调整利率等手段来干预资产价格。Cecchetti 等（2000）主张利用前瞻性的反应函数对股票泡沫进行外科手术式的精确“穿刺”，在反应函数中加入资产价格项②。

2. 间接反应

有学者认为，货币政策不应该以任何直接的方式就资产价格纳入目标体系，而是应该致力于物价的稳定，并保证金融体系足以应付资产价格的波动。中央银行不应该也无法直接控制资产价格，而只应对资产价格中所包含的通货膨胀与紧缩信息进行反应，主张不应该在反应函数中加入资产价格项，但是强调要充分考虑资产价格波动中包含的通货膨胀与紧缩信息。

3. 将资产价格纳入一般物价指数

越来越多的国家采取了“通货膨胀目标制”的货币政策规则，在通货膨胀目标制框架内，货币政策如何考虑资产价格的波动，实际上等同于如何将资产价格纳入一般物价指数。Alchian 和 Klein（1973）认为通常使用的价格指数 CPI 存在理论上的缺陷，并认为衡量通货膨胀的价格指数必须包括资产价格。他们根据费雪的传统跨期消费分析推导出一个新的价格指数，即广义的价格指数，以便既能反映当前消费的当前成

① Akram QF.，2006，Monetary Policy and Asset Prices：to Respond or not? *International Journal of Finance and Economics*，11：279－292

② Cecchetti，Stephen，Hans Genberg，John Lipsky and Sushil Wadhwani，2000，*Asset Prices and Central Bank Policy*，Geneva Report on the World Economy，2. CEPR.

本，又能反映未来消费的当前成本[①]。还有学者提出“动态因素指数”概念，将房地产、股票等资产价格纳入对通货膨胀指数的测算。传统的价格指数由于没有包含资产价格，因而具有“排除物品偏误”，如果将资产价格加入传统的一般物价指数中，则会减少这种偏误。Goodhart（1999）从另一个角度关注资产价格的波动，他们所关注的是资产价格是否对货币政策具有信息作用[②]。但是，这些广义的价格指数是否能够准确衡量通货膨胀，取决于是否能够将资产价格中的“噪音”完全剔除。就目前的技术手段看，这几乎是不可能实现的。中央银行将货币政策的目标只限定在通货膨胀上，显得过于狭窄，像住宅、金融资产等的价格也应该包括在广义的通货膨胀指标内。如果将通货膨胀定义为货币价值的下降，那么，未来消费的价格应该与现在消费的商品与劳务的价格一样重要。

六 货币政策考虑资产价格波动的政策选择

资产价格水平应由市场机制决定，但当资产价格的波动影响到宏观经济目标时，货币政策当局就不能漠视。不可否认，资产价格能在某种程度上反映出经济基本面的状态，但两者之间并非简单的相关关系；资产价格变化能部分反映投资心理的变化，进而体现资产交易中的非理性和泡沫因素；资产价格的变化程度，也能反映资产交易的活跃程度与金融市场的深化程度。

通过对货币政策是否应当以及应该如何对资产价格波动作出反应争论进行回顾发现，一方面，持反对、消极意见的观点只注重操作的可行性，忽视了资本市场在货币政策传导机制中的独到作用及其对宏观经济活动的重要影响，有一定的局限性；另一方面，如果只是一味盲目支持中央银行对金融资产价格实施干预，又存在许多现实问题。首先，央行

---

① Alchian，A.，Klein，B.，On a correct measure of inflation. *Journal of Money*，Credit and Banking，1973（5）：173－191.

② Goodhart，“*Time*，*Inflation and Asset Price*”，paper presented at a conference on the Measurement of Inflation，Cardiff Business School，August，1999.

要调控金融资产价格，一个基本的前提条件是要准确判断资产的合理水平，从而才有可能在资本市场泡沫过大或缩水严重时采取政策调控措施。其次，由于资产价格波动的根本是由于经济基本面的因素引起的还是由市场因素引起的难以区分，这就决定了央行不可能通过阻止大多数情况下的短期股价波动来稳定长期的价格与产出。最后，金融资产价格是即时波动的，而货币政策作为宏观经济政策，其基本的着眼点就是要维持长期稳定，不可能要求它对金融资产价格的每一次波动作出反应，否则可能会产生有悖初衷的政策效果。因此，在实践中确实存在将资产价格作为货币政策目标的困难。

在不牺牲自由资本市场巨大活力的前提下，减少资产价格大幅震荡给实体经济造成的不利影响，是中央银行面临的一项艰巨任务①。从近年的情况看，资产价格的快速上升，带动相关产业的价格水平高企，推动了消费物价水平的提高，使得宏观调控当局不得不对资产价格波动对货币政策形成的影响重新进行权衡，尤其是在货币政策执行过程中，传统的物价指数已难以全面地捕捉整个经济体包括资本市场中价格水平的变动情况和趋势。

第一，中央银行应将资产价格稳定纳入货币政策目标。将资产价格纳入货币政策目标，意味着中央银行会对资产价格采取逆经济风向行事的事前货币政策，在资产价格下跌时期采取扩张性货币政策，在资产价格上升时期采取紧缩性货币政策，避免资产价格泡沫的产生和破灭，降低未来发生金融不稳定的概率。同时逆经济风向的货币政策将会显示央行的意图和市场信息，减少市场主体的羊群行为，此时即使很小的政策调整也可以有效地引导资产价格走势和金融机构行为②。但是，将资产价格作为货币政策目标也面临诸多困难。首先，资产价格的形成机制受到宏观经济形势、微观部门效益、资金供应、资产供给、投资投机、心

① 马亚明、王姣、谢晓冬：《资产价格波动与货币政策研究评述：信息、效应与选择》，《上海金融》2009 年第 12 期。

② 李雅丽：《货币政策与资产价格：危机前后的主流认识与再认识》，《上海金融》2011 年第 3 期。

理预期等因素的影响，资产价格变化的因素复杂，使得中央银行在跟踪资产价格变化上不具备优势。其次，缺乏可操作性指标。中央银行对资产价格作出反应：不管理论还是实践中，都没有可行的指标。CPI 被用作通货膨胀率的替代性指标，但 CPI 仅反映实体经济中的价格变化，资产价格未纳入计算，主要原因在于，资产价格的形成机制复杂，波动程度受到诸多因素的影响，实践中缺乏统一的衡量标准，因此，货币政策很难针对资产价格的波动作出反应。

综合来看，当前资产价格还不能作为货币政策的独立调控目标，但应将其作为货币政策调控的辅助监测指标，纳入中央银行货币政策的视野。资产价格泡沫的形成与破灭对实体经济有重要影响，调控资产价格也就成为货币政策自身目标实现的需要。关键是要确定货币政策调控的边界，也即要解决货币政策对资产价格波动的容忍度问题。对资产价格波动进行有效调控的边界应以是否损害实体经济为准则，货币政策对资产价格的反应主要应体现在对非经济基本面因素造成的资产价格过度波动进行有效控制。中央银行需要深入并正确区分资产价格的合理上涨与泡沫，确定资产价格的合理变动区间，通过各种渠道尽可能地准确判断和评估资产价格波动情况及其生成原因，建立一套资产价格波动的预警指标体系。并根据证券市场的走向和金融资产价格变化对宏观经济影响程度的估计作出相应判断，进而采取相机决策的货币政策，对金融资产价格的过度波动进行必要的调控。

第二，中央银行应加强与证监会的监管协调。近年来，随着我国资本市场的改革和完善，进入证券市场的资金来源日趋多样，既有散户自有资金，又有机构投资者资金，如证券投资基金、保险资金、社保基金、QFII 等，目前机构投资者正在不断壮大，逐渐成为资本市场的投资主体，有利于我国直接融资体系的建设。然而我国股市的起伏变化，不仅影响机构投资者的买卖行为，而且影响股市资金的来源。在股市高涨期，部分银行信贷资金直接入市，或实体企业把正常的生产资金也转投股市（房市），这对股市的非理性繁荣和泡沫形成起到了推波助澜的作用。如果有过多的信贷资金进入资产市场，资产价格的波动极易导致金融机构不良资产的形成，甚至会出现信用危机。作为中央银行，应根据经济发展态势，时刻关注金融运行状况，密切监测资本市场的资金流向，严防信贷资金进入资本市场，防范潜在的系统性金融风险，为宏观经济的持续健康发展创造一个良好的金融环境。

第三，中央银行应采取综合措施应对资产价格波动问题。中央银行识别泡沫的难题、货币政策的独立性等都会影响到货币政策应对资产价格波动的成本和有效性。因此，在解决资产价格波动问题时，不应单靠货币政策，而应该配合其他的政策措施，如健全的法律制度、信息披露制度和健康的监管机制。这些措施可以有效制约银行和企业的风险暴露。资产价格下跌与银行危机之间有一定的关系，因此，还应该加强信贷管理，在资产价格上升阶段增加信贷损失准备的提取，而在下跌阶段采取相反的措施；在上升阶段减少股票质押和房地产抵押贷款等。另外，在资产价格泡沫破灭后，积极的财政政策不仅可以帮助公众增强对经济基本面的信心，还可以增加经济中的有效供给和需求，从而有利于资产价格迅速恢复到合理价值水平。

第四，中央银行应在泡沫破灭后的救助行为中受到一定限制。资产泡沫破灭后，央行采取宽松货币政策进行救助时应该存在一定的限制。这是因为金融机构的优胜劣汰是行业健康发展和社会稳定的保障，及时淘汰经营失败的金融机构可以消除隐患，避免信用泡沫的积累。允许银行倒闭从而消除它所创造的多余货币，是抑制金融市场泡沫的重要措施。另外，限制性的救助措施也能部分解决“大而不倒”金融机构的道德风险。同时，对央行的救助行为进行一定的限制，也是避免引发潜在通货膨胀的重要环节。在美国最近通过的金融监管改革法案中，就对美联储增加了制约。美联储将面临审计，审计内容主要是为应对危机而发放的紧急性贷款和其他的政策行动。美联储需要在两年内披露其通过贴现窗口以及其他公开市场操作为银行提供贷款的细节。美联储不得对单个公司通过紧急贷款进行救助，禁止对无偿还能力的金融机构实施救助。

第三章

资产价格泡沫的国际经验与教训及我国对策

20世纪70年代以来，金融自由化理论得到较大发展。一些国家为加快本国经济发展加快了金融自由化的步伐。然而，虚拟经济与实体经济不配套、金融改革次序不当以及过剩的流动性、缺失的金融监管和金融指标监测体系、经常账户失衡、外债规模过大等导致20世纪90年代以来，日本、东南亚、韩国、俄罗斯和美国等国家在经历了股市和房地产市场泡沫后陷入危机。通过分析这些国家资产价格泡沫破灭的过程和原因，我们认为，一国的金融改革不可脱离实体经济，并且改革的各项措施要遵循金融次序论有步骤进行，一国的产业结构和外贸结构要合理，利率、汇率和外资政策应配套，外资和外债规模要适度，职责明确的监管机制是防范和化解金融风险的必备之举，各国共同合作有助于防范金融风险或降低金融风险的危害。为避免在我国产生资产价格泡沫及其带来的危害，促进我国金融产业健康有序发展，我国应积极参与全球金融自由化浪潮，审时度势地推进我国金融自由化改革，并主动调整我国当前的经济增长方式，提高我国产品的国际竞争力，建立我国的金融监测指标体系，加大我国金融监管立法力度并对金融领域实施有力监管，同时积极参与国际协调合作机制。

第一节　金融自由化与金融危机

资产价格泡沫的形成往往与金融自由化相关。过快的金融自由化会导致资本迅速向实施金融改革的国家集聚，形成过旺的人气，推高该国的股市、房市和债市，使股市、房市和债市脱离基本面，在国内金融监管缺失、国际协调不畅的条件下较容易形成资产价格泡沫。当资产价格泡沫破灭时，金融危机也随之爆发，给该国经济造成巨大损失。但是，我们应看到，金融自由化乃大势所趋，无人可挡。同时，在金融自由化道路上，应特别注意金融自由化的速度问题和开放的次序问题，降低金融脆弱性，实现一国的金融深化。

一 金融自由化是大势所趋

20 世纪 70 年代，美国经济学家罗纳德·麦金农（R. J. Mckinnon）和爱德华·肖（E. S. Show）针对当时发展中国家普遍存在的金融市场不完全、资本市场严重扭曲以及政府对金融的“干预综合征”首次提出金融自由化，他们认为发展中国家普遍存在着严重的“金融抑制”现象，主张发展中国家应当通过金融自由化改革，解除金融抑制，推动经济增长。金融自由化主要包括利率自由化、混业经营、业务范围自由化、金融机构准入自由、资本自由流动。麦金农和肖提出的金融深化理论拉开了发展中国家以金融自由化为主要内容的金融改革的帷幕。与此同时，为摆脱凯恩斯主义经济政策的窘境，主张放松管制的新自由主义政策成为发达国家金融改革的主流。20 世纪 80 年代以来，包括发达国家在内的世界许多国家先后进行了金融自由化改革。这些国家均期望通过金融改革推动经济增长。

二 金融自由化中应注意的问题

金融自由化可能导致两种截然相反的结局。一种结局是金融深化，这是各国希望达到的结果。恰当的金融自由化的实施将带来一国金融深化。所谓金融深化，是指一个国家金融和经济发展之间呈现相互促进的良性循环状态。当金融业能够有效地动员和配置社会资金，促进经济发展，同时经济的蓬勃发展加大金融需求并刺激金融业发展时，金融发展和经济发展就形成一种互相促进和互相推动的良性循环状态，这种状态可称作金融深化。通过金融深化可增加储蓄、扩大投资、提高就业量和总收入，促进经济增长。另一种结局是增加金融体系脆弱性，这是各国都不愿意看到的结果。金融脆弱性有广义和狭义之分，狭义的金融脆弱性是指金融业高负债经营的行业特点决定的内在的、更易失败的本性，有时也称为金融内在脆弱性，而广义的金融脆弱性是指一种趋于高风险的金融状态，泛指一切融资领域中的风险积聚，包括信贷融资和金融市场融资。现在通用的是广义金融脆弱性概念。金融脆弱性积聚到一定程度就会爆发金融危机。所以，在金融自由化道路上，应特别注意金融自由化的速度问题和开放的次序问题，降低金融脆弱性，实现一国的金融深化。

第二节　资产价格泡沫破灭的历史经验教训

一　日本的经验教训

1. 日本股市和房地产市场泡沫破灭的过程

20 世纪 80 年代中后期，日本实际存在的泡沫经济对金融危机的发生起了催化剂的作用。日本大量的对外收支盈余投入炒买炒卖股票、债券、房地产等领域，推动金融商品尤其是房地产价格和股票价格扶摇直上。在这种炒作中，各种金融机构不正当经营，为大量不良债权的形成留下隐患。日本从 1983 年起以股票和房地产为代表的资产价格呈上升趋势，1986 年开始急速膨胀。20 世纪 90 年代初期资产价格泡沫破裂，成为日本国内金融危机的导火索，最终导致日本经济陷入长达十余年的萧条困境。

日本股票市场从 1978 年开始缓慢回升，1984 年末，日经 225 平均股指上升至 11543 日元，比年初上涨了 16.3%。1985 年“广场协议”后股市迅速膨胀，到 1989 年 12 月 29 日，日经 225 平均股指升至创纪录的 38916 日元，是 1984 年初股指的 3.9 倍。东京股指（TOPIX）则从 1978 年开始连续 12 年上升，到 1989 年末达到 2881.37 点（1968 年 1 月 4 日 =

100），分别为1978年末和1984年末的7.9倍和3.2倍。其中，1989年12月18日更是创出历史高位2884.8点。由于日元快速升值沉重打击了日本的出口产业，为了阻止日元进一步升值给国内带来的负面影响，日本中央银行连续下调贴现率，维持宽松的货币政策。日本央行宽松的货币政策直接刺激了日本资产价格泡沫的形成。1990年，日经225下跌至23848.71日元（年末数据），其中当年的10月1日更是跌至20221.86日元，此后的1991年和1992年分别比上年下跌了3.6%和26.4%。全日本上市公司市值在1989年达到创纪录的63012亿日元后一路下降，1991年降至39359亿日元，比上年下降37.5%，1992年进一步降至39199亿日元，比上年下降0.41%。1989年，日本所有股票交易所交易额为38639亿日元，此后连续三年下降。1990年、1991年和1992年交易额分别为23183亿日元、13416亿日元和8046亿日元，分别比上年下降40.0%、42.1%和40.0%。证券公司从业人员数量于1990年达到16.1万人，此后持续下降，到1997年仅为11万人，比1990年减少了31.7%。

图3－1　东京日经225指数走势

资料来源：Wind资讯。

地价的变化晚于股价的变化。20 世纪 90 年代日本土地资产价格上涨显示了经济快速增长与宽松的货币环境可以导致资产价格泡沫。20 世纪 60 ~80 年代日本经济年均增长 8%。70 年代，日本首相田中角荣采取宽松的货币供应政策。商业用地价格的上涨直接带动了住宅用地和工业用地价格的上涨。1985 年 3 月末，日本商业用地、住宅用地和工业用地分别比上年同期上涨 3.1%、2.7% 和 2.4%，此后一路攀升，到 1990 年 3 月末，分别为 1985 年 3 月末的 1.6 倍、1.4 倍和 1.4 倍。六大都市的地价上涨幅度则更大些。1985 年 3 月末，日本六大都市商业用地、住宅用地和工业用地的地价分别比上年同期上涨了 13.2%、5.5% 和 3.7%，到 1990 年 3 月末，分别为 1985 年 3 月末的 3.9 倍、2.6 倍和 2.5 倍。整个 80 年代，日本六大都市地价名义上涨了 213.4%，实际上涨 85.3%，全国名义地价和实际地价分别上涨了 178% 和 22.7%。到 80 年代末期，日本货币政策突然紧缩，导致了大的金融危机。1991 年，房地产泡沫破灭。日本地方银行 3/4 的贷款给了小型公司，这些公司绝大部分用房屋抵押贷款。房地产泡沫破灭导致银行的不良贷款大幅上升至 1 万亿美元，将日本经济拖入长达十年的经济停滞与通货紧缩的状态，被称为“失去的十年”。

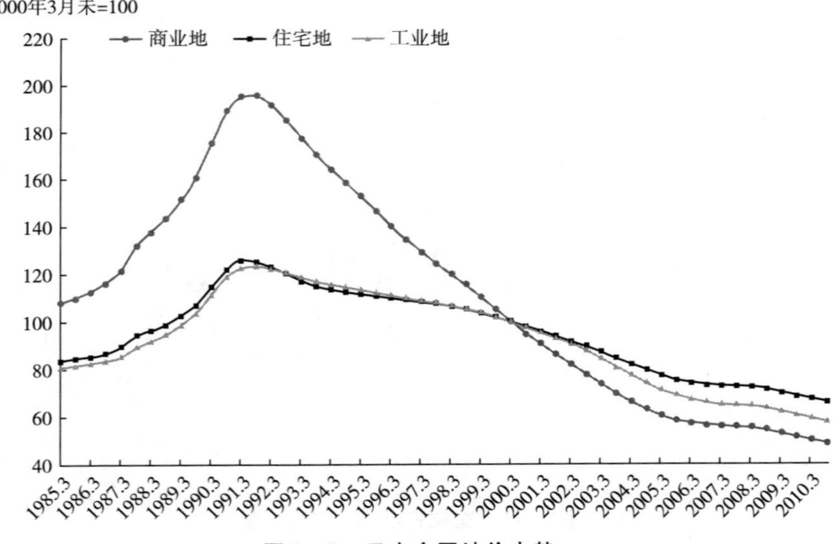

图 3-2　日本全国地价走势

资料来源：日本不动产研究所。

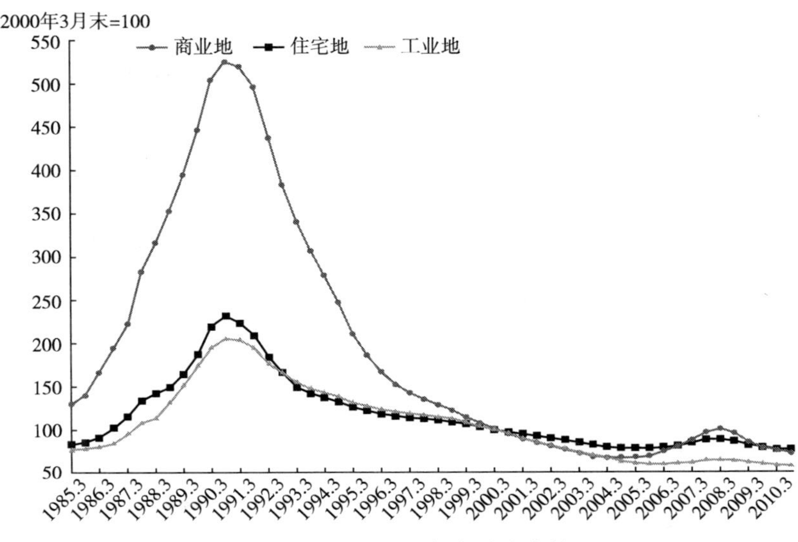

图 3－3 日本六大都市地价走势

资料来源：日本不动产研究所。

2. 日本股市和房地产市场泡沫形成的原因

（1）金融自由化的实施

日本金融自由化表现在汇率形成机制由固定转为浮动，放宽外国证券公司进入日本的限制以及引入各种金融衍生产品上市交易。按照时间顺序，本轮日本金融危机爆发前日本采取的金融自由化措施见表 3－1。

表 3－1 日本金融自由化进程

时　间	措　施
1971 年 7 月 1 日	日本居民可以自由投资于外国证券
1973 年 2 月 14 日	实施日元浮动汇率机制
1985 年 5 月 13 日	东京证券交易所新市场开业
1985 年 10 月 19 日	10 年期政府债券期货交易开始
1986 年 2 月 1 日	6 家外国证券公司加入东京证券交易所
1988 年 5 月 23 日	16 家外国证券公司加入东京证券交易所
1988 年 7 月 8 日	20 家政府债券期货交易开始
1988 年 9 月 3 日	东京股份期货指数（TOPIX）交易开始
1989 年 10 月 20 日	TOPIX 期权交易开始
1990 年 5 月 11 日	日本政府债券期货期权交易开始
1990 年 11 月 19 日	3 家外国证券公司加入东京证券交易所

资料来源：东京证券交易所。

（2）银行贷款大量向不动产业集中

日本房地产贷款自 1977 年迅速增加。据日本银行统计，1977 ~ 1989 年，日本国内银行对房地产业投资新增贷款年均增长 5.7%，1980 ~ 1989 年增速更高达 6.3%。1989 年第四季度，日本国内银行对房地产业投资新增贷款达到 30815 亿日元，比上季度增长 21%，连续 5 个季度增长，但到 1990 年第一季度迅速降至 28751 亿日元，降幅为 6.7%，此后连续 6 个季度下降。除了新增贷款额在 20 世纪 80 年代上升较快外，房地产贷款额占新增贷款总额的比重也上升较快。1988 年，日本国内银行对房地产投资的新增贷款达到 81271 亿日元，占同期新增贷款总额的比重为 18.6%，创历史新高，连续 8 年上升，分别比制造业、建筑业和电气热水的供应业占比高出 8.3 个、15.0 个和 15.2 个百分点。此后几年连续下降，到 1991 年日本国内银行对房地产投资的新增贷款占贷款总额的比重为 13.6%，连续 3 年下降，占比比 1988 年低 5.0 个百分点（见图 3－4、表 3－2）。

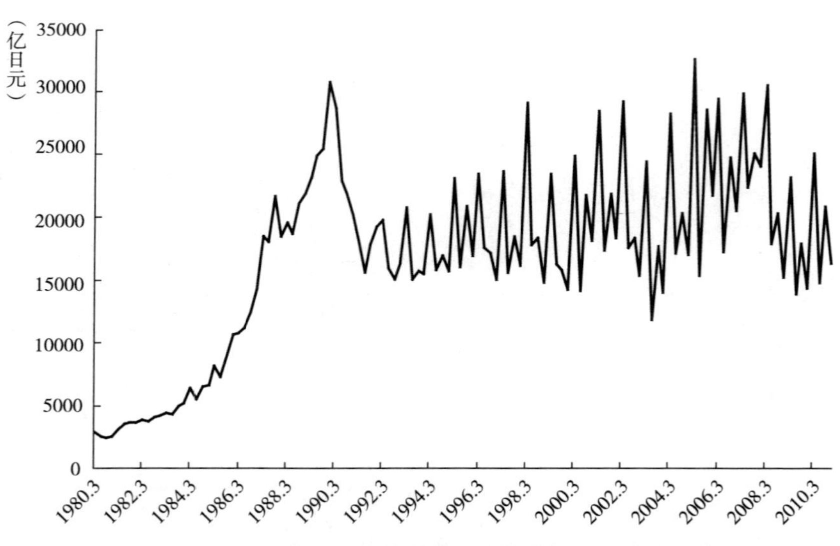

图 3－4　1980 年以来日本房地产新增贷款走势（国内银行贷款）

表 3－2　日本国内银行新增贷款方向

单位：亿日元，%

年份	新增贷款总额	占新增贷款比例			
		制造业	建筑业	电、气、热和水的供应业	房地产业
1981	176726	21.1	2.6	7.8	7.8
1982	181451	18.7	2.4	8.1	8.7
1983	188184	17.0	2.7	8.6	10.0
1984	209778	15.8	2.9	7.2	11.9
1985	252614	15.5	2.8	5.9	13.9
1986	302316	12.4	3.0	4.5	16.2
1987	428904	10.7	3.1	3.8	17.9
1988	436590	10.3	3.6	3.4	18.6
1989	571904	10.2	3.8	2.8	18.3
1990	570564	10.6	4.2	2.7	16.4
1991	521730	12.4	4.1	3.8	13.6
1992	490583	12.3	3.9	3.9	13.7
1993	461673	10.8	3.4	4.0	14.5
1994	462029	9.4	3.1	3.7	14.7
1995	523964	8.0	3.1	3.7	14.9
1996	502280	8.3	2.8	4.6	14.6
1997	488257	8.5	2.6	4.1	15.2
1998	466354	9.7	2.2	3.4	17.2
1999	425689	8.0	2.3	2.9	16.4
2000	431777	7.2	2.1	2.9	18.3

资料来源：日本央行。

（3）货币政策过于宽松

20 世纪 80 年代，日本经济增长迅速，从债务国一跃成为债权国。由于日本对美国的贸易顺差日益扩大以及美元升值对美国经济带来不利影响，1985 年 9 月 22 日，在美国的策划下，美国、日本、英国、法国、联邦德国等 5 个发达工业国家的财政部长及五国央行行长在纽约广场饭店举行会议，达成五国政府联合干预外汇市场，使美元兑日元、马克等主要货币有秩序地下调，以解决美国巨额贸易赤字的协议，这就是有名的“广场协议”。“广场协议”签订后，日元兑美元短时间内大幅升值。1986 年 1 月 24 日，1 美元兑换 196.85 日元，在不到半年的时间里日元兑美元汇率比“广场协议”签订前的 1985 年 9 月 20 日升值了 18.3%；到 1988 年 1 月 24 日，日元兑美元汇率继续升至 120.82 日元兑换 1 美元，达到本轮日元汇率升值的最高点，与 1985 年 9 月 20 日相比，日元兑美元汇率升值了 49.8%（见图 3－5）。日元兑美元急速升值，导致日本产品在美国的竞争优势被大大削弱，并引发日本投资过热、经济结构失调等问题。由于日本出口严重受挫，资本难以再在出口行业获得利润，必然会流向房地产市场和股票市场，形成泡沫经济。为缓解日元升值带来的压力，日本央行连续下调贴现率，维持宽松的货币政策。在超低利率作用下，货币供应量大幅增加。1980 年到 1990 年 11 年间，日本 M2 货币供应量以月均 9.3% 的速度增长，其中，1987 年 5 月至 1989 年 4 月连续 24 个月增幅超过两位数。但是，扩张的货币政策还是没有改变日元升值趋势，相反，低利率导致向市场注入大量流动性，刺激更多的资本涌向房地产市场和股票市场，可以说，日本央行宽松的货币政策直接刺激了日本资产价格泡沫的形成。

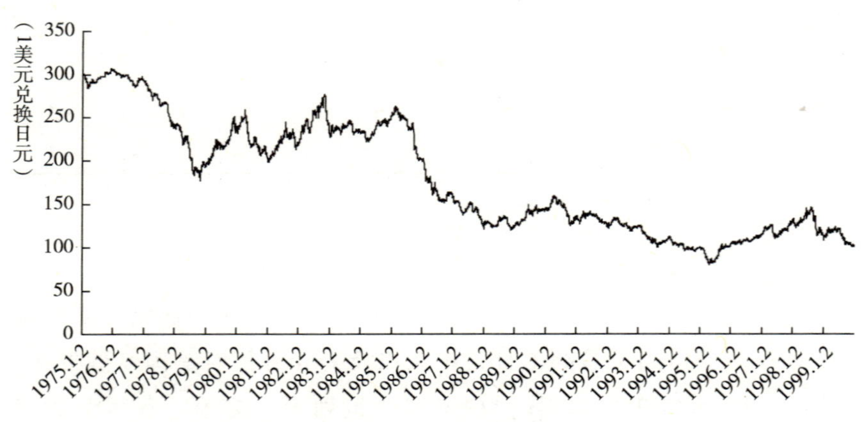

图 3－5　1975 年以来日元兑美元汇率走势

（4）国民“土地神话”的强烈预期

上述因素叠加在一起，日本国内兴起了投机热潮，在股票交易市场和土地交易市场更为明显。其中，受到所谓“土地不会贬值”的“土地神话”影响，以转卖为目的的土地交易量增加，地价开始上升。当时东京23个区的地价总和甚至达到了可以购买美国全部国土的水平，而银行则以不断升值的土地作为担保，向债务人大量发放贷款。此外，地价上升也使得土地所有者的账面财产增加，刺激了消费欲望，从而导致了国内消费需求增长，进一步刺激了经济发展。1987年，投机活动波及所有产业，当时乐观的观点认为只要对土地的需求高涨，经济就不会衰退，而且市场也鼓励人们不断购买股票，声称股票从此不会贬值。日本企业普遍实行以账面价值计算土地资产的做法，因此从表面上看企业的收益率并无变化，而账面价值与现实价值的差额就导致了账面财产增加，从而刺激日本企业追求总资产规模而非收益率。

二　1997年东南亚金融危机

1. 东南亚金融危机爆发的过程

1997年6月到1998年底，东南亚金融危机在亚洲爆发，这场危机大体上可以分为三个阶段：第一阶段从1997年6月至12月，第二阶段从1998年1月至7月，第三阶段从1998年7月到年底。第一阶段：1997年7月2日，泰国宣布放弃固定汇率制，实行浮动汇率制，引发了一场遍及东南亚的金融风暴。当天，泰铢兑换美元的汇率下降了17%，外汇及其他金融市场一片混乱。在泰铢波动的影响下，菲律宾比索、印度尼西亚盾、马来西亚林吉特相继成为国际炒家的攻击对象。8月，马来西亚放弃保卫林吉特的努力。印度尼西亚虽受冲击时间较晚，但最为严重。10月下旬，国际炒家直指香港联系汇率制，而此时的中国台湾突然弃守新台币汇率，加大了港币和香港股市的压力。10月23日，香港恒生指数大跌1211.47点；28日，下跌1621.80点，跌破9000点大关。面对国际金融炒家的猛烈进攻，香港特区政府重申不会改变现行汇率制度，恒生指数上扬，再上万点大关。第二阶段：1998年初，印度尼西亚金融风暴再起，但国际货币基金组织为印度尼西亚开出的“药方”未能取得预期效果。2 月 11 日，印度尼西亚政府宣布将实行印度尼西亚盾与美元保持固定汇率的联系汇率制，以稳定印度尼西亚盾。此举遭到国际货币基金组织及美国、西欧的一致反对。国际货币基金组织扬言将撤回对印度尼西亚的援助。印度尼西亚陷入政治经济大危机。2 月 16 日，印度尼西亚盾兑美元比价跌破 10000∶1。受其影响，东南亚汇市再起波澜，新元、马来西亚林吉特、泰铢、菲律宾比索等纷纷贬值。直到 4 月 8 日，印度尼西亚同国际货币基金组织就一份新的经济改革方案达成协议，东南亚汇市才暂告平静。第三阶段：1998 年 8 月初，国际炒家对香港发动新一轮进攻。恒生指数跌至 6600 多点。香港特区政府予以回击，金融管理局动用外汇基金进入股市和期货市场，吸纳国际炒家抛售的港币，将汇市稳定在 7.75 港元兑换 1 美元的水平上。经过近一个月的苦斗，国际炒家损失惨重。1999 年，东南亚金融危机结束。到 1998 年底，泰国 SET 指数、印度尼西亚雅加达综合指数、马来西亚吉隆坡综合指数和菲律宾 PSE 综合指数分别为 351.81、396.73、566.23 和 1968.78，分别比 1996 年 6 月初下跌了 37.6%、43.3%、49.4% 和 30.2%（见图 3－6、3－7）。

在东南亚金融危机中，泰国是最典型的国内泡沫经济引发金融危机的国家。泰国自 1993 年实现资本项目完全自由化后，大量外国资金包括游资通过各类金融机构和私营企业涌入泰国。由于大量外资找不到更好的出路，大多流向房地产业和股票市场。

除了股市急剧下滑，东南亚国家的房地产市场也出现泡沫破灭，但房价下跌要晚于股价下跌。泰国房地产市场在 20 世纪 90 年代迅速发展，房价一路飙升，1998 年第一季度独栋房价格指数为 125.7（1991 年＝100），同比上涨 13.5%，连续 5 个季度上涨，达到了创纪录的高点。此外，土地价格、含地价的独栋房屋价格以及含地价的城镇住房价格均在 1998 年第一季度进入转折点，指数分别为 165.2、149.4 和 142.4，同比分别上涨 5.5%、

图 3－6　东南亚金融危机期间泰国和印尼股市走势

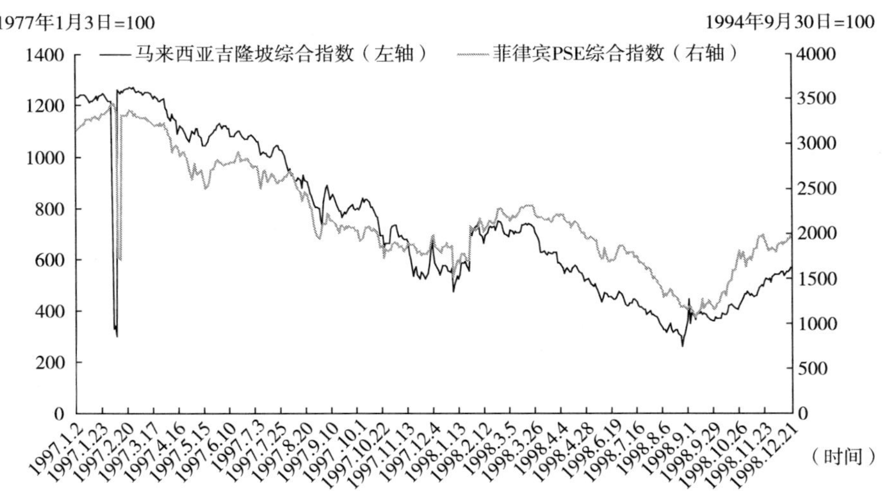

图 3－7　东南亚金融危机期间马来西亚和菲律宾股市走势

8.1%和4.8%，此后价格有所下降。不含地价的城镇住房价格在1998年第三季度达到创纪录的高点后有所回落（见表3－3）。

表 3－3　东南亚金融危机期间泰国住房价格变动情况（1991 年＝100）

	独栋房		城镇住房		土　地		独栋房（含地价）		城镇住房（含地价）	
	指数	同比上涨（％）	指数	同比上涨（％）	指数	同比上涨（％）	指数	同比上涨（％）	指数	同比上涨（％）
1997 年一季度	110.7	5.5	110.7	0.9	156.5	1.2	138.2	2.5	135.9	1.1
二季度	111.3	6.2	110.9	－0.1	169.8	4.7	146.4	5.1	143.3	3.0
三季度	115.4	9.0	112.0	－0.2	167.3	10.9	146.5	10.3	142.4	6.7
四季度	121.7	15.1	115.9	5.3	160.2	5.0	144.8	8.2	140.3	5.1
1998 年一季度	125.7	13.5	114.5	3.4	165.2	5.5	149.4	8.1	142.4	4.8
二季度	120.6	8.3	118.4	6.8	143.5	－15.5	134.3	－8.2	132.2	－7.7
三季度	124.6	8.0	121.3	8.4	151.9	－9.2	141.0	－3.8	138.2	－3.0
四季度	120.4	－1.1	110.7	－4.4	151.7	－5.3	139.2	－3.9	133.3	－5.0
1999 年一季度	119.5	－4.9	112.6	－1.7	150.0	－9.2	137.8	－7.8	127.2	－6.5
二季度	120.7	0.1	114.2	－3.6	101.5	－29.3	109.2	－18.7	107.2	－18.9
三季度	115.1	－7.7	107.6	－11.3	145.4	－4.3	133.3	－5.5	128.4	－7.1
四季度	103.1	－14.4	105.2	－5.0	145.2	－3.2	129.1	－7.8	128.0	－4.5
2000 年一季度	104.9	－12.2	107.1	－4.8	145.2	－3.2	129.1	－6.3	128.0	－3.9
二季度	113.2	－6.2	107.9	－5.5	146.8	44.7	133.4	22.2	129.3	20.6
三季度	109.2	－5.1	109.7	1.9	143.4	－1.4	129.7	－2.7	128.2	－0.1
四季度	115.6	12.2	111.8	6.3	144.3	－0.6	132.8	3.5	129.7	2.0

资料来源：泰国央行。

如表 3－4 所示，马来西亚住房市场在独栋房价格的带动下从 1988 年一路攀升，到 1997 年达到创纪录的高点后价格逐步下跌。1997 年，马来西亚所有住房类型房价指数达到 216.8（1990 年＝100），比上年上涨 1.9％，连续九年上涨，但涨幅比上年大幅回落 11 个百分点，为 1989 年以来的最低年度涨幅。1998 年和 1999 年则分别比上年下降 9.5％和 2.4％。排屋、独栋房和半独立式房屋价格均在 1997 年达到峰值，分别比上年上涨 10.1％、4.3％和 2.9％，但 1998 年分别比上年下降 4.9％、13.7％和 8.2％，1999 年进一步下降，降幅分别为 3.5％、6.7％和 4.4％。高层建筑住房价格相对其他类型要便宜些，也是价格最先进入拐点的住房类型。1995 年高层建筑住房价格比上年上涨 4.2％

后连续4年价格下降，降幅分别为1.1%、4.8%、6.2%和3.7%。

表3-4　东南亚金融危机期间马来西亚住房价格变动情况（1990年=100）

年份	所有住房类型		排屋		高层建筑住房		独栋房		半独立式房屋	
	指数	比上年上涨（%）	指数	比上年上涨（%）	指数	比上年上涨（%）	指数	比上年上涨（%）	指数	比上年上涨（%）
1988	92.2	—	93.4	—	78.1	—	97.1	—	95.6	—
1989	96.1	4.3	95.0	1.8	92.6	18.6	98.7	1.7	96.2	0.7
1990	100.0	4.1	100.0	5.3	100.0	8.0	100.0	1.4	100.0	4.0
1991	125.5	25.5	113.5	13.5	107.2	7.2	114.3	14.3	110.0	10.0
1992	140.7	12.2	123.5	8.9	107.3	0.1	125.8	10.1	118.2	7.5
1993	147.5	4.9	128.9	4.4	105.8	-1.4	135.2	7.5	122.1	3.3
1994	159.3	8.0	140.1	8.7	112.2	6.1	148.7	10.0	130.0	6.5
1995	188.5	18.4	158.4	13.1	116.9	4.2	172.0	15.7	142.7	9.8
1996	212.8	12.9	174.5	10.2	115.7	-1.1	196.2	14.1	154.2	8.1
1997	216.8	1.9	192.0	10.1	110.2	-4.8	204.6	4.3	158.6	2.9
1998	196.4	-9.5	182.7	-4.9	103.4	-6.2	176.7	-13.7	145.7	-8.2
1999	191.8	-2.4	176.4	-3.5	99.6	-3.7	164.9	-6.7	139.3	-4.4

资料来源：马来西亚财政部。

20世纪90年代，菲律宾实行金融自由化改革和经济改革，导致大量资本流入。1995～1997年，豪华套间价格上升了63%，实际上升46%。1997～1998年一年间，菲律宾豪华公寓套房的价格下降了18%，实际下降更多，为25.3%。在亚洲金融危机期间，菲律宾房地产价格下降幅度居东南亚各国之首。

2. 东南亚金融危机爆发的原因

（1）盯住美元的汇率制度

东南亚一些国家在20世纪90年代实行实际上盯住美元的汇率制度，将本国货币与美元挂钩，造成这些国家本来就高估的汇率更加坚挺，降低了其产品的国际竞争力，导致外贸由顺差转为逆差，扩外贸逆差有所扩大。1995年，印度尼西亚结束了多年的包括货物和服务贸易在内的外贸顺差，逆差额达到27亿美元，此后的1996年和1997年连续逆差；马来西亚于

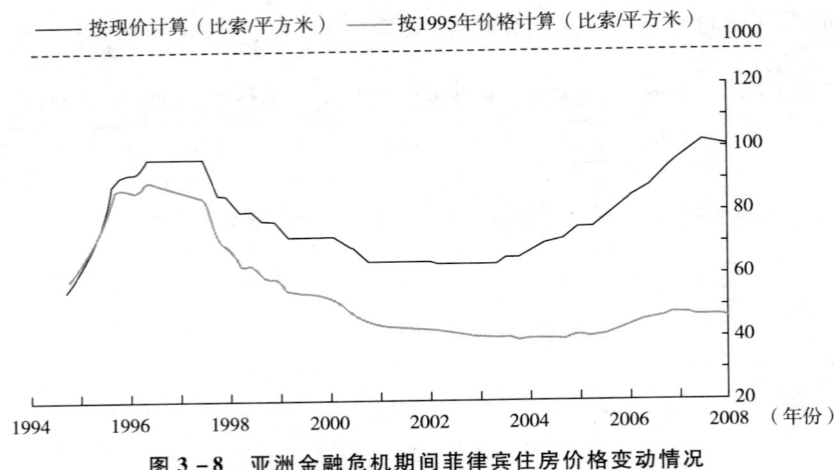

图 3－8　亚洲金融危机期间菲律宾住房价格变动情况

资料来源：高力国际。

1993～1995 年连续三年外贸逆差，且逆差额呈逐年扩大态势；菲律宾在 20 世纪 90 年代除了 1999 年略有盈余外，其余 9 年均为逆差，逆差额最大的年份出现在 1997 年，达到 85.1 亿美元，比上年扩大 12.3 亿美元，连续 3 年逆差额有所扩大；泰国在东南亚金融危机期间外贸逆差额高于其他东南亚国家，1996 年外贸逆差额达 114.2 亿美元，比上年略有扩大，连续 4 年有所扩大。外贸逆差的扩大又导致这些国家国际收支严重失衡。20 世纪 80 年代以来，印度尼西亚、马来西亚、菲律宾和泰国经常账户赤字频现，据 IMF 统计，从 1990 年到 1997 年更是连续 8 年赤字（见表 3－5）。1997 年，四国经常账户赤字分别达到 38 亿美元、59 亿美元、43 亿美元和 31 亿美元，赤字额分别占当年 GDP 的 1.6%、5.8%、5.2% 和 2.1%（见表 3－6）。如此巨额经常账户赤字本身就是其金融危机的内在因素之一。

表 3－5　东南亚四国货物和服务进出口额

单位：亿美元

年份 国家	1990	1991	1992	1993	1994	1995	1996	1997	1998	1999	2000
印度尼西亚											
出口额	289.8	330.6	388.0	422.7	469.0	531.9	587.2	601.1	505.6	497.2	676.2
进口额	271.6	308.9	347.2	375.6	448.7	558.8	601.2	607.0	412.5	384.0	502.6
余　额	18.3	21.7	40.8	47.2	20.3	－27.0	－14.0	－5.9	93.1	113.2	173.6

续表

国家＼年份	1990	1991	1992	1993	1994	1995	1996	1997	1998	1999	2000
马来西亚											
出口额	328.2	382.4	449.5	527.9	664.0	835.8	923.6	934.5	835.4	960.2	1123.7
进口额	318.8	400.4	441.4	528.6	675.9	870.8	909.6	925.3	676.6	761.9	943.5
余　额	9.3	-18.0	8.1	-0.7	-11.9	-35.0	14.0	9.2	158.8	198.3	180.2
菲律宾											
出口额	121.9	134.4	154.3	170.5	216.8	269.5	335.6	403.1	339.9	392.0	420.6
进口额	147.5	148.0	1803.	216.4	257.2	327.5	408.4	488.3	383.1	390.8	406.1
余　额	-25.6	-13.6	-26.0	-45.9	-40.4	-58.0	-72.8	-85.1	-43.2	1.2	14.5
泰国											
出口额	291.3	353.3	412.1	474.5	560.9	703.1	714.2	724.4	658.6	714.9	819.5
进口额	355.5	417.6	456.8	527.5	630.8	816.3	828.3	703.1	480.9	560.7	713.6
余　额	-64.2	-64.3	-44.7	-53.0	-69.9	-113.3	-114.2	21.4	177.7	154.2	105.9

资料来源：世界银行。

表 3-6　东南亚四国经常账户余额

单位：亿美元，%

年　份	印度尼西亚		马来西亚		菲律宾		泰　国	
	余　额	占 GDP 的比重	余　额	占 GDP 的比重	余　额	占 GDP 的比重	余　额	占 GDP 的比重
1980	29	3.0	-3	-1.1	-25	-7.7	-21	-6.4
1981	-6	-0.6	-25	-9.7	-13	-3.7	-26	-7.4
1982	-54	-4.9	-36	-13.2	-20	-5.3	-10	-2.7
1983	-67	-6.8	-35	-11.5	-18	-5.3	-29	-5.0
1984	-23	-2.3	-17	-4.8	-2	-0.5	-21	-5.0
1985	-21	-2.1	-6	-1.9	5	1.7	-15	-4.0
1986	-43	-4.6	-1	-0.4	12	4.0	2	0.6
1987	-24	-2.7	26	8.2	2	0.6	-4	-0.7
1988	-21	-2.2	18	-5.1	3	0.8	-17	-2.7
1989	-17	-1.5	3	0.7	-15	-3.4	-25	-3.5
1990	-32	-2.5	-9	-2.1	-27	-6.1	-71	-8.3
1991	-44	-3.1	-42	-8.5	-9	-2.1	-72	-7.5

续表

年份	印度尼西亚		马来西亚		菲律宾		泰国	
	余额	占 GDP 的比重	余额	占 GDP 的比重	余额	占 GDP 的比重	余额	占 GDP 的比重
1992	-31	-2.0	-22	-3.7	-10	-1.9	-60	-5.5
1993	-23	-1.3	-31	-4.5	-30	-5.5	-61	-5.0
1994	-30	-1.5	-56	-7.4	-28	-4.4	-78	-5.4
1995	-68	-3.0	-86	-9.6	-20	-2.6	-132	-7.9
1996	-73	-2.9	-45	-4.4	-39	-4.6	-144	-7.9
1997	-38	-1.6	-59	-5.8	-43	-5.2	-31	-2.1
1998	40	3.8	95	13.0	15	2.3	143	12.8
1999	58	3.7	126	15.7	-29	-3.8	125	10.2
2000	80	4.8	85	9.0	-22	-2.9	93	7.6

资料来源：IMF。

（2）国内利率偏高

由于东南亚一些国家存在巨额经常账户逆差，为了维持国际收支平衡，这些国家采取提高国内利率的办法来吸引外资。1997 年 9 月，泰国每日回购利率（年率）升至历史纪录高点 23.35%，比 1994 年 1 月大幅上升了 1761 个基点，从 1997 年 5 月至 1998 年 8 月泰国每日回购利率一直保持在两位数以上（见图 3 -9）。马来西亚隔夜银行间利率于 1997 年 7 月 10 日达到创纪录的高点 40.43%，比年初大幅上升了 3242 个基点（见图 3 -10）。菲律宾银行间隔夜利率于 1997 年 10 月达到创纪录的高点 33.9%，比年初大幅上升了 2330 个基点（见图 3 -11）。印度尼西亚基准利率则维持在 15% ~ 17%。国内利率偏高，给了国际投资家和投机家以可乘之机，大量国际游资以短期投资的形式涌入这些国家，导致这些国家的外资结构中 FDI 所占比重越来越小，政府投资、银行投资和证券投资等占的比重越来越大，从而加大了流动性风险。另外，高企的贷款利率导致企业不堪重负，无法偿还到期债务而倒闭，银行等金融机构积累大量的呆账、坏账，不良资产比率迅速上升，从而引发金融机构的破产倒闭，将整个国家拖入金融危机的灾难中。

（3）外债比率过大

提高国内利率吸引外资的后果之一是这些国家的外债相对于本国经

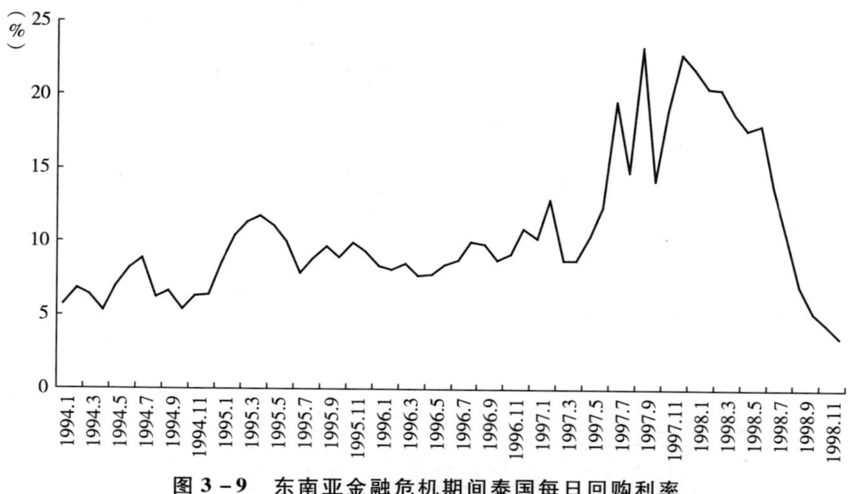

图 3-9 东南亚金融危机期间泰国每日回购利率

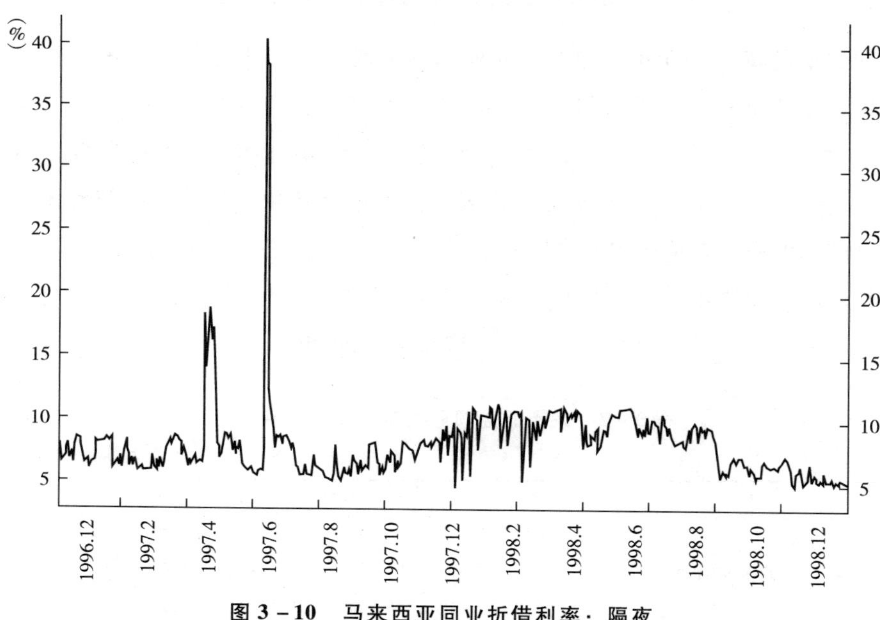

图 3-10 马来西亚同业折借利率：隔夜

济规模来说过大。据亚洲开发银行的统计资料，1996 年，印度尼西亚、马来西亚、菲律宾和泰国的外债总额占 GDP 的比重分别达到 59.8%、38.9%、51.7%和 71.9%，分别比上年扩大 23.1 个、16.5 个、39.2 个和 9.3 个百分点。从外债的期限结构来看，这些国家的短期外债占外债总额

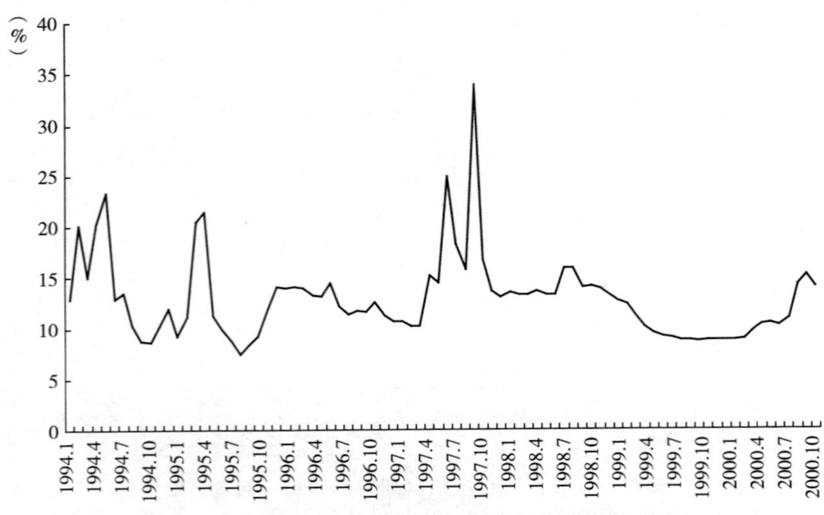

图 3－11　东南亚金融危机期间菲律宾银行间隔夜利率

的比重过高，1995 年，印度尼西亚、马来西亚、菲律宾和泰国的短期外债占外债总额的比重分别达到 40.5%、47.6%、59.9%和 46.0%，分别比 25%的国际警戒线高出 15.5 个、22.6 个、34.9 个和 21.0 个百分点（见表 3－7）。巨额外债使得这些国家的外汇储备相形见绌，即使动用所有的外汇储备，这些国家也偿还不了一半的债务。据世界银行统计，1997 年，印度尼西亚、马来西亚、菲律宾和泰国的国际储备资产占外债总额的比重分别仅为 12.8%、45.5%、17.2%和 24.5%。

表 3－7　东南亚金额危机期间四国外债情况

单位：%

年　份	1995	1996	1997	1998	1999	2000
印度尼西亚						
短期外债占 GDP 的比重	14.9	16.7	17.6	28.9	15.5	14.3
外债总额占 GDP 的比重	36.7	59.8	65.4	141.1	96.5	75.1
短期外债占外债总额的比重	40.5	27.9	27.0	20.5	16.0	19.0
马来西亚						
短期外债占 GDP 的比重	10.7	13.6	17.2	15.8	11.4	10.3
外债总额占 GDP 的比重	22.4	38.9	43.1	52.8	47.0	40.4
短期外债占外债总额的比重	47.6	35.0	40.0	30.0	24.3	25.6

续表

年　份	1995	1996	1997	1998	1999	2000
菲律宾						
短期外债占 GDP 的比重	7.5	11.1	18.0	21.3	14.5	13.7
外债总额占 GDP 的比重	12.5	51.7	59.7	75.7	76.9	73.0
短期外债占外债总额的比重	59.9	21.4	30.2	28.1	18.9	18.7
泰国						
短期外债占 GDP 的比重	28.8	28.1	27.7	24.9	14.8	12.8
外债总额占 GDP 的比重	62.6	71.9	70.8	75.9	63.5	52.1
短期外债占外债总额的比重	46.0	39.1	39.1	32.8	23.2	24.6

资料来源：亚洲开发银行。

（4）产业结构调整滞后、过早开放本国金融市场以及国际炒家的攻击

东南亚各国从 20 世纪 80 年代开始，效仿日本，注重发挥后发优势，依靠外国资金和技术，凭借本国廉价劳动力的优势，大力发展劳动密集型工业，从而推动了本国经济加快发展。据世界银行数据，1988 年至东南亚金融危机前夕的 1996 年，东南亚四国印度尼西亚、马来西亚、菲律宾和泰国 GDP 年均增长率分别达到 7.9%、9.5%、3.6% 和 9.5%，分别比 1978～1986 年的平均增幅高出 1.3 个、4.0 个、2.2 个和 3.6 个百分点。然而，这些东南亚国家在走向工业化的过程中，没有及时适应变化了的世界经济形势，基础设施建设滞后，国内资本积累不够，产业结构升级缓慢，出口结构单一且过度依赖外资。当 20 世纪 90 年代美国经济欣欣向荣（1992～1999 年美国经济年均增速高达 3.8%）、股市上扬、汇率升值而日本经济衰退、日元贬值时，这些国家的经济结构和产业结构的弱点就完全暴露了。与此同时，这些东南亚国家在时机尚未成熟之际开放本国市场、实行金融自由化改革也是导致本次东南亚金融危机爆发的原因之一。当然，90 年代这些国家开放市场既是自主意愿的表现，也有迫不得已的成分。追求经济长期较快发展导致这些国家对资金的需求日益加大，另外，随着经济实力的壮大，这些国家也渴望在地区和国际经济事务中拥有更大的发言权，这就使得这些国家加入

一些国际经济金融组织，而加入这些组织首先就要使本国的一些经济金融政策更加自由化。如泰国 1991 年就实现了泰铢在经常项目的自由兑换，1993 年又实现了资本项目自由化，为国际炒家攻击泰铢打开了方便之门。美国在 20 世纪 80 年代美元升值的背景下，要求东南亚一些国家采取证券投资自由化和直接投资自由化等措施。可以说，本国落后的产业结构以及不合时宜地开放本国市场是东南亚金融危机爆发的内在原因，而国际炒家的乘势进攻是危机爆发的外部原因。

三　1997 年韩国金融危机

1. 韩国金融危机爆发的过程

1997 年东南亚金融危机波及韩国，1997 年韩国金融危机是 1997 年亚洲金融危机的一部分。韩国金融危机爆发的具体时间为 1997 年 11 月，到 1998 年底结束。但早在 1997 年初，韩国一些企业就宣布破产，如韩宝集团。接着，三美、真露、起亚等一批大企业陷入危机。企业倒闭导致银行经营状况迅速恶化，呆账和坏账急剧增加。1997 年 12 月 12 日，韩国综合指数降至 350.68 点，比 1997 年 7 月 1 日下跌了一半多，跌幅为 53.7%。随后在一系列救市措施下有所回升，但 1998 年 3 月开始再次下跌。1998 年 6 月 30 日跌至 297.88 点，跌幅为 60.7%（见图3－12）。除了股市暴跌，韩元汇率也大幅下跌。1997 年 11 月 17 日，韩元兑美元的汇率跌破千元大关，跌至创纪录的 1008∶1。21 日，韩国政府不得不向国际货币基金组织求援。12 月 13 日，在表示接受国际货币基金组织极其苛刻的条件下，韩国获得该组织 570 亿美元贷款，危机暂时得到控制。但到了 12 月 13 日，韩元兑美元的汇率再次下跌，跌至 1737.60∶1，到 1998 年底，韩元兑美元的汇率回升到 1207.8∶1。1997 年，韩元兑美元汇率比上年末大幅贬值了 40.3%，贬值幅度比上年扩大 32.1 个百分点。

2. 危机爆发的原因

韩国为 OECD 成员国。金融危机爆发前，韩国财政赤字和通胀水平并不算太高。韩国之所以爆发金融危机，主要受大企业过度扩张导致产能过剩的影响以及金融自由化步伐太快和银行过度借贷的影响。

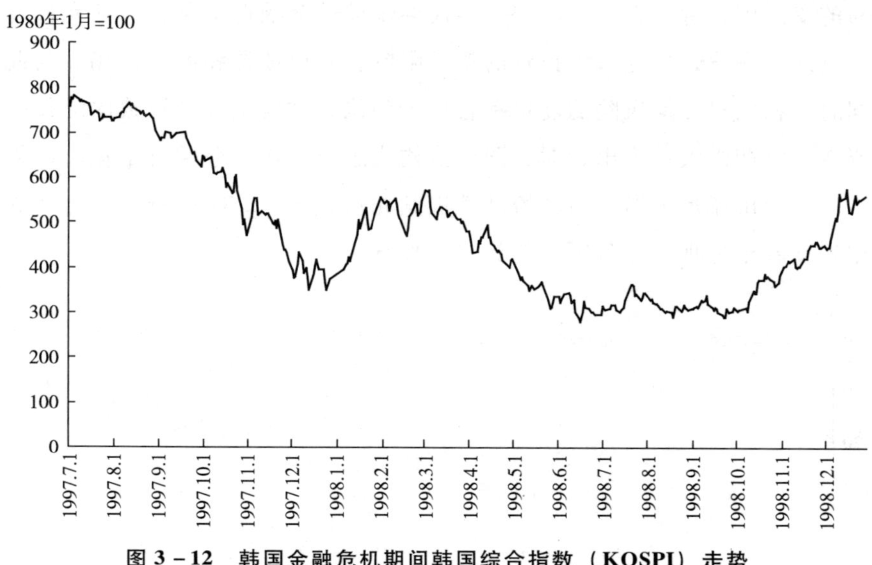

图 3－12　韩国金融危机期间韩国综合指数（KOSPI）走势

（1）实体经济低迷

韩国金融危机爆发前，美国经济形势大好，加上全球低利率环境和低通货膨胀，全球流动性极其充裕。韩国一些大企业在此背景下大量举债扩大经营，同时国际热钱也乘机进入韩国。据亚洲开发银行数据，1997 年韩国外债占 GDP 的比率达到 33%，比上年上升 4.6 个百分点。然而，1996 年韩元实际上的升值造成出口导向型经济的韩国工业低迷，失业率上升。据韩国央行数据，1997 年韩国工业生产仅比上年增长 5.2%，增幅比上年回落 3.4 个百分点，连续两年回落；装货指数增长 6.8%，回落 2.0 个百分点。平均产能利用率为 79.0%，比上年回落 1.8 个百分点。1997 年，韩国 GDP 增长 5.0%，比上年回落 1.8 个百分点。尽管这段时间韩国工资上涨，失业率却仍然上升。1997 年，韩国制造业工资比上年上涨 5.2%，比 1994 年上涨了 29.7%，但尽管如此，失业人数仍在上升，1997 年全国失业人数达到 55.6 万人，比上年大幅增加 30.8%，失业率升至 2.6%，比上年上升了 0.6 个百分点。

（2）急速推进金融自由化的同时缺乏金融风险防范和化解机制

由于韩国实行出口主导型工业化，为了成为国际经济交往中自由贸易的受惠国，韩国在20世纪90年代逐步推进金融自由化，包括允许外资进入金融业，放宽海外投资的条件限制，开放债券和证券市场。与此同时，韩国对金融风险的度量和管理不到位，这就很容易招致国际投机资本短时期内大进大出，对韩国经济构成隐患。作为金融自由化的结果之一，货币流量大增，市场流动性极其充裕。用M2/GDP衡量的金融深化程度甚至呈现超过美国的趋势（见图3－13）。

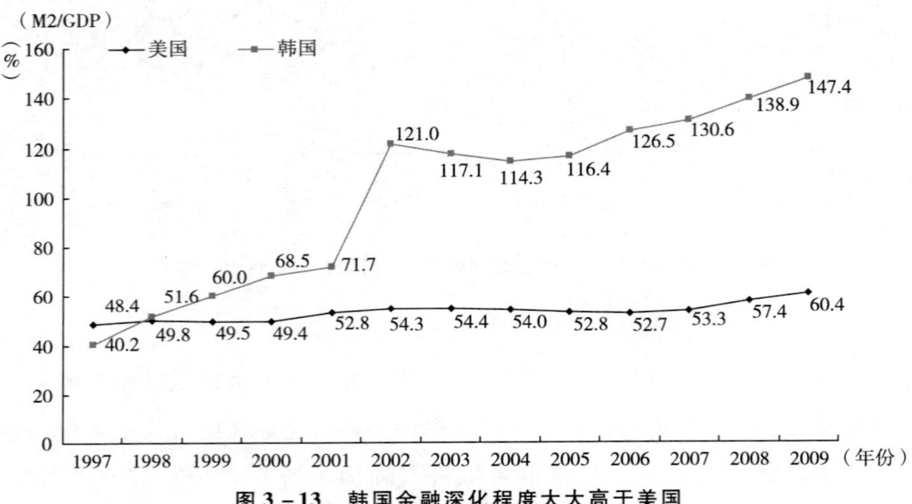

图3－13　韩国金融深化程度大大高于美国

（3）日元急剧贬值

20世纪90年代韩国实行出口导向型政策，为了保持本国产品的竞争力，韩国实行名义上的有管理的浮动汇率制度、实际上与美元挂钩的汇率制度。这种汇率制度在东南亚金融危机之前确实发挥过稳定经济增长、促进出口和扩大设备投资的作用。但是，1996年日元急剧贬值，造成韩元兑美元汇率实际升值，使得韩国出口锐减，财团的财务状况日益恶化。

四　1997年俄罗斯金融危机

俄罗斯自1992年开始全面的经济转轨以后，一直陷于严重的经济危机中。通货膨胀、投资萎缩、生产下降伴随“休克疗法”和私有化改革的推进而发展。受亚洲金融危机的影响，俄罗斯从 1997 年 10 月开始出现多次金融动荡，最终酿成了使俄罗斯经济濒临崩溃的金融危机。这次危机造成俄罗斯外国资本大规模外逃，引起汇率和股市大幅下挫，利率飙升。股市、债市和汇市基本陷入停盘状态，整个金融体系和经济运行几乎瘫痪。

1. 金融危机爆发的过程

1997 年俄罗斯的金融危机从 1997 年 10 月开始，一直延续到 1998 年 10 月。俄罗斯金融危机可以分为两个阶段，即 1997 年 10 月的金融危机和 1998 年的金融危机。俄罗斯于 1996 年对外资开放后，由于人们看好俄罗斯金融市场，俄罗斯股市和债市吸引了大量外资，此时股票回报率平均高达 1 倍以上；国债的回报率也在 20% 以上，而且 80% 是 3 ~4 个月的短期国债，而外资总额中直接投资只占 30% 左右，70% 左右是短期资本投资。1997 年 10 月外资已掌握了 60% ~70% 的股市交易量、30% ~40% 的国债交易额。但到 1997 年 10 月底，受亚洲金融危机的影响，外国投资者纷纷从俄罗斯撤离资金，导致股价大幅下挫。10 月 28 日，俄罗斯 RTS 股指跌至 392. 86 点，比月初大跌 22%。1998 年 5 月，由于国内政治变动，外国资本开始撤离俄罗斯，导致俄罗斯金融大动荡，股市持续下跌。到 1998 年 10 月 5 日 RTS 股指跌至 38. 53 点，创历史新低，比 5 月初下跌了 87. 8%，比年初下跌了 90. 6%，比 1997 年 10 月初下跌了 92. 3%（见表 3 – 14）。除了股市暴跌，卢布也大幅贬值。1998 年 9 月 9 日，卢布兑美元汇率为 20. 83 : 1，与 1997 年 10 月初相比，卢布贬值了 255. 3%。其中，贬值最快的时期集中在 1998 年 9 月 1 日至 1998 年 10 月 20 日，卢布兑美元汇率累计贬值了 83. 2%，仅 1998 年 9 月 17 日和 9 月 5 日就分别达到 29. 5% 和 26. 2%。金融动荡还对俄罗斯债券市场造成较大波动，半年期和一年期国债收益率从 7 月 31 日的 51% ~69% 上升到 8 月 13 日的 160%。在国际组织和俄罗斯政府部门积极救市下，1998 年底俄罗斯金融形势趋于好转（见图 3 – 15）。

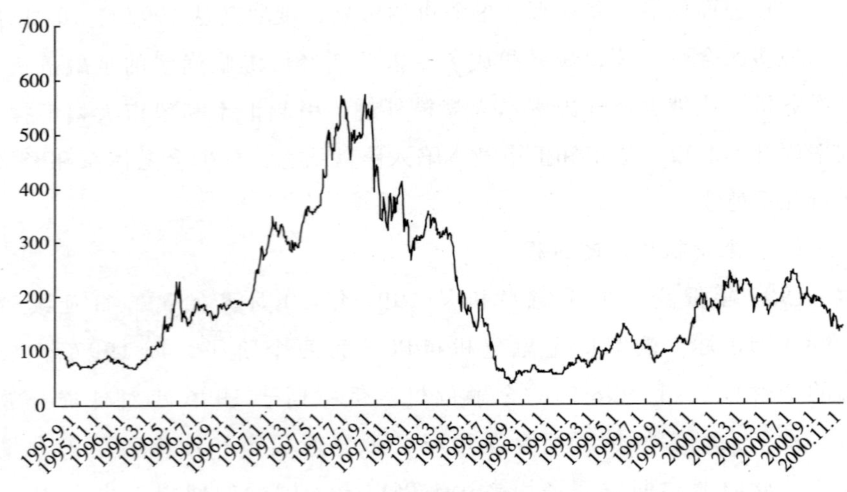

表 3－14　金融危机期间俄罗斯 RTS 股指走势

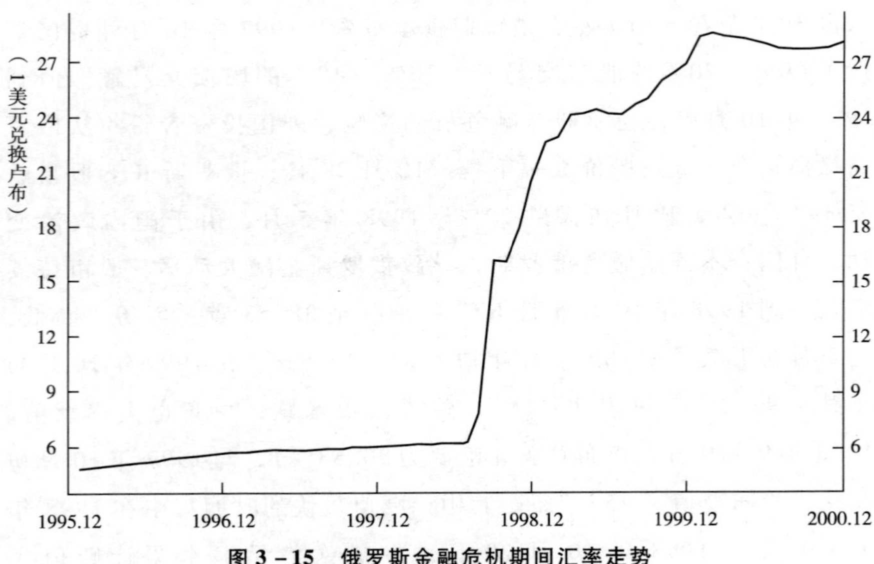

图 3－15　俄罗斯金融危机期间汇率走势

资料来源：Wind 资讯。

2. 俄罗斯金融危机爆发的原因

1997 年俄罗斯金融危机是在国际社会提供大量援助的条件下发生的，说明俄罗斯金融危机的根源在于国内的政治和经济因素。

（1）债务负担沉重

1997 年俄罗斯财政预算收入和支出分别占 GDP 的 10.8% 和 18.3%，入不敷出，为弥补财政赤字，俄罗斯政府大肆举债。1998 年 7 月 1 日，俄罗斯国家内债余额为 700 亿美元，占 GDP 的 25.6%，超过 21% 的国际警戒线，内债利息占 GDP 的比重为 3.9%；1998 年底，外债达到 1884 亿美元，比上年末增加 30.6 亿美元，占 GDP 的 69.5%，大大超过 25% 的国际警戒线。内外债总额 2584 亿美元，占 GDP 的 95.4%。俄罗斯债务规模大、成本高，造成俄罗斯财政的沉重负担，增强了金融脆弱性，债务成为约束经济增长的不利因素。

（2）企业投资下降

受短期债券和拆借市场收益率水平高企的影响，企业不愿进行实物资产投资，而是购买短期债券或委托拆借投资。据俄罗斯联邦统计局数据，1997 年和 1998 年俄罗斯固定资本形成总额占 GDP 的比重分别为 22.1% 和 15.4%，分别比上年回落 3.3 个和 6.7 个百分点。另外，俄罗斯经济转轨后，金融犯罪活动猖獗，银行违规向企业发放贷款，地下经济和影子经济活跃，进一步加大了俄罗斯金融风险。

（3）实体经济面临衰退与通胀的困扰

俄罗斯是初级产品出口大国，尤其是石油和天然气出口占比较大，这种外贸依存度高，外贸结构集中单一的经济使俄罗斯经济易受国际市场变化的影响。受国际市场能源价格下跌的影响，俄罗斯出口遭到沉重打击。据统计，1998 年俄罗斯货物出口额为 744 亿美元，比上年下降 14.3%，连续两年有所下降，其中，对非独联体国家下降 13.5%，对独联体国家下降 17.2%。出口下降造成俄罗斯外汇收入短缺，物价飞涨。1998 年底，俄罗斯外汇储备为 81.8 亿美元，比上年末下降 15.3%。而国内物价急速上涨。1997 年 12 月，全国消费者价格指数比上年末上涨 11.0%，到 1998 年 12 月，价格比上年末上涨 84.4%。其中，食品价格涨幅最大，仅 1998 年 9 月一个月时间就上涨 39.5%。与此同时，受到工人罢工和投资下降的影响，工农业产出有所下降。1998 年，俄罗斯农业和工业产出分别比上年下降 13.2% 和 5.2%，GDP 比上年下降5.3%。

（4）金融领域激进式改革

苏联解体后，俄罗斯开始实行一步到位的“休克疗法”式的激进式改革，金融领域也实行激进式改革。金融领域的改革措施包括：银行活动和行业准入的自由化，打破苏联时期单一银行体制，建立二级银行体制；对外资银行开放，利率和汇率自由化；开放资本账户；等等。由于金融改革是在实体经济低迷、国内金融监测和监管难以跟上的背景下实行的，所以金融改革显得步伐太快。外资过度炒作和频繁进出很容易引起金融市场剧烈动荡，从而引发金融危机。

（5）政局动荡

俄罗斯政治局势自前苏联垮台以来就一直动荡不安。国家主要领导人频繁更替。在解除切尔诺·梅尔金的总理职务后，1998年3月俄罗斯总统提名年仅35岁的基里延科为总理，遭到议会下院的强烈反对。尽管最后勉强通过，但政府与议会之间的政治斗争再次激化。俄罗斯出现了一个没有金融工业寡头参与的政府，金融工业巨头对政府的政治信赖感产生动摇，一部分人开始撤资。由政治不信任引发的资本外逃加剧了金融恐慌情绪。

五　2000年美国互联网泡沫的破灭

1. 互联网泡沫破灭的过程

20世纪90年代后期，以互联网为代表的新经济发展迅速，自1998年10月起，作为新经济晴雨表的纳斯达克指数从1500点一路上扬、持续攀升，此时，数以千亿计的资金流向网络市场。如图3－16所示，1998～2001年，以美国为代表的世界许多国家与科技及新兴的互联网有关的企业的股价快速上升。1999年11月3日，纳斯达克指数首次突破3000点升至3028.51点，比一年前上涨了69.3%，此后继续一路攀升，到2000年3月10日达到创历史纪录的5048.62点，分别比1999年初和2000年初上涨130.25%和24.07%。但是，受美联储调高利率以及微软遭地方法院拆分这两大事件的影响，2000年3月中旬，以技术股为主的美国纳斯达克综合指数遭遇重挫，网络经济危机全面爆发，2001 年 9 月 21 日纳股指数迅速跌至 1423.19 点，创下了 3 年来的最低纪录。与 2000 年 3 月 10 日的历史高峰相比，跌幅高达 71.8%，回到了 1998 年前的水平。网络经济泡沫的崩溃在 2000 年 3 月到 2002 年 10 月间抹去了 IT 业界约 5 万亿美元的市值。

图 3-16　美国互联网泡沫时期纳斯达克股指走势

2. 美国互联网泡沫成因分析

（1）概念炒作

1994 年，Mosaic 浏览器及万维网的出现，使得互联网开始引起公众注意。网上的双向通信开启了以互联网为媒介的直接商务和即时群组通信。这些概念吸引了一大批科技精英，他们认为这种以互联网为基础的新商业模式将会兴起并产生丰厚利润。在泡沫形成的初期，互联网网络基建、互联网工具软件和门户网站这三个科技行业发展迅猛。这些科技行业的共同点就是以概念代替经营，在初期和以后相当长一段时间内推行单一的免费服务模式，追逐“眼球经济”。一小部分公司的创始人在 .com 股市泡沫的初期公司上市时获得了巨大的财富，吸引了大量的个人投资。当美联储利率上调后又快速撤资，造成泡沫破灭。

(2) 实体经济下滑

美国经济从2000年开始在投资不振的带动下增速急剧放缓。如图3-17所示，据美国商务部经济分析局的数据，2000年第一季度，美国投资和政府消费环比折年率分别比上季度下降5.5%和3.2%，而上季度分别增长15.0%和6.5%；第二季度，耐用消费品和住宅投资环比折年率分别下降7.0%和2.7%。2000年下半年，美国经济大幅下滑。第三季度GDP环比折年率增长0.3%，比上季度大幅放慢7.7个百分点。2001年2月环比折年率下降3.4%，美国工业生产一直持续到2001年11月连续9个月下滑。2000年5月，美国产能利用率为82.1%，比上月回落0.2个百分点。产能利用率早在1997年底就开始显现下滑的迹象，1997年12月，美国产能利用率为84.7%，比上月回落0.2个百分点。此后持续下滑，到2001年12月，下滑至73.5%，比上月回落0.1个百分点，比本轮经济高峰期1997年11月大幅回落11.4个百分点。另据美国法院行政管理局的数据，2001年第二季度美国新申请破产的个人和企业数量创下新纪录，同比增长24.5%。据进行此类统计的Webmergers.com介绍，高科技企业的倒闭在2001年第二季度达到高峰，2000年倒闭数为225家，2001年则为537家。2001年末纳斯达克指数跌至1950.4点，比2000年最高点大幅下跌了61.4%，美国以网络股为代表的高科技泡沫破灭。

(3) 互联网产业链严重断裂

作为一个新兴的高赢利的行业，在发展初期产业内部较容易各自为政，难以找准在整个产业链所处的位置。而经济规律告诉我们，一个产业的繁荣兴盛需要产业中的各个企业准确定位、合理分工以实现社会资源的最优配置。当时互联网业尽管由于高回报聚集了超高人气，吸引了不少高科技界、金融业、物流业、制造业等行业的人才，但遗憾的是，在互联网产业发展的进程中，网络、内容、软件等环节各自为政，忽略了开发商、制造商、运营商等之间的合作，造成产业链的严重断裂，使得整个产业难以实现赢利和良性循环，网络泡沫最终破灭。

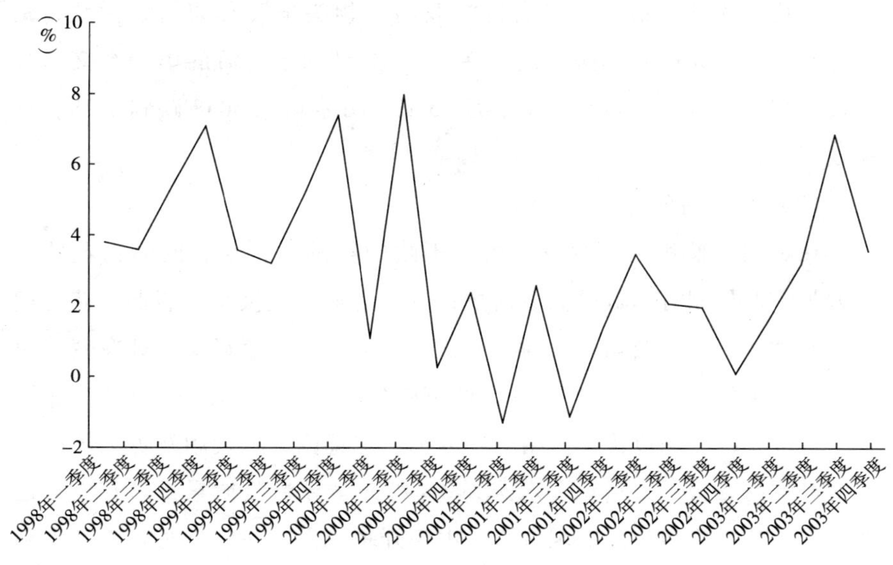

图 3－17 美国季度 GDP 环比折年率增长率

(4) 风险资本大量涌入互联网业

从 20 世纪 90 年代末期开始，互联网公司股价迅速上涨，风险投资家看好这种新经济并期望带来丰厚回报，故而出售较快，不像以往那样谨小慎微。尽管这些 . com 公司大都缺乏切实可行的计划，却由于新颖的概念，仍能将创意出售给风险投资者，因此 . com 公司较轻易地获得大量风险资本。

(5) 充裕的流动性推升股票价格

1998 年 1 月，美国 M2 余额为 40559 亿美元，到 2001 年 2 月就突破了 50000 亿美元大关达到 50086 亿美元，比 1998 年 1 月增长 23.5%。大量资金在互联网公司能够持续不断地快速增长的预期下迅速流入互联网产业中。

(6) 偶发因素引燃

当美国经济下滑，经济前景预期不佳加上互联网企业破产申请增加时，一件看似不重要的事情就会引发大的波动。2000 年，美国政府和 19 个州联合起诉微软公司一案触发了 3 月股市大跳水，而 3 月 13 日星期一大规模初始批量卖单的处理引发了抛售的连锁反应——投资者、基金和机构纷纷开始清盘。对高科技股的“领头羊”如思科、微软、戴尔等数十亿美元的卖单碰巧同时在3月10日周末之后的第一个交易日早晨出现，导致纳斯达克股指3月13日一开盘就从5038跌到4879，整整跌了3%。

（7）互联网公司大肆开销

在利润增长和“新经济”西方不败的氛围下，互联网公司花钱大手大脚，例如制订巨额的高管薪酬计划，为员工提供豪华假期，获得期权的高官和员工在公司IPO时立马成为百万富翁，然后又大肆花费。由于相信未来经济将需要无处不在的宽带链接，债台高筑地购进高速设备、建设光纤线路以优化网络。在欧洲，如德国、意大利及英国等国的移动运营商花费了大量现金来购买3G牌照，导致负债累累。其投资远远超过了其当前和预测的现金流。由于开销巨大，一些公司人为做大利润额，如World. com以会计方式夸大其利润以10亿美元计。事件揭发后，其股票价格大跌，短短数日后需申请破产清盘，并成为美国历史上最大的清盘案。

六 2007年美国次贷危机

1. 美国次贷危机爆发的过程

美国2000年互联网泡沫破灭后，为刺激经济增长，美联储采取连续降息的方式给市场注入流动性，以期促进经济活跃起来。这轮降息周期催生了房地产业的繁荣。房价一路上涨并带动股市价格上涨。2007年10月9日，美国三大股指道琼斯工业平均、纳斯达克和标准普尔500分别达到14164.53、2803.91和1565.15点，其中道琼斯工业平均指数和标普500指数创历史新高。与2007年初相比，三大股指分别上涨了13.5%、15.7%和10.5%；与2003年初相比，分别上涨了64.6%、102.5%和72.2%。2007年，美国新房中位数价格达到每套24.79万美元，比上年上涨0.6%，创历史新高，连续16年价格上涨，但涨幅比上年回落1.8个百分点，连续三年涨幅回落。在房价上涨的同时，作为房地产业重要一环的次级抵押贷款也迅速扩大，贷款买房成为当时美国社会的时尚做法。次贷火爆是建立在房价一直上涨的预期下的。但是，随着美联储加息和住房贷款还款成本升高，越来越多的次级抵押贷款借款人无法按期还款。2007 年 2 月，美国次级抵押贷款风险开始浮出水面：美国最大的次级房贷公司 Countrywide Financial Corp 减少房贷，美国第二大次级抵押贷款机构 New Century Financial 发布赢利预警。4 月，美国第二大次级抵押贷款公司新世纪金融公司申请破产保护，7 月，标准普尔和穆迪两家信用评级机构分别下调了 612 种和 399 种抵押贷款债券的信用等级。8 月，美国最大商业抵押贷款公司国民金融公司股价暴跌，面临破产，美国次贷危机全面爆发。次贷危机爆发造成美国股市暴跌，房屋销量下降，房价一泻千里。2007 年，美国新房售出 77.6 万套，比上年大幅下降 26.2%，降幅比上年扩大 8.1 个百分点。2008 年和 2009 年销量继续下降，分别为 48.5 万套和 37.5 万套，降幅分别为 37.5% 和 22.7%。2008 年，美国新房价格降至每套 23.21 万美元，比上年下降 6.4%，为 1970 年以来的最大年度降幅，2009 年降幅进一步扩大至 6.6%。股市也是惨象一片。2009 年 3 月 9 日，道琼斯工业平均、纳斯达克和标准普尔 500 分别降至 6547.05 点、1268.64 点和 676.53 点，分别比本轮最高点时 2007 年 10 月 9 日下跌 53.8%、54.8% 和 56.8%（见图 3－18）。

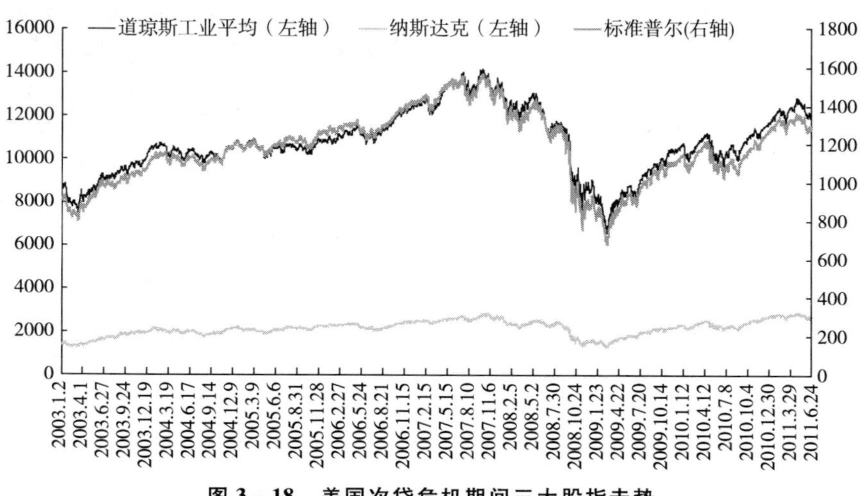

图 3－18　美国次贷危机期间三大股指走势

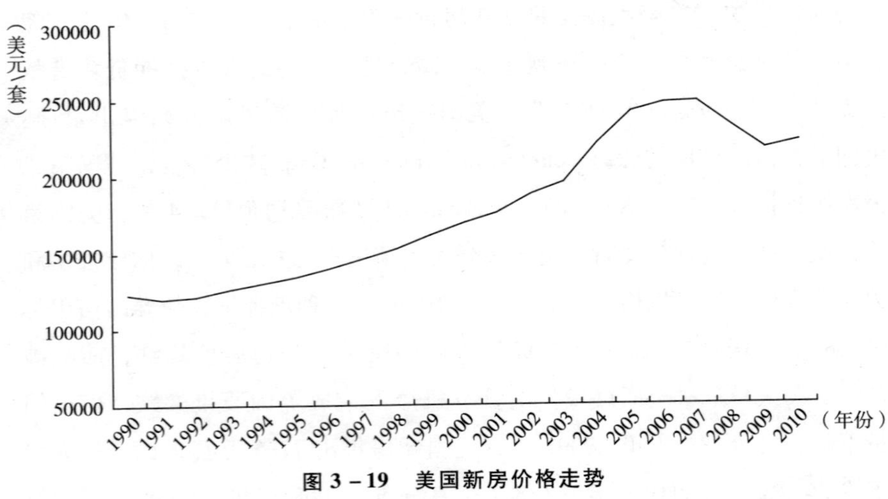

图 3－19　美国新房价格走势

表 3－8　美国按房价划分的新房销售量

单位：万美元

年份	所有类型	低于 12.5	12.5～15	15～20	20～25	25～30	30～40	40～50	50～75	75 以上
2002	97.3	15.7	13.8	23.7	13.9	10.7	10.6	4.7	3.1	1.2
2003	108.6	15.0	14.6	26.4	14.8	11.2	14.2	5.6	5.1	1.7
2004	120.3	13.3	13.7	25.4	18.1	13.1	16.5	9.0	8.2	3.1
2005	128.3	10.4	12.2	24.6	20.0	15.2	20.3	11.1	9.9	4.5
2006	105.1	6.4	9.7	20.8	16.2	13.8	17.4	8.4	8.0	4.3
2007	77.6	3.8	6.8	16.2	12.5	10.2	12.1	6.5	6.2	3.2
2008	48.5	3.1	4.6	10.6	8.6	6.3	6.9	3.5	3.1	1.8
2009	37.5	2.5	4.1	9.6	6.6	4.8	4.6	2.3	2.0	1.0
2010	32.3	1.9	3.6	7.9	5.4	4.3	4.4	2.1	1.8	0.8

资料来源：美国商务部普查局。

2. 美国次贷危机爆发的原因

（1）利率因素

从 2001 年 1 月 13 日到 2003 年 6 月 25 日，美联储连续 13 次下调联邦基金利率，该利率从 6.5% 降至 1% 的历史最低水平，累计下调 550 个基点。这一轮降息周期催生了美国房地产业从 2001 年到 2005 年长达 5 年之久的发展和繁荣。然而，次级贷款为银行向信用较低、收入证明缺失或负债较重的人提供的住房贷款。一旦外部条件改变，如利率上调，那么借款人的还本付息的负担立刻加重，并由此影响到与此有关的投资银行、保险公司、抵押贷款公司、对冲基金和个人投资者。这些机构和个人顷刻间就会财富大缩水或陷入破产境地。2006 年美国次级抵押贷款市场的贷款额达 6000 亿美元，占全部抵押贷款的 20%。大规模的次级抵押贷款在美联储持续加息动作后成为社会动荡的隐患。2004 年 6 月 25 日，美联储提高联邦基金利率 25 个基点至 1.25%，从此拉开了美国新一轮升息周期，到 2006 年 6 月 29 日升至 5.25%，使得本轮升息周期累计升息 425 个基点。升息增加的额外负债使得本来就无力还款的借款人不得不违约。一时间，美国与次贷相关联的金融机构的贷款延期偿还比率和违约率上升。据美联储数据，2007 年第四季度，美国银行贷款撇账率经过季节调整后达到 0.36%，为 2000～2006 年这七年平均撇账率的 3 倍，其中银行对房地产发放的贷款撇账率达到 0.46%，高出整体撇账率 0.1 个百分点，是 2000～2006 年平均水平的 3.3 倍。

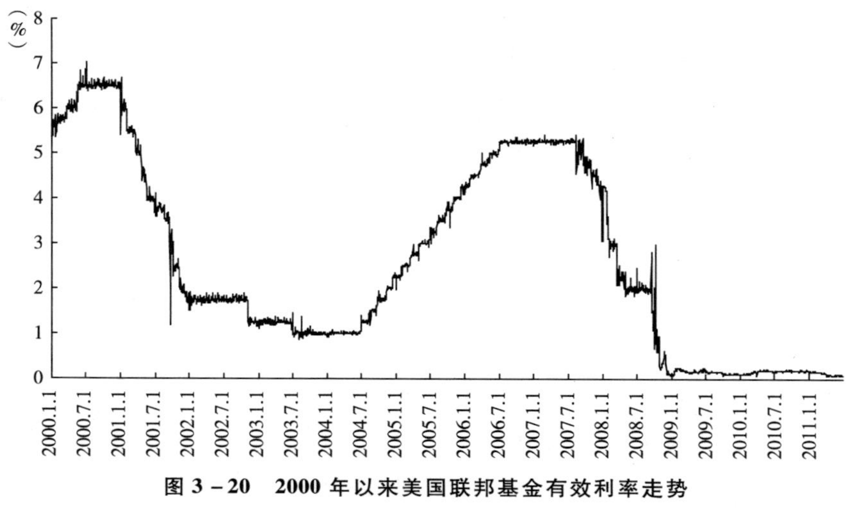

图 3-20 2000 年以来美国联邦基金有效利率走势

（2）美国政府长期执行双赤字政策，国民过度消费

美国是一个超前消费、透支未来的国家，消费支出占国家经济的比重较大。2006 年，美国个人消费支出占 GDP 的比重达 69.6%，比 2000

年上升了1个百分点。过度消费导致储蓄率偏低，2006年，美国储蓄率为16.2%，比2000年下降1.9个百分点，与其他主要发达国家相比，分别比日本、加拿大、德国、法国和意大利低11.5个、8.2个、7.9个、4.4个和2.8个百分点。政府长期执行外贸和经常账户双赤字政策。外贸赤字从1976年以来就一直存在。20世纪90年代末21世纪初，外贸赤字虽然有所收窄，但从2001年开始又呈现逐年扩大态势，到2006年，美国货物和服务贸易逆差额按国际收支平衡口径计算达到创纪录的7533亿美元，比上年增长6.3%，连续5年上升。2006年，经常账户赤字达到创纪录的8026亿美元，比上年增长7.4%，也是连续5年上升。2006年，政府负债总额81897亿美元，占GDP的比重达到61.1%，比2003年上升6.3个百分点。

（3）金融衍生产品愈益脱离实体经济

金融衍生产品建立在基础金融工具或基础金融变量之上，其价格取决于后者价格变化。20世纪60年代末随着欧洲货币市场的出现，各国开始放松管制，80年代金融工具创新及业务拓展发展迅速，金融衍生品作为创新产物蓬勃发展。到2006年底，全球金融衍生品市场交易量达到20万亿美元，是2004年的3倍、2000年的20倍。到2008年，全球金融衍生产品交易量超过30万亿美元。但是，金融衍生产品由于越来越脱离传统的金融业务支持也就越来越脆弱。原生金融工具的风险通过这些金融杠杆而放大了数十倍甚至数百倍。美国次级抵押贷款危机爆发后，金融衍生品如MBS、ABS、CDO和CDS将次贷风险和破坏力大大放大。

（4）金融监管机构监管重复和监管真空并存

1999年美国通过的《金融服务现代化法案》，从法律上消除了银行、证券、保险各个金融机构在业务范围上的边界，允许商业银行以金融控股公司形式从事包括证券和保险业在内的全面金融服务，实行混业经营。然而在监管模式上，美国金融监管机构既有联邦的，也有州一级的，针对不同的业务领域，设立了不同的监管机构，基本上属于分业监管的体制，这些机构之间存在着交叉和重复监管的现象。对于飞速发展的对冲基金和私人股权投资基金，美国证券监督委员会仅掌握部分自愿登记的对冲基金情况，对于大多数以私人公司形式设立的对冲基金则毫无办法，而美联储也只能基于稳定金融体系的考虑，要求对冲基金的交易对手方如银行等提供相应的数据。由于资本市场实行混业经营，而金融监管仍是分业监管体系，所以监管机构存在交叉重复的同时，又形成一定的监管真空，给金融系统出现危机埋下了隐患。

七　德国稳定住房价格的经验

自20世纪70年代以来，德国房价总体来说较为稳定。德国的人口变化、经济发展轨迹等与其他一些发达国家类似，那为什么单单德国的房价保持稳定而没有经历几个显著的房价周期呢？通过研究发现，德国房价的稳定主要来自供给层面，而非需求层面。另外，德国政府明确的住房消费品属性导向、稳定的住房租赁市场、较为完善的住房法律和税收体系以及较为严苛的信贷条件都是德国房价长期稳定的有效举措。

1. 自20世纪70年代以来德国房价总体呈现平稳波动的态势

德国经济总量达3.3万亿美元（现价，2010年），仅次于美国、中国和日本，为世界第四大经济体、欧洲第一大经济体；人口8100万人（2010年），为仅次于俄罗斯的欧洲第二大人口大国。1980～2010年，德国GDP年均增长率达4.7%，房价却一直保持较为平稳的态势。1970～2006年，德国房价年均下降0.4%，而同期的英国、西班牙、爱尔兰、比利时、荷兰、新西兰、澳大利亚、法国、加拿大和丹麦的房价分别年均上涨4.1%、4.0%、3.9%、3.6%、3.3%、3.2%、3.0%、2.6%、2.5%和2.4%。德国房价自1970年以来经历了稳定—小幅上涨—下跌—上涨四个阶段。第一阶段（1970～1990年）：德国房价年均上涨0.2%，几乎没有什么变化；第二阶段（1991～1998年）：这一阶段德国房价在联邦政府推出的税收优惠政策的刺激下小幅上涨，年均涨幅为0.8%；第三阶段（1999～2006年）：这一阶段德国房价仍在下跌，年均跌幅为2.0%；第四阶段（2007年至今）：这一阶段德国房价年均涨幅为1.6%。

2. 德国房价保持较为稳定态势的原因分析

（1）住房政策明确

德国宪法规定，“德国是一个高福利国家”。因此，“居者有其屋”成为联邦政府的首要政策目标之一。另外，根据德国宪法的“建房权利”条款，“在不违背其他法律规定的前提下，德国人人都有权建造自己的住房”，“如果所建房屋符合规划，应准予实施，如果地方政府不同意，将诉诸法庭解决”。也就是说，德国的住房以居住为导向，住房消费品属性较强，投资品属性较弱，联邦政府和地方政府均程度较高地介入住房市场。

（2）住房供应充足

德国对建造的房屋类型控制较严，但只要按照政府的规划行事，开发商即可不寻求名目繁多的开发许可自行建造房屋。另外，掌握建房规划的地方政府在利益驱动下会在土地出让上给开发商提供资金支持，原因就在于地方政府获得的联邦补助是根据本地居民数量来计算的，这可以增加地方政府的财政预算。规划建房时，一些城市如慕尼黑还要求私人开发商建房时要确保一定比例的社会住房（social housing，地方政府或非营利组织拥有管理权）。据德国科隆大学科隆经济研究所统计，2010 年英国新出让的建房用地为平均每 10 万人 15 公顷，而德国达到每 10 万人 50 公顷。2009 年，德国新建房屋 16 万套，其中新建住房 14 万套。与之形成鲜明对照的是，英国政府规定城市扩张的临界值，也就是严格控制用于建造房屋的土地供应数量，并规定用于开发住房的土地必须有 60% 是已经开发过的、用作其他使用目的的土地。当土地从农村用地转为城市用地、从住房转为办公楼或扩大住房的规模时，都需要经过烦琐的审批程序。由于地方政府要为新开发的住宅区提供公共服务，地方政府从中央政府得到的补助却微乎其微，因而缺乏建新房的热情，甚至反对建造新房。以上这些规则导致英国新增的、用于住房建设的土地非常有限，房价节节攀升。2006 年，英国平均房价指数达到 413.1（1970 年 = 100），是 1998 年房价的 2 倍，而同期各国房价却下跌了 15.1%。

（3）稳定的住房租赁市场

德国住房自有住房比率偏低，绝大部分人选择租房居住。2005年，德国自有住房为3800万套，占所有住房的比率为39.1%，比1993年仅上升1.1个百分点，大大低于其他欧盟国家，分别比爱尔兰、西班牙、芬兰、希腊、意大利、英国和比利时低41个、37个、33个、31个、28个、27个和23个百分点。德国住房市场供出租的住房占比较大，其中私人拥有的供出租的住房占整体出租房的比例较大。2005年，在2356万套出租房中，58.5%来自私人拥有的住房，公租房、私人公司拥有的住房、合作社拥有的住房和金融机构拥有的出租房分别占所有出租房的13.6%、11.0%、9.7%和6.8%。合作社拥有的住房对稳定房租起到了较大作用。住房合作社成员在根据合作章程缴纳了一定数量的会员费后，可根据住房情况按月缴纳低于市场价的租金并对住房享有终生使用权。大量的出租房涌向市场，造成德国房租价格较为合理和稳定。2002年，德国房租每平方米平均11.9欧元，比上年上涨1.4%，扣除价格因素后的实际价格与上年持平。从1972～2002年30年的数据来看，德国房租年平均上涨4.7%，实际年平均上涨率仅1.7%。2006年，德国不包括服务费的净房租指数为106.5（2000年=100），比上年上涨1.0%，与2000年相比仅上涨6.5个点，而同期物价上涨了10.0%。德国房租相对于工薪阶层收入来说不算太贵，2005年居民租房开支占总体消费支出的比重平均为25.5%。德国用于出租的住房绝大部分来自私人，但德国对租客权益保护得较好。只要租客按时缴纳租金、对租住的住房保护得较好，就可以继续在此租住。另外，政府对出租房租金上涨幅度有严格规定，以防止住房拥有者随意抬高房租。一些地区还参照居民收入，规定该地区的租金每月每平方米只能在4～7欧元之间浮动。德国政府规定，困难人群如单亲家庭、残障人事、长期失业人员等可以领取租房补助，领取金额据一套复杂的计算公式得出，最多可享受全额补助，但对租住房的面积和等级有规定。

表 3-9 德国住房市场供应结构

单位：万套,%

住房类型	1993 年		2005 年	
	套数	占比	套数	占比
自有住房	1302	38.0	1513	39.1
私人拥有的出租房	1210	35.3	1379	35.6
私人公司拥有的住房	219	6.4	260	6.7
公有住房	360	10.5	313	8.1
合作社拥有的住房	224	6.5	229	5.9
其他	110	3.2	175	4.5
总　计	3425	100.0	3869	100.0

（4）较为完善的住房法律、税收体系

德国《租房法》规定 3 年内房租涨幅不得超过 20%，否则便构成违法；人口超过 5 万的城市每两年会更新“房租列表”，如果房租超过指定价格的 20%，即会遭到巨额罚款，超过 50% 即构成犯罪。住房售价方面，开发商制定的住房售价如果超出“合理房价”的 20% 即为“超高房价”，如果不降至合理范围，开发商将面临最高达 5 万欧元的罚款，消费者可将开发商诉诸法庭并要求其承担刑事责任；房价如果超出“合理房价”的 50% 则为“房价暴利”，开发商最高可被判处 3 年徒刑。税收体系方面，一项房屋交易中，政府要抽走 1% ~1.5% 的不动产税、3.5% 的交易税以及 15% 的赢利税（如果有赢利）。租金收入中，25% 的租金要被抽作租金所得税。为鼓励合作社建房，德国政府为其提供低息贷款、税收减免等政策，同时通过免税和补贴的方式鼓励公司修建非营利性的居民住宅。

（5）信贷市场严格

2008 年国际金融危机前，德国提供抵押贷款的主要金融机构德国抵押贷款银行设定的贷款额度为 60%，也就是说最多只能贷到商品总值的 60%，而英国在国际金融危机爆发前首次购房者最多能贷到住房价值的 100%，且无须存款抵押作担保。宽松的信贷条件导致英国房价急速攀升并经历多次房价周期。德国则在理性的信贷条件下没有产生像其他一些发达国家出现的次级抵押贷款危机，同时有力维护了德国房价的稳定。

第三节　历次金融危机给我们的启示

（一）金融自由化改革应结合本国实体经济情况有序进行

从以上历次金融危机的过程和爆发原因来看，各国的金融自由化改革都难辞其咎。应该看到，金融自由化是世界经济发展到一定阶段的必然产物，而且在各国经济发展的过程中确实起到过促进实体经济发展的作用。但是，金融自由化的发展速度要与本国的政治、经济和社会实际相结合予以综合考虑，要符合市场化的规律，金融自由化过快或过慢都会影响一国经济的发展进程。由于金融业高负债经营的特点，金融自由化不当则会凸显金融脆弱性，当风险积聚到一定程度时则容易爆发金融危机。东南亚金融危机显示这些国家既存在金融改革步伐过快的地方，如在监管措施没有跟上的情况下实行资本项下的可自由兑换导致外资大进大出；同时存在金融改革滞后的地方，如在实行出口导向型经济时还固守实际上的固定汇率制度，当被盯住货币大幅贬值后本国产品国际竞争力突然下降，给实体经济带来沉重打击。

（二）金融改革措施的次序相当重要

理论上，好的金融改革措施在实践中要遵循一定的次序，这样才能使改革的成本最低而效益最大。虽然目前为止最优的金融改革次序还不存在，但并不是说改革举措可以不分先后地全盘端出。俄罗斯爆发金融危机固然有东南亚金融危机、韩国金融危机的传导作用以及俄罗斯本身其他的问题，但在短时间内同时实施银行活动和行业准入的自由化、利率自由化、汇率自由化、资本项下开放等等，导致市场波动加大，形成泡沫经济。在外部条件变化时极易遭受攻击，引发金融危机。

（三）产业结构和外贸结构要合理

如果一国长期产业结构单一、外贸依存度高且外贸结构集中，则很容易受国际市场供需变化和价格变化的影响。俄罗斯金融危机的爆发就与石油和天然气开采业占比过大，长期依赖石油和天然气出口赚取外汇的单一、脆弱的产业结构和外贸结构有关。

（四）利率政策、汇率政策和外资政策应该配套

通货膨胀是影响金融安全的重要因素。俄罗斯爆发金融危机与国内较长一段时间内通胀率较高密切相关。高企的通胀率会造成利率政策、汇率政策和国债政策难以协调一致，在风险积聚到一定程度时引发金融危机。东南亚一些国家在金融自由化改革中利率已经市场化了，外资也可以自由出入本国，但汇率仍然为实际盯住美元的汇率制度，造成利率制度、外资政策和汇率制度之间的不协调，最终引发了金融危机。

（五）外资和外债应适度，且要引导其为实体经济服务

一国经济发展中由于资金短缺或经济往来的需要，引入外资和外债是常见现象，在经济一体化的今天尤其如此。但是，外资和外债的规模要适度，一方面防止对外资和外债形成依赖，受制于人，另一方面防止大规模外资和外债流入催生或加大本国经济泡沫，如股市泡沫和房地产泡沫，对本国经济构成危害。外资方面，应关注直接投资的占比，防范证券投资和其他投资的比重过大。同时，应密切关注外债的期限结构，关注短期外债占比，预防短期外债短时期内大规模撤出，从而加剧本国金融市场的动荡。一国在引进外资和举借外债时，应有意识、有目的地引导其流向实体经济领域，形成真正的生产力，为此还可以采取一些鼓励、优惠政策。

（六）金融衍生产品的发展不应脱离实体经济而过快发展

20 世纪六七十年代，世界各国对资本流动和外汇交易普遍有较为严格的管制和限制，当时，国内市场与国际市场界限分明，壁垒森严。但随着 60 年代末欧洲货币市场的出现，各国开始放松管制，到 80 年代金融工具创新及业务拓展发展迅速，而金融衍生品便是众多金融工具创新的产物。但是，20 世纪 90 年代开始金融衍生产品由于越来越脱离传

统的金融业务支持也就越来越脆弱。原生金融工具的风险通过这些金融杠杆而放大了数十倍甚至数百倍。美国次级抵押贷款危机爆发后，正是通过这些金融衍生品使风险和破坏力大大放大。

（七）职责明确的监管机制是防范和化解金融风险的必备之举

美国是全球金融业发展程度最高、发展速度最快的国家，但还是于2007年爆发了次级贷款危机，原因之一就是面对形形色色、推陈出新的金融衍生产品，金融监管显得滞后。美国监管体系比较复杂，联邦和州一级都有金融监管机构，但监管对象的混业经营和监管机构的分领域监管，造成部分金融领域出现监管真空，为次贷危机的爆发埋下隐患。

（八）各国共同合作有助于防范金融风险或降低金融风险的危害

当今世界是一个开放的、一体化的世界。一国的金融危机会通过外贸、外资和外汇等途径很快影响到其他国家。东南亚金融危机爆发后，韩国很快从东南亚撤资援助本国，而韩国爆发金融危机后，俄罗斯在韩国的资本又很快出逃。同时，危机发生国进口减少，出口遭遇阻力，经常账户恶化，本币贬值，国债收益率陡升，给已有的危机雪上加霜。因此，各国的团结合作是防范危机的有效途径，也是危机爆发后降低危机危害的有力途径。

第四节 我国预防资产价格泡沫，避免金融危机爆发的应对政策

（一）积极参与全球金融自由化浪潮中，审时度势推进我国金融自由化改革

世纪之交的互联网泡沫之后迎来了互联网前所未有的大发展时机。这说明，互联网泡沫破灭只不过是这个行业在前一阶段过度发展之后的一次重新洗牌，实力弱的公司和企业被时代抛弃，真正有技术有前途的企业如谷歌等反而越发壮大。所以，我们不能因为一些国家在金融自由化过程中遭遇挫折而因噎废食，不敢直面金融自由化改革。相反，为了更好地与全球对话，我们应该吸取以往资产价格泡沫形成和破灭的教训，结合我国的具体国情，有计划、有步骤地实施金融开放，如找准资

本项开放的时间点，适时推出新的衍生金融产品，使我国的金融业能够更好地为实体经济服务，推动我国经济发展。也就是说，我国既要顺应潮流实施金融自由化，又要遵循金融开放次序论原则。

（二）主动调整我国当前的经济增长方式，提高我国产品的国际竞争力

当前我国产业结构与其他国家相比较，第二产业尤其是制造业比重较大，而第三产业比重较低。制造业中，低附加值制造业占据了较大比重。与制造业占比较大相对应的，是我国大量的低端工业制成品需要参与到激烈的国际竞争中，将产品出口到国外，而一旦贸易伙伴国的政策或相关产品的国际供需有所变化，则容易招致别国贸易制裁，从而影响国内投资和就业。如果此时再遇上大规模外资撤资等因素影响，则很容易造成经济动荡。

（三）建立我国的金融监测机制

从上文各次金融危机爆发的原因分析可以发现，金融危机爆发前某些指标数值的变化其实部分地反映出金融危机有可能要爆发，但由于缺乏有效完整的金融监测预警指标体系，人们难以从个别指标中判断经济泡沫是否即将破灭，而是往往还在预期经济将在短期内继续繁荣，结果真正危机到来时损失惨重。尽管到目前为止我国的金融体系尚不算健全发达，但鉴于金融业对实体经济的巨大影响，建立一套适合我国实际的金融监测指标体系还是很有必要的。在指标体系中，应重点考虑经济增长率、资本充足率、资产质量、流动性、国际收支账户余额、利率水平和汇率水平等要素，其中，资产质量应包括贷款增速、不良贷款比率、短期债务占比等指标。通过金融监测体系可以及时发现我国金融体系的脆弱性情况，防患于未然。

（四）加大我国金融监管立法力度，对金融领域实施有力监管

改革开放后，我国金融业获得长足发展，与此同时，一些金融领域违法违纪行为也有所增加。为保障我国金融业健康有序发展，我国应该在金融业发展的同时，加大金融监管立法的力度，并且执法必严，对银行、保险、证券、信托等领域实施有力监管。

（五）积极参与国际协调合作机制

我国已成为世界第二大经济体，在国际舞台上的影响力也越来越大。因此，积极参与国际金融事务的协调合作机制，有利于更有效地表达我国的意愿，增大我国的发言权。同时，也可以通过国际合作更好地保护我国金融业的有序发展，为我国金融业的发展保驾护航。

第四章

股票价格波动预警指数

第一节　国内外股市泡沫理论文献综述

一　股市泡沫概念释义

1. 股市泡沫定义

资产价格泡沫是指资产的市场价格持续偏离其基本价值的过程，资产价格泡沫可以是正向的，也可以是负向的。关于泡沫的定义有很多，本研究将泡沫视作“价格对基本面的偏离”。

查尔斯·金德尔伯格（Charles Kindleberger，1987）在《新帕尔格雷夫经济学大辞典》中将泡沫界定为产生、膨胀和破裂三个过程。他认为泡沫状态是指资产价格在一个连续过程中陡然上升，最初的上升使人们产生进一步上升的预期，于是又吸引了新的买主，这些投机者只是想通过买卖获得利润，而不是对这些资产本身的使用和产生赢利的能力感兴趣。也就是说，资产价格较高并持续上涨时，投资者买入的唯一目的是为了以更高的价格快速卖出获得利润，并未考虑该资产的赢利能力等因素，由此而产生的价格不断上升的过程称为泡沫。随着价格上升预期的逆转，价格迅速暴跌，最后以金融危机告终。通常，“繁荣”（boom）的时间要比泡沫状态长些，价格、生产和利润的上升也比较温和一些，以后也许以暴跌或恐慌的形式出现危机，也许以繁荣逐渐消退告终而不发生危机。金德尔伯格认为泡沫的核心是“价格在今天高于其基本价值，仅仅是因为投资者认为明天的价格会更高”，认为泡沫主要是由于投机造成的。

金德尔伯格揭示了泡沫的演变过程——资产价格暴涨到暴跌；投资者行为——适应性预期、惯性交易策略、从众心理与羊群效应、投机、“博傻”；形成机理——价格波动与投资者行为的正反馈；外在条件——宽裕的资金环境使新的买主不断加入；内在特征——投资者脱离基本面的投机行为使资产价格严重偏离基础价值；泡沫破裂的关键——预期的逆转；以及泡沫破裂的后果——金融危机。

Garber（2000）认为泡沫是“资产价格变动中有一部分无法用基本面来解释”，Rosser（2000）认为投机泡沫是“在一段时间内并非由于随机冲击造成的价格偏离基本价值的现象”。这些定义与金德尔伯格不同之处在于，指出泡沫的产生未必是由于投机造成的。但是由于这些定义并没有明确泡沫产生的原因，历史经验却表明泡沫是由投机造成的，因此这些定义具有一定的局限性。1993 年度《日本经济白皮书》将泡沫定义为资产价格背离经济基础条件而上升的过程。日本金融学会时任会长三木谷良一认为，泡沫经济就是资产价格（具体指股票价格与不动产价格）严重偏离实体经济（生产、流通、雇用和增长率等）而暴涨，然后暴跌的过程。

2. 股市泡沫的分类

从不同的角度，股市泡沫可以分为不同的类型。

Blanchard 和 Watson 从理性预期出发，将股市泡沫分为理性泡沫和非理性泡沫。理性泡沫是活跃股票市场的必需品，也是虚拟资产交易不可避免的产物；非理性泡沫是指系统的金融风险以及推波助澜的狂热，如果急剧膨胀而得不到控制，最终必然破裂而导致股价急挫，甚至引发金融危机。这是理论界对资产泡沫的首次类别划分，奠定了资产泡沫类别划分的基础。

Hamilton 将泡沫分为两种：确定性泡沫和随机性泡沫。在确定性泡沫中，由于所有投资者都认为股票会上涨，因而股价会以一定的比率增长，而股价一旦上涨，投资者都能得到预期的利润，又引起股票的进一步上涨。确定性泡沫只不过是一种理论上的特例，人们通常所说的泡沫几乎都是随机性泡沫。

Blanchard 和 Fisher 从泡沫发展演化的过程出发，将泡沫分为永恒扩张型、爆炸型和可消除型三种。永恒扩张型泡沫是一种研究中的特例，以无限期界和人的完全理性为假定，通常用来描述泡沫在产生初期能以比较平稳的速度逐渐扩张，但由于人是有限期界和有限理性的，实际上这种扩张过程不可能持久，随着泡沫膨胀速度的加快，最终变成爆炸型泡沫。通常情况下，一旦泡沫产生，如果没有政府干预或金融政策的变化，泡沫不会自我消失。所谓的可消除型泡沫，更多意义上是指应当采取何种措施消灭已产生的泡沫。

Froot 和 Obstfeld 从泡沫形成原因的角度，将泡沫分为内生泡沫和外生泡沫。内生泡沫是一种特殊的理性泡沫，其产生仅仅取决于资产价格基本决定因素，如果基本决定因素给定，那么泡沫将维持不变。相对于内生泡沫，那些由于受到外来因素的影响而产生的泡沫被称为外生泡沫。

“泡沫过程”和“泡沫成分”是不同的。“泡沫成分”是一个静态概念，是指隐含在价格中、对基本价值的偏离部分。“泡沫过程”是一个动态概念，是指由于泡沫成分变化（通常是指泡沫膨胀）引起的价格变动过程。结合这两点，泡沫可以分成以下几种情形：

——小而不扩张的泡沫。只要资产价格不严格地等于理论价值，就存在泡沫。因此，这种泡沫存在于任何一个资本市场，随时可能消失，也可能随时再次出现。由于泡沫成分较小，其变动对价格波动的影响不大，不会引起实务界的关注，通常仅存在于学术研究中对其进行讨论。

——大而不扩张的泡沫。当资产价格被严重高估或严重低估，同时泡沫成分没有发生巨大变化，就会出现这种泡沫。对于这种情形，理论界有不同看法，认为大而不变的泡沫必须来自某种支撑，如果这种支撑能够在宏观或微观层面解释，如市场被分割等，那么这就不属于泡沫。换言之，“价格高估”与“泡沫”之间存在差别。

——扩张的泡沫。泡沫成分在投机作用下不断扩张，推动资产价格越来越高，最终无法支撑而发生破裂。这也就是金德尔伯格定义的投机泡沫。

3. 股市泡沫共同特征

历史泡沫事件通常指的是第三种泡沫，即投机泡沫。

人们对泡沫的关注由来已久。苏格兰学者查尔斯·马凯（Charles Mackay，1841）在《惊人的幻觉与大众的疯狂》（*Extraordinary Popular Delusions and the Madness of Crowds*）一书中，对17～18世纪的三大著名资产价格泡沫事件进行了详细的描述和分析，包括1634～1637年的荷兰郁金香狂热（Tulip Mania），1717～1720年的法国密西西比股票泡沫（Mississippi Bubble），1720年的英国南海股票泡沫（South Sea Bubble），指出大众的过度投机心理必然会引起股价疯狂上涨和最后的崩溃。近代股市泡沫事件，包括1929年美国股灾，1987年全球股灾，1990年台湾股市大崩盘，2000年末美国互联网泡沫。这些泡沫事件的共同特点是：股价指数走势表现为大幅上涨随后迅速下跌，存在明显的尖峰现象。

股市泡沫事件虽然出现在不同的时期、不同的国家和地区，其发展和破裂的过程却有着惊人的相似性。结合以上事件，可以得出股市泡沫具有以下共同特征（见表4－1）。

表4－1　股市泡沫的典型特征

股市泡沫的典型特征
价格快速上涨
对价格持续上升抱很高期望
相对于历史平均值估价过高
超越理性范围的价格
存在价格上升的潜在原因
新元素的出现，如创业板、股指期货、融资融券等新制度的引入
主观思维的“范式改变”
新投资者不断加入
公众和传媒的高度关注
信贷大幅增长
债务增长
通货膨胀长期处于低位
持续宽松的货币政策
家庭储蓄率下降
汇率保持坚挺
股票分析师队伍的扩大和市场影响力增强

资料来源：胡月晓：《上证A股泡沫指数编制说明》，上海证券研究所，2009。

首先，泡沫事件的起源均来自真实的利好消息。如美国 20 世纪初的经济繁荣。这些消息影响了投资者对资产未来收益的预期，激发了大众的乐观情绪，引发资产价格上涨，成为投机的导火索。

其次，在每一个泡沫事件中的价格上升阶段，都有来自权威方面明显的或隐含的肯定，包括政府、王室以及专家的口头推荐或行为示范等。由于社会大众获得信息的途径有限，普通投资者将这些推荐或行为解释为内部信息并纷纷效仿，造成泡沫进一步膨胀。当市场前景不甚明朗或“投资”项目本身神秘莫测时，这种“名人效应”尤其有效。

再次，银行信贷大量扩张，或出现新的杠杆工具，如期货市场、股票保证金交易等。信贷扩张为投资者提供了有力的支持，进入资产市场的资金规模不断扩大。

最后，泡沫形成过程中有后续投资者不断加入，使得资产价格越来越高，最终完全偏离基本价值。这一过程中最早的投资者能有丰厚利润，而最后的投资者则损失惨重。

4. 股市泡沫基本模式——庞氏骗局

庞氏骗局（Ponzi Scheme）得名于查尔斯·庞氏（Charles Ponzi），庞氏骗局是一种金字塔式传销，是一种非法集资。庞氏从 1920 年开始从事投资欺诈，宣称 90 天 40% 的高收益率吸引了大量投资者。庞氏用后一轮投资者的资金给付前一轮投资者的本息，由于前期投资者获得了丰厚的投资回报，诱使更多的新投资者加入。这样在 7 个月内庞氏成功吸引了 3 万名投资者，直到 1920 年 8 月警方宣布庞氏的投机活动为非法时，庞氏骗局才结束。

自庞氏之后，在不到 100 年的时间里，世界各地出现了各种形式的“庞氏骗局”。其中，美国麦道夫案影响最大。2008 年 12 月，美国纳斯达克股票市场公司前董事会主席伯纳德·麦道夫因证券欺诈遭警方逮捕，其操作的庞氏骗局诈骗金额超过 600 亿美元，成为美国历史上最大的诈骗案，2009 年 6 月被纽约联邦法院判处 150 年监禁。随着中国改革开放，庞氏骗局也大量出现在中国。2007 年的吴英案，是庞氏骗局的再现；2007 年的蚁力神事件，也是类似的骗局。

庞氏骗局的重要特征：

——投资回报率较高。庞氏的40%，麦道夫的10%，吴英的30%～80%，正是基于较高投资回报率的吸引，大量投资者蜂拥而至。

——让早期投资者深信确实存在赢利机会。早期投资者拿到本金和利息的事实，让更多的投资者不断加入。

——赢利模式复杂。庞氏和麦道夫都故意把赢利模式设计得很复杂，让投资者很难弄清楚是如何操作的。

从庞氏骗局中可以看出，庞氏骗局中不存在理性投资者与非理性投资者之分，庞氏骗局只与投机有关。尽管理性投资者知道庞氏骗局最终会破灭，但是理性投资者认为目前的收益足以抵消其所承担的风险，因此会继续投资。对于不知情的非理性投资者，由于前面的投资者已经获取了收益，使他们深信庞氏骗局能够带来收益而继续投资。因此，投机形成的泡沫都是理性泡沫和非理性泡沫的混合。

庞氏骗局是一个零和博弈，前期投资者的所有收益来自最后一轮投资者的损失，投资者人数越多，最后投资者的亏损也就越大。英国学者爱德华·钱塞勒（Edward Chancellor，1999）在《投机狂潮》（*Devil Take the Hindmost*：*A History of Financial Speculation*）一书中指出，所有的投机事件都以“最后一只老鼠”成为牺牲者而告终。该书以大量的历史事件为例分析了投机在资产价格泡沫形成中的作用。该书名为《魔鬼专抓跑在最后的人》，深刻揭示了庞氏骗局的本质。这一阶段研究的主要贡献在于发现金融领域广泛存在信息不对称性、道德风险和投机心理等现象，为下一阶段通过数学建模来分析资产价格波动奠定了基础。

二　国内外股市泡沫研究综述

真正从经济学角度对泡沫现象进行研究分析始于20世纪60年代。随着经济增长理论的繁荣，一些学者对资本市场的投机活动和泡沫现象进行了早期的理论研究。直到20世纪80年代，随着“市场是否有效”这一命题日益深入的研究，关于资本市场泡沫的问题才开始得到学者们的重点关注。纪晓宇（2000）对国外股市泡沫理论进行了详细评述。

1. 国际上关于股市泡沫的理论文献

——在理性泡沫研究方面，Hahn（1966），Samuelson（1967），Shell 和 Stiglitz（1967）证明，在期限是无限的期货市场条件下，没有一种市场力量能够保证经济不产生泡沫并且破裂。这从理性预期的角度证明了在某些条件下经济系统可能产生泡沫并最终破裂。Flood 和 Garber（1980）首次引入理性预期模型作为检验泡沫的理论基础。Blanchard 和 Watson（1982）从理性预期出发，将股市泡沫分为理性泡沫和非理性泡沫两类，建立了一个动态预测模型来讨论泡沫经济的形成过程。以股票价格理性预期模型为基础，在套利均衡条件下，求解出了理性泡沫解。Santoni（1987）提出了理性泡沫的三个特征，即理性泡沫具有连续性、连续膨胀性和非负性。Blanchard 和 Fisher（1989）从泡沫发展演化的过程出发，将股市泡沫分为三类。Froot 和 Obstfeld（1991）提出内生泡沫概念，简化了实证检验，并用 1900～1998 年的标准普尔综合指数进行实证研究，指出泡沫能够用来解释美国股市的过度波动现象。Evans（1991）通过修正的 Blanchard 模型，得到了周期性破裂泡沫。Granger 和 Swanson（1994）通过“一般化随机鞅过程模型”求解出理性泡沫解集。这几乎囊括了目前常见的所有理性泡沫解，为泡沫的实证研究作了重要的函数设定方面的准备。至此，经过 20 多年的发展，理性泡沫理论已经建立了一套相对成熟的研究体系，以理论为依托的实证分析方法也日益完善。随着行为金融学等其他学科领域的发展，以这些新兴学科为依托的股市泡沫理论的研究也得到了长足的发展。

——在非理性泡沫研究方面，Tirole（1982）证明了有限界或有限代理人条件下的泡沫，其中资产价格是由基本因素衍生出来的，这与理性行为不一致。①行为金融学方面。随着行为金融学的发展，依托人类心理学研究成果，学界对股市泡沫理论的研究日益深入。Shiller（1984、1990）建立了时尚模型。Black（1986）首先将噪音概念引入泡沫理论中，把市场有效性和噪音结合起来研究，认为噪音交易者不断通过交易将噪音累加到股票价格中，使股票价格偏离其内在价值，形成股票泡沫。DeLong、Shleifer、Summers 和 Waldmann（1990a）建立了噪音交易模型（noise trader model）。DeLong，Shleifer，Summers 和 Waldmann（1990b）建立了正反馈交易模型（positive feedback trading model）。Lux（1995）提出的传染模型，描述了市场上投资者的从众行为和相互模仿的传染现象，很好地解释了股市泡沫的形成和破灭。Barberis、Shleifer 和 Vishny（1998）提出了投资者情绪模型（BSV）。Scheinkman 和 Wei Xiong（2004）建立了过度自信模型，认为过度自信心理导致投资者对资产的基础价格的判断发生分歧，导致泡沫产生。②非线性理论方面。Brock 和 Hommes（1997，1998）引入“适应性理性均衡动力学”（Adaptive Rational Equilibrium Dynamics，ARED）的概念研究了预期形成的异质性。Hong 和 Stein（1999）首次利用异质信念，建立了反应过度和反应不足统一模型（HS），利用动量交易方式研究了股票价格持续偏离基本价值的现象。之后，Hong 和 Stein（2003）研究了一个基于投资者异质信念的市场崩溃模型。Barbarino 和 Jovanovic（2007）从异质信念的角度，用 Zeira - Rob 模型对股市崩溃进行了研究。③金融物理学方面。近 10 年来，物理学者对金融市场产生了广泛的兴趣，许多学者利用金融物理学对资产泡沫进行了研究。Johansen 等（2000）运用统计物理学的旋转模型描述了泡沫的破灭点（critical points），区分了泡沫的增长结束点和泡沫的破灭点，证明了泡沫破灭的可预测性。Kapopoulos 和 Siokis（2005）对股市崩溃的动态发展进行了研究，认为股市崩溃前泡沫的增加就像地震前能量的积聚，如果泡沫能在股市崩溃前不断消化，则不会导致股市崩溃；反之，如果泡沫不断增长而不能释放，最终会导致严重的股市崩溃。而崩溃后的证券市场的动态发展，就像地震后的余震，服从地球物理学中的古藤堡—里克特规则。

2. 国内关于股市泡沫研究综述

——关于中国股市是否存在泡沫的问题。吴作斌、赵晓梅（2004）在综合考虑当前赢利状况和赢利前景两个因素下分析股票泡沫，即分析市场价格与其实际价格的关系。结果表明，我国股市长期以来整体股价一直偏高，存在很大泡沫成分。林楠、张应才（2002）从讨论中国证券市场是否存在泡沫谈起，围绕泡沫的成因、泡沫的适度性、泡沫的理性抑制展开讨论，最后得出结论：中国证券市场存在泡沫，引发原因多种多样，中国证券市场存在适度泡沫空间，应该尽量采用市场化方法抑制泡沫。文章从市盈率状况、同股不同价、上市公司过低的红利率、换手率过高方面的分析中得出，中国股票市场存在泡沫。廖旗平（2006）用上市首日回报率来度量中国股市的泡沫，通过与国际比较，得出中国股市存在较高泡沫的结论。

——股市泡沫危害。林楠、张应才（2002）认为股市泡沫过大，危害股市的稳定和健康发展，扰乱正常的金融秩序，引起社会动荡。具体的危害是：削弱证券市场功能，影响经济和金融环境，削弱实业投资。丁昊（2002）认为，股市泡沫延迟了消费，不利于拉动内需，同时股市泡沫同房地产泡沫一样是产生经济泡沫、诱发金融危机的一个重要诱因。王军波、邓述慧（1999）认为，中国的证券市场是非有效的，可能存在着市场信息的不公平性，少数市场信息操纵者可能以牺牲大多数市场参与者利益的方式，长期地获取超额利润，而扭曲的财富再分配则会进一步恶化市场运作机制并加剧股价波动。这种状况发展下去，其严重后果则是损害公众信心，诱发金融危机。

——泡沫形成原因

综合因素方面。林楠、张应才（2002）认为，由证券市场信息不对称和超常规发展导致的非理性主体的大量存在、中国股市的政策性风险导致中国股票市场泡沫的存在，宽松的货币政策也是股票市场泡沫的诱因，上市公司利润操纵导致股票市场泡沫。张震（2001）认为，影响金融市场波动的经济因素有三类：①实际经济因素，主要指与实际经济运行直接关联的因素。这类因素包括宏观经济形势、宏观经济规划、产业发展前景、行业变化现状、企业经营业绩、公司投资回报等。②市场主体行为，主要指经济主体在金融市场上的群体行为、重要机构或人物的行为。理性的行为可能异化为盲目从众、蓄意投机行为。③货币供给量的变动直接影响金融市场的波动，其他一切因素对金融市场的影响都要通过金融市场中货币量的变动体现出来。股市上涨的根本原因是由股市中资金量的增加引起的。根据资金特别是短期投机资金流入的速度不同，股市呈现两种不同的上涨形式：第一种是资金拉动型上涨，第二种是结构型上涨。邹辉文、谢胜强、汤兵勇（2005）对股票价格异常波动的统计规律以及投资者对股票价格异常波动原因的认识进行了论述，认为股票价格异常波动的原因首先是国家有关股市的政策问题被放在首位，其次是股市的管理问题，然后是上市公司的有关问题，最后才是投资者本身的问题。特别值得注意的是，投资者认为宏观经济形势影响、上市公司经营不善不是什么重要的问题，说明投资者对股票的内在价值并不怎么在乎，这从另一个侧面反映了投资者热衷于股票的短期投机收益。文章在此基础上，分析股票价格波动及其影响因素，认为股票价格波动的直接决定因素是：股票的内在价值、股票的短期投机供求关系和股票的货币供求关系，它们分别决定着股票价格的长期波动和短期波动；并将影响股票价格波动的因素分为两大类，一类主要影响股票的内在价值，另一类主要影响股票的短期投机供求关系和货币供求关系，两类之间通过宏观经济与政策以及货币供求关系发生着联系；在长期波动与短期波动之间，还存在着一种内在传导与自我增强机制。并对其中一个最特殊、最直接的因素——股市政策对股价波动的影响进行了讨论。所得结论可为制定更完善的股市政策提供理论依据。马向前、万帼荣（2001）从经济因素、政策因素、市场因素、非经济因素四个方面，全面地考察了影响我国股票市场价格波动的基本因素。经济因素既包括宏观经济因素，即经济周期波动、通货变动、国际收支和国际金融市场影响，又包括微观经济因素，即公司业绩及成长性、资产重组与收购和行业周期影响。政策因素包括货币政策、财政政策、产业政策和监管政策影响。市场因素包括市场的供求、市场投资者的构成、市场总体价格波动、交易制度、工具和市场心理因素影响。丁昊（2002）分析了股市泡沫对我国国民经济的影响、我国股市泡沫形成的内在原因和深层次原因。文章指出我国股市泡沫现象产生的内在原因有：市盈率及换手率过高，股市受政策影响过于明显，股市为机构投资者所操纵，不符合上市条件的企业“包装”上市。我国股市泡沫形成的深层原因是：微观经济状况不佳是股市泡沫产生的经济背景，银行资金直接或间接进入股市是股市泡沫膨胀的最根本原因，信息披露不规范和市场监督不严格加剧了股市过度投机和股市泡沫的膨胀。杨筱燕、刘延冰（2002）认为，股市泡沫产生的直接原因是股市供求失衡，间接因素如体制的缺陷、政策失误、货币供应量过大等。股市泡沫过大，不仅会对股市的稳定和健康发展造成危害，而且会危及经济整体，导致全面危机。王琦、刘锡标（2008）认为，泡沫形成的原因有：政府行为发生扭曲，表现在股票发行管制、股票交易管制、股票市场分割；经济长期繁荣与股市长期繁荣之间存在一种正反馈效应；股市中信息不充分不对称，使非理性主体大量产生；股市的不规范和股市泡沫的泛起，在很大程度上是由所谓“庄家”的机构主力哄抬拉起的。

本币升值影响。高祥宝、蔡晓婧（2009）讨论了本币升值背景下股市泡沫的测量问题，采用市盈率作为衡量股市泡沫的指标，将汇率升值因素与市盈率结合来建立数学模型，给出了在本币升值预期条件下，零泡沫状态的理论市盈率的测算方法。然后利用日经 225 指数对日本股市泡沫进行了实证分析。实证研究表明，文章提出的股市泡沫测量方法更适用于本币大幅度连续升值背景下的泡沫测量。本币升值预期是影响股价的重要因素。文章认为，只要升值的预期存在，股价水平就会被高估。尤其在开放的经济制度下，资本可以跨国界自由流动。当一国货币存在升值预期时，国际资本就可以获得该国资产价格上涨和货币升值的双重收益。从实证结果来看，1985 年以前日本股市的资产价值是基本被低估的。如果用 20 倍的市盈率来衡量，日本在 1985 年前就出现了一定程度的泡沫，这种对股市泡沫的测度并不合理。在本币大幅升值的背景下，资产价格理应获得一部分溢价，采用文章提出的“动态零泡沫理论市盈率”的泡沫测量方法更合理。但从长远来说，市场的价值水平还主要由利率和国民经济增长率等因素决定。利率的本质是资金的价格，国民经济增长率则代表了上市公司的业绩增长能力。相比而言，汇率均衡后，汇率对股市的影响会减弱。

利率影响。曾志坚、谢赤（2006）对利率与股票价格波动的长期与短期关系进行理论分析，并利用上海证券交易所7天国债回购利率与上证指数数据进行了实证研究。研究结果表明：从长期来看，中国的股票价格与利率之间存在一种稳定的长期均衡关系（股票价格和实际利率之间具有显著的协整关系）；从短期来看，利率的日度波动领先股票日收益率的变动3天，再次表明利率是影响股票价格的重要原因。他们对此现象给出了一些相应的经济解释和政策建议。他们认为利率确实是影响股票价格的重要因素，但利率变动影响股票价格的资本增值效应和投资替代效应的发挥受企业经济效益、宏观经济形势以及投资者预期等因素的制约。王军波、邓述慧（1999）根据现值理论，利用事件分析和协整与误差校正模型方法研究了当前中国利率政策对证券市场的短期影响和长期影响，发现利率政策对证券市场的短期影响有反常现象，而利率政策对证券市场的长期影响是稳定的。他们通过对中国中央银行的利率政策对证券市场的短期和长期影响的分析表明，央行的利率政策在短期和长期上对证券市场都有显著的影响，将对股价波动幅度、股票成交量等产生巨大的影响；过去的股价变动对股价的未来变动有强烈的影响；股价变动有明显的周期现象，并对未来股价波动有一定的解释作用。唐齐鸣（2000）通过研究1996年以来7次降息前后上海股票指数与深圳股票指数的变化情况，得出虽然影响中国股市的诸多因素在一定程度上削弱了降息效应，但中国股市对利率的反应正在逐步趋于敏感的结论。这主要是由于中国股市处于初级阶段，市场机制还不健全，许多因素影响着股市的健康发展，使中国股市对降息的反应还不是太明显，股市波动呈现随机性，从一定程度上削弱了中央银行货币政策的有效实施。但也应看到，随着市场的逐步规范化，利率手段对股市的影响力度正在加强。

通货膨胀对股市的影响。丁培荣（2009）运用事件研究法将1992年9月到2008年7月的月度数据划分为三个阶段，对股票价格与通货膨胀的关系进行检验。结果表明，不同阶段股票波动冲击来源不尽相同，股票市场波动与通货膨胀负相关的体现有一定时滞性。防止股票价格的剧烈波动应尽量减少对股票市场进行突然的冲击，防止通货膨胀压力，注意人们对通货膨胀的预期。

银行信贷的影响。单春红、刘付国（2008）分析了股票价格的剧烈波动和银行脆弱性之间存在紧密的联系，分析了股票价格上涨对银行经营的影响和股票价格下跌使银行脆弱性加剧的机制。结果表明，我国银行资金与股市资金存在较强的关联度，这说明我国银行资金易受到上述机制影响。段军山（2006）分析认为，商业银行由于直接或间接地参与股票市场，因此会因股票价格的波动影响银行资产质量进而影响银行资产负债表和银行稳定。理论和实践证明股票价格的急剧波动和银行部门不稳定性扩散之间存在紧密的联系，银行信贷的扩张对股票价格的波动有很大影响。对我国的经验分析表明：银行间信贷市场与股票市场的资金连通存在较强的相关性，上市银行脆弱度与上证综合指数的相关性在5%水平上显著。刘萍萍（2010）提出了银行信贷与股票价格波动关系的理论，同时分析了我国银行信贷与股票价格波动的总趋势以及我国股票价格在大幅上涨期间和大幅下跌期间与银行信贷的趋势联动，并通过五变量VAR模型对我国银行信贷与股票价格的关联性进行了实证分析。研究结果表明，我国银行信贷与股票价格存在长期稳定关系，银行信贷与股票价格呈正相关，我国银行信贷扩张是股票价格波动的格兰杰原因，但股票价格波动不是银行信贷扩张的格兰杰原因。周京奎（2006）利用1998~2005年间的数据对我国资产价格波动状况进行了实证研究。研究结果表明，房地产价格的变动将导致股票价格产生波动。随后对资产价格传导机制进行了研究，提出了货币—信用—资产价格之间的相互关系，认为银行拆借利率和贷款额在资产价格波动中扮演着重要角色，对于政府制定正确的货币政策具有积极的参考意义。由于货币供应量对银行拆借利率和贷款额都有显著影响，因此可以认为它是引起资产价格波动的发动机。研究结论进一步印证了资产价格波动理论的正确性，并认为当前我国实行稳健的货币政策对资产价格稳定将起到积极的作用。

信息对股价波动的影响。刘金全、于冬、崔畅（2006）认为，股票价格波动对于市场信息的反应过程具有非对称性。利用多种非对称性模型，描述和检验了沪市股票日收益率序列的条件波动性，并通过对股票市场信息影响曲线的分析，发现沪市股票价格波动中存在显著的非对称性反应。这说明股市波动对于不同的政策干预和信息冲击具有不同程度的反应，“利好消息”对股市的刺激作用仍然需要其他市场干预的配合才能发挥出来。李翔、林树（2007）从信息披露的幅度、频率和结构角度对其提高公司透明度的贡献进行了验证。结果表明，上市公司信息披露的幅度越大、频率越快，越有助于降低市场关于公司的信息不对称水平；管理会计信息披露是投资者迫切需要的，在统计上显示出其能显著降低公司的信息不对称水平。李梦军、陆静（2001）根据沪、深两市的样本，实证研究我国资本市场增发新股信息对股价债的影响。结论是目前增发新股办法尚有许多值得改进之处。研究结果表明，在公告期间平均超额收益率基本围绕零波动，公告日的负超额收益不太明显，但从累计超额收益率来看，从相对日期的第 19 日开始就步入负值，并从公告日起，其累计负超额收益加速下跌迹象明显。对二级市场投资者来说，在公告日卖出该类组合不失为明智之举，因为第 0 日卖空后，在第 20 日将获得 3. 714% 的超额收益率。他们认为，针对现行的增发新股办法，市场认同度较小。虽然《上市公司向社会公开募集股份暂行办法》对增发新股有一定限制，但这些限制仅是原则性的，灵活度较大，难以避免增发新股的公司质地良莠不齐。并且由于现有的监管制度不能对赢利等硬性指标加以限制以及募资后缺乏有效的监控措施，使得广大投资者对其所募巨额资金的投向以及众多不确定性因素心存疑虑。

投机影响。史永东等（2004）以中国证券市场和中国经济为背景，以投机泡沫为主线，系统地研究了投机泡沫产生、发展和破灭的过程以及对经济的影响，深入地探讨了价格操纵、投资者心理和行为对投机泡沫产生的作用，分析了我国股票市场投机泡沫以及与之生成密切相关的价格操纵、羊群行为的存在性及其特征。在此基础上，提出了控制和化解投机泡沫与价格操纵行为、提高市场效率、促进资本市场发展的政策建议。

资金炒作影响。于志武（2004）认为，股市泡沫的产生主要是因为大量资金的持续涌入和炒作题材的烘托，使得股票价格严重偏离价值，从而产生股市泡沫；而支撑泡沫的支点在于庄家与散户的信息不对称；治理办法是提高上市公司业绩、完善市场内部结构、调控利率。

行为金融学解释。自20世纪70年代开始，行为金融学的兴起与发展为确认现实世界中投资者的有限理性提供了大量的心理实验和解释。在心理学研究成果基础上形成的前景理论、行为组合理论和行为资产定价模型是行为金融学的三大理论基础。行为金融理论认为，股票的市场价格并不仅仅由股票自身包含的一些内在因素所决定，而在很大程度上受到各参与主体行为的影响，即投资者心理与行为对股票市场的价格决定及其变动具有重大影响。行为金融理论在风险决策、股票回报率的时间序列、投资者心理会计、股票价格的异常波动、股市中的“羊群效应”（Herd Behavior）、投机价格、流行心态、趋向性效应等方面进行了一系列开创性研究，建立了对股市泡沫的形成有一定解释力的相关理论与模型。江振华（2010）认为，行为金融学建立了相关理论与模型，并对股市泡沫的形成原因有一定的解释力。我国证券市场起步晚，但发展很快，市场规模迅速扩大，证券市场发展过程中存在股价大起大落、泡沫化严重等问题，可以从行为金融学中找到合理解释，并据此得出治理对策。要加强对机构投资者的监督，增强投资者的理性程度。要规范市场管理机制，调节市场情绪。刘学军、马越（2009）认为，决定股价短期波动的因素是所有参与的投资者的心理因素的综合，包括理性的和非理性的心理因素。非理性是人类难以克服的弱点。个体非理性的累加造成了整体市场的非理性波动。文章运用行为金融学，从个体和群体的心理角度分析了股票价格的波动和发展，试图解释投资者在决策过程中，情绪和认知错误如何对其投资产生作用。刘洁（2009）针对2006年8月至2007年8月我国股票市场存在泡沫、非理性交易比重较大，应用行为金融学中的理论——噪音交易、锚定效应和羊群效应，解释中国股市泡沫形成的原因，并提出建议以促使投资理念日趋理性化。文章指出，中国股票市场的噪音交易在持续时间及表现程度上体现了噪音交易所占的比重显然已经超过了“适度”的标准。我国部分投资者为非理性投资者，他们无论学历水平、知识结构，还是投资动机，都没有达到理性证券市场“理性人”的要求，特别是缺乏长期投资理念。对投资者而言，当前最迫切的任务是树立正确的投资理念，这样既可以获得比较高的投资收益，也可以增加我国证券市场的投资价值，增进市场效益。在市场操作中，投资者还应深刻理解羊群效应产生的心理机制，在自己的投资活动中，独立地作出判断，并且合理地选择投资工具。这不只是通过监管制度建设和交易机制完善就可以解决的，治标还需治本，切不可忽视投资者心理因素对中国股市的影响。只有各参与者共同规范自己的行为，才能构建规范有序有效的市场。王连华、吕学梁（2004）认为，股市泡沫是理论界争论较多的问题，行为金融学理论基于投资者非完全理性假设对此问题给出诸多解释，提供了从投资者非理性心理和行为角度分析股市泡沫的新思路。文章对解释股市泡沫现象的行为金融学研究成果进行了综述。

博弈论角度。钟立灿（2007）运用博弈论的观点来解释股市泡沫的成因。从对股票市场投资者博弈行为的研究中，我们可以清晰地发现股票市场泡沫现象产生的微观机制。一般来讲，证券市场包括股票市场是最有可能成为接近于完全竞争的市场，在完全竞争的市场里，股市泡沫不会形成。而在远离完全竞争的市场里，股市泡沫会在下列三种情况发生：一是由于信息不完善，投资者的行为普遍地具有“博傻”行为特征；二是由于信息和管理上的缺陷，股票市场存在寡头垄断行为，在这样的市场里，寡头与中小投资者、寡头与寡头的博弈在一定的经济气候里，会导致股市泡沫化；三是上述两种情况的综合。

机构投资者角度。徐龙炳、赵娜（2006）研究了国内外机构投资者的偏好、作用、投资策略、交易策略、交易规模及机构投资者持有量与股票收益波动的关系，综述了机构投资者对股票价格波动的影响。这将为提高我国机构投资者的业务创新能力、投资管理能力等，促进我国机构投资者的国际化、本土化、规范化提供理论依据和支持。王建强（2010）认为，机构投资者是现代资本市场的重要参与者，与一般的中小投资者有着显著的差别，其投资行为对股市稳定性的影响也不同于小投资者。通常的观点，小投资者入市更多的是一种投机心理，容易导致市场的大起大落，不利于股票市场的稳定，而机构投资者对股票市场稳定性的影响就有更多的可能。文章认为当前我国机构投资者对股票市场价格波动的影响是不对称的，即在股票市场处于牛市时和熊市时的影响是不同的，牛市时可以加剧波动，熊市时可以减小波动。

非效率市场。郑振龙、林海（2004）指出，价格波动率是风险管理的一个核心概念，一个科学系统的风险管理行为只有在一个相对有效的市场上才能发挥作用。文章通过对我国股票市场价格波动率的“波动源”进行理论分析和实证分析，证实了我国股票市场上存在的主力操纵行为，从而验证了我国股票市场不是一个效率市场，存在着极不稳定的系统性风险。因此，要想发展我国的风险管理和投资事业，首先要改变市场环境。文章提出两点建议，即大力培育机构投资者和大力发展衍生证券市场。

权证影响。张妮（2008）认为，在国外的证券市场上，权证发行一般会对股价的波动性产生一致性的影响。我国的权证是在股权分置改革这一特殊背景下发行的股改权证，股权分置改革将权证作为对价的支付方式，与权证本身调节标的股票风险的功能之间存在冲突。创设制度的足额保证金要求限制了权证的供给，可能增加标的股票的价格波动。文章以我国权证上市前后的正股收益率为研究对象，运用 GARCH-M 模型，检验标的股票的收益率、系统性风险和总风险，即收益率的波动性是否有显著差异。实证结果表明，权证降低标的股票价格波动性的作用并不明显。具体来讲，我国权证上市对标的股票风险的影响较小，无论是从收益率的水平还是从收益率的波动性上看，权证都没有发挥金融衍生品所应具有的稳定标的资产市场价格的作用。我国的权证是在股权分置改革这一特殊背景下发行的股改权证，是由上市公司非流通股股东为获得非流通股的流通权，而无偿派发给流通股股东作为对价的支付方式，这是导致权证难以发挥调节标的股票风险功能的根本原因。我国权证从诞生开始就被赋予了两方面的职能，而现实情况决定了这两个职能是相互冲突的。股改对价功能限制了权证的流通规模，并进一步造成套利和套期保值效用的减弱，权证作为一种金融衍生品本身应具有的价格发现功能和风险管理功能未能完全发挥出来。

制度层面的影响。王峰虎、贾明德（2003）根据信息经济学和制度经济学的一般原理，从制度层面分析我国股市体制性泡沫的制度成因、作用机理及影响。对股市泡沫有重大影响的正式制度主要包括：明晰的产权制度，完善的中介机构制度，完备的法律体系和市场监管制度。我国股市体制性泡沫的形成机理具体表现在政府行为、监管部门行为、市场中介行为、上市公司行为和投资者行为发生扭曲。

限制机制对股票价格波动的影响。李广川、刘善存、孙盛盛（2009）分析了实行价格涨跌幅限制后股票价格的变化特征，研究了价格限制机制对股票价格波动的影响，并在考虑两阶段延续冲击效应因素的基础上，通过对投资者总成本的考察，研究价格限制机制对市场流动性的影响。进一步的仿真试验结果表明，股票价格涨跌幅限制机制的引入，将增加股票市场的波动性，并且会导致投资者心理所能承受的潜在收益、损失量减小，使投资者更加频繁地买卖股票，增加市场换手率，进而提高整个市场的流动性。

企业并购对股价波动影响。潘思谕（2006）通过分析企业并购的类型及其动因，剖析了不同类型的企业并购的效益与风险，并对企业并购导致其股票价格波动进行研究。研究结果表明，企业并购按照并购双方所属的行业可以分为横向并购、纵向并购、混合并购三种基本类型，不同类型的企业并购的并购动因不同，所获得的效益、面临的风险以及对其股票价格波动的影响也不同。尽管在三种类型的并购中，横向并购的效益明显优于另外两种类型的并购，但是，企业并购的效益及风险与其股票价格之间没有必然的联系，更多是市场炒作的结果。因此，在我国沪、深股市投资股票的策略应该是：当有并购的朦胧消息时，果断买入该公司股票；当并购公告发布后，卖出该公司股票。

三 股市泡沫检验方法研究综述

泡沫的检验和测度是泡沫研究的重要内容之一。理性泡沫的检验具有相对成熟的模型体系，可以通过计量方法进行检验，主要是通过资产价格或收益率偏离基本面的程度来鉴别是否存在泡沫。非理性泡沫由于缺乏时间序列，难以用计量模型检验。泡沫的形成难以离开投机，因此，可以通过投机指标与历史数据进行纵向比较，或者与其他国家市场进行横向比较，可以帮助判别泡沫是否存在。

股市泡沫的检验方法分为直接检验方法和间接检验方法。直接检验方法是指针对泡沫成分进行检验，包括资产收益率的基本统计特征检验、游程检验、体制转换检验、内生型泡沫检验等。一般来说，资产价格波动是一个随机游走序列。资产收益率的基本统计特征检验原理是，通过检验资产收益率是否出现与随机游走不同的统计特征，以此来判断价格中是否存在泡沫。游程检验原理与收益率随机游走检验相同，正超常收益率为“正游程”，负超常收益率为“负游程”，收益率样本数为游程长度，通过比较游程分布与随机游走假设下的样本分布是否有显著差异来判断泡沫是否存在。体制转换检验原理是，体制转换前后或泡沫破裂前后的两段时间序列的波动特征不同，用于描述波动特征的模型也会不同（出现构造变化），通过判断两段时间序列参数是否一致可以判断是否出现了泡沫，如果不一致，表示出现了泡沫；反之则反。内生型泡沫检验原理是，在给定的基本价值下，泡沫成分是基本价值的确定性函数，泡沫变动与基本价值变动间存在正向关系。

间接检验方法的本质是联合检验，通过检验模型最优估计值序列（基本价值部分，理论值）与实际值的统计关系来判断是否存在泡沫，主要包括方差边界检验、设定性检验、单位根检验、协整检验和状态空间方程检验等。方差边界检验原理是，当实际值序列方差大于基本价值序列方差时，可以判断存在泡沫。设定性检验原理是，比较两组序列的参数估计值是否相同，来判断是否存在泡沫。单位根检验原理是，通过检验股价序列的平稳性来检验泡沫，如果股价序列在有限次差分后（大部分经济变量一阶平稳）没能得到一个平稳序列，则表明泡沫存在。协整检验原理是，两个或两个以上单位根过程的线性组合是平稳的随机过程，通常采用 Johansen（1988）协整检验或 Engle 和 Granger（1987）两步法进行协整关系检验。状态空间方程检验原理是，将一些无法观测到的变量（如泡沫）建模，写成状态空间方程形式进行估计，根据估计参数计算泡沫大小。常用方法有卡曼滤波方法，常用模型有 ARMA 模型、多指标和多因素模型（MIMIC）、Markov 转换模型和随机参数模型等。

国内股市泡沫理论的研究思路和实证方法大多是延续国外的研究路线。

——统计分析角度。卢方元（2004）应用修正 Weibull 分布对上海综合指数收益率和深圳成分指数收益率的分布状况进行研究。结果表明，经过简单的移位变换后，上证综指收益率和深成指收益率可完全用修正 Weibull 分布来刻画；大收益率服从次指数分布，小收益率服从超指数分布；两股指收益率的概率分布存在一些差异，上证综指的波动性大于深成指的波动性；沪、深股市收益率的分布在 1996 年以后发生了较大的变化，其中沪市变化更大。卢方元（2004）对沪、深股市收益率的相关性、正态性以及厚尾性进行实证分析。结果表明，沪、深股市收益率序列不独立而具有长期的相关性、不服从正态分布而具有明显的尖峰厚尾性，因此基于收益率序列独立、同服从正态分布而建立起的有关金融理论和方法不能直接应用于中国股市，需要修正和创新。郝军红、高丽峰、李平、叶巍（2007）以上海股票市场为研究背景，选择相关行业具有代表性的上市公司股票为样本进行研究，在研究期内对样本数据按规则进行筛选，应用统计分析比较的方法，在不同条件下对股票的收益率、累计超额收益率进行比较分析，并具体分析论证引起股票价格异常波动的主要原因，从理论和实际上了解中国股票市场在社会主义市场经济不断发展的过程中，宏观外部因素、上市公司内部因素对股票价格波动的重要影响作用。

——模型角度。柳松（2004）将协整模型与 ARCH 模型和 GARCH

模型相结合，研究亏损股板块的价格波动特征，采用脉冲响应函数和方差分解法计算亏损指数波动和市场指数波动的相互冲击效应和相互影响程度。结果表明，市场指数和亏损指数互为因果关系，市场指数引起亏损指数波动的效应较大，市场指数波动对亏损指数波动的脉冲响应和亏损指数对市场指数波动的脉冲响应均在一天后达到最大，然后迅速衰减趋于零。李存行（2005）应用自回归条件异方差（GARCH）模型对上海股市2000年至2004年4月上证指数收益率进行建模分析。结果表明，上证指数收益率具有明显的群集聚集性、波动性、尖峰厚尾的特征，可以采用GARCH（1，1）模型对时间序列的波动性进行拟和和解释。这说明上证指数收益率的波动大小即总体风险都与其各自过去的波动大小有明显关系，也就是说，上证指数收益率的波动，即其条件方差序列都是“长记忆”型的。GARCH（1，1）模型的两个参数 α 和 β 之和小于1，这说明沪市波动对外部冲击的反应函数以一个相对较慢的速度递减，表明上证指数收益率的持续特征非常明显，收益率条件方差序列是平稳的，模型具有可预测性。

——具体指标角度。王亮、叶育甫（2010）介绍了几种度量中国股市泡沫的方法，并通过实证分析对近几年中国股市的泡沫程度进行了检验。结果表明，2007年中国股市的泡沫现象严重，具体表现为平均市盈率高，股指波动较大。在泡沫度量上，通过市盈率法和托宾Q比率法对2002~2008年的股市泡沫度进行了分析，得出中国股市长期内存在泡沫，大部分为理性泡沫，小部分为非理性泡沫，但也存在如同2007年那样出现的严重的股市泡沫的情况。

黄建兵、唐国兴（2003）研究了证券交易中存在的成交量与价格变化的联系，发现在一个连续交易时间段内，在开始交易的一段时间和即将结束前的一段时间里，成交量与价格变化都比其他时间大，这种现象按照连续交易时间段定义为天内效应和周内效应。作者对有关交易数据进行了回归，包含表明交易时间的逻辑变量的回归方程有更强的解释能力，证明交易时间在股票成交量对股票价格波动的影响中起了一定的作用。刘桂荣、孙翊伦（2008）从判断成交量变动能否影响股票指数波动为根本出发点，分析了影响股价波动的相关要素。实证研究结果表明“价走量先行”。成交是交易的目的和实质，是市场存在的根本意义，成交量是股票市场的原动力，没有成交量配合的股价形同无本之木。因此，成交量是投资者分析判断市场行情并作出投资决策的重要依据，是各种技术分析指标应用时不可或缺的参照。成交量的变化最能反映股市的大趋势。上升行情中，做长线和短线都可获利，因此股票换手频繁，成交量放大；在下跌行情中，人气日趋散淡，成交量缩小。

罗茜、陶亚民（2009）以市盈率为指标对股市泡沫破裂作出预警。在美国 FED 模型（联邦模型）的基础上，结合我国 A 股市场历年来的发展状况，构建符合我国国情的模型，并检验模型的有效性。研究结果表明，市盈率的绝对值无法对股市的泡沫破灭提出警示，而 FED 模型通过回归方法可以对其作出有效预警。比较美国与中国的情况，修正后的 FED 模型可以解释美国股市所有的 P/E 变化，其经验回归值与实际 P/E 值基本吻合，且模型所得理论 P/E 都先于实际 P/E 作出转向调整。通过 FED 模型判断我国的泡沫程度，发现修正方法下我国 P/E 与国债回购收益率呈负相关，但回归所得的理论 P/E 基本与实际 P/E 吻合，理论 P/E 与实际 P/E 的背离程度能从一定程度上提前预警股市泡沫的破裂。由于我国债券市场流动性还不存在真正的无风险利率，该模型的准确性不及美国那么高。虽然上海银行间拆借市场已经建立，但时间较短，影响力仍不足。他们认为，随着我国金融体系的完善以及债券市场流动性的增强，模型的准确性还能进一步得到提高。韩露、唐元虎（2003）在 EBO（Edwards - Bell - Ohlson）模型的基础上建立了与实体经济发展相对应的理论市盈率模型，通过对模型中各项指标关系的分析判断股市是否存在泡沫。进而，利用实际的经济数值就可以测度股市泡沫。研究结果表明，1997 ~ 2000 年中国股市泡沫比率较高。蒋丽君（2002）提出，“合理市盈率”是以等于价值的价格交换时的股票市盈率，它是人们对经济行为看法与评价的总体平均数，是人们价值观的总体特征以数值表达出来的形式。它对所有的经济行为具有监测与参考价值。该研究论证了股票价格波动规律——市盈率围绕合理市盈率波动，市盈率向合理市盈率回归，并提出了股票价格波动规律的公式。卜嘉音（2008）根据“股票的理论价格应该是未来各期红利的贴现之和”这一传统金融理论，导出用以衡量股市泡沫成分的基准——合理市盈率的计算方法。通过分析发现，市盈率的合理值是一个动态值，据此测量出的上海 A 股市场泡沫成分自 1993 年以来呈明显下降趋势，说明我国股票市场上的投资者日趋成熟，投资行为日趋理性。

——指标体系角度。杨世信、曾鹏（2002）认为，衡量股市泡沫，可以用一个指标体系来进行监测。衡量中国股市泡沫的指标体系应由以下几个方面指标来构成，如反映股市价格运行趋势的股价指数，反映股市交易活跃程度的换手率，反映股票投资回报水平的市盈率和反映股市与国民经济关系的股市市值占 GDP 的比率。之所以由这四大指标构成，主要在于股价指数和股票市值占 GDP 的比率可以从宏观层次上反映股市的泡沫程度，换手率和市盈率则既可以得出宏观层面的监测结果，也可以作为微观层面的监测指标。也就是说，这 4 个指标可以让我们同时从宏观和微观上来监测股市泡沫的运行状况。文章同时指出，中国股市泡沫主要集中在微利亏损股和次新股两类特殊板块上。

第二节 构建股票价格波动预警指数

一 编制股票价格波动预警指数的重大意义

股票市场是金融市场的重要组成部分，本研究通过构建股票价格波动预警指数反映股票市场价格的总趋势和波动水平，并结合信号分析法给出股市泡沫程度预警信号。预警信号分为五个级别，分别以“红灯”“黄灯”“绿灯”“浅蓝灯”“蓝灯”表示，分别对应股市“过热”“偏热”“稳定”“偏冷”和“过冷”的五个状态。泡沫预警模型的意义就在于及时给有关部门甚至整个金融体系发出预警信号，提醒各金融机构及监管部门予以高度警惕，必要时采取相应措施以控制和防范风险。

股票价格波动预警指数的三大用途是：一是揭示市场运行总体情况和泡沫程度，可作为宏观经济决策参考；二是作为投资者的投资参考指标；三是可以在指数基础上开发衍生品种，创建新的指数。

目前，国际上尚未有成熟的股票价格波动预警指数，关于股票价格波动预警指数的研究还处于摸索阶段。国内关于股票价格波动预警方面的研究较少，研究内容也多侧重于理论方法的探讨，缺少实际可操作性。有关研究在指标的选择上，仅局限在反映股票市场波动的行情指标上，没有考虑国内宏观金融政策的影响以及国际市场因素的影响。股价波动不是孤立存在的，研究股价波动不能脱离国内宏观经济金融政策和国际股票市场的联动影响。在中国股票市场日趋国际化的大趋势下，国际市场影响因素变动对我国股市的影响不可小觑，国际市场动荡对我国股票市场影响加大，国际、国内市场的联动性日趋紧密。本研究在设计股票价格波动预警指标体系的过程中，在充分考虑国内宏观金融政策和国际市场影响因素的基础上，创建了能够充分反映我国股票市场波动特征的股票价格波动预警指标体系。

本研究在中国股票价格波动预警方面的创新点：一是指标体系的系统化设计思路，不仅能够反映股票市场行情状况，而且综合考虑了国内宏观金融政策和国际市场的影响因素，指标体系更具系统性；二是引入信号分析方法，将股票价格波动预警指数与信号分析法相结合，能够给出清楚直观的预警信号，具有较强的可操作性；三是该指标体系具有预测股票价格波动趋势作用，根据指数的走势能够判断股票市场潜在的波动趋势，预测效果显著。

二　股票价格波动预警指数编制原则及编制步骤

——客观性和科学性。预警指数的编制必须从客观实际出发，全面准确地反映股票价格波动的状况，尽量避免主观评价的影响，力求客观真实地反映股票价格波动水平。在编制股票价格波动预警指数过程中，我们综合考虑宏观背景和股票市场行情，从系统整体出发，选取那些能够真实反映股票市场价格波动的方面及其主要特征的指标；同时，各指标间既相互独立又相互联系，共同构成一个有机整体。编制评价指数的方法有很多种，有主成分分析法、因子分析法、层次分析法、物元分析法、数据包络分析法和模糊综合分析法等。在编制方法的选取上，我们采用了国际上最为通用的综合指数评价法。综合指数评价法具有直观性、透明性和易操作的特征，联合国的人类发展指数及达沃斯论坛的全球国家竞争力指数等国际上著名的评价指数都是采用该方法①。

——代表性和可操作性。股票价格波动预警指数必须具有可操作性，既能够及时准确地反映股票市场泡沫程度，又要让金融机构和监管部门有切实抓手，作为宏观经济分析的参考依据。这就要求指标体系不能过于复杂，应简单客观，易于理解，能够用较少的指标客观地反映股票市场的总体情况；设计的指标具有普遍代表性，能够反映和解释股票市场运行和发展的总体特征；采用的指标要易于收集和量化，扩大指标体系在实际工作中的应用；指标体系应具有实用性，在实践中接受市场的检验。

——可比性。设置的指标应既便于纵向比较，又便于横向比较。指标定义应尽量采用国际、国内标准或确认的概念，便于理解。

构建股票价格波动预警指数，主要涵盖数据获取、模型设计和结果发布 3 个基本过程，包括 7 项具体步骤（见图 4－1）。第一，筛选重点预警指标的初始数据，计算股票价格波动预警指标初始值，定期观察各个单一指标的变化；第二，选取指标并构建预警指标体系；第三，确定权重判定标准和警示度标准；第四，计算分项指数和综合预警指数；第五，发布股票价格波动预警信号；第六，分析股票价格波动原因；第七，评估分析股票价格波动对经济运行的影响，提出政策调整建议。

---

① 张焕波、张永军：《转变经济发展方式评价指数》，载《加快转变经济发展方式研究》，社会科学文献出版社，2011。

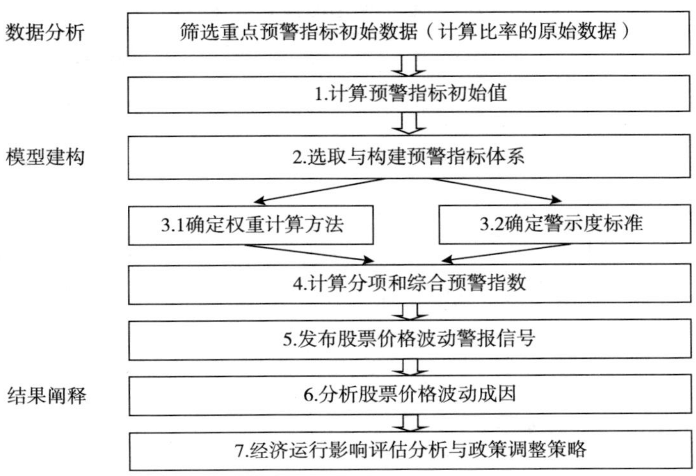

图 4－1　股票价格波动预警指数编制步骤

三　预警指标选取

综合国内外文献，该项研究选取 3 个一级指标构成股票价格波动预警指数，即宏观背景指标、泡沫指标和投机性指标；二级指标有 6 个，三级指标有 17 个（见表 4－2）。这些指标的选取充分考虑了客观性、科学性、代表性、可操作性、可比性的原则。

其中，宏观背景指标由国内宏观金融指标和国际市场影响指标合成。国内宏观金融指标反映国内宏观金融政策对股票价格波动的影响。尤其是利率提高和本币升值的过程将导致国际短期套利套汇资本大量流入，形成对本国资本市场的冲击，助推资产价格泡沫的形成。货币发行量和贷款大幅增长也将导致国内流动性过剩，催生股市泡沫。国际市场影响指标包括投资者信心指标、国际主要股指影响指标和国际大宗商品市场影响指标，主要反映国际市场波动对中国股市波动产生的影响。泡沫指标直观反映股市泡沫形成、膨胀、破裂的波动过程。投机性指标主要反映市场行情的波动情况，特别是投资者的市场行为。

表 4－2　股票价格波动预警指标体系

一级指标	二级指标	三级指标
宏观背景指标	国内宏观金融指标	利率
		汇率升值速度
		M2 货币供应量增速
		贷款增速
	国际市场影响指标	国际投资者信心
		国际主要股指
		国际大宗商品价格指数
泡 沫 指 标	股指增长率指标	国内综合股指
	泡沫系数指标	—
投 机 性 指 标	波动性指标	涨跌幅
		成交量增长率
		成交金额增长率
		换手率
		投资者增长率
	估值指标	市盈率
		市净率
		总市值/国内生产总值比重
		总市值/居民存款的比重

资料来源：笔者整理。

各分项指标意义如下：

——利率。利率提高过程是股市泡沫形成的重要因素之一。利率是反映一国对内资金成本价格的指标，根据国内外文献和市场经验，名义利率的提高过程是股市泡沫形成的重要因素。根据本研究测算，2003 年 1 月至 2011 年 6 月，道琼斯指数与中国利率相关度为 55%，上证综指与利率相关度高达 60%。可见中国利率的提高，对国内外股市波动具有正向冲击作用。

——汇率。汇率是反映一国对外资金成本价格的指标，根据国内外文献和市场经验，本币升值过程是股市泡沫形成的重要因素之一。

——M2 货币供应量增速。M2 大小表明市场流动性的强弱。货币供应量的三个层次是：M0 = 流通中的现金，M1 = M0 + 企业活期存款 + 机

关团体部队存款 + 农村存款 + 个人持有的信用卡类存款，M2 = M1 + 城乡居民储蓄存款 + 企业存款中具有定期性质的存款 + 信托类存款 + 其他存款。M1 反映居民和企业资金松紧变化，是经济周期波动的先行指标。M2 反映的是社会总需求的变化和未来通货膨胀的压力状况，在货币供应量增长明显偏快的情况下，将增加中长期通货膨胀的压力。2001 年后股指走势和货币供应量变动发生偏离，原因是股权分置改革改变了中国股市发展历程，但两者间长期联动关系没变。本研究结果表明，2003～2011 年的 M2 增速与泡沫系数的相关系数为 18%，2007～2011 年两者的相关性系数为 22%，两者的相关性进一步增强，表明市场流动性的增强推升股市泡沫形成（见图 4－2）。

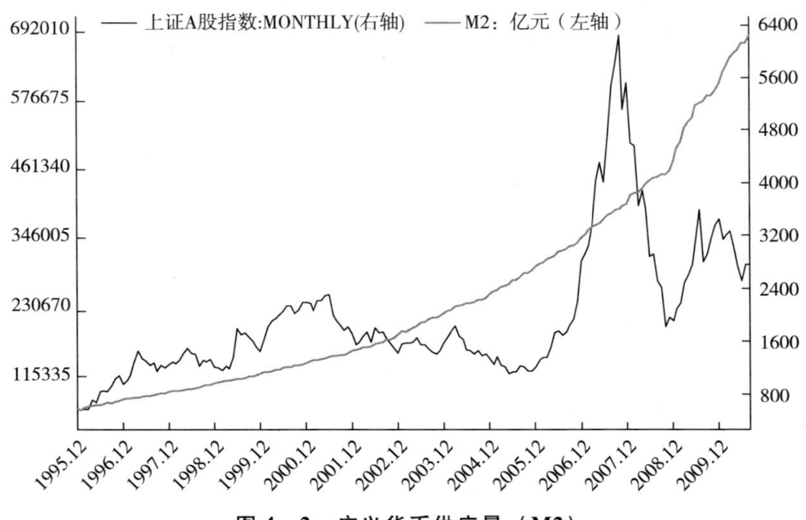

图 4－2　广义货币供应量（M2）

资料来源：Wind 资讯。

——贷款增速。信贷资金增加将使市场流动性宽裕，过剩的流动性部分会流向股市，引发股票价格波动，推动资产泡沫形成和膨胀。

——国内综合股指。国内综合股指是由上证综合指数、深圳成分指数和沪深 300 指数等权重合成的指数。

——股指增长率。股指增长率是指国内综合股指增长率，反映股市的稳定性，波动越大表明股市越不稳定。

——泡沫系数。泡沫系数＝股指增长率/GDP 增长率，直接反映股指偏离国民经济的程度，也可以作为反应股市相对成长性的指标。大于1说明可能存在泡沫。成熟股票市场，泡沫系数在2～4之间比较合理。目前，泡沫系数为负，负泡沫较正泡沫更值得警惕，在负泡沫状态下，中国股市将成为国际热钱狙击对象，这将对中国金融防线构成严重威胁，应谨防国际热钱对中国资本市场的冲击（见图4－3）。

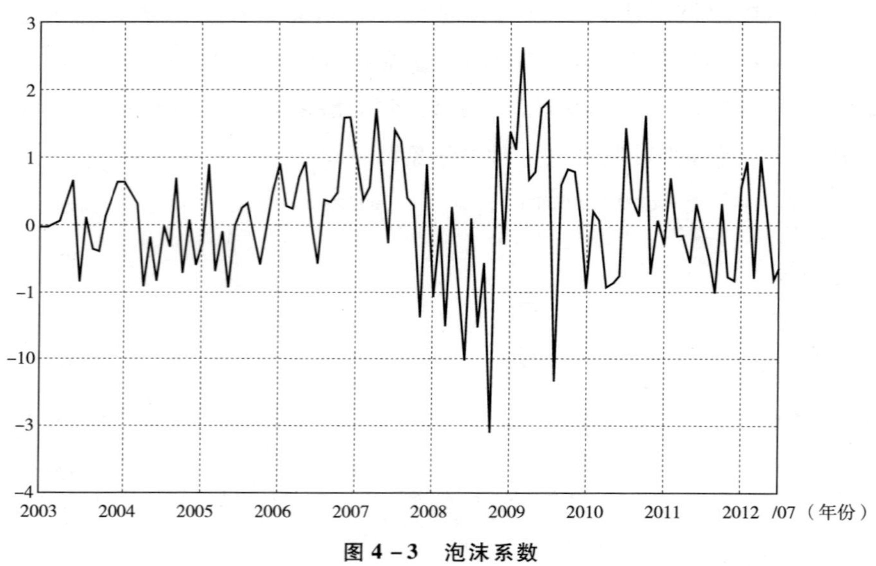

图4－3　泡沫系数

资料来源：Wind 资讯。

——涨跌幅。全部上市公司收盘价（流通股本加权平均）的涨跌幅，反映价格波动状况和市场稳定性。

——成交量增长率。全部上市公司成交量的变动，是形成大盘上涨或下跌的动力，是重要的量能指标。成交量是价格变化的重要因素之一，根据量价关系原理，成交量增长和股价增长持续性间有较强相关性。股指的上涨，必须要有量能的配合，如果升量增加，则表示上涨动能充足，预示个股或股指将继续上涨；反之，如果缩量上涨，则视为无量空涨，量价配合不理想，预示个股或股指不会有较大的上升空间或难以持续上行。一般情况下，成交量大且价格上涨的股票，趋势向好。成交量持续低迷时，一般出现在熊市或股票整理阶段，市场交投不活跃。成交量是判断股票走势的重要依据，对分析主力行为提供了重要依据。成交量增长率反映市场冷热程度，市场过热表明可能存在非理性投机行为。

——成交金额增长率。全部上市公司的成交金额增长率，反映市场冷热程度。

——换手率。换手率是指在一定时间内市场中股票转手买卖的频率，换手率的倒数是投资者平均持股的时间。全部上市公司整体换手率 = 流通股成交量/流通总股本。换手率能够反映股票流通性强弱和股市活跃程度，同时反映股价变动的量能关系，是股票量价分析的基础。根据量价理论，换手率高股价上升。其取值区间为［0%，100%］，指标值越趋向于100%，说明流动性越强；反之，指标值越趋向于0%，说明股市流动性越差。一般来讲，换手率高，反映资金进出频繁。如果换手率高且伴随股价上涨，说明资金进入意愿强于退出意愿；而换手率高伴随股价下跌，则说明资金退出意愿强烈（见图4-4）。换手率过高的确需要加以关注。小盘股换手率在10%以上便处于值得警惕的状态，中盘股在15%左右，大盘股则在20%以上。

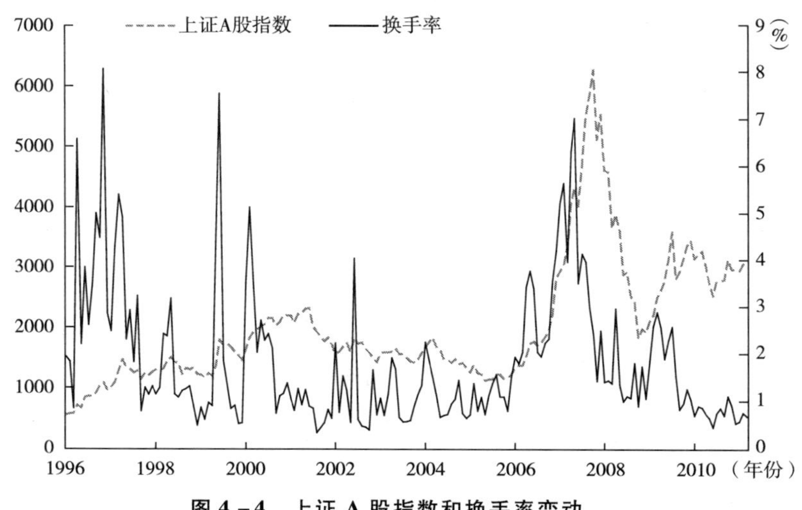

图4-4 上证A股指数和换手率变动

资料来源：Wind资讯。

——投资者增长率。上海证券交易所和深圳证券交易所开户数增长率加权平均。该指标过高表明参与投资或投机人数增加，股市泡沫膨胀的可能性越大。

——市盈率。市盈率 = 股价/每股收益，反映股票价格偏离赢利水平的程度，是判断股票价格合理性的重要指标，成为投资者衡量股票投资价值的重要指标。成熟市场市盈率不高于1.5，新兴市场市盈率比成熟市场偏高。我国属于新兴市场，比国外的成熟市场市盈率偏高，大盘市盈率高，说明估值高，缺乏投资价值，参与股票交易的投机气氛大于投资气氛，容易催生泡沫（见图4－5）。

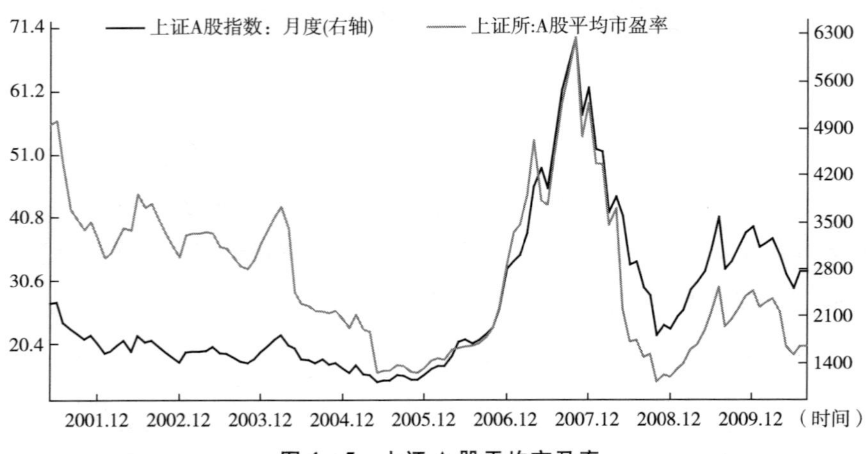

图4－5　上证A股平均市盈率

一般认为，新兴市场市盈率保持在10～20之间是正常的。过小说明股价低，风险小，值得购买；过大，则说明股价高，风险大，购买时应谨慎。但从股市实际情况看，市盈率高的股票多为热门股，市盈率低的股票可能为冷门股，购入也未必一定有利。具体来讲，市盈率 <0，指该公司盈利为负（因盈利为负，计算市盈率没有意义），市盈率在0～13之间表明价值被低估，14～20为正常水平，21～28表示价值被高估，28以上则反映股市出现投机性泡沫。市盈率同时反映投资回收时间。一般来说，市盈率极高（如大于100倍）的股票，其股息收益率为零。因为当市盈率大于100倍，表示投资者要超过100年的时间才能

回本，股票价值被高估，没有股息派发[①]。

——市净率。市净率 = 股价/每股净资产，反映投资价值。一般来说，市净率越小意味风险越低，投资价值较高；相反，则投资价值较低。新兴市场合理市净率股指区间为 1.5 ~3 倍，目前新兴市场平均市净率为 2 倍。从横向比较，现阶段中国全部上市公司整体市净率指标在 2.6 倍左右，比大部分成熟市场的市净率都要高。从纵向比较，月度数据 2005 年 5 月最低点时，市净率水平在 1.74 倍左右，当大盘在 2007 年 10 月上冲到高点时，市净率达到 8.41 倍。现阶段的市净率水平尚未达到历史低位，但平均水平处于相对低位（见图 4 -6）。

图 4 -6　市净率（全部上市公司）

资料来源：Wind 资讯。

——总市值占年度国内生产总值比例，是反映股市泡沫程度的指标之一，也称作证券化率。从总体上看，经济发达程度与股票总市值占 GDP 的比例之间呈高度的正相关关系，即股票总市值占 GDP 的比例越

① 《市盈率》，百度百科，http：//baike. baidu. com/view/287. html。

高的国家，经济发达程度越高。

——总市值占居民存款的比例，反映股票资产在国民财富中的重要程度。

——投资者信心指标。由于国内尚无完善的相关数据，本研究采用美国道富全球投资者信心指数，反映投资者较长时间内对股市的预期心理。道富投资者信心指数追踪的投资组合占全球可交易资产的大约15%，每个月底发布一次，包括全球指数、北美指数、欧洲指数和亚太指数。一般认为，股价上涨说明投资者对股市有信心，而股价下跌说明投资者信心不足，这种主观感受难以量化，通常以问卷调查的形式获取数据。

“道富投资者信心指数”的创始人是哈佛大学教授肯·弗鲁特（Ken Froot）和道富银行的副总监保罗·奥康奈尔（Paul O'Connell）。该指数是通过调查机构投资者投资组合中的实际风险水平来衡量投资者信心，也就是以投资者持有的股票变化来评估投资者的信心，而不是单纯调查投资者对未来的态度。他们认为，很多投资经理人没有时间填写问卷调查，而且态度不太容易量化，因此直接测量他们投资组合的变化是更为可靠的方法。机构投资者投资组合中的高风险资产越多，说明投资者对未来的信心越大，他们相信投资高风险的产品会带来更大回报；投资组合中债券和现金比例越高，说明投资者信心越低，他们宁愿选择更为安全的投资产品①。

——国际主要股指影响指标。将国际综合股指纳入指标体系，用来反映国际股市波动对中国股市的影响。国际综合股指由纽约道琼斯指数、伦敦金融时报指数、东京日经225指数和中国香港恒生指数的加权平均得到。

——大宗商品价格指数。本研究采用期货价格指数（Commodity Research Bureau，CRB）作为反映商品期货价格的指数。由于CRB涵盖的商品都是原材料性质的大宗商品，其价格来自期货市场，能够及时、准确地反映国际大宗商品价格总体波动动态。它不仅能够较好地反映出生产者物价指数（PPI）和消费者物价指数（CPI）的变化，甚至比CPI和PPI的指示作用更为超前和敏感，可以看作是通货膨胀的指示器，它

① http：//www. usa101. cn/Dictionary/053_ × investor_confidence. asp.

与通货膨胀指数在同一个方向波动，同时，与债券收益率也在同一方向上波动。因此，在一定程度上，反映了经济发展的趋势。

最近几年，大宗商品与股市呈正相关，标准普尔 GSCI 商品指数和斯托克欧洲指数 2008～2009 年的相关性为 80%①。本研究结果表明，2003 年 1 月 -2011 年 6 月，道琼斯指数与国际大宗商品价格指数相关度为 52%，上证综指与国际大宗商品价格指数相关度高达 61%，表明国际大宗商品价格走势对国内外股指波动具有正向冲击作用，可以作为股市价格波动的正向指标。

四　指标标准化

为了保持评价体系的完整性和客观性，在具体设立评价指标的时候，需要同时考虑定性和定量的因素，这就产生了各个指标的单位不同、量纲不同、数量级不同，不能同时进行分析比较的问题。另外，各个指标的取值大小和方向，分别代表和说明着不同的问题。因此，在进行综合评价之前，为消除不同指标间量纲的差异，需要对评价指标做标准化处理，然后进行分析评价。通过适当的转换，将不同量纲的指标化为无量纲的标准化指标，称为指标的标准化。多指标综合评价一般遵循以下步骤：一是建立评价指标体系，二是制定评价标准，三是指标标准化，四是确定各指标权重，五是进行综合与评价。多指标综合评价中，关键是指标标准化方法，目的是消除指标之间的量纲差异。

评价指标根据指标变化方向，大致可以分为两类。一类是正向指标，正向指标具有越大越好的性质，指标值越大，表明现象发展或存在的状态越好，如效益、产出等指标属于正向指标。一类是逆向指标，逆向指标的取值越小越好，指标值越小，表明现象发展或存在的状态越好，如单位产品成本、产品（服务）投诉率等。为了能够将逆向指标与正向指标综合结合起来，需要对逆向指标实施正向化变换。常用的指标标准化方法有极差变换法、线性比例变化法、向量归一化法、标准样

① 高华研究报告：《大宗商品价格和股票价格的关系》，2010 年 11 月。

本变化法、归一化法、取倒数法等，指标标准化方法不同，会产生不同的分析结果，指标标准化处理非常重要。

该项研究所使用指标既包括绝对量指标，又包括比率指标，为了能够反应各类不同指标对指数的影响，需要对指标作标准化处理。首先将逆向指标转换为正向指标，然后采用极差变化法，对各个指标进行标准化处理。单个指标的标准化公式如下：

$$Y_i = \frac{X_i - X_{iN}}{X_{iU} - X_{iN}} \times 100 \text{（构成指标的标准化）}$$

Y_i 为极差变换标准化矩阵，X_i 表示第 i 个指标的测度值（实际值），X_{iN} 表示该指标的最小值，X_{iU} 为该指标的最大值。经过极差变换标准化处理之后，所有指标均在 0～1 之间变动，最优值为 1，最劣值为 0，指标值能够客观地反映原始指标之间的相互关系。

五 权重设定

多指标综合评价体系中，根据各个评价指标在整体评价中的相对重要程度来确定其权重，这在综合评价中具有重要意义。指标权重的选择，实际也是对评价指标进行排序的过程。指标权重确定方法，一般有专家咨询法和层次分析法。

专家咨询法。聘请同行业的一批专家，请其利用自己的专业知识、实践经验和分析判断能力直接给出指标设定权重，在对专家意见进行分析处理后，将第一轮的赋权结果反馈给各位专家，并进行第二轮评估，如此反复几次，直至专家们的评定意见比较一致时为止。专家咨询法是由同行专家共同评定的，因而得到的指标权重一般比较客观。实践证明，专家咨询法是一种简单易行、应用方便的方法，在社会问题综合评价中，专家咨询法使用比较广泛。然而，采用专家咨询法也存在明显的缺点和不足，由于专家咨询法受人的主观因素影响比较大，可能影响结论的准确程度。

层次分析法（Analytic Hierarchy Process，简称 AHP）。层次分析法是美国运筹学家匹茨堡大学教授萨缔于 20 世纪 70 年代初，应用网络系统理论和多目标综合评价方法，提出的一种层次权重决策分析方法。层次分析法是将决策中有关的元素分解成目标、准则、方案等层次，在此基础之上进行定性分析和定量分析，可以得出不同方案的权重，为最佳方案的选择提供依据的决策方法。运用层次分析法确定评价指标权数，一般要经过以下几个步骤。第一，建立系统的递阶层次结构。将问题包含的因素分层：最高层（解决问题的目的）；中间层（实现总目标而采取的各种措施、必须考虑的准则等，也可称策略层、约束层、准则层等）；最低层（用于解决问题的各种措施、方案等）。把各种所要考虑的因素放在适当的层次内。用层次结构图清晰地表达这些因素的关系。第二，构造两两比较判断矩阵（正互反矩阵）。判断矩阵是指位于同一层次的各个指标的相对重要性的判断值。对各指标之间进行两两对比之后，然后按 9 分位比率排定各评价指标的相对优劣顺序，依次构造出评价指标的判断矩阵。第三，计算单一准则下各个指标的相对重要性，并进行一致性检查。根据判断矩阵，计算对于目标而言各个指标的相对重要性次序的权值。由于客观事物的复杂性和人的主观认识的偏好的差异，判断矩阵很难会有严格的一致性，需要进行一致性检验。对于每一个成对比较阵计算最大特征根及对应特征向量，利用一致性指标、随机一致性指标和一致性比率作一致性检验。若检验通过，特征向量（归一化后）即为权向量；若不通过，需重新成对比较阵。第四，计算各层次对于系统的总排序权重，并进行排序。第五，得到各方案对于总目标的总排序。应用层次分析法应注意所选要素的合理性，如果要素间的关系不正确，会降低 AHP 法的决策质量。

该项研究在选择指标权重时，采用等指标权重、每一级指标的合成采用等权重方法。权重是否合适，还要根据历史数据进行统计检验。需要说明的是，指标体系不是一成不变的，可以随着经济发展、技术发展、金融创新等的发展进行修正。

六　状态区域划分和临界点确定

1. 临界状态理论

状态区域临界点的确定是判断股票价格波动状态的数量标准，是决定预警系统科学性的重要因素。临界状态理论认为，各个变量之间的互动决定事态的发展，整个过程非常复杂，没有简单的模型可以预言何时市场走向将会反转。

由于泡沫是一个不断累积的过程，最终会因过于巨大而破裂。但是多数市场参与者在这一过程中并没有意识到市场已经达到“临界状态”，不断跟进，导致泡沫进一步膨胀，经济变得越来越不稳定。这是投资者、市场和经济之间积极反馈的过程，但这个反馈过程不断地促使经济变得越来越不稳定。“临界点”可以用来解释泡沫顶峰时期的表现，但实际上，市场的“临界状态”和临界点时刻是无法观察和预知的。不过，通过科学计算，仍然可以估计泡沫破裂风险的概率。本研究致力于通过概率计算确定临界点，以此判断股票价格波动预警指数所处的状态区域。

2. 状态区域划分

股票价格波动预警系统将股票价格波动状况划分为五个状态区域，反映股市“过冷”“偏冷”“稳定”“偏热”“过热”的五个状态，分别对应预警信号的五个级别，“蓝灯”“浅蓝灯”“绿灯”“黄灯”“红灯”。一般情况下，“绿灯”区居中，代表常态区域或稳定区域，表示股市运行正常。根据监测理论，指数出现在稳定区域的概率应为50%左右。“红灯”区域和“蓝灯”区域为极端区域，表示经济的“过热”和“过冷”，指数出现的概率一般为5%～10%。“黄灯”区域和“浅蓝灯”区域为警告区域，表示经济的“偏热”和“偏冷”，落点概率应大于极端区域，指数出现的概率一般为40%左右。

3. 状态区域临界点的确定

本研究状态区域临界点的确定步骤如下。

(1) 根据股票价格波动预警指数的统计频数直方图确定临界点

①广义股票价格波动预警指数的统计频数直方图

我们计算了2003～2011年的股票价格波动预警指数（简称广义预警指数，见图4－7)，根据广义预警指数的统计频数直方图，将指数划分成五个区间，区间1至区间5指数分布情况如下。

区间 1，0 = <广义预警指数 <20.80，5 个。

区间 2，20.80 = <广义预警指数 <31.15，31 个。

区间 3，31.15 = <广义预警指数 <41.50，49 个。

区间 4，41.50 = <广义预警指数 <51.85，13 个。

区间 5，51.85 = <广义预警指数 <62.20，6 个。

广义预警指数落在区间 1 的概率是 4.81%，落在区间 2 的概率是 29.81%，落在区间 3 的概率是 47.11%，落在区间 4 的概率是 12.50%，落在区间 5 的概率是 5.77%。落在区间 1 和区间 5 的概率合计为 10.58%，落在区间 2 和区间 4 的概率合计为 42.31%。

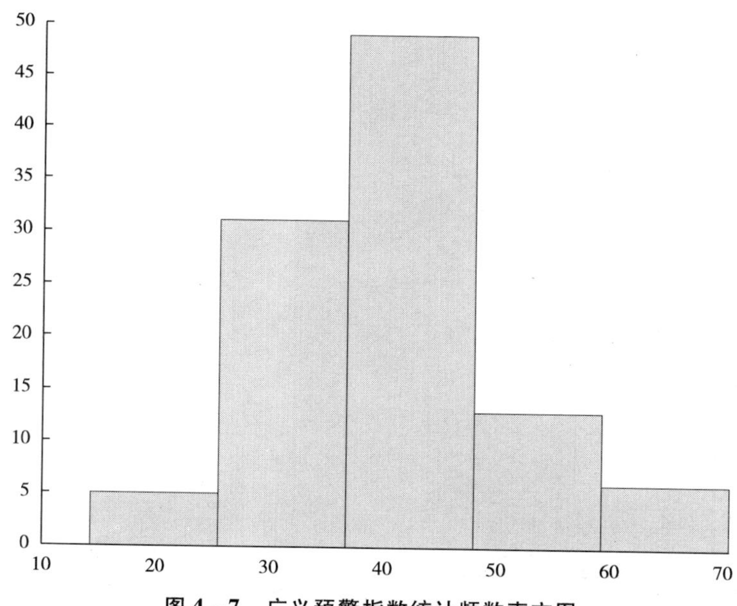

图 4－7 广义预警指数统计频数直方图

资料来源：Wind 资讯。

②狭义股票价格波动预警指数的统计频数直方图

同时，我们计算了市场独立波动指数，以泡沫指标和投机性指标合成狭义股票价格波动预警指数（简称狭义预警指数，见图 4－8），反映市场行情。根据狭义预警指数的统计频数直方图，将指数划分成五个区间，区间 1 ~ 区间 5 指数分布情况如下。

区间 1，0 = <狭义预警指数<12.92，5 个。

区间 2，12.92 = <狭义预警指数<26.89，28 个。

区间 3，26.89 = <狭义预警指数<40.86，50 个。

区间 4，40.86 = <狭义预警指数<54.83，14 个。

区间 5，54.83 = <狭义预警指数<68.80，7 个。

狭义预警指数落在区间 1 的概率是 4.81%，落在区间 2 的概率是 26.92%，落在区间 3 的概率是 48.08%，落在区间 4 的概率是 13.46%，落在区间 5 的概率是 6.73%。落在区间 1 和区间 5 的概率合计为 11.54%，落在区间 2 和区间 4 的概率合计为 40.38%。

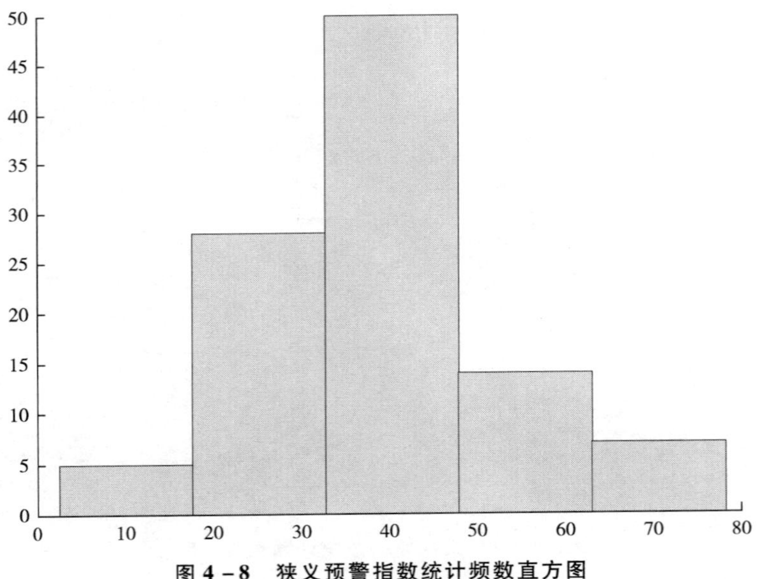

图 4 - 8　狭义预警指数统计频数直方图

资料来源：Wind 资讯。

③确定状态区域临界点

根据状态区域的概率确定临界点。综合广义预警指数和狭义预警指数的概率区间，确定指数的状态区域临界点为 25、35、55、70 和 100，由此划分指数的五个状态区间如下：

区间 1，0 = < 预警指数 < 25。

区间 2，25 = < 预警指数 < 35。

区间 3，35 = < 预警指数 < 55。

区间 4，55 = < 预警指数 < 70。

区间 5，70 = < 预警指数 < 100。

（2）上述状态区域临界点验证如下

①广义预警指数的概率分布情况

根据上述区间划分，广义预警指数指数的概率分布为：

区间 1，0 = < 广义预警指数 < 25，3 个。

区间 2，25 = < 广义预警指数 < 35，30 个。

区间 3，35 = < 广义预警指数 < 55，63 个。

区间 4，55 = < 广义预警指数 < 70，8 个。

区间 5，70 = < 广义预警指数 < 100，0 个。

广义预警指数落在区间 1 的概率是 2.88%，落在区间 2 的概率是 28.85%，落在区间 3 的概率是 60.58%，落在区间 4 的概率是 7.69%，落在区间 5 的概率是 0.00%。落在区间 1 和区间 5 的概率合计为 2.88%，落在区间 2 和区间 4 的概率合计为 36.54%。

②狭义预警指数的概率分布情况

根据上述区间划分，狭义预警指数的概率分布为：

区间 1，0 = < 狭义预警指数 < 25，6 个。

区间 2，25 = < 狭义预警指数 < 35，30 个。

区间 3，35 = < 狭义预警指数 < 55，53 个。

区间 4，55 = < 狭义预警指数 < 70，13 个。

区间 5，70 = < 狭义预警指数 < 100，2 个。

狭义预警指数落在区间 1 的概率是 5.77%，落在区间 2 的概率是 28.85%，落在区间 3 的概率是 50.96%，落在区间 4 的概率是 12.50%，落在区间 5 的概率是 1.92%。落在区间 1 和区间 5 的概率合计为 7.69%，落在区间 2 和区间 4 的概率合计为 41.35%。

③预警指数概率分布情况

统筹考虑广义预警指数和狭义预警指数的概率分布，预警指数处于区间1和区间5（过冷和过热）极端情况的概率为8%～12%，基本符合极端事件出现概率为5%～10%的情况，鉴于中国股票市场发展尚不充分，与国际上成熟发达的股票市场相比抗风险能力较弱，更容易受到外界冲击，因此股价波动幅度较大，出现极端情况的概率也相应较大。预警指数处于区间3（正常）的概率为51%～61%，符合稳定区域出现概率为50%左右的情况，预警指数处于区间2和区间4（偏冷、偏热）的概率为40%～41%（见表4－3）。可见，本研究的状态临界点的确定符合临界理论。

表4－3　状态区域临界点确定

单位：%

预警指数落点范围	广义预警指数		狭义预警指数		临界点确定	信号系统
—	个数	概率	个数	概率	—	—
0～25	3	2.88	6	5.77	25	蓝　灯
25～35	30	28.85	30	28.85	35	浅蓝灯
35～55	63	60.58	53	50.96	55	绿　灯
55～70	8	7.69	13	12.50	70	黄　灯
70～100	0	0.00	2	1.92	100.0	红　灯
合　计	104	100.00	104	100.00	—	—

七　股票价格波动预警系统

根据上述分析，确定股票价格波动预警系统（见表4－4）。预警指数在［0　25）区间时，预警信号为“蓝灯”，警示股市处于“过冷”状态。预警指数在［25　35）区间时，预警信号为“浅蓝灯”，警示股市处于“偏冷”状态。预警指数在［35　55）区间时，预警信号为“绿灯”，表明股市处于“正常”状态。预警指数在［55　70）区间时，预警信号为“黄灯”，警示股市处于“偏热”状态。预警指数在［70　100］区间时，预警信号为“红灯”，警示股市处于“过热”状态。

表 4-4　股票价格波动预警系统

预警指数	信号系统	警示度
0~25	蓝　　灯	过　冷
25~35	浅 蓝 灯	偏　冷
35~55	绿　　灯	正　常
55~70	黄　　灯	偏　热
70~100	红　　灯	过　热

注：预警区间的划分是依据百分制标准化结果人为划定，决策者可以根据实际的经验知识和决策需求适当调整修正，设置五级警灯的目的是更符合使用者的预警判断习惯。

第三节　股票价格波动预警指数结果与分析

一　股票价格波动预警指数结果

我们计算了 2003~2011 年的广义股票价格波动预警指数和狭义股票价格波动预警指数（见图 4-9、图 4-10），股票价格波动预警指数反映了中国资本市场成长 21 年的历程（见图 4-11）。目前中国股市自身仍处于成长阶段，需要不断地调整。随着中国资本市场的日益开放，中国股市受国际因素的影响加强，中国股市的波动性逐步与国际市场影响因素的联动性增强。狭义股票价格波动预警指数反映了中国股票市场波动状况，股市对市场因素的反应强烈，市场影响因素能够迅速传导到股市，体现在股市的剧烈波动。因此，狭义股票价格波动预警指数的波动情况相比广义股票价格波动预警指数剧烈。总体来看，2003 年以来股票价格波动预警指数波动幅度较大，中国股市大致经历了“偏冷—过热转过冷—震荡偏冷”三个阶段（见图 4-11）。

第一阶段，2003~2005 年，偏冷阶段。2000 年美国网络经济泡沫破灭，全球股市由牛市转入熊市。纳斯达克指数从 2000 年 3 月的 5048.62 点到 2002 年 9 月的 1172 点，跌幅达 76.79%（见图 4-12）。在国际资本市场普遍不景气的情况下，国内股市又受到国有股减持等事件影响，2001 年 6 月 14 日上证综指在创下 2245 点最高历史纪录之后，反转直下，中国股市开始进入漫长熊市，直到 2005 年 6 月 6 日上证综指跌破千点大关（998 点），本轮熊市才终于止跌（见图 4 - 13）。这一期间，广义股票价格波动预警指数在［20　40］区间波动，基本处于偏冷阶段，并一度陷入过冷区间；狭义指数波动范围相比广义指数扩大至［15　45］的区间内波动，低点跌过了 20，说明这一阶段中国股市处于偏冷甚至过冷状态。

第二阶段，2006 ~ 2008 年，过热转过冷阶段。随着 2004 年 1 月国务院出台“国九条”[①]、2004 年 5 月中小板设立和 2005 年 4 月股权分置改革启动，推动了中国资本市场的新发展，新一轮大牛市在 2006 年初开始启动。2006 年 12 月 14 日，上证综指创下新高收于 2249 点，首次超过上一轮牛市峰值。并在 10 个月后，2007 年 10 月 16 日，上证综指暴涨到 6124 点，创下历史最高纪录，同时标志着本轮大牛市的终结。此后，股指一路暴跌，也是在仅仅 10 个月后，2008 年 9 月 4 日，上证综指重新回到 2249 点，在以 2008 年 9 月 15 日雷曼兄弟公司破产为标志的国际金融危机的进一步影响下，2008 年 10 月 28 日股指下探到 1664 点。2006 ~ 2008 年，中国股市经历了一次较大起伏的牛熊转换。以 2007 年 10 月为此轮牛熊市分界线，2006 年 1 月至 2007 年 10 月期间，股票价格波动预警指数高位运行，广义预警指数在偏热区域高位运行，狭义预警指数更是两次突破过热临界值，这说明当时中国股市处于过热阶段。2007 年 11 月至 2008 年 12 月，股票价格波动预警指数下行，2008 年末，广义预警指数和狭义预警指数双双跌破过冷临界值，说明当时中国股市处于过冷阶段。

第三阶段，2009 ~ 2011 年，震荡偏冷阶段。2009 年第二季度，世

---

① 2004 年 1 月 31 日国务院颁发了《关于推进资本市场改革开放和稳定发展的若干意见》，共九条，所以称为“国九条”。一、充分认识大力发展资本市场的重要意义；二、推进资本市场改革开放和稳定发展的指导思想和任务；三、进一步完善相关政策，促进资本市场稳定发展；四、健全资本市场体系，丰富证券投资品种；五、进一步提高上市公司质量，推进上市公司规范运作；六、促进资本市场中介服务机构规范发展，提高执业水平；七、加强法制和诚信建设，提高资本市场监管水平；八、加强协调配合，防范和化解市场风险；九、认真总结经验，积极稳妥地推进对外开放。

界经济探底回升，资本市场也逐步回暖，中国上证综指也在 2009 年 8 月上扬至 3463 点。但是，由于金融危机的影响并未消除，发达国家爆发主权债务危机风险加大，世界金融市场再次出现动荡。2009 年末欧债危机爆发并迅速蔓延，2011 年以来，美国主权信用评级被下调，欧债危机也由欧元区外围向核心蔓延，法国银行机构面临信用评级下调。在实体经济方面，美国经济复苏乏力，失业、通胀等新老问题交织，无论是发达国家还是新兴经济体，都在担忧自身是否面临“二次探底”的风险。因此，目前，在金融市场和实体经济震荡下行风险加大的情况下，全球股市波动基本处于震荡下行阶段。中国股指也在 2009 年 8 月后开始震荡下行，上证综指在 2011 年 8 月跌至 2500 点左右。从指数来看，2009 ~2011 年这一时期，广义预警指数基本位于［25　55］区间，狭义指数基本位于［15　60］区间，股票价格波动预警指数基本处于震荡偏冷阶段。广义预警指数 2011 年 8 月得分为 36.49，已经非常接近过冷临界点，狭义预警指数 2011 年 8 月得分为 30.72，已经突破过冷临界点，这表明 2011 年 8 月中国股市已处于过冷阶段。

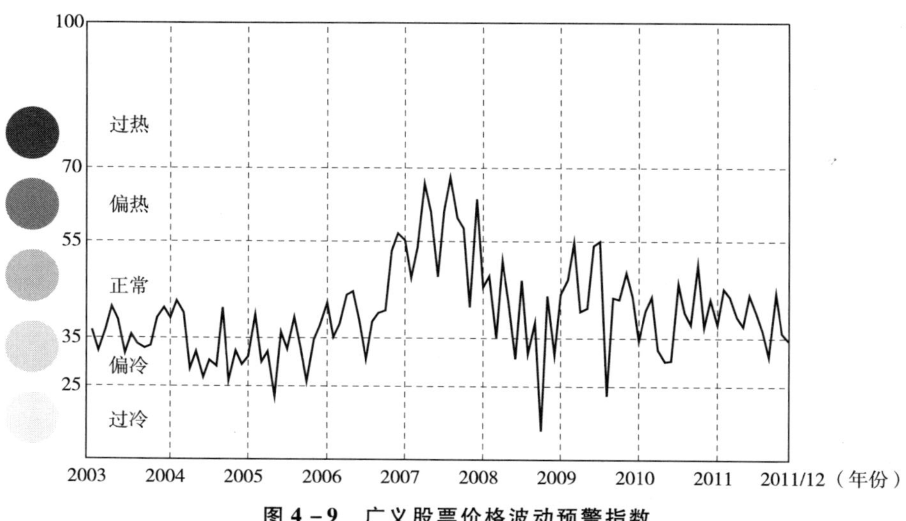

图 4 -9　广义股票价格波动预警指数

注：球灯自上而下代表过热、偏热、正常、偏冷、过冷。下同，不再标示。

资料来源：Wind 资讯。

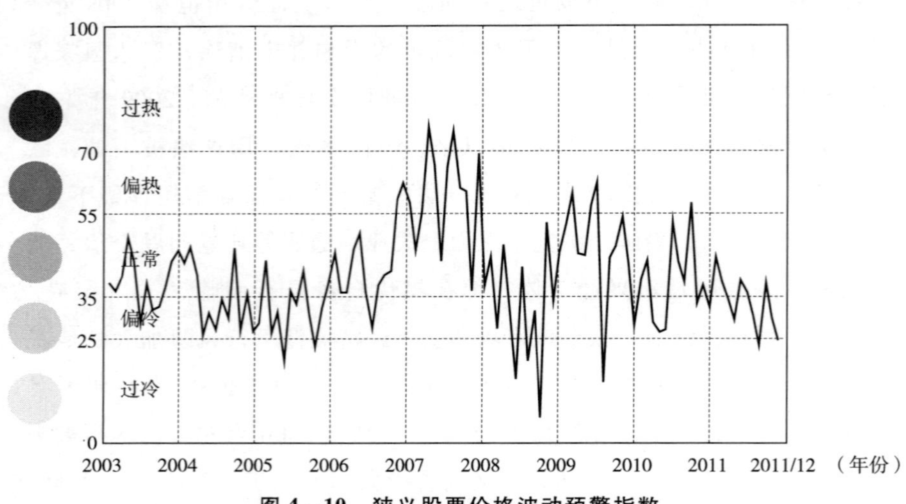

图 4－10 狭义股票价格波动预警指数

资料来源：Wind 资讯。

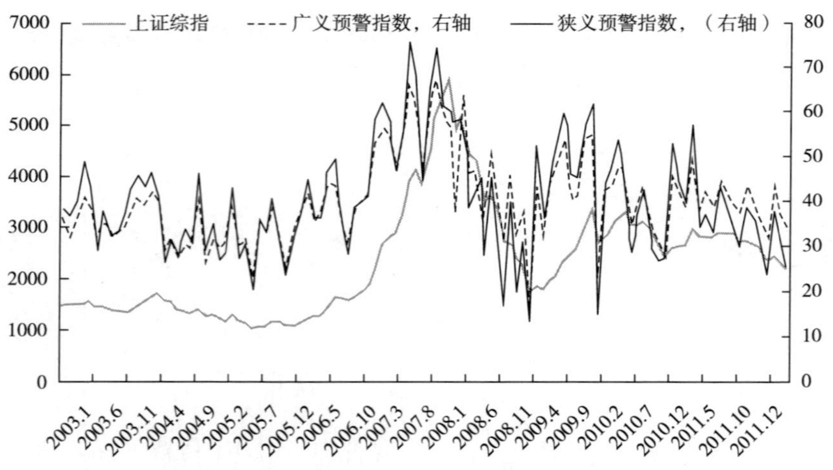

图 4－11 上证综指、广义预警指数和狭义预警指数

资料来源：Wind 资讯。

二 典型案例分析

——2003 年 6 月，998 点。2003 年 6 月 6 日，上证综指跌破千点大关，盘中触及 998 点。广义预警指数和狭义预警指数分别为 31.87 和

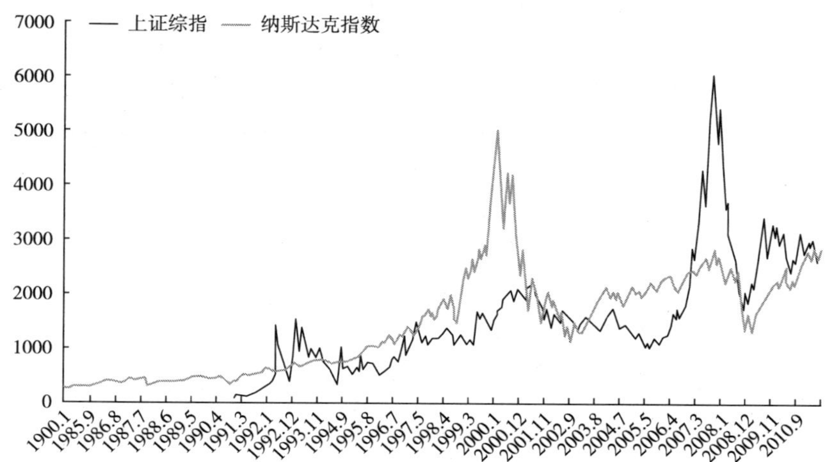

图 4－12　纳斯达克综合指数与上证综指（1900 年 1 月至 2011 年 8 月）

资料来源：**Wind** 资讯。

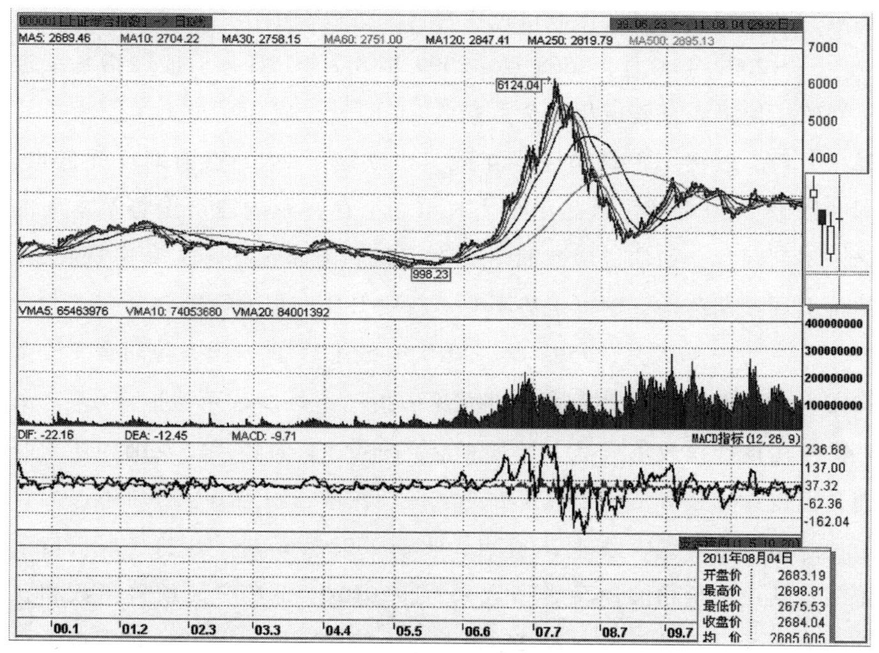

图 4－13　上证综指日 K 线

资料来源：Wind 资讯。

28.74，接近过冷临界点25，警示当时中国股市处于偏冷甚至过冷阶段。

——2007年10月，6124点。2007年10月16日，上证综指盘中触及历史最高6124点。广义预警指数和狭义预警指数分别为56.95和60.38，广义预警指数和狭义预警指数双双突破偏热临界点，警示当时中国股市处于偏热阶段。实际上，在上证综指达到历史高点之前，狭义预警指数早在2007年4月就突破过热临界点，并在此后的几个月内持续高位运行，指数警示作用显著。

——2008年10月，1664点。2008年10月28日，上证综指从一年前的峰顶跌至谷底1664点。广义预警指数和狭义预警指数分别为15.62和5.94，广义预警指数和狭义预警指数已经远远跌破过冷临界点，警示当时中国股市处于过冷阶段。实际上，在上证综指跌至这一阶段低点之前，广义预警指数和狭义预警指数早在2008年3月即已跌破过冷临界点，并连续几个月发出股市过冷警告，指数警示作用显著。

——2009年8月，2668点。2009年8月31日，上证综指暴跌近6.75%，使得8月股指相比7月暴跌21.81%，成为历史上第二大单月暴跌月份。股指不但跌破了半年线，也跌破了2761点前期反弹低点，同时跌破了30周线。这是由于当时市场上存在影响股市走势基本面的诸多不利因素，如信贷增速回落、银行赢利未超预期、二套房贷收紧、油价上调预期落空、钢价走势不明、新股IPO密集发行等。

——2010年5月，2592点。2010年5月31日，国务院同意发改委2010年深化经济体制改革意见，意见中指出“逐步改革房地产税”。虽然关于房地产税改革只是一个非常笼统的表述，具体规则及细则还未明朗，但也总算是有了一个最官方的文件。在这一利空消息打压下，当日上证综指放量下跌，跌破2600点，收于2592点，进一步打压股市持续走低。从股票价格波动预警指数来看，2010年5月广义预警指数和狭义预警指数分别为29.65和26.59，处于偏冷阶段，并已经非常接近过冷临界点，表明当时股市处于偏冷接近过冷阶段。

——2011年8月，2567点。2011年以来，从国际经济金融环境来看，欧美债务危机加剧，欧债危机也由欧元区外围向核心国家蔓延，美国主权信用评级被下调，世界经济二次探底风险加大。从国内经济金融环境来看，中国通货膨胀高企，上半年 CPI 同比增长 5.4%；7 月 CPI 上涨 6.5%，创三年高峰；8 月 CPI 上涨 6.2%。上半年我国外贸出口增长 24%，但增速呈明显回落趋势，且增速连续 4 个月下滑，贸易顺差收窄。8 月新增人民币贷款 5485 亿元，广义货币供应量（M2）同比增长 13.5%。8 月新增人民币贷款远高于此前机构普遍预测的 5000 亿元，但货币供应量 M2 和 M1 增速仍继续走低，显示政策紧缩效应仍在持续显现。因此，在通货膨胀、紧缩的货币政策、股市扩容、国际板推出的预期及欧债危机等多重利空因素影响下，股指不断走低。从股票价格波动预警指数来看，2010 年 8 月广义预警指数和狭义预警指数分别为 36.49 和 30.72，广义预警指数接近偏冷临界点，狭义预警指数已经跌破偏冷临界点，预警指数表明此时股市处于偏冷阶段。

——2011 年 11 月，2333 点。此期，国际经济形势动荡不安。又一轮全球性宽松货币政策呈凶猛之势，导致黄金价格、石油价格大涨，大宗商品进入强势上涨周期，对全球经济影响加剧，全球经济复苏变数进一步增加。欧洲债务危机愈演愈烈，欧洲债务危机出现了向意大利及西班牙等核心国家蔓延、从公共部门领域向银行体系蔓延的趋势，对世界经济带来新的更大冲击。美国债务形势和日本债务形势也都不容乐观。从经济增长形势看，主要发达国家经济增长均比较疲弱，世界经济下行风险加大。国内影响因素方面，我国经济持续下滑势头明显，国际板传闻和新股发行压力等利空因素，对股市造成更大打击，11 月股市暴跌收盘。从股票价格波动预警指数来看，2011 年 11 月广义预警指数和狭义预警指数分别为 36.52 和 29.86，广义预警指数接近偏冷临界点，狭义预警指数已经跌破偏冷临界点，预警指数表明当前股市处于偏冷阶段，并向过冷趋势发展。

——2011 年 12 月，2199 点。年末，A 股市场看空情绪加重，股指连创新低，12 月沪指报收于 2199 点，较 1 月收盘点位 2791 点下跌 21%。股指跌破 10 年前的 2001 年 6 月 14 日高点 2245 点，A 股市十年零涨幅。2011 年以来，创业板和中小板跌幅更大。创业板指数收于 730

点，较1月收盘点位1029点下跌29%。中小板收于4921点，较1月收盘点位6768点下跌27%。担忧经济下滑成为股指下跌的主要因素，年末资金紧张也起到了推波助澜的作用。从股票价格波动预警指数来看，2011年12月广义预警指数和狭义预警指数分别为34.58和24.78，广义预警指数跌破偏冷临界点，狭义预警指数跌破过冷临界点，预警指数表明当前股呈过冷趋势。

——2012年1月，2293点。股票价格波动预警指数由2011年12月的过冷状态（24.8）迅速反弹至40.1（见图4－14、图4－15）。预警指数表明目前股市有所回暖，处于正常区间，预示未来经济具有趋稳迹象，但仍接近偏冷临界点，可能会出现波动。1月股市走势受到春节因素影响。其中春节前，因技术超跌、政策利好及流动性的改善预期，市场在探底2132.63点之后，在资源股带动下，出现了一波震荡上涨行情。节后，沪深两市未能延续节前的强势，股指遭遇获利盘的疯狂打压，快速下行，沪指击穿2300点整数关口，最终收于2292.61。1月，国内国际环境、市场环境、政策因素等对股市走势具有重要影响。

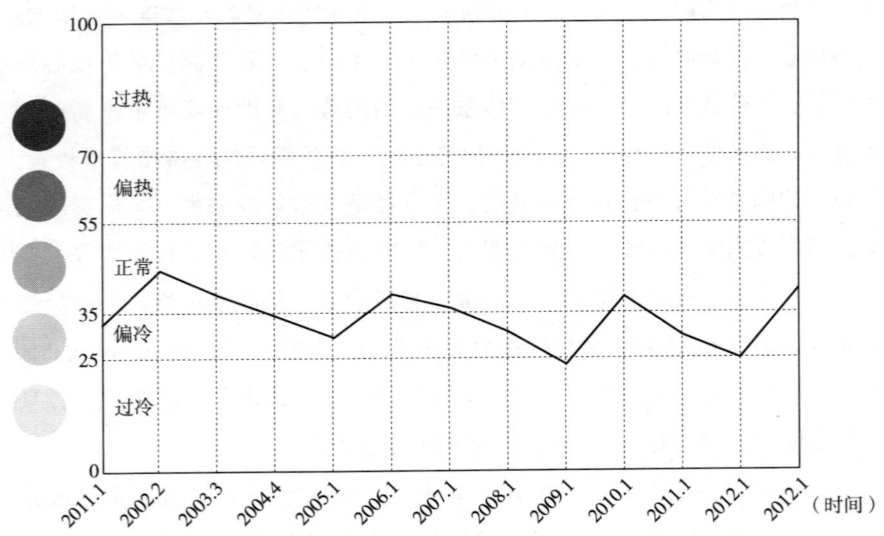

图4－14　狭义股票价格波动预警指数（2011.1～2012.1）

资料来源：Wind资讯。

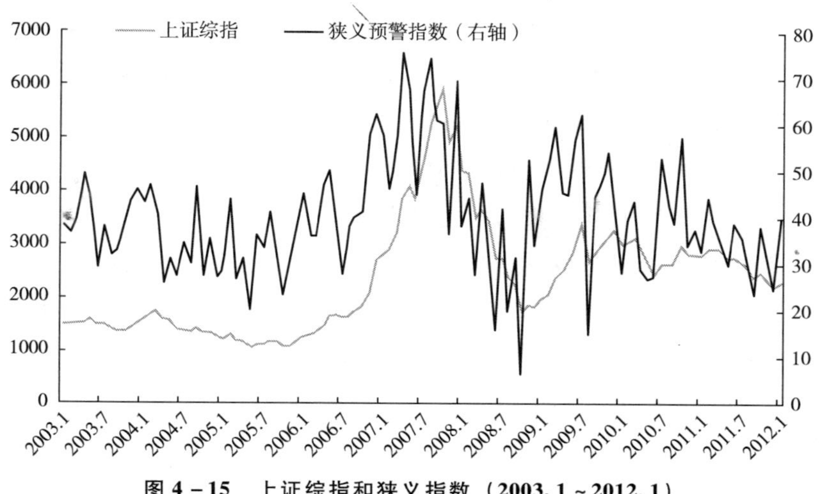

图 4－15　上证综指和狭义指数（2003.1～2012.1）

资料来源：Wind 资讯。

三　股票价格波动预警指数分项指标分析

从三个一级指标来看，宏观背景指标、泡沫指标和投机性指标的波动特征基本与股票价格波动预警指数的走势趋同，可以分为三个阶段。第一阶段，2003～2005 年，三大指标走势平稳，并未出现较大波动。第二阶段，2006～2008 年，新一轮的牛市和熊市转换过程中，三大指标基本在 2007 年末达到峰值后急转直下，特别是从泡沫指标可以看出，股市泡沫经历了形成—成长—破裂的过程。2009～2011 年，三大指标基本为震荡走势。值得注意的是，宏观背景指标整体呈震荡上行趋势，但是，2011 年底在国内外经济金融形势的影响下已开始出现下行趋势，成为对股市的不利因素。在股市偏冷的情况下泡沫指标下行，表明当前股市并未形成成长型泡沫；投机性指标震荡下行，基本处于 2003 年的水平，表明当时股市中投机因素影响不大（见图 4－16）。

从 6 个二级指标来看，国内宏观金融指标、国际市场影响指标、股指增长率指标、泡沫系数指标、波动性指标和估值指标走势也基本符合上述三个阶段特征（见图 4－17）。不同的是，从国内看，2011 年底的国内宏观金融指标高于 2003～2005 年水平，表明当前国内宏观金融政策对股市影响大于 2003～2005 年的影响水平；从国际上看，国际市场影响指标虽然震荡下行，但是国际市场冲击对中国股市的影响在加强，表明国内市场与国际市场的联动性增强。2011 年底，股指增长率指标、泡沫系数指标、波动性指标和估值指标，这四个二级指标的波动水平与 2003～2005 年时期基本相同。一级指标中，宏观背景指标主要受国内宏观金融指标和国际市场影响指标的综合影响，泡沫指标主要受股指增长率指标和泡沫系数指标的综合影响，投机性指标主要受波动性指标和估值指标的综合影响。

从 17 个三级指标来看（见图 4－18 至图 4－21），首先，整体特征分析，2003～2011 年的多数指标波动特征基本与股票价格波动预警指数的走势趋同，可以分为三个阶段。即：2003～2005 年的偏冷阶段，2006～2008 年的过热转偏冷阶段，2009～2011 年的震荡偏冷阶段。其次，分指标分析，①利率、汇率升值幅度、M2 增速和贷款增速，这 4 个三级指标构成对二级指标国内宏观金融指标的影响。利率提高和汇率升值过程是吸引国际资本进入股市、成为推升股市泡沫的重要因素，货币供应量和贷款增加则成为助推国内过剩的流动性涌入股市、推升股市泡沫的重要因素。2007 年上证综指 6124 点时，利率标准值位于历史高位、汇率升值幅度较大、M2 增速和贷款增速较快。②国际投资者信心、国际综合股指和国际大宗商品价格指数，这 3 个三级指标构成对二级指标国际市场影响指标的影响。尤其是，国际大宗商品价格指数不同于上述的三大阶段划分特征，大宗商品价格指数在经历了 2008 年金融危机的震荡之后，一路上扬，虽然在 2011 年出现下跌，但是长期上涨趋势没有改变。2011 年底，在世界经济下行和国际金融市场动荡的背景下，国际投资者信心下降，国际综合股指下行，表明国际市场利空因素较多。③由上证综指、深证成指和沪深 300 合成国内综合股指，其波动反映了二级指标股指增长率指标的变动情况。④涨跌幅、成交量增长率、成交金额增长率、换手率和投资者增长率，这 5 个三级指标是二级指标波动性指标的重要影响因素。整体来看，2003～2011 年的涨跌幅、成交量增长率和成交金额增长率基本都处于震荡走势，换手率和投资者增长率则符合上述三大阶段划分特征，出现“波谷—波峰—波谷”的走势。2011 年底，换手率处于样本区间最低点，表明市场交易不活跃，市场处于偏冷、甚至有陷入过冷趋势的可能。⑤市盈率、市净率、总市值占国内生产总值比例、总市值占居民存款比重各指标的总体特征是在经历 2005 ~ 2006 年的低谷之后，2007 ~ 2008 年受国际金融危机影响大幅攀升至顶峰之后又回落至谷底，2009 ~ 2011 年出现反复震荡。2011 年底，市盈率、市净率、换手率等均接近或低于历次熊市底部指标，表明当时市场十分低迷。市盈率是衡量股市涨跌的重要指标，可以根据市盈率指标判断股市风险大小。根据历史经验，中国股市市盈率 20 倍左右时走势比较平稳，过高的市盈率必然导致股市下跌，也就是说 20 倍的市盈率对于中国来说是较为合理的。当时，市盈率基本处于历史低点，并且低于 20 倍，市盈率低点与 2005 年、2008 年等几个历史低点基本处于同一水平，这说明目前股票价格估值偏低。

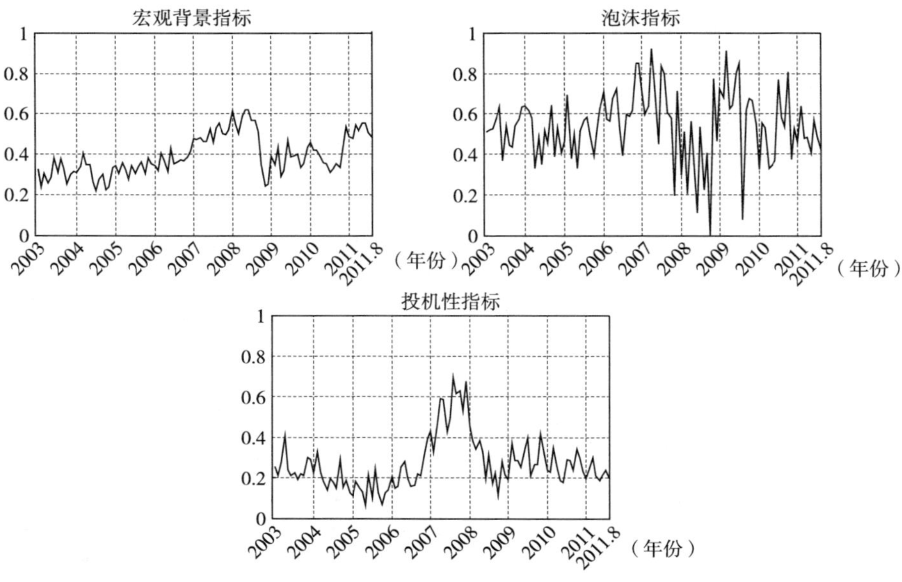

图 4 – 16　一级指标

资料来源：Wind 资讯。

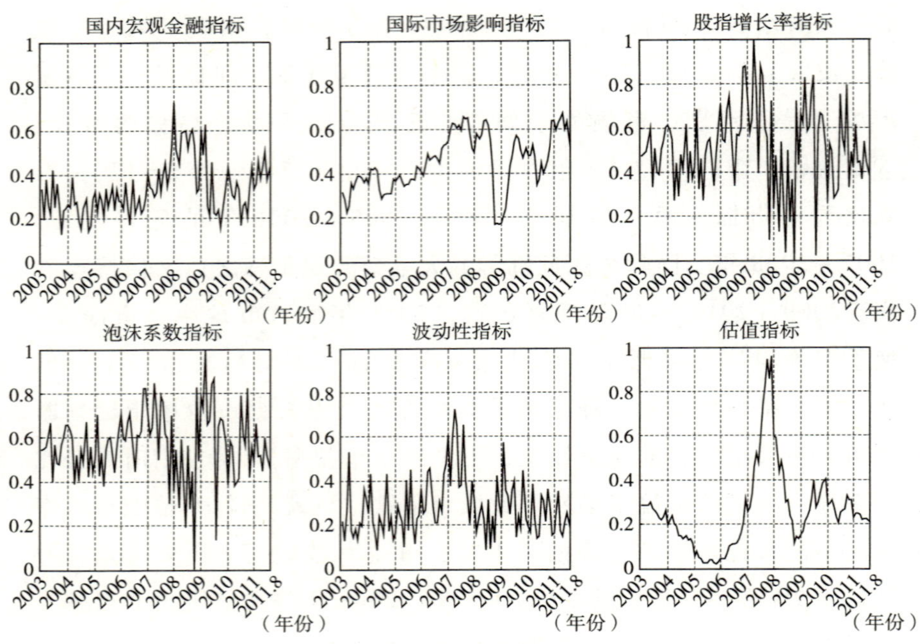

图 4-17 二级指标

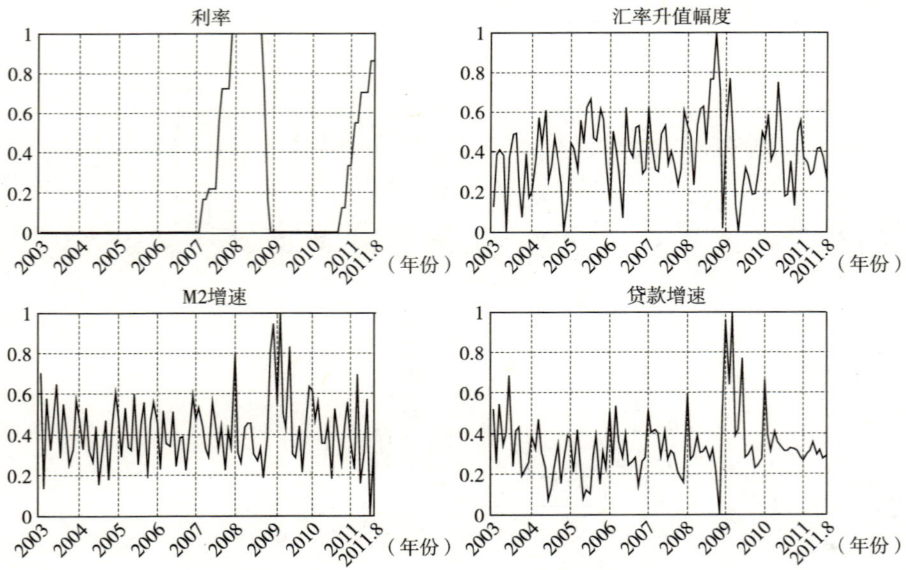

图 4-18 三级指标（1）

资料来源：Wind 资讯。资料来源：Wind 资讯。

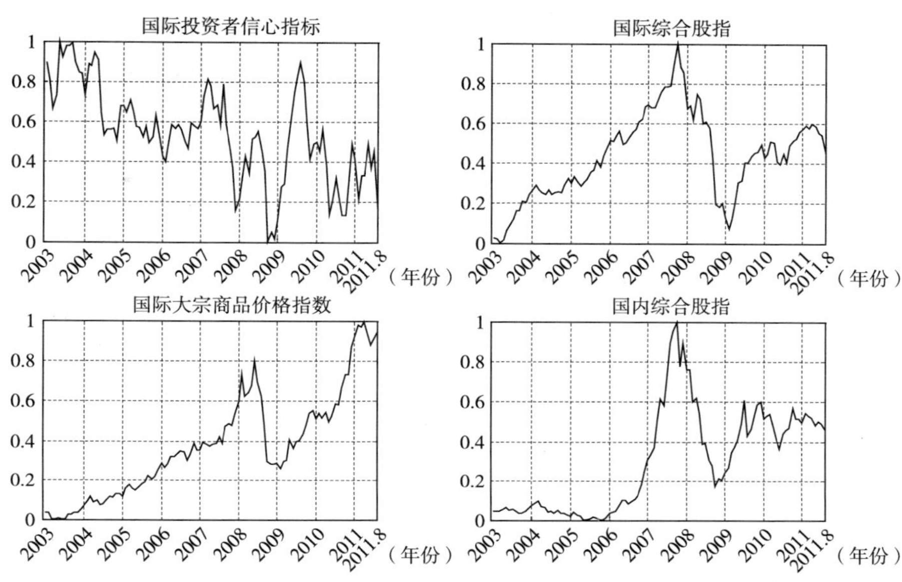

图 4－19　三级指标（2）

资料来源：Wind 资讯。

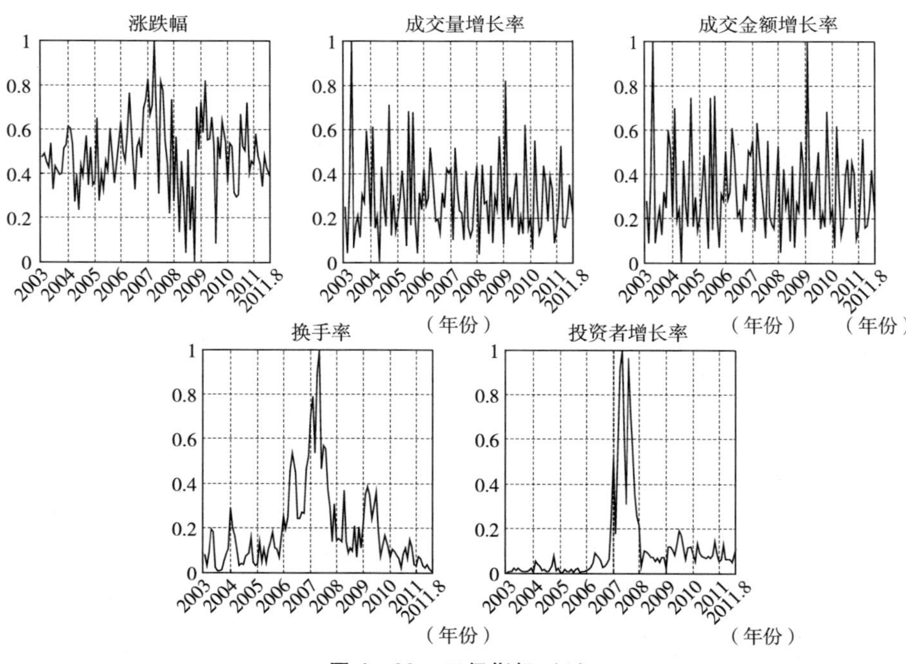

图 4－20　三级指标（3）

资料来源：Wind 资讯。

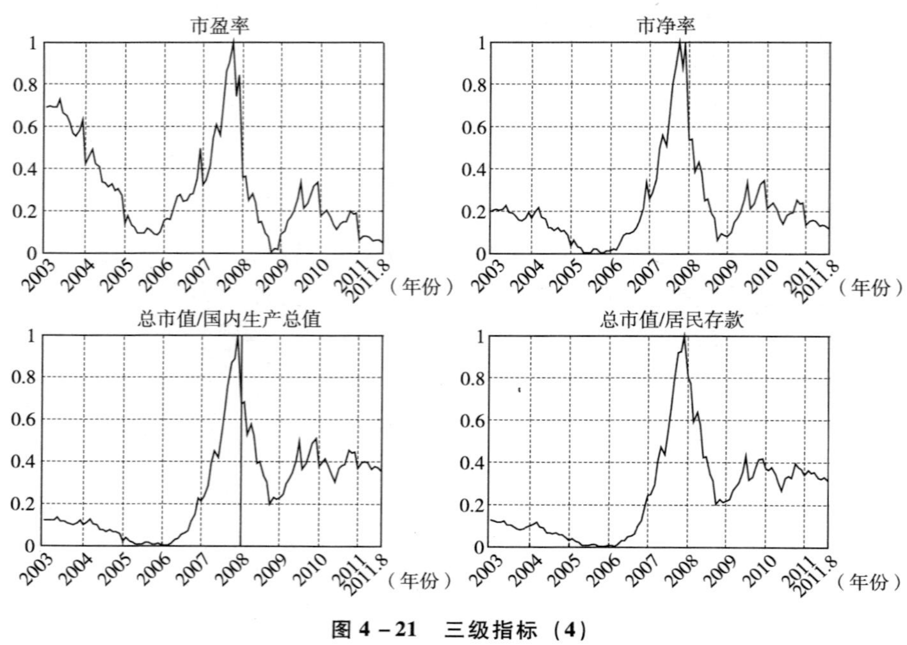

图 4－21 三级指标（4）

资料来源：Wind 资讯。

第四节 货币政策应关注股票价格波动的几点建议

货币政策作为两大宏观经济政策之一，在国民经济中占有举足轻重的地位，货币政策是通过何种途径传导到股票市场、有何影响，并且货币政策是否应该关注股市、是否应该将股市的稳定发展作为目标之一，一直是理论界争论的热点。随着我国股市的不断发展，货币政策对股市泡沫是否应该关注、如何关注也逐渐为人们所重视。在货币政策是否应干预股市泡沫的问题上，Greenspan（1999）提出，想通过市场干预来戳破泡沫，有个根本性的问题不能解决，那就是你必须比市场本身更了解市场，然而泡沫一般只在事实出现后才是可观察的。要想提前发觉泡沫，就需要判断成千上万信息灵通的投资者是否全错了，但与市场打赌的结果是靠不住的。所有这些导致的结论就是货币政策最好主要关注一般商品和服务价格的稳定性，将其作为最值得信任的举措，以达到可持续的经济增长。Bernanke 和 Gertler（2000）指出，主流经济学的理论范式认为资本市场是有效的，不应该受到管制，资产价格的波动仅仅反映经济的基本面变化。在这样的情况下，货币政策当局没有理由干预资产价格的波动，资产价格在政策中的作用仅仅体现在它是经济运行状态“晴雨表”上。但是当下面两个条件都满足时，资产价格在货币政策中的重要性就会上升：第一，存在着非基本面因素推动资产价格的波动；第二，与基本面无关的资产价格波动对真实经济有着潜在的显著影响。如果上述两个条件得到满足，那么资产价格波动就在某种程度上成为经济不稳定的独立因素，货币政策对此当然不能视而不见。而 Bordo 和 Jeanne（2002）通过建立一个标准化的新凯恩斯主义动态模型，得出的结论是货币当局应当在资产价格上升阶段采取预先防范的货币政策，适当限制国内私人信贷，以避免资产价格暴涨后暴跌带来的金融危机，而不是目前许多央行采取的反应性的货币政策。Goodhart（2001）则试图构造出一种广义价格指数，即将商品、服务价格与股票、房地产等金融资产价格整合在一起的统一指数，然后将这种广义价格指数作为央行唯一的政策指标。

一 金融资产价格尚未成为我国货币政策的重要经济变量

秦艳梅、黄东石（2008）通过实证分析金融资产价格是否已经成为我国央行制定货币政策的重要经济变量。文章结合 F-O 模型（Feltham & Ohlson，1995，基于账面价值和未来收益的内在投资价值模型）对市场的相对泡沫度进行测量，进而使其成为扩展的泰勒规则的重要参数。结果表明，金融资产价格尚未成为我国货币当局制定货币政策的重要经济变量。但是，随着我国资本市场的逐步扩容以及股权分置改革的全部完成，上述情况肯定会有所改变。杨继红、王浣尘（2006）针对我国的实际情况，对泰勒规则进行了扩展，用货币供应量代替利率，同时在规则中引入股市泡沫，用以探讨货币政策是否对股市泡沫进行响应。结果表明，我国的货币政策未将股市泡沫作为重要参考因素，中央银行对 1996～2005 年期间股市泡沫的急剧膨胀及随后的泡沫破裂，都采取了容忍和观望的态度。

股票价格是货币供给与流动的重要渠道和影响因素。刘澜飚、马英（2004）在货币供给内在机制的分析框架下，研究了股票价格水平波动对货币供给的影响，认为股票价格是货币供给与流动的重要渠道和影响因素。它的变动是经济社会货币流与人们预期变动的综合体现，同时股票价格的变动又通过影响货币流和人们的预期，成为影响社会总收入的重要变量。修正后的 Dalziel 模型结果表明，股票价格起到了调整货币市场和股票市场均衡的作用，形成了对利率的替代。文章就股票价格对存量货币的调节以及对信用货币增量的贡献进行深入研究。于长秋（2005）在介绍标准的 C-CAPM 模型及 M-CAPM 模型基础上，从随机贴现因子、时期效用函数、参数的 GMM 估计、设定检验和定价误差检验等方面对 C-CAPM 模型与 M-CAPM 模型进行对比分析。分析结果表明，M-CAPM 模型优于 C-CAPM 模型，货币在股票等资产定价中发挥着重要的作用，是股票等资产价格波动的一个重要因素。向楠（2008）分析了近年来中国经济出现流动性过剩问题，中国股市价格指数不断创出新高，国家多次运用财政政策和货币政策对宏观经济进行调控，对股价指数影响较大的因素有：财政政策工具印花税、货币政策工具实际利率、货币政策中介变量、货币供给量。文章通过建立这些变量模型，发现股价指数与印花税呈正相关，与货币供给量呈负相关，实际利率对股价指数影响不显著，而且股价指数与印花税、货币供给量不存在稳定的协整关系。

二　政府层面仅限于关注态度

2004 年 11 月，中国人民银行行长周小川在接受《财经》杂志采访时曾表示，资本市场并非中央银行进行货币政策调整的主要参考因素（胡舒立、张继伟，2004）。周小川指出，从当前上市公司所属行业、总市值、新增筹资的规模等指标来看，中国资本市场对宏观经济的代表性还不够高，资本市场的起落同宏观经济的联动关系也不是那么紧密。另外，资本市场有自身的规律，一些历史包袱和内在问题还需要解决。

货币政策的调整当然要考虑资本市场，但鉴于上述原因，当前在政策制定中，宏观经济层面的因素会考虑得更多些。中国人民银行副行长易纲在一次专访时曾谈道："货币政策是关注资产价格的。但是货币政策调控的决定或者说调控的主要依据应当是以我们的货币政策为目标，也就是说以保持币值稳定为依据的。对资产价格只是关注。也只到关注这个程度。"谢平（2000）认为，货币政策过多地顾及证券市场不仅丧失了货币政策的独立性，而且会影响正常市场秩序的建立，中央银行绝不能以股票价格指数作为决策的参照指标，货币政策对股票市场的作用应该是中性的。如果货币政策意在刺激股票市场，就会造成道德风险问题，使货币政策和证券市场都受到损害。

三 学者层面的不同态度

1. 应该干预

于长秋（2006）在阐述中国的股票价格波动情况及成因的基础上，分析中国股票价格的信息功能，并对中国的股票价格与各层次货币供应量进行协整和 Granger 因果检验。结果表明，从总体上看，中国的股票价格在 1995 年之后，具备一定的信息功能；股票价格与各层次货币供应量之间存在协整、因果关系。在 Granger 意义上，货币供应量与股票价格互为因果关系，相互影响，形成一个复杂的循环。即一方面，货币供应量的变化会引致股市走势的变化；另一方面，股市走势的变化也会引起货币供应量的变化。这表明货币政策与股市之间存在一定的互动关系。文章采用同业拆借利率，运用 IS-PC-AP 模型，采用 GMM 法估计出中国包含股票价格因素的货币政策反应函数，结果表明股票价格因素已经包含在货币政策反应函数之内。由此，货币当局应对股票价格波动作出反应。马改云（2008）建立了股票价格与经济波动之间的相互关联模型，并在此基础上构建了货币政策对股票价格反应模型。文章采用向量自回归修正模型、协整关系检验和 Granger 因果关系检验等计量学工具对模型的结论进行实证检验分析，并进一步探讨了股票价格、经济波动与货币政策三者之间的内在关联机制。结果表明，股票价格与经济波动之间存在着长期稳定的协整关系，两者相互影响。所以，股票价格应该进入货币政策最终目标函数的解释变量范畴。米传民、刘思峰、党耀国（2004）根据灰色系统的特点，以灰色系统中的灰色关联度作为研究工具，研究货币政策和股票价格之间的相关关系。实证结果表明，在我国证券市场上货币政策变量尤其是 M0 和银行间同业拆借利率对股价指数的影响较大。这说明，近年来，随着资本市场和货币市场的不断发展和完善，我国中央银行所控制的货币政策与股票市场价格之间具有较强的相关关系。中央银行作为宏观经济调控的重要部门，特别是货币政策制定和决策的金融当局，应密切关注股市变动。健全中央银行宏观金融政策调控机制，灵活多样地调控货币和证券市场，以促使两者协调地发展，保证金融系统的稳定和国民经济的发展。于长秋（2004）分析了在资本市场发展及股票等金融资产急剧膨胀的情况下，股票价格波动对中央银行货币政策最终目标、中间目标、工具、传导机制及外部环境的挑战，得出货币政策必须与时俱进，中央银行在制定货币政策时应关注股票价格波动的结论。虞红宾（2005）指出，中央银行货币政策决策必须考虑防范股市泡沫风险，关注股票市场价格波动，正确处理信贷资金进入股市问题，建立对股市泡沫风险预测模型和预警机制，运用公开市场操作和利率调节为主的政策工具控制泡沫风险，规范货币市场与资本市场的联系，减少违规操作的泡沫风险。吕珊娟（2005）通过分析货币政策对股市的传导机制，并分析了央行对待股市泡沫的五种观点，得出货币政策应当关注股市泡沫的结论。文章认为，随着股票市场规模的扩大、品种的丰富、结构的优化、功能的发挥，股票市场对经济的影响会越来越大，因此，应该将以股票价格为代表的金融资产价格纳入货币政策的视野，作为辅助的监测指标，建立相关的预测模型和监控指标体系，并根据市场走向和股市泡沫的变化作出相应的判断，进而实施必要的调控行动。段进、曾令华、朱静平（2007）通过实证研究发现，我国货币供给量对股票价格的影响力度较小且影响的方向不确定，而利率对股票价格的影响力度相对较大且是单一的负向影响，不过两者均不是股票价格的格兰杰原因。当前我国货币政策不具备调控股票价格的能力，我国应该注重培育“运用货币政策工具来影响股票价格”的能力，并密切关注股票价格波动。同时，我国要加快利率市场化步伐，合理运用证券市场信用控制，完善股票质押贷款管理办法，运用窗口指导，将股票价格作为辅助监测指标。

2. 不应干预

吴作斌、赵晓梅（2004）认为，始于2001年的下跌是一种泡沫破裂后价格本身价值的回归，这种回归是理性的，不应干预，并且我国应采取一系列措施，避免股市再次泡沫泛滥，以保证股市的健康发展。蔡辉明、曹文娟（2008）从货币政策传导机制的角度，结合其在我国的实际运行情况，分析了我国股票市场泡沫产生的原理，并结合当前央行应对资产泡沫所采取相应的货币政策，分析了货币政策干预对股市泡沫的影响，并进一步论述我国的货币政策不应干预股市泡沫。文章认为，在完善、有效的资本市场中，资产价格的变化反映了基础经济状况的变化，因而常常被人们称为宏观经济的“晴雨表”，即通过股价的变化能反映出未来经济运行的状况。但根据不少学者的研究，我国股票市场综合指数与实际GDP的关联度弱，股票市场上普遍存在的监管不力、投资者的非理性行为（如羊群行为、过度乐观和短期行为等）等非基础性因素的影响在我国尤其突出，加上我国股票市场自身不完善，“政策市”“投机市”明显，在我国通过货币政策来干预股票价格的难度相当大，效果也并不明显。因此，目前我国还不宜用货币政策来干预股市泡沫，货币政策的目标仍然应该定位在保持物价的稳定上，货币政策对于股票价格没有直接的作用，盲目地用货币政策来干预只会导致股票价格进一步膨胀。

3. 应该关注

李鹏、张磊（2004）认为，在信息比较完全、投资者对股票要求较低风险补偿的条件下，货币政策可以通过调整利率对股市泡沫进行有效干预。但是，目前我国存在的股市效率低下、信息不对称现象，使传统的货币政策很难对股市作出有效干预。文章指出，伴随着全球经济与股市发展，股价波动日益成为影响宏观经济稳定的重要因素。尤其是近些年来诸多国家股市泡沫破灭带来的金融与经济危机引起了经济学家的广泛关注，许多学者也针对货币政策对股市泡沫干预这一课题展开了深入探讨。如果货币政策应该对股市泡沫作出反应，那么这种干预是否有效呢？Bernanke 和 Gertler（1999）在一个新凯恩斯主义框架内进行了一个模拟试验，认为除非资产价格变动可以改变人们的通货膨胀预期，否则将难以对股市泡沫作出有效反应。而 Cecchetti（2000）的研究认为货币政策可以对股市泡沫进行有效干预。国内学者中翟强、易刚也分别在凯恩斯宏观经济框架基础上对该问题进行了分析，得出了货币政策应该作出适应调整而对股市泡沫作出反应或至少应该关注的结论。冯用富（2003）在考虑中国股市特定约束条件的前提下得出货币政策干预股市无效的结论。总的来看，国内对我国货币政策有效性的研究往往缺乏对我国股市与经济约束条件的考虑，或把货币政策局限在一个比较小的范围内来探讨我国货币政策能否对股市泡沫作出有效反应。

4. 由政策组合效果决定

陆维新（2009）使用 1998 年 1 月到 2009 年 9 月的月度数据分析了通货膨胀预期和货币政策对股票价格的影响。研究结果表明，我国的股票价格和通货膨胀之间具有微弱的负相关，通货膨胀预期并不会推高股票价格；相反，未预期的通货膨胀才会推高股票价格。股票市场对货币政策的反应是不一致的：股票价格会对预期利率的改变和未预期广义货币供应量的改变作出积极的反应。因而，中央银行在使用货币政策干预股票市场的运行时，需要考虑不同货币政策的效果是不一致的。廖旗平（2006）实证分析表明，股市泡沫与股权分置有较密切的关系，进行股权分置改革有利于股市泡沫的降低，但不能从根源上治理股市泡沫，防止股市泡沫的发生还需要从宏观和微观综合治理才能达到目的。

四　货币政策应关注股票价格波动的几点建议

1. 货币政策应关注股票价格波动

央行长期以来以 CPI 目标为货币政策取向，并没有把资产价格作为政策目标。但是，随着以股票市场为核心的资本市场在我国经济体系中作用显著增强，中国股票价格与宏观经济的相关性逐步增强。股价的波动具有财富效应，能够带来消费效应和投资效应，可以影响社会的商品需求和货币需求，并且股价波动本身也蕴涵相关的经济运行信息。因此，股价波动会对实体经济运行情况产生影响，股票价格作为宏观经济的先行指标和“晴雨表”，已经成为影响货币政策的重要外部因素之一。

可见，央行的货币政策应当关注股票价格波动，并把其纳入影响决策的因素范畴。特别是当资产价格变动改变了人们的通货膨胀预期时，央行应对股市泡沫作出有效反应，也就是说，货币政策可以对股市泡沫进行有效干预。为此，央行应进一步疏通货币传导机制，改善货币市场与资本市场分割状况，让货币政策走向市场化，保证股票市场的健康发展。

2. 建立预警指标体系

股市泡沫无法预测和度量，泡沫的破裂也无法预期，这是认为货币政策不应考虑资产价格波动的主要原因之一。因此，寻找可以预警泡沫程度的指标显得更有实际意义，通过建立完善的股票价格波动预警指标体系对股票价格波动进行测度，对股市泡沫程度发出预警，及时调整货币政策，防范泡沫的形成与破裂。本研究所开创的股票价格波动预警指数，综合考虑了宏观金融影响因素、泡沫因素、投机因素和国际市场影响因素，体系完善，预警效果突出，可以作为股票价格波动预警的重要参考指标。

3. 深化利率市场化改革

利率是影响股票价格的重要原因。在利率自由化的环境中，持续上涨的股价将加大货币市场上资金需求量，从而带动利率升高，加大投资成本，抑制投资欲望，这种情况下，货币政策是可以通过调整利率对股市泡沫进行有效干预的。与发达国家资本市场相比，“中国资本市场还很不成熟”，利率还没有完全市场化，利率受到管制无法自动提高，不能起到阻止资金持续流入股市进而抑制泡沫的作用。也就是说，在利率没有完全市场化之前，传统的货币政策很难对股市作出有效干预。

国际上，美联储、英格兰银行和加拿大银行等利率市场化程度高的国家，将泰勒规则作为货币政策的理论依据，即通过改变名义短期利率来稳定产出与价格，把利率作为货币政策的中介目标。但是，当前我国的利率市场化程度低、管制较为严格，利率形成机制尚不完善，因此，不能将利率作为货币政策中介目标，而只是以货币供应量作为货币政策的中介目标。但是，由于货币供应量的目标值无法实现，其测量口径引起许多争议，而且货币供应量的变动与物价、经济增长率的变动趋势也出现了不一致，即货币供应量在指标可控性、可测性和与最终目标关联度上，都不令人满意，货币供应量是否适宜作为我国货币政策的中介目标仍存在诸多争议。鉴于国际通用的货币政策规则和成功经验，我国利率市场化改革逐步提上日程。

这就要求加快利率市场化改革的步伐，把利率市场化作为深化我国金融改革的重要组成部分，建立以市场资金供求为基础，以央行基准利率为调控核心的利率体制。通过利率水平的市场调节，保持间接融资和直接融资的适当比例，促使资金流动的均衡分布，充分发挥股票市场的货币政策传导功能。通过利率市场化改革，增强泰勒规则对我国货币政策的指导性，提高利率政策的效用，减小宏观调控的代价。

4. 重点放在泡沫破灭后的治理

股市是虚拟经济，存在泡沫是正常的，但是当泡沫膨胀到一定程度时就会破灭，泡沫破裂会给国民经济带来严重的负面影响，一些国家因股市泡沫破灭引发金融危机和经济危机，日本到现在还没有完全从20世纪80年代的经济危机中恢复过来。鉴于股市泡沫破灭的危害性，央行的货币政策如何干预股市泡沫才能使宏观经济因此所付出的代价减到最低，是央行面临的最主要问题。

首先，泡沫破裂时，央行要及时救助，防止股市崩盘和冲击的进一步扩大。其次，加强对金融系统的日常监管，严格控制信贷资金入市。银行信贷资金与股票的相互结合和相互转化会带来银行资金安全性的问题，而过量的信贷资金违规进入股市，可能形成高风险的股市泡沫，加剧国民经济的波动，影响国家金融体系安全，增加货币政策的操作难度。为此，应完善股票质押贷款管理办法，对质押率、平仓线等予以弹性控制；对企业尤其是上市公司持有证券资产的数量实行比例限制，对其交易和投资收益加大征税力度；进一步推进利率市场化改革。最后，提高银行业整体的抗冲击能力，避免银行系统遭受股市泡沫带来的毁灭性冲击，隔绝股市泡沫对实体经济的负面影响。

5. 完善市场基础设施建设

防范股市泡沫，需要从根源上治理股市泡沫，完善资本市场基础设施建设有利于预防股市泡沫的形成与破裂。

有效市场假说认为，证券的市场价格能充分及时地反映全部有价值的信息，市场价格代表着证券的真实价值，参与市场的投资者有足够的理性，能够迅速对所有市场信息作出合理反应，因此，不存在非正常报酬，只能获得风险调整的平均市场报酬率。目前，中国股市并非是有效市场，证券市场信息不对称现象严重，部分投资者（特别是机构投资者）有更加广泛的信息来源，广大投资者处于信息劣势之中。具体体现在重大信息公告之前，如利率调整消息公布之前，股指大幅上涨，而公布之后，股指反而大幅下跌；还体现在上市公司为获取短期高收益，采取隐瞒公司业绩、发布虚假信息等手段欺骗投资者，而投资者无法判断这些信息的真伪，难以作出合理预期。证券市场信息不对称和超常规发展，导致非理性主体的大量存在，股票市场投机盛行，扭曲了财富再分配，恶化了市场运作机制，损害了公众对股市的信心，成为催生中国股市内在泡沫的主要原因，大大加剧了股市风险，容易诱发金融危机。

要改变这种状况，第一，加大监管力度，提高上市公司信息的透明度。充分发挥证监会等证券监管部门的职责，严格执行强制性信息披露制度，保证上市公司全面、准确、及时地披露信息，严肃查处市场操纵者和信息披露不真实的公司，杜绝内幕交易，降低系统风险。第二，维护资本市场“公开、公平、公正”的原则，对所有市场参与者一律平等对待，保护投资者的合法权益。第三，增强投资者风险意识，建立健全相应法律法规。只有在建立“法制、监管、自律、规范”的市场秩序的前提下，才能推动我国资本市场的健康发展。

6. 积极培育机构投资者

机构投资者在交易规模、投资策略以及技术方面都有着个人投资者无可比拟的专业优势。在成熟的资本市场中，机构投资者多是以获取长期稳定投资收益为目的，其投资行为对股市稳定性的影响较大。

深圳证券交易所发布的《2010 年度股票市场绩效报告》显示[①]，2010 年机构投资者持有市值稳步上升，全年机构投资者大幅增持中小板和创业板股票，中小板和创业板机构持股由 2010 年 1 月的 46.72% 和 19.94% 分别上升到 12 月底的 53.49% 和 33.07%。机构投资者持有主板股票比例也从 1 月的 54.06% 上升至 56.88%。深市 A 股主板、中小板和创业板的成交金额中机构投资者分别占了 12.92%、10.73% 和 8.45%，其中机构投资者在中小板和创业板交易份额占比有较大提高（2009 年分别为 8.29% 和 2.24%），而在主板则有所降低（2009 年为 13.35%）。机构投资者中基金所占比例最重，三个板块分别为 6.72%、5.27% 和 3.75%。目前，我国证券市场正经历新的发展时期，股改后限售股和 IPO 限售股大量解禁、二级市场流通规模持续扩大、融资融券和股指期货等新业务推出，给市场的进一步发展带来新的挑战，亟须专业机构投资者的引领。

可见，我国应积极培育机构投资者，提高我国机构投资者的业务创新、投资管理等能力，促进我国机构投资者的国际化、本土化和规范化。同时，要加强对机构投资者的监督，增强投资者的理性程度。培育机构投资者有利于重塑股市理性投资理念，有利于抑制股市过度投机，减少股价剧烈波动，特别是机构投资者之间的相互制约更将有利于资本市场的长期稳定。

---

① 2011 年 2 月 26 日《证券时报》。

第五章

房地产价格波动预警指数

国际金融危机之后，受益于“四万亿”投资的刺激，中国房地产业迅猛发展，房价上涨较快。持续增长的高房价已经引发了各界对我国房地产是否过热、是否存在泡沫等问题的热烈讨论。截至目前，虽然中央政府出台很多房地产调控政策，但这些政策并没有起到“伤筋动骨”的作用，房地产过热的现象仍然存在。尤其是 2011 年以来，中国房地产开发企业正面临中国房地产市场起步以来最为严厉的市场与政策环境，房地产行业目前正逐步进入行业洗牌与结构调整阶段，即将面临第一次真正意义上的大调整，房地产行业发展目标也将从拉动经济增长转向以关注民生为主，由发展商品性住房为主转向商品性住房和保障性住房并举发展。截至目前，国内大多数城市的房价稳中有降，但这并不意味着房价拐点已至，因为房价增速持续下滑并不能作为房价拐点出现的判断标准，拐点应当是房价完全转入下行通道，不会出现大的反弹。从当前房价走势看，房价拐点之说尚言之过早。究竟如何判断房价走势，则需要定量分析，客观判断。

第一节　国内外房地产泡沫理论基础

一　房地产泡沫概念释义

1. 房地产泡沫定义

房地产作为人类重要的不动产，其市场价格的变化更受到人们的关注。房地产泡沫是泡沫的一种，是以房地产为载体的泡沫经济，而泡沫破裂的后果就是经济危机。房地产泡沫是指由于房地产投机引起的房地产价格与价值严重背离，市场价格脱离了实际使用者支撑的情况。根据Kindleberger（2000）的研究，从17世纪至20世纪90年代初期，在全球范围内共爆发了42次相对重要的金融危机，其中有21次与房地产投机有关[①]。从1923～1926年的美国佛罗里达房地产泡沫（Property Bubbles），到20世纪90年代初期破裂的日本地价泡沫，再到2007年开始爆发的美国次贷危机，房地产泡沫困扰着各国经济政策的制定者[②]。历史总是让人觉得惊人的相似。国际金融危机后，中国房地产价格翻倍上涨，于是网上开始流传中国"房地产崩盘时间表"，它回顾日本1985～1991年房地产市场走势，发现与中国2005～2008年房地产市场走势颇为相似，最后更预言中国房地产会在2011年前后崩盘[③]。觉察到中国房地产市场危机四伏，中国政府多次出台限购政策，抑制房地产价格的过快上涨。确定中国房地产市场是否存在巨大泡沫或许是当今世界面临的最重要问题之一。从政府到民间，从经济专家到普通百姓，大家都在关注这个问题。

自1998年房改以来，中国房地产业迅速发展，房价也随之迅速上升，尤其是自2004年以来，房价上涨的速度更是前所未有。2004～2007年间，商品房销售价格分别上涨了17.8%、14.0%、6.3%和14.8%，住宅销售价格则分别上涨了18.7%、12.6%、6.2%和16.9%。尽管全球金融危机使房价在2008年末有所下降，但2009年3月以来，房价又开始反弹。高速增长的房价引起了国内关于房价是否存在泡沫的大争论。有人认为房价的高涨是由于国内城市化进程带来刚性需求的结果，不存在泡沫，也有人用一些简单的指标值与国际标准值作比较得出泡沫严重的判断。总之，对房价是

① 查理斯·P. 金德尔博格：《经济过热、经济恐慌及经济崩溃——金融危机史》，北京大学出版社，2000。

② "房地产泡沫"，百度百科，http：//baike. baidu. com/view/1119057. htm。

③ 《网传"房地产崩盘时间表"中国楼市重蹈日本覆辙?》，http：//house. ifeng. com/special/loushipaomo/allnews/detail_2010_03/28/408552_0. shtml。

否存在泡沫以及泡沫的严重程度没有一个权威的判断。因此，基于合理的经济学理论构建一个判断房价泡沫的权威指标对于认识房地产发展状况具有重要的意义。

2. 房地产泡沫的分类

（1）地理区域划分

相对于一般商品或服务而言，房地产市场具有明显的特殊性，如交易分散、产品异质性显著、地区性差别明显。譬如，我们不可能找到两个完全相同的房屋。不同的物业，就会有不同的区位、环境、结构、配套、装修。因此，房地产泡沫的测定，也往往是具有地域性的。根据地理区域差异，房地产泡沫可分为特定地区或城市的局部泡沫和全国性整体泡沫两种类型。在以往的研究中，特定地区或城市的房地产泡沫测定更为普遍些。

（2）产业链划分

从房地产价格构成看，只要是投机资金堆积的环节都有可能形成泡沫。房地产泡沫主要可分为土地价格泡沫和房价虚涨泡沫。因为房地产市场分为两层结构。一层是土地市场，土地相当于房地产商的原料，没有土地就不可能有住宅的供给。由于其稀缺性和市场需求无限性的拉动作用及土地市场投机炒作，土地价格会出现成倍甚至几十倍地飞涨。如20世纪80年代中后期日本的地产价格暴涨就是鲜明的例证。另一层是住宅市场，住宅的供给不仅仅是一手商品住宅，同时包括大量的二手房供给，但住宅与其他商品不同，其本身是可以流转的[①]。房价是与地价相联系的，地价虚涨的同时必然引起房价虚高。由于住宅属于投资品，可以起到抵抗长期负利率负面影响的作用，住宅市场价格上涨具有刚性需求，将吸引更多的投资和投机资金进入房地产市场，炒房者的大肆涌入，持续推高房价。但是由于居民实际购买力没有随房价而增长，购房者难以承受，很快就将形成明显的消费断层，由此也会形成房地产泡沫

① 邵宇、吴昊：《房子这点事：戳破泡沫还是结构调整?!》，《西南证券》，宏观研究报告，2010年2月27日。

经济。1992 年中国海南地区出现房地产泡沫就是典型的例证。

从房地产市场前后表现看，还有房屋空置泡沫、中国房地产开发投资泡沫。首先，从房屋使用情况看，如果房屋市场上商品房大面积空置，出现所谓的“鬼城”等现象，则意味着出现房屋空置泡沫。按照通用的国际经验数据，商品房空置率在 10% 以内时，供需是比较平衡的，如果超出这一限值，就会被认为是空置泡沫。其次，房地产市场供需平衡，就需要保证房地产投资增长率应与房地产消费增长率相适应。如果房地产投资过度膨胀，商品房严重滞销，造成还贷困难，连带引起金融危机时，就形成泡沫经济破灭。1997 年东南亚金融危机中的泰国就是一例。

3. 房地产泡沫的特征

一般意义上讲，房地产泡沫是房地产价格波动的一种形态，主要表现为价格的暴涨暴跌，价格震荡幅度较大，并且没有稳定的周期和频率，同时伴随着货币流动性的短期剧烈变动。从前述中国房地产泡沫与 20 多年前的日本相类似，尽管诸多专家认为中日两国在发展阶段等方面还有很大差异，中国的房地产泡沫有自己的特色，但是经济规律是共同的，在房地产泡沫方面，特征也是共同的，并不存在什么特色的差异。具体来说，房地产泡沫的共同特征具有以下几个方面①。

（1）全社会流动性资本爆炒地皮和商品住宅，致使土地和住宅价格脱离实际需求

20 世纪 80 年代的日本和当今的中国比较类似，土地价格不断飙升，“地王”现象频现，土地作为抵押品的估价都明显偏高。加上银行系统的流动性泛滥，使得大量资本投入房地产领域，再加上政府对土地财政的依赖，加剧土地价格和房地产价格持续上涨。同期，大量金融机构大规模放贷，居民房地产信贷规模不断增长，看涨的市场情绪助推房地产开发商囤积土地，而政府限制贷款和土地供应的措施，更是人为制造供应短缺，加剧土地的升值空间。

---

① 倪金节：《中国大泡沫》，中信出版社，2010。

(2) 房地产价格超过居民收入水平，但是刚性需求仍然支撑房市

高地价对高房价形成支撑，促使房价逐渐脱离居民实际购买能力。但在儒家文化影响下，“居者有其屋”的思想比较严重，致使房地产需求呈现刚性特征，再加上政府对土地的所有权限制，致使土地供应偏紧，刚性需求对地价和房价起到支撑作用。

(3) 房地产持有税负较低，具有较强的投资品属性

政府对房地产市场的征税主要侧重于交易环节，而在持有环节并没有什么税负，在高通胀环境下，促使很多居民把住宅作为投资品，房地产的保值增值属性，加速社会资金流入，增加了市场投机氛围，使得房屋空置率大幅提高。

(4) 低廉的资金成本，促使房地产贷款超常增长

较低的基准利率，使得资金使用成本较为低廉，造成信贷规模增加，并主要流向利润率较高的房地产领域。在房地产开发过程中，商业银行贷款资金起到推波助澜的作用，无论是房地产开发贷款还是购房贷款都呈现超常发展状况。

(5) 宏观调控重点在物价，资产价格调控难度较大

政府对稳定物价的调控手段，主要使用了紧缩的货币政策，而这对于资产价格的调控作用有限。特别是在城市化和投资资本的作用下，房地产具有吸纳资金量大的特性，资产价格单边升值的固有周期较长，这促使短期政策难以奏效。政府在制定宏观调控政策时，往往会忽视对资产价格的政策调整，习惯房市的非理性繁荣。

4. 房地产泡沫的影响

房地产泡沫的存在意味着投资于房地产有更高的投资回报率。在泡沫膨胀期间，大量的资金集聚房地产行业，投机活动猖獗，房价会持续上涨，给人们以只涨不跌的心理预期。然而一旦房地产泡沫破灭，不仅导致经济和社会结构的失衡，而且极易带来金融危机、生产和消费危机以及政治和社会危机[①]。由于房地产市场与实体经济的关联度更高，因

① 李延喜：《次贷危机与房地产泡沫》，中国经济出版社，2008。

而房地产市场泡沫破裂给国民经济和居民生活损害较大。一是影响居民生活，制约消费扩大。高房价具有挤出效应，使大多数购房者背上沉重的债务负担，影响其日常生活和消费行为，已成为制约扩大消费的最大阻力。二是导致相关产业发展失衡，影响经济增长的可持续性。高房价使产业资本投资其他产业收益率下降，迫使其投向利润高、技术门槛低的房地产业，或者直接将资本投入楼市，进一步使房地产泡沫堆积。三是引发银行不良债务风险加大。中国房地产开发资金构成存在企业自有资金不足、过分依靠银行贷款的问题，房地产市场的绝大部分风险集聚在金融机构身上。目前，全国房地产业对银行贷款依赖水平在50%左右，而部分大型城市的依赖程度已高于80%。银行风险与房价上涨成正比例增加，一旦房价较大幅度下降，房地产引发的金融危机不可避免。

二　国内外房地产泡沫检验理论

资产价格泡沫主要指资产价格对其基本价值的持续性偏离。资产价格泡沫的存在性，即究竟价格偏离到什么程度才算出现价格泡沫。对于房地产泡沫的存在而言，国内外学者围绕这一问题作了多方面探究，并得出一些比较合理的测评结论。重点来说，国内外的研究主要聚集在基础价格的合理估算和评估指标的选取上，不同估值方法可能得出的结论也不尽相同，但在一些反映泡沫化程度的共识指标上，还是有一定经验性的合理判断。纵观研究房价泡沫的文献，根据使用指标的个数可以分为单变量模型和多变量模型。单变量模型是指仅仅用一个指标来判断房地产是否存在泡沫，多变量模型则在判断中综合了多个变量的影响。

(1) 单变量模型

①最简单的单变量判断方法即先利用实际数据计算出指标的值，并将其与预先设定的标准值（一般作者是根据国际经验得到的）进行比较，如果实际值高出标准值很多，便认为房价存在泡沫。在这个方法中，房价收入比是经常被用到的指标。如上海易居房地产研究院（2009）计算出我国2009年房价收入比达8.03，2010年全国房价收入

比为7.76，其中上海为15.4，鉴于国际惯例中3~6倍为正常水平，由此判断我国房地产泡沫非常严重。判断房地产泡沫的指标中，租售比也常常被用到。如牛凤瑞、李景国（2007，2008）计算出我国部分大城市中心城区的租售比达1：270至1：400，超过正常收入比，并由此判断房价虚高倾向明显。此外，赵永芳（2003）分别用房地产贷款增长率/贷款总额增长率、房地产价格增长率/GDP增长率等指标考察我国房地产泡沫。空置率和空置量两个指标是刘治松（2003）、蔺涛和戚少成（1999）用来考察房产泡沫的主要依据。王浩（2008）用房产投资在GDP中的比重、房价指数与商品零售物价指数之比等指标对房地产泡沫进行了判断。但这种过于简单的方法常常受到诟病。如Schiller（2006）认为作为普通商品，房屋的需求会随着收入上升而上升，但这并不意味着房价和收入之间会存在着固定的比例关系。如果随着房屋需求的增加，房屋能及时补充，那么收入上升引起的需求增加并不一定导致房屋价格上升。只有当房屋供给量不能随着需求上升而增加时，房价和收入才保持一定的比例。而现实中房屋的供给常常处于上述两种极端情况之间。根据美国历史数据，Schiller也发现了房价和收入比并不存在规律性的关系。吕江林（2010）认为，由于数据统计和国内人对住房消费习惯等原因，租售比不能判断我国住房市场泡沫的程度。

②另一类判断房价泡沫的文献尽管只有一个变量，方法却要复杂得多。如Case和Shiller（1989）用加权重复销售方法（Weighted Repeat Sales Method，WRS）构建的衡量美国独栋别墅价格指数中用到的变量只有价格，但得到这个指数需要三个步骤：首先，用二次出售价格（second price sale）的对数减去第一次出售价格的对数作为因变量，对一组虚拟变量进行回归。虚拟变量的取值遵循以下规则，在没有销售的季度取值为0，第一次销售的季度取值为-1，第二次销售的季度取值为+1；第二步，将从第一步计算得到的残差的平方对常数项和销售发生的时间进行加权回归；最后是重复第一步的工作，但是因变量为第二步的拟合值。从第三个步骤中得到的斜率即为价格指数。利用这个方法，他们分别对美国亚特兰大、芝加哥、达拉斯和旧金山等地的房价进

行了判断。Glindro 和 Delloro（2010）也仅仅利用房价这一个变量来判断房价中的泡沫因素。他们认为除由资产价格处理基础变量决定外，还由周期性和泡沫性因素决定，所以其本身就包含了有关基础变量、短期摩擦和泡沫的所有信息，利用 Kalman Filtering 过滤的方法他们将房价分为基础变量决定、周期性因素的影响和泡沫三个部分。此外，Taipalus（2006）考虑到股票市场上红利和房地产市场上的租金价格具有相似的性质，类比利用股票红利单位根检验来确定股票泡沫的思路，他用扩大的 Dickey – Fuller 检验来看租金价格比是否存在单位根，从而判断房地产市场是否存在泡沫。

（2）多变量模型

①多变量模型中判断房价泡沫的一个思路是先计算由基本变量决定的房价，然后再将其与实际房价进行对比。但是对于决定房价的基本变量，不同的学者有不同的看法。Abraham 和 Hendershott（1993）在 Capozza 和 Helsley[①] 基本住房模型基础上，将住房长期均衡价格与真实建筑成本、工作年龄人群的人均收入、就业率和真实税后利率联系起来，数据估计的结果显示，真实收入和税后利率的变化能解释房屋价格升值的一半。IMF（2003、2004、2005）也认为决定房价的基本变量只有真实可支配收入和真实利率；Barrell、Kirby、Riley（2004）认为，除了真实可支配收入和真实利率外，还有短期名义利率；Capozza、Hendershott 和 Mack（2004）在检验了 62 个大城市从 1979 年到 1995 年房地产市场价格调整决定因素中，考察了城市规模、建筑成本、预期人口增长率、占有房屋的使用价值和对房地产市场发展进行管制等因素；Cameron、Muellbauer、Murphy（2006）则考虑得更加系统和全面，他们将真实房价对数之差与滞后一期房屋价格对数、地区家庭可支配非财产性收入、房屋存量、贷款条件指数、贷款条件指数与经过抵押贷款利率调整的名义税率之积、抵押贷款的对数、抵押贷款的违约率和占有率、工作年龄、

① D. R. Capozza and R. Helsley, The fundamentals of urban growth and the price of land, *Journal of Urban Economics*, 1989, 26, 295 – 306, 1990.

人口与房屋存量等变量联系起来，并利用英国地区的面板数据论证了这些变量对房屋价格变化的重要影响。

②另一个思路是比较拥有住房的成本与租金来对房价是否存在泡沫进行判断，Himmelberg、Mayer、Sinai（2005）清楚地解释了这一方法中用到的变量和背后的经济学理论。他们认为房屋所有者因为拥有房屋每年所需的成本由六个部分组成：第一个部分是由于拥有房屋而丧失投资于其他资产可以获得的利息，这个部分是由房屋价格与无风险利率的乘积所得到的，$P_t r_t^{rf}$；第二部分是一年的财产税成本，是房屋价格与财产税率的乘积，$P_t \omega_t$；第三部分作为抵扣项，是抵押贷款利率和该利率作为财产可以获得的联邦收入税抵扣，$P_t \tau_t (r_t^m + \omega_t)$；第四部分是维持成本，用房屋价值的一定比例来表示，$P_t \delta_t$；第五部分是在一年内预期的资本收益（或损失），$P_t g_{t+1}$；第六部分是因为购买房屋而必须被补偿的比租赁更高风险升水，$P_t \gamma_t$。在住房市场均衡时，拥有房屋的成本应该等于租房的价格。根据这一条件，可以有 $R_t = P_t u_t$，其中，$u_t = r_t^{rf} + \omega_t - \tau_t (r_t^m + \omega_t) + \delta_t - g_{t+1} + \gamma_t$ 为房屋的使用成本。这样，可以将房屋使用成本与租金价格联系起来。如果使用成本高于租金价格，那么根据均衡条件可以判断房价过高。根据这一方法，他们发现美国 46 个大城市的房价在 2004 年基本合理。

③多变量分析中的第三个思路是构建预警指标体系。这种方法不仅能判断泡沫是否存在，还能确定房价泡沫的程度，但这种方法在操作上遇到的困难在于，如何令人信服地确认这些指标或至少其中某个指标的正常值或区间。国内学者对这个方法讨论得比较多。

丰雷、朱勇和谢经荣（2002）将衡量房地产泡沫的指标体系分为预示性指标、指示性指标和滞后指标三类。其中预示性指标包括房地产贷款增长率/贷款总额增长率、货币供给、价格指数等；指示性指标包括地价增长率/GDP 增长率、房价/家庭平均收入；滞后型指标他们选择了地价总额/GDP。根据这些指标，他们用两种方法来判断房地产的泡沫。第一种方法是先根据历史或国际数据设定各指标的临界值，然后与实际值进行比较得到信号值。如果实际值超过了临界值则信号值为 1，低于临界值则信号值为 0。最后以各指标的权重为权数对信号值进行加权求和，根据和的值以 0.4、0.7 和 0.85 为界可以将泡沫划分为警戒级、危险级和高度危险级。第二种方法与第一种方法类似，只是信号值不再只取 0、1 两个值，而是分为 4 个区段，分别以 0、1、2、3 为界分为安全、警戒、危险、高度危险，然后根据各指标的权重对信号值进行加权求和得到总的指数。当总指数为 0 时，表示不存在泡沫或泡沫处于安全区；当总指数处于 0～1 之间时，表示泡沫处于警戒区；当总指数处于 1～2 之间时，表示泡沫处于危险区；当总指数落在 2～3 的区间时，表示泡沫处于严重危险区。

李维哲、曲波（2002）将房地产泡沫的预警指标分为生产类指标（包括房地产投资占固定资产投资的比重、房地产投资增长率、土地与楼宇供应量增长率和房地产投资收益率），交易类指标（包括商品房销售面积增长率、商品房销售额增长率、土地转手率），消费类指标（包括商品房价格增长率、地价增长率和房价增长率/家庭平均收入），金融类指标（包括货币供给量增长率、房地产贷款增长率、股价指数、楼宇按揭利率和中长期贷款利率）。根据这些指标，他们用功效系数法计算泡沫的综合测度系数。根据他们的论述，功效系数法的计算公式为：

$$Y_i = \frac{X_i - X_i^a}{X_i^A - X_i^a} \times 40 + 60 \text{，或 } Y_i = 100 - \frac{X_i - X_i^a}{X_i^A - X_i^a} \times 40$$

其中 Y_i 为对应于 X_i 的评分数值（功效系数），X_i 为第 i 个预警指标的实际观测值，X_i^a 为第 i 个预警指标的不允许值，X_i^A 为第 i 个预警指标的满意值。某个预警指标的不允许值和满意值都是根据历史数据或其他国家的数据进行确定的，根据层次分析法或主成分分析法确定功效系数的权重 W_i 后，再计算综合预警系数

$$K = \sum_{i=1}^{n} Y_i W_i$$

判断地产泡沫的依据是 K 值越小，地产泡沫越严重。

宋忠敏（2004）根据综合性、代表性、独立性、可操作性和可比性原则，基于泡沫的特性，将反映泡沫的指标分为供给类指标、需求类指标和投机价值类指标。其中，供给类指标包括：房地产投资占 GDP 的

比重、房地产投资增长率与GDP增长率之比、房地产贷款占全部贷款的比重、房地产贷款增长率与全部贷款增长率之比、房地产空置率。需求指标包括房地产价格的增长率与居民收入增长率之比，房地产价格增长率与GDP增长率之比、房价收入比。投机价值指标仅包括租售比一个指标。分别以0、1、2、3为临界分为低谷区、安全区、警戒区、危险区和严重危险区，然后根据以下原则计算单项指标指数：当实际值落在安全区、警戒区和危险区时，单项指标指数 = 区域低限指数值 + （指标实际值 - 低限标准值）/（高限标准值 - 低限标准值）；当实际值落在低谷区和严重危险区时，单项指标指数 = （指标实际值 - 标准值）/标准值。泡沫度为单项指数与其权重的乘积之和。

三 国内外房地产泡沫检验方法

根据国内外学者的研究，房地产泡沫检验与测度的方法主要有理论价格法、指标指示法、统计检验法和空置率修正法。其中，前三种方法都是对房地产泡沫的静态均衡分析。

理论价格法是通过建立数学模型来估算房地产真实价值，并将其与市场价格进行比对，如果市场价格远高于真实价值，就意味着存在房地产泡沫；反之亦然。

指标指示法是运用一些反应房地产市场健康状况的先行或同步指标，根据经验分析对房地产市场是否存在泡沫作出预警判断。

统计检验法是利用计量统计学方法（如时间序列法）对房地产价格的周期性变化进行统计检验分析，利用房地产价格波动平稳时期的历史数据寻找到房地产价格的统计规律，以此判断房地产价格不规律变化时房地产泡沫存在的状况。

空置率修正法是首先计算出反映市场供求差异的物业空置率，并以此为基础，根据宏观经济状况、房地产业状况和市场交易状况加以修正，并按照修正结果估算房地产泡沫的数值。

指标指示法和统计检验法属于间接测度，仅能对房地产泡沫的存在性进行分析，至于泡沫的大小不能分辨。模型法虽然可以通过房地产现实价格相对基础价格的偏离计算出房地产泡沫的大小，但是不能预测房地产泡沫发生发展的趋势。

1. 统计检验法

统计检验法在国外的文献中经常见到。利用统计分析工具作检验，需要有假设前提，首先是房地产价格波动要有规律性，短期不能太剧烈；其次是要有足够长的数据支撑，即要进行大样本的统计。其实质是适用计量统计工具对房地产价格的变动情况作出统计分析，以期发现其中的变化规律。根据检验的标准不同，统计检验法可分为方差上限检验和游程或粗尾检验两种。

——方差上限检验法。Blanchard 和 Watson（1982）认为，经济泡沫的出现会增加价格 p 的方差，会减弱价格 p 与市场基础的决定因素 X 的相关关系。在不存在经济泡沫的零假设下，给定某些条件，就可以求出价格方差的上限。当经济泡沫出现时，这个上界条件会受到破坏。

——游程或粗尾检验法。Blanchard 和 Watson（1982）讨论了价格 p 的更新值（超额收益）的分布。如果存在经济泡沫，并且经济泡沫会在某个时期破灭，那么在经济泡沫存续期间，经济泡沫更新值为同号；当破裂开始时，变为异号，这样经济泡沫更新值的游程会比纯随机序列的要长，从而会使样本的总游程数变小。经济泡沫成长期间，会产生小的正的超额收益，但随之而来的是会在某个时刻经济泡沫破裂，产生大的负超额收益，这类经济泡沫的更新值的分布会成尖峰或粗尾分布，因此价格更新值的较大峰度系数可能意味着存在经济泡沫。但游程检验与粗尾检验方法的效果不佳。因为经济泡沫游程数并不必然小于随机变量序列的游程数；另外，市场基础价值的分布也可能呈峰态。

由于我国房地产市场化时间较短，从 1998 年住房制度改革开始算起，至今不过 10 余年时间，可供计量检验的样本数据很少，很难寻找可靠的统计规律。目前来说，在我国房地产市场并没有完全市场化的情况下，房地产价格受政府干预的比较多，因而这种方法在我国应用并不合适。

2. 理论价格法

房地产市场开发是否存在泡沫，最直接的验证方式就是通过计算出房地产的基础价格，把它与现实价格进行比较。于是，理论价格法被誉为最符合房地产泡沫定义的判别方法。根据推算房地产理论价格的思路不同，可以分为两类。一是基于收益还原价值角度来找出价格泡沫。20世纪80年代日本泡沫经济发生后，此方法成为日本经济学家判定地产泡沫的一种重要方法。日本很多学者根据这一理论对日本房地产泡沫进行衡量，如野口悠纪雄、中尾宏开展的相关研究。二是从市场供需因素的角度出发，通过影响市场供需的各变量（如房价、建筑成本、税后抵押贷款利率等）建立数学模型，求出市场均衡时的住宅价格基值（基值变动率），以此同实际价格（实际价格变动率）相比较得出泡沫程度，这类方法以西方学者居多，如 Abraham 和 Hendershott（1996），Bourassa 和 Hendershott（1997）等。不过，正如 Blanchard 和 Fisher（1989）指出的那样，计算实体经济价格几乎不可能。虽然根据地租、收益率等可以计算出地价，但是，对收益率等的判定很难达成共识。目前，国内研究房地产泡沫的理论建模方法大多是延续国外的研究路线。

3. 空置率修正法

洪开荣（2002）提出了泡沫计量“市场修正法”，以空置率为基础计算房地产泡沫。具体而言，该方法即以物业空置率为基础，从房地产的供求差异出发，通过考虑各种相关系数因素来进行修正，从而估量出房地产泡沫的大小。其公式为：

房地产泡沫系数 = 物业总空置率 × 经济增长修正系数 × 产业贡献修正系数 × 交易情况修正系数

其中：住房空置率是年空置量与三年累计物业竣工量的比例；经济增长修正系数 = 上期的（1 + GDP 增长率）/本期的（1 + GDP 增长率）；产业贡献修正系数 = 上期的（1 + 房地产业增长率）/本期的（1 + 房地产业增长率）；交易状况修正系数 = 上期的（1 + 个人购房比例）/本期的（1 + 个人购房比例）。

房地产泡沫和物业空置率是对市场失衡的不同角度的描述，但它的实质内涵是一致的。该方法借助了资产评估中的修正方法，但是理论依据不足。

4. 指标指示法

指标指示预警法是一种综合方法，融合了指标法中的各种重要指标，也是目前测度房地产泡沫较为理想的方法。虽然存在着诸多理论上的问题，而且需要收集很多数据，但综合而言，是目前除了收益还原法之外最为完善的测度方法。目前被普遍接受的预警构建方法如下：①选定预警指标。②确定预警指标的权重。③确定指标临界值。④测算地产泡沫发生变化的概率。当某一个判断指标发生预警信号时，地产泡沫就有可能发生变化。在预警期内，达到临界值的指标越多，地产泡沫变化的概率越大。⑤确定地产泡沫的预警级别。

我国房地产市场体系不够成熟，数据积累不够多，使得一些方法在应用时存在一定的限制和不足。指标指示法是国内学者比较偏重使用的方法。因为这种方法比较简单可操作，但也存在较大的争议。例如，汪利娜（2003）以销售率和空置率两个指标进行分析，发现在销售率回升的同时，空置率也在上升，并认为房地产市场可能已出现泡沫。刘治松（2003）使用了空置量和空置率、房价收入比、房价增长率与 GDP 增长率等指标来判断房地产泡沫。邱强（2005）通过对房价收入比、空置率、房地产业利润率的指标分析，并与国外普遍水平比较，由此认为我国这几个指标过高，得出我国房地产已经出现泡沫的结论。

归纳起来，国内学者提出的测定房地产泡沫的指标主要有两类。第一类是先行的预警指标，包括生产类指标、交易状况类指标、消费状况类指标、金融类指标。第二类是实际测算指标，包括销售率指标、利润率指标、空置量及空置率指标、房价收入比指标、房价增长率指标、GDP 增长率指标、租价比指标、房地产贷款比率及增长率指标等。由于要判断房地产市场是否存在泡沫，需要给定这些指标一个合理的估值区间，在没有足够经验数据的基础上，国内学者往往采用国外相关指标的合理估值作为判断的依据，并依此作出是否存在房地产泡沫的结论。譬如，按照国外经验分析，房价收入比超过 3 ~ 6 倍就意味着出现房地产泡沫，房地产空置的国际公认警戒线为 10%，达到 10% ~ 20%，就意味着存在房地产泡沫风险。

第二节 构建房地产价格波动预警指数

一 房地产泡沫化检验指标

本项研究选取文献中比较常用的判断房地产市场是否存在泡沫的指标，并根据这些指标形成预警指标集。这些指标主要关注的是宏观经济，测评结果简单明了，能反映出产业协调发展的态势特征，同时数据相对容易收集，适用性较好。综合现有的国内外文献，在运用指标法作为评价房地产泡沫方面，有很多指标，具体可以分为房地产价格、供给和需求等层面的指标，分述并解释如下。

——房价收入比。房价收入比是房地产价格与居民平均家庭年收入的比值，反映了居民家庭对住房的支付能力，用于判断居民住房消费需求的可持续性。这里我们计算的房价收入比 = 城镇人均住宅建筑面积 × 商品住宅销售价格/城镇居民人均可支配收入。从图 5 - 1 给出的中国房价收入比来看，中国房价收入比从 1995 年开始均处在 6 以上，特别是 2002 年以后突破 6 的界限，上升到 7 以上，近几年更是突破 8 的警戒线，这表明中国房地产价格确实存在泡沫化趋向，已经超过居民实际支付能力。图 5 - 1 给出的我国房价走势比还是平均意义上的，至于上海、北京、广州及深圳等城市则更是远高于平均水平。1998 年，联合国人居中心对 96 个国家和地区进行调查统计，大多数国家的房价收入比是 3 - 7。按照世界银行的标准，房价收入比一般在 1. 8 ~ 5. 5 倍之间，发展中国家的房价收入比一般在 3 ~ 6 倍之间，该比值越大，说明居民家庭对住房的支付能力越低。按照国际上通常认为的合理范围 3 ~ 6 倍，中国目前全国范围内的房价收入比已经相当高。考虑到数据统计口径的不同，我们更关注的是房价比的发展趋势。值得指出的是，上述指标受到一些学者的质疑。田传浩（2003）认为，房价收入比 3 ~ 6 倍的经验比例并不适用于世界上所有的国家，也不宜称为国际惯例；因为不同国家甚至同一国家的不同地区的购房者由于收入、生活方式及对房屋的渴求度不同，其房价收入比的合理区间也是不同的。为此，在用这一指标判断中国是否存在房地产泡沫时，根据国外的经验进行判断还备受争议。

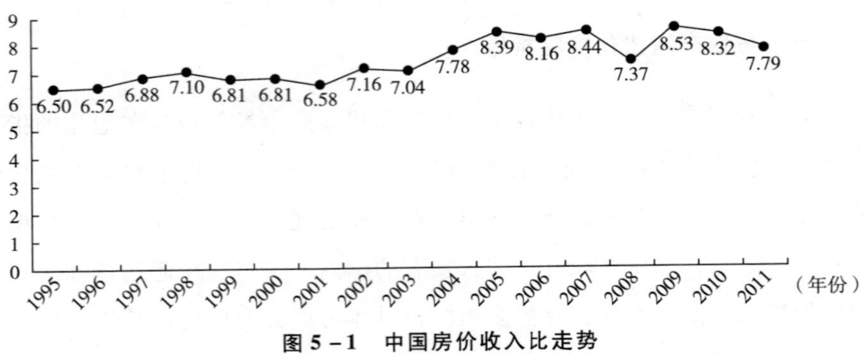

图 5－1　中国房价收入比走势

——租售比。租售比（租赁价格与销售价格比）是指每平方米使用面积的月租金与每平方米建筑面积房价之间的比值。用来衡量一个区域房产运行状况。租售比的大小已成为国际公认的楼市是否存有泡沫的“晴雨表”。通俗来说，用售价与租金比可以反应目前租房合适还是买房合适。因为售价与租金比是反映一个区域或者一个楼盘是否具备良好投资价值的一个主要参考指标，若售价与租金比严重失调，买房不如租房。租售比一般界定为 1∶300～1∶200，如果租售比低于 1∶300，说明该区域房产投资价值变小，房价高估；如果高于 1∶200，说明该区域投资潜力较大，房价泡沫不大。随着租售比的降低，房价的泡沫增大。在使用租售比判断房地产泡沫时，重要的是确定租售比的上限值。租售比的上限值，是假设在房屋的合理使用年限内将房屋购买后出租的超额投资收益为 0。如果租售比高于确定的上限值，那么房地产市场上的投资者就会退出市场，市场的泡沫就开始膨胀，租售比与确定的上限值偏离越大，泡沫程度越高。由于中国房产使用权限为 70 年，为此国内研究通常把房屋合理使用年限设定为 70 年，70 年后残值为 0。

考虑到计算租售比需要限定地区的租金价格，这个价格目前还比较难以获得，为此我们采用替代性指标，即用平均住宅价格增长率与租金价格增长率替代，该指标反映两者上涨幅度的大小，这一比值越高，即房价上涨速度快于房租价格上涨幅度，就意味着房屋的市场价值与其真实价值的偏离就越远，泡沫存在的可能性就越大。李木祥（2007）认为，房价房租比超过2就存在轻微的泡沫，超过5就存在严重的泡沫。一般来讲，5作为临界点较为合理，能够较好地反映房屋的市场价值与其真实价值的偏离程度。认为如果房价增长率是租房价格增长率的5倍以上就可能存在泡沫隐忧，如果超过10倍泡沫就比较严重，超过15倍则表示泡沫严重。从我国近几年的房价增长率与房租价格增长率之比走势看，2005年下半年和2009年下半年出现严重的泡沫，房价增长较快，超过租金价格上涨的10倍以上。随后虽然房价也稳步上涨，但是房租价格也出现大幅上涨，致使两者比例出现下滑趋势（见图5－2和图5－3）。

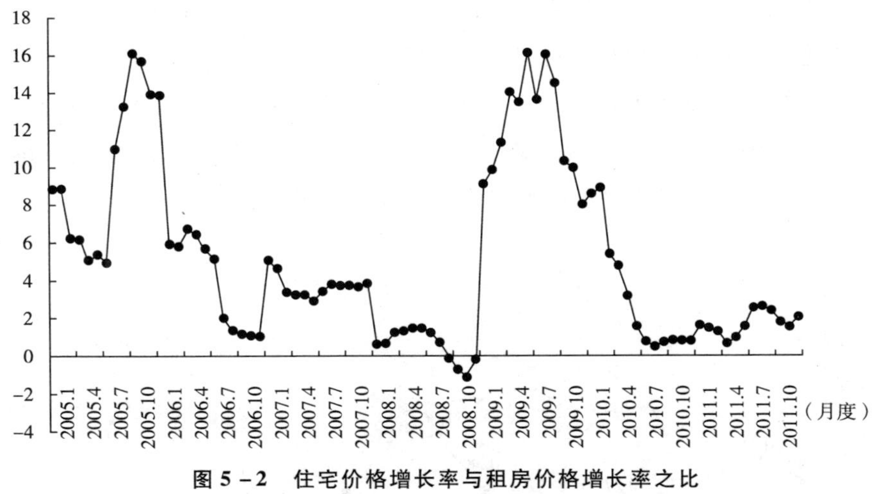

图5－2　住宅价格增长率与租房价格增长率之比

——房地产价格增长率/GDP增长率。房地产价格增长率/GDP增长率是测量房地产相对实体经济（GDP）增长速度的动态相对指标，测量虚拟经济偏离实体经济的程度，或者房地产行业相对国民经济的扩张速度，反映房地产泡沫发展的趋势。通常情况下，房价涨幅应与GDP的增幅相接近；比值越大，房地产价格偏离实体经济的程度越大，房地产泡沫形成的可能性就越大。关于房地产价格增长率与GDP增长率的比值这一指标的临界值，国际上并无严格标准。大部分学者，如吴地宝和余小勇（2007）认为，对于发展中国家而言，当房价上涨幅度是

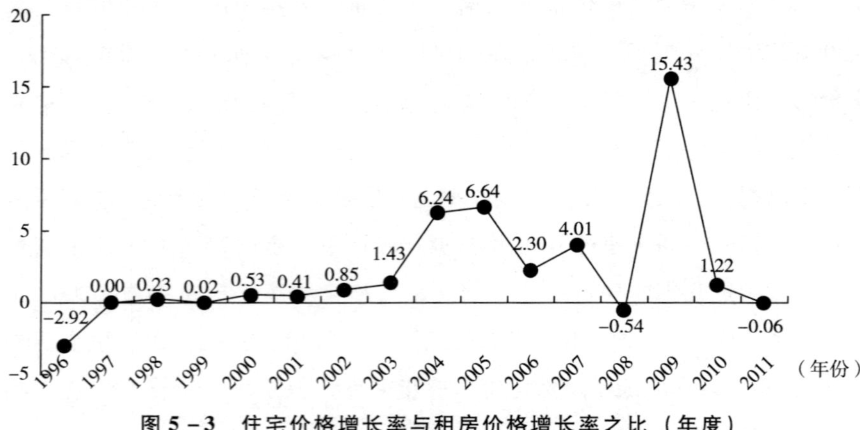

图 5－3　住宅价格增长率与租房价格增长率之比（年度）

GDP 增幅的 1.3 倍以上时存在泡沫，2 倍以上时认为房价很不正常，有较大泡沫。参照其他文献资料，该项研究认为，该指标值在 1 以内属于合理范围；1～2 区间内需作出泡沫预警；2 以上就可认为房价虚涨泡沫显现，其中以 2009 年最为突出，该年这一比值高达 2.5，按照上述标准划分，可以断定我国房价虚涨泡沫已经显现（见图 5－4）。

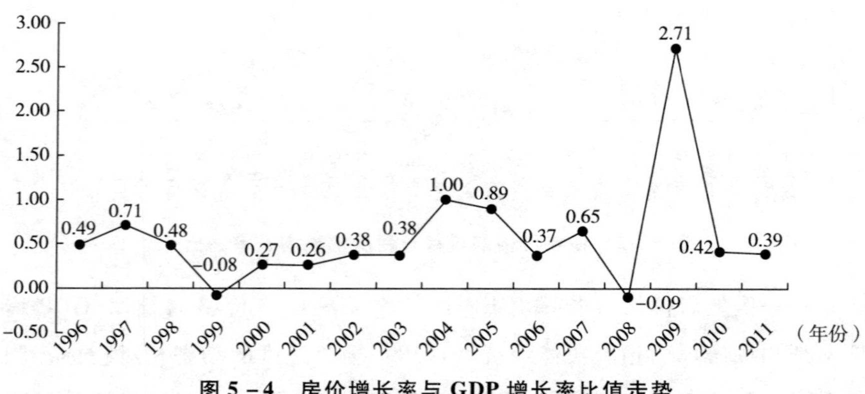

图 5－4　房价增长率与 GDP 增长率比值走势

——房价增长率/CPI 增长率（或 GDP 平减指数）。在我国，住宅价格部分反映到消费者价格指数中，其中以居住类（主要是租金）价格表现出来。该指标用来监测房地产泡沫的趋势，测量房地产价格相对消费价格的增长速度。众所周知，作为居住需求的住宅是价值很大的消费品，理论上其价格变化应基本与 CPI 变化同步。如果房价过快上涨，并超过物价上涨幅度时，就以为房价可能偏离其价值。该比值越大，房地产泡沫形成的可能性就越大。一般认为，房地产价格增长率大于10%，同时房地产价格增长率与CPI的比率超过4，就可以认为房地产出现了泡沫。从图5－5和图5－6看，2009年是泡沫化最大的一年，因为当年CPI呈现负增长，而房价仍维持较高的正增长，两者比值的绝对值也达到历史最高点。

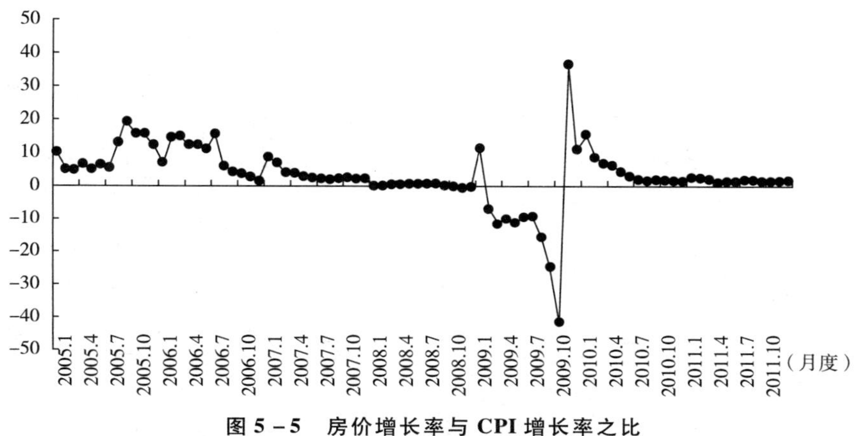

图5－5　房价增长率与CPI增长率之比

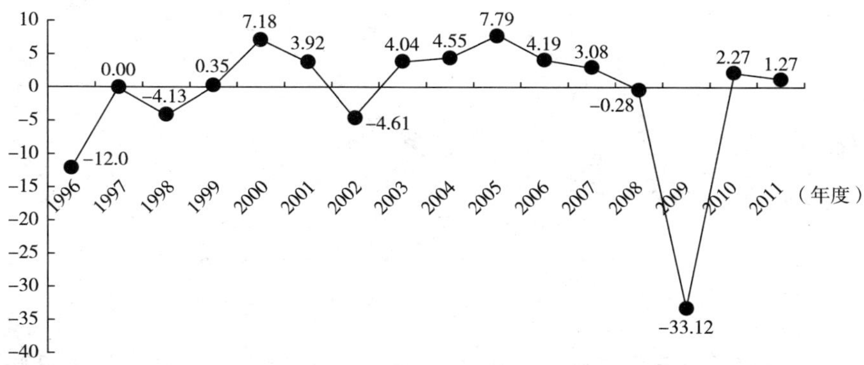

图5－6　房价增长率与CPI增长率之比

——住宅销售额增长率与社会消费品零售额增长率之比。住宅销售额是房地产需求的直接体现，在我国城市化进程加快的大环境下，住宅销售额增长率适当高于社会零售额增长率是合理的。但是，如果这一比率长期快速增长，说明住宅的需求严重偏离了经济增长而出现房地产泡沫。一般认为，该比值小于2，就没有房地产泡沫；大于2小于3就存在着轻度泡沫；大于3就存在着严重泡沫。从图5－7看，2009年我国房地产存在严重的泡沫。从图5－8看，近年来我国住宅销售额与社会消费品零售总额的比值保持在0.25～0.30之间，由此可见，住宅消费仍在居民消费构成中占据较大比重。

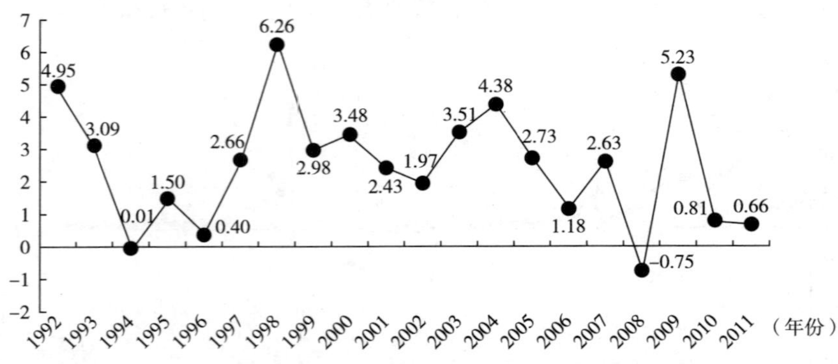

图5－7　住宅销售额增长率与社会消费品零售额增长率之比

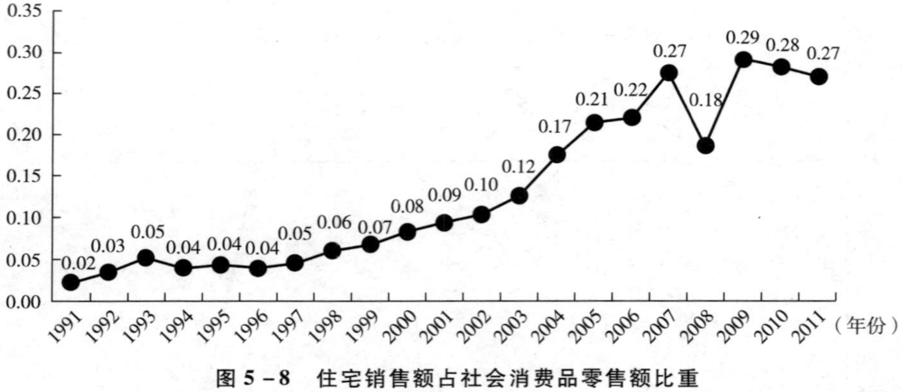

图5－8　住宅销售额占社会消费品零售额比重

——房地产开发投资占GDP的比重。该指标主要从判断是否投资过热的角度，判断社会是否对未来房价预期过高，主要反映了国民经济中各行业投资结构是否合理。适度的房地产投资增长率有利于拉动经济增长，但如果其增幅过高，则会造成经济结构失衡，还会使房屋供给过多造成资源浪费。从历年房地产开发投资占GDP的份额看，该值在10%以内属于合理范围，10%～15%泡沫预警，15%以上则认为房地产开发投资泡沫显现。由于各国的城市化阶段情况不同，该指标没有确定的合理取值空间。从 1998 年开始，房地产开发投资占我国 GDP 比重一直走高，国际金融危机后，2009 年和 2010 年两年的房地产开发投资占 GDP 比重分别达到 10.6% 和 12%，已经到了泡沫预警的程度，房地产开发投资的泡沫即将显现（参见图 5－9）。

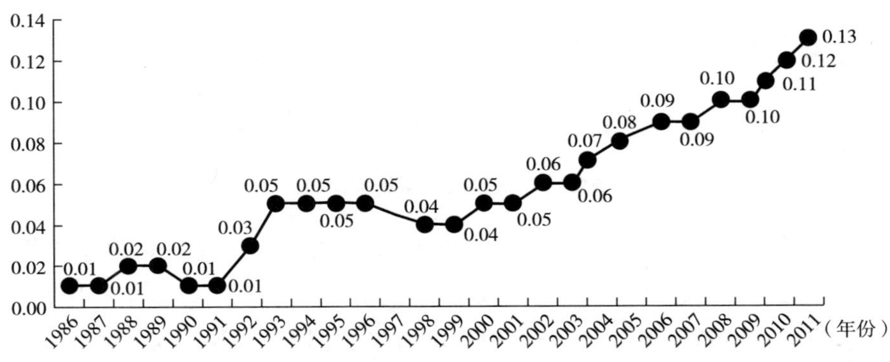

图 5－9　房地产开发投资占 GDP 比重

——房地产开发投资占城镇固定资产投资比重。本指标反映全社会固定资产投资结构是否合理，说明有多少资金投入房地产业。房地产开发投资占全社会固定资产投资比重是衡量房地产业发展稳定性、持久性的一个重要指标，从另一个层面反映房地产业发展规模与国民经济总量之间的关系。如果该比值过大，说明房地产投资会大量挤占基本建设和更新改造的资金，造成经济发展后劲不足。从图 5－10 可以看出，中国房地产开发投资占固定资产投资的比例（房地产开发投资额/固定资产投资额）几乎是逐年增加的，从 1999 年起均在 20% 以上，只是在 2009 年下降到 20% 以下，2010 年又反弹至 20% 左右。

——房屋空置率。空置率是反映房地产市场的重要指标。空置率有两种算法，一种算法是根据待售房屋计算的行业空置率，它是指一定时间内开发商建设的房屋没有销售（出租）的面积占其开发总量的比值。另一种是社会算法，即把没有人居住的房子称为空置房，通常这种空置率的算法统计空水电表读数变化、夜晚黑灯率等指标。比如，国家电网利用智能网络，在全国 660 个城市查出一个数据，总共有 6540 万套住宅电表读数连续 6 个月为零，这些空置的房屋可供 2.6 亿人居住。当

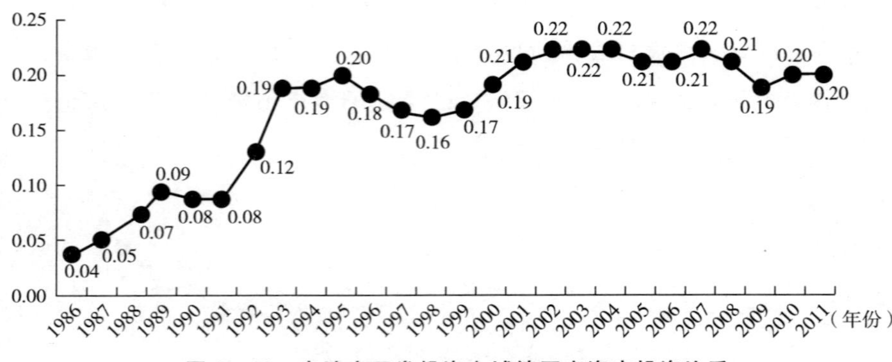

图 5－10 房地产开发投资占城镇固定资产投资比重

然，不同算法得到的社会空置率可能得到截然相反的结论。华远地产董事长任志强认为，如果按照中国城镇建筑 140 亿平方米的总存量计算，住宅的空置率不到 4%，因为按照住房面积 140 亿平方米、人口 6.7 亿、人均 20 多平方米计算就会发现，空置量非常低，空置率很高是假象。由此可见，对住宅空置率的统计和计算，国内外并不一致，很难作出比较；具体而言，目前空置率面临两大挑战，一是如何定义至今没有权威说法，二是根据不同的定义得出完全不同的空置数据，从 4% 到 40% 不一而足。对此，我们采用替代性指标，商品房施工面积与商品房竣工面积的比值。本指标反映商品房未来供求差异。商品房施工面积与竣工面积分别代表供给和需求，该比值越大，说明泡沫可能性越大。从图 5－11 看，我国的商品房施工面积与商品房竣工面积的比值是逐渐上升的，说明在房地产调控下，住房需求得到了抑制，房地产泡沫化的趋向仍旧存在。

——房地产贷款占全部贷款总额比重。从房地产资金来源看，推动房地产泡沫产生的资金，绝大部分是由商业银行贷款流出的。房地产贷款增长过快，就会助长房地产泡沫的形成，但是该指标的缺点是没有一个公认衡量房地产泡沫的标准。从图 5－12 看，我国房地产贷款占全部贷款总额的比重并不高，近几年维持在 18%～19%，说明房地产商依赖商业银行贷款的比例并不高。从图 5－13 来看，个人住房贷款比例显著上升，近几年占房地产总贷款额的 2/3 左右，这就意味着随着按揭贷

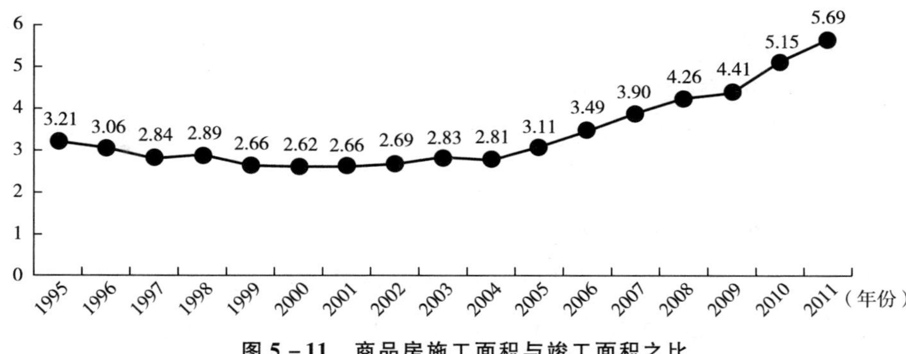

图 5－11　商品房施工面积与竣工面积之比

款的实行，个人住房消费信贷的比重逐步提升，而房地产商的开发贷款在房地产总贷款中仅占了 1/3。

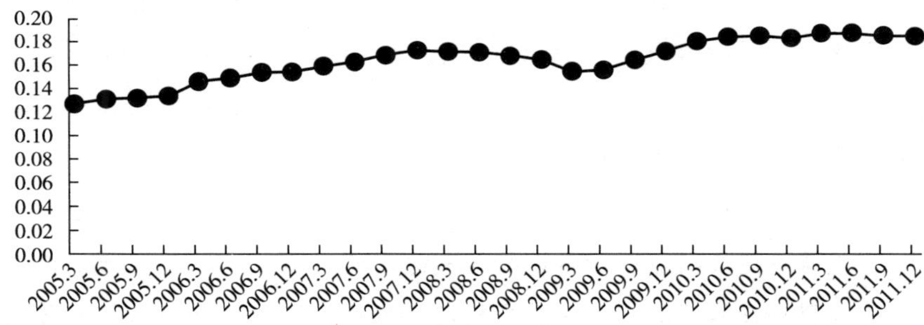

图 5－12　房地产贷款占总贷款比重（季度）

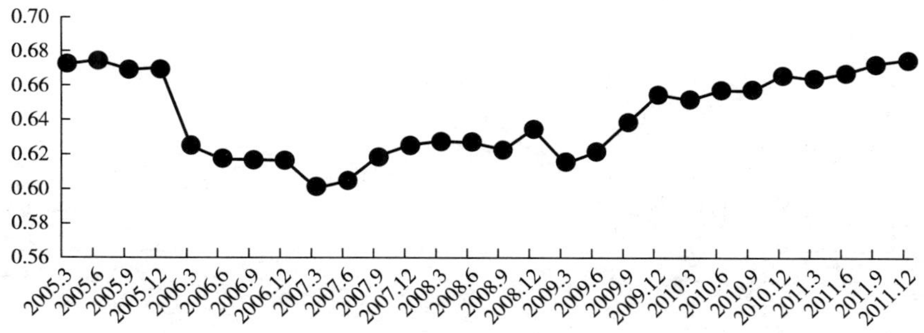

图 5－13　个人住房贷款占房地产贷款比重（季度）

——个人住房贷款增长率/人均收入增长率。从需求的角度看，个人住房按揭贷款政策促使房地产投机需求膨胀。从目前看，房地产贷款中，个人住房抵押贷款占比在60%以上，而房地产开发贷款占比不足40%，个人住房抵押贷款增长较快就意味着房地产需求增长较快。从需求的角度看，个人住房贷款增长与人均可支配收入增长比反映了信贷对房地产需求的支持程度，代表了房地产泡沫发展及实现的程度。该指标的数值越大，说明个人依靠银行贷款增长形成的房地产需求越大，投机程度越高。结合我国实际状况以及参阅国内各学者的意见，该项研究认为，该指标大于1且小于2则存在轻微的房地产泡沫；如果该指标大于2，则存在严重的房地产泡沫。因为房地产市场需求量快速增加，很大程度上依赖于信贷杠杆的推动，与信贷规模具有同步扩张和互动发展的性质。考虑到真实需求的存在，这里不能简单地根据近年来该指标的持续增长而得出市场泡沫的结论，但可以采用此指标作为参考值来考虑。从图5-14看，2010年在没有开始限购之前，个人住房贷款增长率远高于人均收入增长率，两者比值很长一段时间内都超过2，根据以上经验，这意味着这段时期房地产市场存在严重泡沫。随着2011年房地产调控新政出台后，各地纷纷实施限购、限贷和限价措施，个人住房贷款增速有所下滑，致使个人住房贷款增长率与人均收入增长率比值下降到2以下，但是仍维持在1以上的水平。按照以上经验推断，房地产市场仍存在轻微的泡沫倾向。

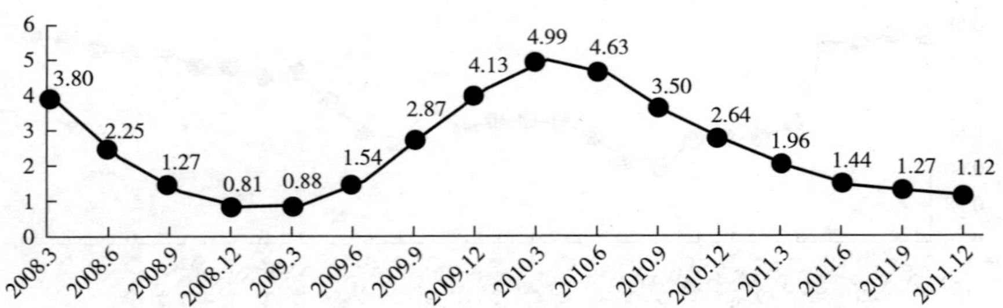

图5-14 个人住房贷款增长率与人均收入增长率之比

二　编制目的及步骤

房地产业是拉动中国经济增长的重要引擎之一，对经济增长的影响非常大。编制房地产价格波动预警的目的是，依据综合预警指数预测中国房地产是否存在泡沫风险，为宏观经济政策的选择提供备选集合。需要解决的问题包括以下三个方面：①在单项指标分析的基础上定量地判断某方面房地产泡沫化程度；②结合专家经验判断进一步综合预警中国房地产泡沫风险大小；③依据房地产价格波动预警指数发布预警讯号，帮助政府决策者提高风险防范意识，采取必要措施应对泡沫破裂风险。

图 5 - 15 给出的房地产价格波动预警指数的构建过程，主要涵盖数据获取、模型设计和结果发布 3 个基本过程，包括 7 项具体步骤。在对重点预警指标的初始数据整理准备之后，选取和计算房地产价格波动预警指标初始值，并进行单项警兆指标初始值计算，分项及综合指数计算又包括指标分类、设定预警体系、权重与判定标准的确定、层次综合计算和预警发布等五个步骤。最后两个步骤是房地产价格波动的成因和对策分析。

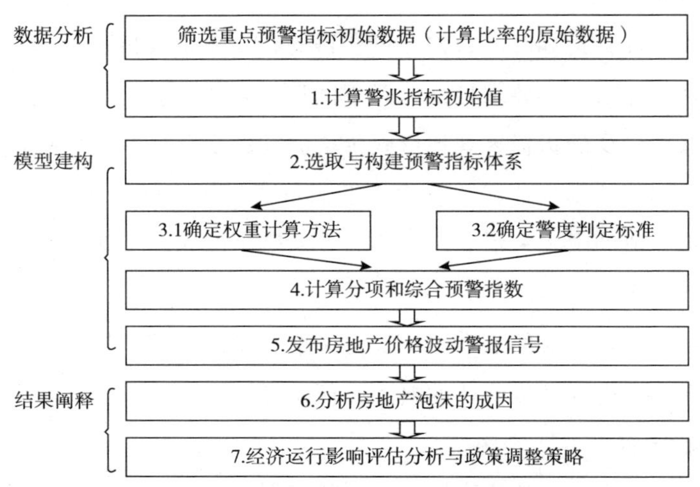

图 5 - 15　房地产价格波动预警指数构建步骤

三　编制原则

决定房地产价格波动预警灯信号体系科学性强弱的第一个因素就是警兆指标选择的好坏。为此，我们充分论证每一项监测指标。其中，论证所依据的指标选择的原则如下。

1. 重要性

预警指数的编制要考虑指标变化对国家经济安全的重要作用，必须从实际需要出发，准确灵敏地反映房地产价格波动的状况，选取那些与房地产密切相关的、重要的、影响较大的指标，能够真实反映房地产市场价格波动的方面及其主要特征的指标，使其具有普遍代表性，又能够反映和解释股票市场运行和发展的总体特征。

2. 全面性

指标的选取要考虑房地产影响因素的全面性，考虑所有房地产市场的供求要素。既要考虑供给层面又要考虑需求层面，不仅要考虑影响房地产市场的内部因素，如土地成本、资金投入等，还要考虑影响房地产市场的外部因素，如宏观经济环境等。

3. 可操作性

即要求计算指标时的数据是可获得的，要易于收集和量化，而不是单纯的理论探讨，还要求指标体系不能过于复杂，应简单客观，易于理解，能够用较少的指标客观地反映价格波动的变化。有一些指标相互重复，含义相似的则只选其中有代表性的就可以了。而对不一致的指标，要通过临界值的限定来消除由于不一致所带来的相互抵触。

4. 可比性

设置的指标应既便于纵向比较，又便于横向比较。指标定义应尽量采用国际、国内标准或确认的概念，便于理解。

5. 稳定性

即对所选指标变化幅度进行不同状态划分后，划分的标准能够保持相对稳定。

四　预警指标选取

在综合考虑影响房地产价格波动的主要内外因素的基础上，筛选出11项关键性指标作为我国房地产价格波动预警指数的构成指标。具体来说，房地产价格波动指标由3个一级指标构成，即价格指标、供给指标和信贷指标；二级指标有11个（见表5-1）。其中，需求指标主要从需求侧来判断房地产泡沫的存在情况，主要包括租售比，房价收入比，房价增长率与实际GDP增长率的比值，房价增长率与CPI增长率的比值，住宅销售额增长率与社会商品零售额增长率的比值；供给指标主要包括房地产投资占GDP的比重，房地产开发投资增长率占全社会固定资产投资增长率之比，商品房施工面积与商品房竣工面积之比；信贷指标包括房地产开发贷款占房地产贷款的比重，个人住房信贷占房地产贷款的比重，个人住房贷款增长率与人均收入增长率之比。此外，缺失值的处理方法是采用相邻的两项值加权平均获得选取数据期内的缺失值，而对于不再提供数据期内的缺失值采用时间序列预测值替代。

表5-1　房地产泡沫评价指标体系

一级指标	二级指标	替代指标
需求指标（5项）（狭义的价格波动指数）	租售比	房价增长率/租价增长率
	房价收入比	房价/当前除固定资产以外的财富量
	商品房销售价格增长率/实际GDP增长率	—
	商品房销售价格增长率/CPI增长率	—
	住宅销售额增长率与社会商品零售额增长率之比	住宅销售额占社会商品零售额比重
供给指标（3项）	房地产投资占GDP的比重	房地产投资增长率与GDP增长率之比
	房地产开发投资额占全社会固定资产投资额的比重	房地产开发投资增长率/全社会固定资产投资增长率
	商品房施工面积/商品房竣工面积	房地产空置率
信贷指标（3项）	房地产开发贷款占全部贷款的比重	房地产贷款增长率与全部贷款增长率之比
	个人住房贷款占房地产贷款的比重	个人住房贷款增长率与房地产贷款增长率之比
	个人住房贷款增长率/人均收入增长率	—

资料来源：笔者整理。

五　标准化处理

由于所使用指标既包括绝对量指标，又包括比率指标，为了能够反映各类不同指标对指数的影响，需要对指标作标准化处理。鉴于各项指标的实际值变化差异较大，需要进行标准化处理后加总值比较才有意义。其实，标准化归一处理的操作方法非常多，为便于适应已形成的阅读习惯，我们仍然采用原有模型的百分制标准化方法，将原有的指标值统一标准化为0～100之间。具体来说，定量部分的值为100－∑权重×指标的影响值，指标的影响值由各项指标的实际值X计算而来，定量部分的权重相对固定（权重可以适当修改，譬如导入专家权重评价系统获取指标权重）。

为了将计算的影响值标准化到0～100之间，需要界定各个原始指标的上下界限（这里使用H和L分别代表最高上限和最低下限）。通常，如果限定指标的影响值在0～100之间，因而设定的H和L至少需要分别大于等于历史最大值和小于等于历史最小值。也就是说，在历史上指标变化最大的时候，可能房地产价格波动程度也越大，但并不意味着理论上的最大波动或者最小波动。同时这样做的目的也是保证预警效果的真实性，即历史上预警指标的最大值或最小值也并不必然意味真正形成房地产泡沫。

事实上，这种预警标准化阈限区间的设置还依赖于预警指标使用者的经验知识和决策要求，而且各项预警指标自身的标准化阈限区间仍然可能会存在较大的差异。为便于验证预警指数效果，以下实证的例子界定H、L分别为历史数据的最大值和最小值的110%（如果最大值为正和最小值为负时）或者为90%（如果最大值为负和最小值为正时）。今后在实践的过程中可以依据决策者的经验设定标准化的定值区间，当然同时可以结合“红绿灯”的预警线加以调整修正。

指标的影响值由指标的实际值（X）和定值（H、L）决定，计算公式为：$B=100\times(X-L)/(H-L)$或者$B=100-100\times(X-L)/(H-L)$（选用哪个公式与具体指标，与房地产泡沫形成同向有关，其中同向指标选择前者计算，逆向指标选择后者计算）。而指标影响值定值的界定可以依据决策用户的经验和数据的历史记录状况选用。

六　权重设定

在多指标识别问题中，确定指标（即影响因素）权重必不可少；但是，对于客观指标，难用专家“打分”的方法确定其权重。各个指标的灵敏度不同，出现警兆的先后顺序也不同，在预警系统中的作用大小也就不同，因此要对指标进行对比，确定其权重。权重是否合适，还要根据历史数据进行统计检验。

在计算分项预警指数时，我们使用等权重办法，并针对权重的计算方式进行修正，即引入类几何平均的方法探讨各个分项指标几何加权后的综合影响情况。采用几何平均加权的方法只是作为补充，以便突出分项指标的影响，同时据此可以帮助考察分项指标对计算的综合指数的影响程度。在计算综合预警指数时，我们使用需求预警指数和供给预警指数按照 7∶3 的比例加权平均合成，主要是突出与房价变化相关的指标对综合指数的影响。因为信贷变化对房地产价格波动的影响并非直接，因此信贷预警指数只作为参照指标。

七　状态区域划分

该项研究房地产泡沫指数编制方法主要采用综合预警系数方法，由此得到的综合预警指数有更明确更细致的预警级别。具体做法是划定不同的测度段，并对其赋予不同的数值，代表泡沫的严重程度。如将某个指标划分为 5 个区段，按其数值大小分别赋值为 0、1、2、3、4 代表绝对安全、比较安全、警戒、危险、高度危险；将指标的实际值与测度段比较，得到指标的测度级别值；在给定指标权重的情况下通过各指标的测度级别值加权求和，计算得到综合指数值，根据综合指数值级别表判断房地产泡沫发展的程度。

预警指数的警戒线（预警区间的上下限）的界定可以依据专家或历史经验值来确定或调整，警戒线采用浮动分区，依照决策者的需求调整设定。比如，是分 3 级还是 5 级预警？若用 3 级预警，90 以上亮红灯还是 85 以上亮红灯？事实上无论 3 级还是 5 级预警，它们的预警结果应当是一致的，因为这些警戒线需要根据决策者的感知和需求来决定，并且两种预警线的划分存在一个对应规则，依此可以相互转化。

目前，有关房地产泡沫测度警戒线的划分，既有定量的标准也有定性的标准，其中定量的标准往往采用概率论的方法获得。例如按照概率大小计算，三级量化的确定标准是：数据分布偏离平均值（期望值）不超过1倍标准差的范围，视为“正常运行”（暂不考虑房地产投资过冷的情况）；超过1倍标准差而小于2倍标准差的范围，视为“轻度泡沫”；超过2倍标准差的范围，视为“严重泡沫”。此外，也有采用定性的方法，根据经验判断人为确定状态划分的警戒线。

参照股票价格波动预警系统的状态设置划分，我们将房地产价格波动状况划分为五个状态区域，反映房市“过冷”“偏冷”“正常”“偏热”“过热”五个状态。直观考虑，警度一般采用信号灯法。在该项研究中，五个状态区域分别对应预警信号的五个级别，“蓝灯”“浅蓝灯”“绿灯”“黄灯”“红灯”。五色信号灯的具体设置表示如表5-2。一般情况下，①“绿灯”区居中，代表常态区域或稳定区域，表示房市运行正常。根据监测理论，指数出现在稳定区域的概率应为50%左右。②“红灯”区域和“蓝灯”区域为极端区域，表示经济的“过热”和“过冷”，指数出现的概率一般为5%~10%。③“黄灯”区域和“浅蓝灯”区域为警告区域，表示经济的“偏热”和“偏冷”，落点概率应大于极端区域，指数出现的概率一般为40%左右。

表5-2　房地产价格波动警讯发布系统

预警区间	警灯显示	警灯的含义（警情）
[0, 25]	蓝　灯	过　冷
[25, 35]	浅蓝灯	偏　冷
[35, 55]	绿　灯	稳　定
[55, 70]	黄　灯	偏　热
[70, 100]	红　灯	过　热

注：预警区间的划分是依据百分制标准化结果人为划定，决策者可以根据实际的经验知识和决策需求适当调整修正，设置五级警灯的目的是更符合使用者的预警判断习惯。

第三节　房地产价格波动预警指数结果与分析

一　预警指数经济含义

预警指数模型输出结果——预警指数，具有监测、解释、预测警示以及防范调控等功能。这套体系具体实现的功能包括：编制季度、年度重点监测房地产价格波动预警指数的报告；结合房地产产业政策、货币政策变化，利用房地产价格波动综合预警指数，进行房地产价格波动的趋势分析（走势图）和预警分析（红绿灯警示），适时在一定范围内发布预警信息，向有关的政策制定者提供决策参考。

该项研究给出三大类的分项预警指数，分别为需求类、供给类和信贷类。在分项指数计算中，我们采用等权重的方法分别做算术平均和几何平均两种计算方式合成指数。由于信贷指标对房价的传导作用不像投资那么直接，因此在计算综合指数时暂未将其列入，只是用其作补充说明。综合指数由需求预警指数和供给预警指数按照 7∶3 的比例加权平均合成，主要是突出与房价变化相关的指标对综合指数的影响。

1. 需求预警指数

需求预警指数是需求类房地产指标变化率的综合反映，用于综合衡量房地产价格波动及与其他价格相对变化的情况，是判断房地产泡沫存在性的一个重要综合性指标。房地产价格是房地产供求是否平衡的核心体现。需求类指标主要是监测真实需求情况，可以从需求与价格的关系来衡量，我们可以将该指标合成的指数视为狭义上的房地产波动预警指数。对于监测房地产价格波动及其影响的决策机构，可以向公众及有关政策部门发布该数量预警指数，据此制定相应的货币政策措施，并制定相应的房价调控政策。如果需求预警指数较高，说明房价泡沫堆积可能性较大，实施宽松的货币政策应引起注意。进一步查看引起房价相对变化较大的原因，以及是否采取进一步的调控措施。图 5 – 16 给出了需求预警指数的趋势分析和预警分析效果图。

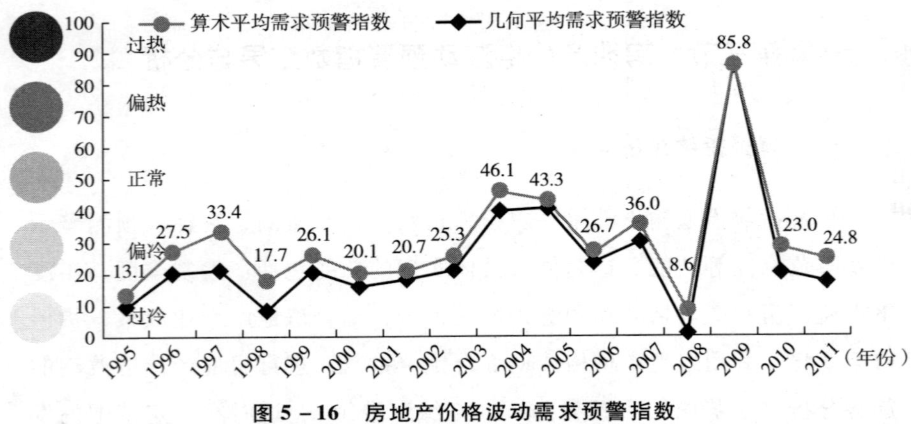

图 5-16　房地产价格波动需求预警指数

2. 供给预警指数

供给类预警指数是从房地产投资方面考察房地产行业投资冷热程度的综合指标，反映社会总投资在房地产业的集中程度，以及宏观经济的承受能力。倘若指标值过高，说明在房地产泡沫的吸引下，社会投资过多地向房地产业集中，过度投资于房地产业。供给类指标主要监测供给是否过度，监测的依据可与整个宏观经济状况进行比较，反映了房地产投入产出与国民经济的协调关系。如果房地产投资过热则会表现为：房地产投资占总投资比例过高，房地产业的发展偏离了实体经济的发展，房地产业扩张远大于 GDP 增长。一般情况下，房地产投资增长率应与实体经济增长率相适应，若超出实体经济增长幅度，就可能存在严重的投机行为。图 5-17 给出了供给预警指数的趋势分析和预警分析效果。

3. 信贷预警指数

信贷类预警指数是从房地产信贷支持方面考察房地产行业是否过热的综合指标，判断房地产业对银行的依赖程度，指标值越大，说明房地产投资信贷的程度越高，产生房地产泡沫的可能性越大。信贷类指标主要监测信贷资金流动性是否过度，监测的依据可与整个金融状况进行比较。如果房地产业银行贷款过度，导致大量银行贷款进入房地产行业，那么就意味着银行承担的金融风险加大。其中，信贷扩张是造成日本地产泡沫和东南亚大部分国家的地产泡沫的一个重要因素。目前，我国近

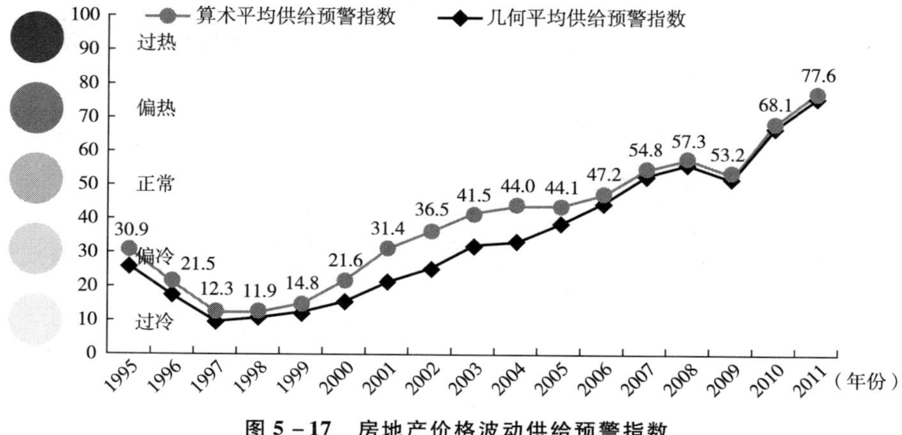

图 5－17　房地产价格波动供给预警指数

70%的土地购置和房地产开发资金来自银行信贷，商业银行参与了房地产开发企业的全过程，承受了房地产市场运行各个环节的风险。图 5－18 给出了信贷预警指数的趋势分析和预警分析效果。

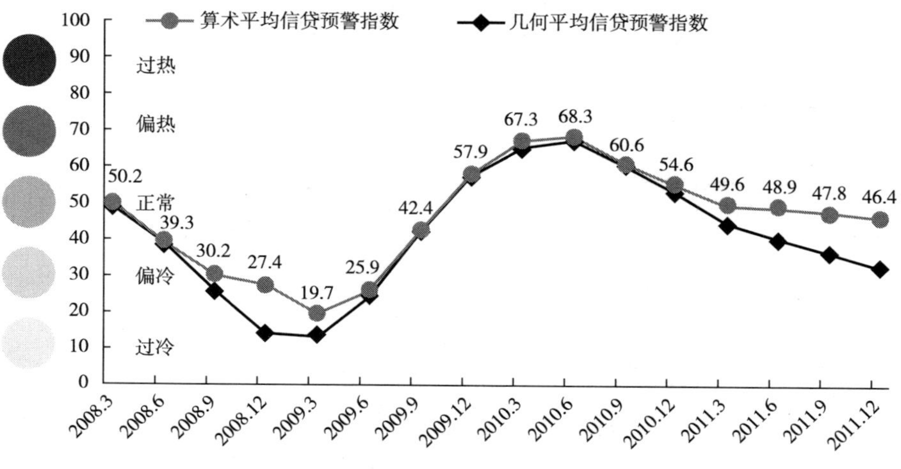

图 5－18　房地产价格波动信贷预警指数

4. 综合预警指数

综合预警指数是结合供需两方面状况，对房地产市场的健康程度作判断分析。实际上，判断房地产市场是否已经出现了泡沫现象，最重要的不是房价上升了多少，而是要考察房价波动是否超过了历史常规。利用综合预警指数可以起到这种综合判断的作用。即判断房地产行业价格及投资、信贷等各项指标是否均超过了历史常规，如果超过了历史常规就应该起到预警作用，根据事先确定的预警分析信号，根据综合泡沫度指数判断房地产市场处于哪个区域，随后就可以发布警讯信息。图 5－19 提供了十几年中国房地产价格波动综合预警指数走势。

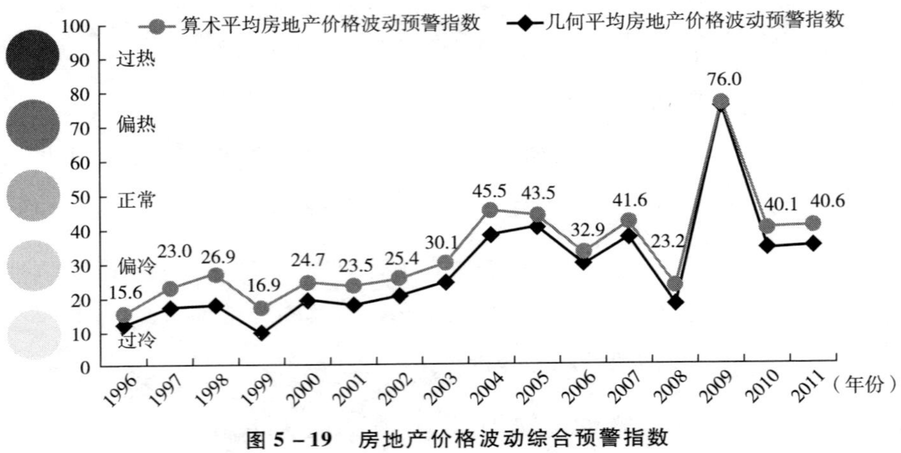

图 5－19　房地产价格波动综合预警指数

二　预警指数应用分析

1995～2010 年，中国房地产快速发展，这与中国房地产政策变化密不可分。具体来说，中国房地产发展大致经历了五个阶段。

第一阶段：1998 年以前，中国房地产市场处于过冷区间。在 1988 年以前，我国房地产政策是为防止商品住宅盲目发展的，对商品住宅实施计划管理，对公有住房实施补贴出售。而到了 1988 年才开始扩大房地产发展，允许全国城镇分期分批推行住房制度改革。此后几年，政府采用加强房地产市场管理和推进土地使用制度改革的办法，缓慢进行住房改革，其中 1996 年全面推行住房公积金制度改革，租金改革和公有住房出售有了新的进展。

尽管实行住房制度改革，但是在这段时间内，房价并没有出现大起大落，无论是从需求侧还是供给侧看，预警指数均处于蓝色预警区间，从综合指数趋势看，1996 年和 1997 年都处在过冷的区域。但从两年走势看，房地产价格波动开始呈现加大趋势，住房商品化已经有所启动，但由于大量公有房的存在，房地产价格并没有呈现快速上涨的态势。

第二阶段：1998～2002 年，中国房地产市场处于平稳偏冷区间。1998 年，中国政府开始调整房地产政策，发布《城市房地产开发经营管理条例》和《关于进一步深化城镇住房制度改革，加快住房建设的通知》，要求从 1998 年下半年起停止住房实物分配，逐步实行住房分配货币化；同时调整住房投资结构，重点发展经济适用住房，建立以经济适用住房为主的住房供应体系；房地产开发资金结构得到调整。从此，房地产市场进入一段快速发展期，1999 年尽管实行积极财政政策，启动住房消费，深化落实住房分配货币化改革，但是该年房地产市场并没有表现出过热迹象。2000 年以后，随着住房商品化的推进，加上政府扶持政策的支持，房地产市场开始繁荣。

这段时期的房地产市场状况表现在供给指数上，就是从 1998 年开始预警指数一路走高，由过冷区域进入稳定区域。而同时期，需求指数并没有表现出一路走高的迹象，而是比较平稳，处在偏冷区间，主要是这段时间还是消化积压商品房的时期，另外，政府政策表明，住房投资结构重点以经济适用住房为主，并没有将住房完全推向市场，所有房地产开发资金中投机资金还相对比较少。

从综合指数走势看，1998～2002 年，中国房地产市场表现比较平稳，预警指数值均处在［20，30］区间，根据警灯标示，属于偏冷区域，同样说明这段时期，尽管住房改革大幅度推进，房地产投资出现一点过热，但总体仍处于可控范围内，表明房地产市场并没有成为投机的场所，房价并没有出现脱离实体经济而快速上涨，房地产市场总体保持平稳较快的发展。可以说，中国房地产市场自 1998 年开始步入全面意义上的市场化阶段，房地产价格体现了持续上涨的波动特征。其中，1998～2002 年的 5 年间，商品房平均销售价格涨幅比较平稳。

第三阶段：2003～2008 年，中国房地产市场由稳定逐渐转向偏热区间。2003 年，新一届政府开始实施新的房地产政策。2003 年连续出台促进房地产发展的相关政策文件，如房地产信贷优惠政策、出售房屋开始征收地产税等，导致房地产投资过快增长，房价开始快速拉升。早时房地产商投资的重点在高尔夫球场、会展中心、物流园区、大型购物中心等项目，但是很快2005年开始转向商品房，随后全国各地房价继续大幅上涨。此时中央政府开始制定房地产调控政策，主要是从税收的角度调控房地产市场。

从预警指数走势看，这段时期，供给指数一路走高，房地产开发投资加速，预警指数由稳定区间上升到偏热区间，表明房地产市场已经出现投资过热情况。特别是2006～2007年，房地产吸引了大量民间投资，不少实体企业纷纷涉足楼市，造成又一次市场泡沫。房地产已经成为带动中国经济保持高速增长的主导产业。此时，政府已经觉察到房地产投资过热的风险，于是出台限制措施，抑制房地产投资过热的冲动。相比较而言，需求指数并没有出现由稳定区间向偏热区间转移，这表明这段时期政府的调控政策还是奏效的。2003～2005年，房地产投资增加，促使市场需求升温，这也快速地拉升了商品房价格。需求指数逐渐由偏冷区间向稳定区间转变。2005年后，受调控政策影响，房地产开始有所降温，于是房价保持小幅增长，直到2007年美国次贷危机爆发，至2008年中国房地产受金融风暴的牵连，需求指数一度从稳定期重新进入偏冷区域乃至过冷区域。

从综合指数走势看，2003～2008年间，中国房地产市场开始出现偏热的苗头，总体已由偏冷区间逐渐转换到稳定区间，但是此时虽局部城市出现过热迹象，总体仍然可控。但是2008年爆发的国际金融危机，引发中国房地产市场出现不景气状况，预警指数出现下降，一度由偏冷下降到过冷区间。总体上看，这段时间虽然有投资过热的风险，但是在政府调控政策的作用下，房地产市场并没有呈现过热的表现。

第四阶段：2009～2011年，中国房地产市场急速转向过热区间，引发最严格的政府宏观调控。2008年受金融危机影响，中国经济下滑比较明显，于是政府为了应对金融危机，保持8%的经济增速，出台了4万亿元的投资刺激计划。虽然2008年中国经济增长仍保持了8%的经济增速，但是4万亿元投资的副作用开始显现。表现最为明显的除了引发通货膨胀高企外，还引发房地产市场出现过热。从预警指数看，需求指数一下由2008年的过冷区间上升到2009年的过热区间，中国经济出现大冷大热的变化。于是，中央政府连续出台房地产调控政策，试图抑制房价的过快上涨，例如“国十条”和“新国八条”，取得了一定成效，需求预警指数由过热迅速回归正常，2010年需求预警指数处在稳定趋于偏冷的区间。这是否意味着房地产回归合理区间呢？我们认为，这并不是真实的表现。因为虽然价格上涨的势头有所减缓，但是环比涨幅回落并不意味着未来房价将下降，目前各大城市房价仍维持在高位，并没有明显下落的迹象。

相比较而言，从2007年开始，供给预警指数也表现出偏热的风险，连续三年一直处于黄灯区域。虽然2009年受调控政策影响房地产投资热度有所减缓，但是投资力度仍然较大，延续至2010年，供给预警指数发出投资过热的警讯，这表明虽然政府出台严厉的房地产调控政策，但是房地产商投资开发的力度并没有减弱，致使2010年房地产开发仍然呈现热火朝天的局面。分析原因可以看出，2009~2010年在高房价支撑下，房地产业仍是吸纳流动性的主要领域。到2011年，房地产投资并没有明显减弱，相应仍保持在较高的投资增速上。

从信贷预警指数看，无论是房地产开发贷款还是个人住房抵押贷款，都在走出危机后呈现大幅的上升态势。从2009年一季度开始，房地产市场逐渐恢复，开始由偏冷的区域向稳定区域以及偏热区域转变，直到2010年7月，信贷预警指数表明，流向房地产的资金过多，已经呈现偏热，再继续下去将给金融机构带来很大的风险。2010年下半年随着通胀形势严峻，中央政府开始调整货币政策并转向紧缩，先后上调准备金率和加息，2010年下半年及2011年上半年信贷预警指数逐渐由偏热区间转向稳定区间。截至2011年5月，房地产信贷规模仍然不低，尚未回到正常的水准。2011年下半年随着保障性住房的大批竣工，居民按揭贷款的规模有所下降。

从综合预警指数看，2009年中国房地产市场过热迹象明显，随后中央加大力度控制房价过快上涨，使得2010年综合预警指数重新回到绿色区间内，但是这并不表明市场已经没有过热风险。尽管在强力调控的情形下，房地产投资结构发生变化，已由商品房投资转向保障房投资，但在不少实体经济行业尚未真正复苏、投资渠道缺乏的情况下，民间资本投资房地产的热情仍然很大。综合预警指数走势表明，虽然2010年房地产市场暂时脱离过热风险，但是主要调控需求的政策措施并不能从根本上抑制房地产泡沫的持续堆积。一旦调控政策有所松动，房地产将会再次回归到偏热或过热区间内，从而影响调控效果和经济安全。进入2011年，政府仍没有放松房地产调控政策的迹象，许多省市相继开始出台限购政策，加大保障房建设力度，这表明政府需要从投资结构和住房结构上有所调整，打算恢复到1998年以经济适用房（此时为保障房）为主的房地产市场结构上去。但是目前地方政府对保障房建设积极性并不高，一方面是因为限购政策使得地方土地财政难以为继，二是保障建设需要投入大量资金，中央政府提供的资金只能算杯水车薪。从各方面看，仅靠保障房解决中国房地产价格大幅波动问题，还是相当困难的。

第五阶段：2012年至今，中国房地产市场将回归正常区间。2011年，中央和地方政府出台的各项房地产调控政策已经产生效果。经过持续的房地产调控，房价上涨基本得到遏制，部分地区房价水平出现不同程度的回落。2011年，全国商品房销售面积10.99亿平方米，比上年增长4.9%，增速比上年回落5.7个百分点；商品房销售额59119亿元，增长12.1%，增速比上年回落6.8个百分点。进入2012年1月，主要城市销售持续下滑，重点城市销售数据同比和环比增长明显下降，杭州、天津和青岛销售面积跌幅靠前；从销售价格看，百城房地产价格环比上涨0.18%，其中杭州、广州和沈阳销售均价同比和环比均增长。2月以来，继央行提出“支持普通商品住房建设、满足首次购房家庭的贷款需求”，芜湖2月7日出台楼市新政，对于在芜湖购买自住普通商品房可获契税补助、购房补贴等多项优惠。2月12日，芜湖政府宣布新政暂缓执行。暂缓执行表明国家宏观调控基调并没有动摇，坚决打击投资性和投机性购房的同时，首次购房和改善性住房等合理的住房需求将会得到更大的政策支持力度。与2011年底的调控力度相比，目前调控政策对刚性需求由过度抑制逐步转向合理支持。2010年房价高涨和2011年严厉的调控政策抑制的刚性需求，在2012年逐步释放出来。在需求增长和调控不放松的预期下，中国房地产市场2012年可能已回归至正常区间。

第四节 促进我国房价合理回归的几点建议

2012年中国房地产市场调控仍处在一个非常关键的时期。目前抑制需求的调控力度放松，将可能引来房价的报复性反弹，从而影响中国经济的“软着陆”。目前的限购、限价和限贷的房地产调控政策也仅是权宜之计。未来要更侧重实体经济发展，则需要理顺房地产市场，尤其是设计好土地流转、房地产税、保障房分配等长期制度，确保房价合理回归正常水平，又不阻碍城市化进程。

一是改革当前的土地“招拍挂”制度，设计合理的农村土地流转机制。改变土地的单边供给制度，逐渐使地方政府和土地财政脱钩、和房价脱钩，避免土地与政府互相绑架的问题积重难返。改革土地出让金和招拍挂制度。土地出让金如果从70年一收逐步改成一年一收，就会和房价形成比较合理的市场关系。另外，应毫不迟疑地扩大土地供应以缓解供需矛盾，尽快允许农村的集体土地直接上市，通过市场竞争，降低土地价格。

二是差异化设计房地产税费，优化中央地方分税制度。改变土地供应体制后，在主要城市试点征收房地产流转税，尤其对投机性房产征收高额流转税，对享受型房产征收不动产持有税，对经济适用房征收部分物业税。改革房地产领域中央地方的财税制度，尤其是通过增值税改革，降低地方政府对土地财政的依赖，增加中央政府对地方的转移支付。

三是采取多种方式建设保障房，重点设计合理的保障分配制度。在保障房建设环节，中央和地方财政都应拿出更多的资金给予支持，同时加大财政贴息的力度，充分利用金融创新，发挥金融杠杆调节作用，将传统的政府主导型融资模式转化为政府引导下的商业化运作方式，形成地方政府和商业银行的风险分担机制，提高银行放贷的积极性，用较少的资金撬动庞大的社会资金，特别是注重长期回报的社保基金和保险资金。建设个人住房信息核查系统，开发保障对象身份识别系统，加强保障性住房准入、使用管理。严格控制保障房建设面积标准，加强和改善保障房物业管理，探索创新租金补贴方式，根据保障对象家庭收入不同给予差别化补贴，稳步、有序、差别化地放宽农民工住房保障的准入条件。

从长远发展看，在城镇住房供需平衡和普遍征收房屋空置税的前提下，无论是商品房还是保障房都能得到充分的使用，即实现“十二五”末至少户均一套成套住宅。一个家庭可以购买多套住房，但是一个家庭不能同时使用多套住房，或者说同时使用多套住房的成本很高。居民购买房产后必须保证这些房子有人住，不能空置。如果空置，政府就要收很高的房屋空置税。因此，只要竣工与家庭户数相匹配的住宅数，无论房屋产权归谁所有，最终都能实现“住有所居”。征收某种形式的房屋空置税是保障房管理长远政策设计的政策基础。

附表 5-1　整理后的需求类指标初始数据

年份	房价收入比	房价增长率与租房价格增长率之比	房价增长率与CPI 增长率之比	房价增长率/GDP 增长率	住宅销售额增长率与社会消费品零售额增长率之比
1995	6.50	—	—	—	1.499
1996	6.36	0.161	0.676	0.561	0.402
1997	6.88	0.243	3.777	1.138	2.663
1998	7.10	0.231	4.131	0.422	6.261
1999	6.81	0.015	0.346	-0.064	2.981
2000	6.81	0.533	7.185	0.341	3.480
2001	6.58	0.412	3.923	0.331	2.430
2002	6.66	0.845	4.608	0.406	1.974
2003	6.60	1.434	4.037	0.483	3.514
2004	7.36	6.236	4.554	1.761	4.385

续附表

年份	房价收入比	房价增长率与租房价格增长率之比	房价增长率与CPI 增长率之比	房价增长率/GDP 增长率	住宅销售额增长率与社会消费品零售额增长率之比
2005	7.88	6.639	7.793	1.240	2.728
2006	7.76	2.299	4.191	0.496	1.185
2007	7.85	4.014	3.076	1.043	2.627
2008	7.22	-0.542	-0.280	-0.172	-0.752
2009	8.53	15.433	33.120	2.516	5.232
2010	8.32	1.213	2.254	0.712	0.784
2011	7.89	1.120	1.270	0.743	0.661
max	8.53	15.433	33.120	2.516	6.261
min	6.36	-0.542	-0.280	-0.172	-0.752
H	9.38	16.976	36.432	2.768	6.888
L	5.72	-0.596	-0.308	-0.189	-0.828

注：在房价增长率与 CPI 增长率中，标底纹的数值是经过调整的，调整后的结果是对原来的负值取绝对值之后的结果，因为 1998 年、2002 年、2009 年三个指标中 CPI 同比增长率是负值，而相应的房价增长率是正值，要反映房地产泡沫的变化，需要反映出房价正向变动趋向，为此做以上处理。其余四项指标分母皆为正，故不需要调整就能直接反映房价的变动趋向。max 和 min 分别表示历史数据序列的最大值和最小值，H 和 L 分别表示由历史数据计算出的最大值和最小值推演出的标准化阈限区间的上限和下限，下同。

附表 5-2　整理后的供给类指标初始数据

年份	房地产开发投资占 GDP 比重	房地产开发投资/城镇固定资产投资	商品房施工面积/商品房竣工面积
1995	0.052	0.201	3.213
1996	0.045	0.183	3.061
1997	0.040	0.166	2.844
1998	0.043	0.161	2.890
1999	0.046	0.173	2.656
2000	0.050	0.190	2.625
2001	0.058	0.211	2.659
2002	0.065	0.220	2.691
2003	0.075	0.222	2.834
2004	0.082	0.223	2.806
2005	0.086	0.212	3.109
2006	0.090	0.208	3.489

续附表

年份	房地产开发投资占 GDP 比重	房地产开发投资/城镇固定资产投资	商品房施工面积/商品房竣工面积
2007	0. 095	0. 215	3. 899
2008	0. 099	0. 210	4. 257
2009	0. 106	0. 187	4. 408
2010	0. 120	0. 200	5. 339
2011	0. 131	0. 204	5. 692
max	0. 131	0. 223	5. 692
min	0. 040	0. 161	2. 625
H	0. 144	0. 245	6. 261
L	0. 036	0. 145	2. 362

附表 5－3　整理后的信贷类指标初始数据表

时　间	个人住房贷款增长率与人均可支配收入增长率之比	房地产贷款占总贷款比重	个人住房贷款占房地产贷款比
2008 年 3 月	3. 803	0. 171	0. 627
2008 年 6 月	2. 248	0. 171	0. 627
2008 年 9 月	1. 266	0. 168	0. 623
2008 年 12 月	0. 806	0. 165	0. 634
2009 年 3 月	0. 885	0. 155	0. 616
2009 年 6 月	1. 540	0. 156	0. 622
2009 年 9 月	2. 874	0. 165	0. 639
2009 年 12 月	4. 133	0. 172	0. 655
2010 年 3 月	4. 987	0. 180	0. 651
2010 年 6 月	4. 635	0. 185	0. 658
2010 年 9 月	3. 495	0. 186	0. 657
2010 年 12 月	2. 571	0. 184	0. 666
2011 年 3 月	1. 825	0. 188	0. 655
2011 年 6 月	1. 444	0. 188	0. 667
2011 年 9 月	1. 271	0. 186	0. 672
2011 年 12 月	1. 115	0. 184	0. 675
max	4. 987	0. 188	0. 675
min	0. 806	0. 155	0. 616
H	5. 486	0. 207	0. 742
L	0. 725	0. 140	0. 554

第六章

资产价格波动冲击下的货币政策选择

第一节　股票价格波动冲击下的货币政策选择

一　寻求防止泡沫过度膨胀与确保经济增长之间的相对平衡点
——以 2009 年资产价格泡沫治理为例

世界经济在金融危机的影响下于 2009 年第一季度探底，2009 年第二季度开始反弹。受此影响，中国股市在 2009 年走出了一轮快速上涨行情，形成了新一轮股市泡沫。本节以 2009 年的新一轮股市泡沫的形成为例，探讨如何在防止泡沫过度膨胀与确保经济增长之间找到一个相对的平衡点，平稳化解资产价格泡沫。

2009 年中期，中国资产价格泡沫在一定程度已经形成，这是国内小环境和国际大环境综合作用的结果，有其必然性。需要指出的是：当时资产价格泡沫尚处于可接受的范围内，对促进经济可持续发展具有积极意义，与通胀并无直接联系。但资产价格泡沫过于严重的危害性不容忽视，对其潜在风险应予高度关注。面对 2009 年的资产价格泡沫，在防止泡沫过度膨胀与稳定经济增长之间找到一个相对的平衡点，是平稳化解当时资产价格泡沫的恰当政策选择。

1. 当时一定程度的资产价格泡沫已经形成

自 2008 年第四季度以来，在适度宽松货币政策的背景下，信贷投放史无前例地大幅增加，将股票、房地产等资产价格迅速推高。从2009年初至8月初，上证综合指数不断上扬，最高上涨1600多点，逼近3500点，涨幅接近1倍。2009年8月初股指在最高位附近时，基于2008年年报的静态市盈率，沪深300指数为32.9倍，上证综指为35.5倍。此外，2009年7月开始恢复新股发行后，高市盈率化趋势也已相当明显，新股上市首日均经过“爆炒”，市盈率普遍高过同行业水平2倍左右。以沪市为例，IPO首单四川成渝发行市盈率为20倍，上市首日收盘市盈率超过60倍；中国建筑发行市盈率为51.29倍，上市首日收盘市盈率超过70倍；光大证券发行市盈率为58.56倍，上市首日收盘市盈率亦超过70倍。深圳中小企业板新上市公司市盈率则更高。

2009年上半年我国房地产市场也不断回暖，走势令人惊异，在短短几个月就完成了从波底到波峰的逆转。3月以前依然延续着2008年末的疲弱，之后出现了戏剧性的变化：房屋销售面积迅速增长，房价快速飙升，尤其是北京、上海、深圳、广州等主要城市房价节节攀升。数据显示，2009年7月全国70个大中城市房屋销售价格同比上涨1.0%，环比上涨0.9%，这是2009年以来连续5个月上涨。2009年7月全国房地产开发景气指数也比6月提高1.46点。与此同时，国内一线城市的地价不断刷新。特别是6月份以来，各地连续出现了一批天价“地王”，房地产企业正在上演一场“土地争夺战”。

2. 2009年资产价格泡沫的形成有其必然性

2009年资产市场的这一轮上涨行情是正在形成中的新兴市场泡沫的一部分，是国内小环境和国际大环境综合作用的结果，其持续时间可能比预想的要长。就国内因素而言，一是为刺激经济而实施的过度宽松的货币政策导致流动性空前泛滥，部分新增信贷资金通过各种渠道流入资产市场；二是宏观经济从年初开始逐渐出现企稳回升的迹象，增强了大家对经济增长的信心和经济复苏的强烈预期；三是经过2008年的深幅调整，市场估值优势重新显现，对投资者的吸引力不断增强。

从国际大环境来看，一方面，2009年的全球流动性发生方向性重大变化。2008年危机爆发初期，全球金融机构全力抛售非美元资产，大量资金涌向美国国债，美元成为全球资金的避难所。随着包括中国在内的新兴市场逐步复苏，美国经济也基本触底，龟缩在美国国债上的资金又开始向外涌出，寻找更高的风险收益。伴随着卖出美元和美元持续走低，新兴市场股市和大宗商品成为全球资金捕捉的主要对象。另一方面，国际大宗商品价格的明显回升，又增强了经济复苏和未来通货膨胀的预期，并且这种预期还在不断自我强化。总之，国内资产市场在内外流动性过剩和强烈的通胀预期的夹击下，不可避免地产生了新一轮的资产价格泡沫。

3. 资产价格泡沫与通胀并无直接联系

一直以来，学术界和实务界对资产价格上涨过快都给予高度关注，一个简单的逻辑是：资产价格泡沫会导致未来严重的通胀。这是一种有待探讨的观点。就理论而言，由于资产价格与货币政策目标物价之间的关系，资产价格对实际经济影响路径，乃至资产价格泡沫本身的界定与识别等问题，都存在很大的不确定性，所以，无论是政策制定者还是学术界对于货币政策是否要干预，尤其对是否要“主动”干预还存在较大的分歧。国内外实证研究也表明，股票价格与通胀负相关，从股票价格很难预期到未来物价的变化；房地产价格则是正相关，且在一定程度上有助于对未来通胀的预期。因此，多数学者较为普遍的看法是，即便资产价格泡沫已经形成，也不必然导致未来的通胀，货币政策不应该试图直接对资产价格的变化作出反应，不应该以任何直接的方式把资产价格纳入目标体系，而应致力于物价稳定，并保证金融体系足以应付资产价格波动。

就我国的情况而言，2009 年年内宏观调控的重点和主要矛盾仍是通缩，通胀的可能性不大。第一，从资产价格膨胀到实际经济的通货膨胀，其中的道路可能是漫长和曲折的。作为全球萧条下的全球性过剩的一部分，我国制造业产能大量过剩，市场供大于求的格局在短期内难以改变，过度竞争抑制价格向下游传输，PPI 向 CPI 的传导过程受阻。另外，受制于发达国家复苏的脆弱性，大宗商品价格更可能是在一个区间内上下波动，而难有决定性突破，输入性通胀在短期内很难实现。第二，我国物价变动除受大宗商品价格影响外，更主要的是受食品价格影响。从最近10年的数据来看，2004年和2007年CPI的上升与资产价格上升并没有直接的关系，这两次都是由食品供应不足造成的。2009年粮价和猪肉价格稳定，夏粮实现连续6年增产，秋粮也丰收，农产品生产价格同比还在下跌，在国际粮价倒挂的背景下，当时出现成本推动型的通胀的可能性不大。第三，经济复苏的基础仍是不稳固的。资产价格上涨所带来的财富效应备受各方呵护，货币政策也就难以真正有效的紧缩，中央银行面对资产价格膨胀始终处于政策两难境地。

4. 资产价格泡沫过于严重的危害性不容忽视，对其潜在风险应予以高度关注

虽然资产价格的温和上升对实体经济的成长和消费者、投资者信心是有益的，但是，如果资产价格上升过快、延续时间过长、偏离合理价值过远，市场潜伏的风险与隐患积聚过多，其破裂后对经济金融体系的损坏越大，并有可能对经济产生灾难性影响。就股票市场而言，其风险点在于：一是信贷资金过度流入股市可能引发的局部金融风险。2009年上半年有部分新增信贷资金变相、间接、违规流入股市。这部分资金加剧了股市的投机性，助推资产价格泡沫的形成与膨胀。不断吹大的资产价格泡沫一旦破裂，必将套牢部分违规流入市场的信贷资金，形成银行新的不良资产。二是过度投机可能产生的市场风险。对亏损股票、缺乏真实业绩支撑的股票以及新股的过度炒作，将导致市场价格信号失真，市场机制失灵、市场资源配置功能扭曲与市场效率的降低，从而引发整个市场的运行风险。三是海外热钱大规模涌入投机套利可能引发的金融风险。尽管其规模和实际运作情况尚不十分清楚，但海外热钱具有投机性强、操作灵活、进出快速、难以追踪等特点，其大规模涌入会助长资产价格膨胀，加剧市场风险。

由于房地产市场与实体经济的关联度更高，所以房地产市场泡沫破裂的风险更大：一是影响居民生活，制约消费扩大。高房价具有挤出效应，使大多数购房者背上沉重的债务负担，影响其日常生活和消费行为，已成为制约消费启动的最大阻力。二是导致产业发展失衡，影响经济增长的可持续性。高房价使产业资本投资其他产业收益率下降，迫使其投向利润高、技术门槛低的房地产业，或者直接将资本投入楼市，造成更大的泡沫。三是使银行风险加大。我国房地产开发资金构成存在企业自有资金不足、过分依靠银行贷款的问题，房地产市场的绝大部分风险积聚在金融机构身上。目前，全国房地产业对银行贷款依赖水平在50%左右，而部分大型城市的依赖程度已高于80%。银行风险同房价上涨成正比例增加，一旦房价较大幅度下降，房地产金融危机不可避免。

5. 平稳化解资产价格泡沫的政策建议

面对资产价格泡沫，应当力求在防止泡沫过度膨胀与稳定经济增长之间找到一个相对的平衡点，以期平稳化解资产价格泡沫。

（1）慎用货币政策干预资产价格泡沫

目前，我国资产市场、实体经济信用扩张的过程还不是一个自动的稳定过程，而是与商业银行的信贷扩张和收缩高度相关。政府货币政策，尤其是信贷政策的明显收紧，一定要等到全社会的信用扩张能够持续、要等到股市能够保持融资功能并且能够健康稳定运行、要等到房地产市场能够保持活跃、要等到消费复苏及出口复苏，确保实体经济健康运行的时候，才能够考虑调整。对于资产价格泡沫决策层需要慎重给出政策直接干预的信号。当然，为防范可能的不良资产风险，监管部门应加强金融监管，对一些领域贷款增长过快作出风险警示。此外，为防止大规模跨境热钱流动对我国宏观经济金融稳定的冲击，有必要进一步加强监测和管理，在必要的时候可考虑对跨境资本征收托宾税（是指对现货外汇交易课征全球统一的交易税，旨在减少纯粹的投机性交易）。

（2）充分汲取往昔教训，根据市场变化灵活调整股市有效供给，切实提升监管水平，避免股市反复出现大起大落

适度的股市泡沫并不可怕，泡沫从来都不会真正离开股市。有股市就会有一定的泡沫，从世界各国的股市发展史来看，泡沫是最常见不过的市场生态。当时，我国经济中直接融资和间接融资的比重已经严重失衡。未来应当超常规发展直接融资，增加资产供给。这样做有两个好

处：一是用直接融资置换出同等数量的银行信贷，从而既保持金融中总的流动性不变，又能大幅缓解资产价格上涨偏快的状况，缓解银行信贷风险；二是可将全社会充沛的资金和繁荣的资本市场引导到服务于我国经济持续快速发展上来，而非仅仅停留在二级市场的价格泡沫中。

（3）充分总结每一轮经济周期中房地产调控的得失经验，采取市场化措施防止房地产出现价格暴涨暴跌的局面

长期来看，我国城市化率从46%左右提升到60%～70%还需要20年左右，房地产市场还有很大的发展空间。房地产市场调控的根本目的，还是要保持这一市场的持续健康发展。

第一，合理调控土地供应节奏。目前房价高的一个重要原因在于建设用地供给不足，土地一级市场的高度垄断与放开搞活二、三级市场不能有效匹配。从土地供应到住房建成周期较长，因此，调控房地产市场的供需平衡对土地供应调整的及时性要求很高。从长远看，各地应建立一套科学合理的土地供应决策系统，根据房地产业的关键数据建立量化的指标体系，并根据这些指标动态调整土地供应数量，做到快速反应，实时决策，防止由于个人的判断失误延误供地计划的调整。在增加土地供应的同时，还应加强土地出让后的开发利用监管，实时公开开发商土地开发利用进度，保护购房者的知情权和监督权。

第二，深化土地制度改革，改进土地价格形成机制，完善招拍挂制度。新的土地成交价格对该区域在售住房和二手房的价格拉动效应已经非常明显，附近房屋价格往往随着新地块的成交闻风而涨，由此，在价格上升周期中，伴随着“地王”的不断出现，当地房地产价格就会一波接着一波地被不断推高。为此，可考虑对土地出让方式进行适当改进，在保留商业用地拍卖出让外，对住宅用地改为招标方式出让，以此适度减缓城市住宅地价的上涨速度。

第三，及时加强保障性住房的建设与管理，处理好保障性住房与市场的关系。当前，扩大保障性住房建设面积的最主要障碍是资金问题。可根据各地经济发展水平的不同，确定中央财政和各级地方财政的负担比例，做到差别对待，责任明确，通过立法把保障性住房建设经费作为

各级财政预算的优先保证项目，使目前的良好势头得以保持，确保各地保障性住房建设达到合理规模。限价房是地方政府为解决低收入群体住房问题而进行的一项政策探索，但在现实运行中也产生了许多问题，完全产权使其在房价高涨时更加难以实现公平分配，而在房价低迷时，因与市场价差异较小，限价房又会陷入无人问津的地步。因此，在限价房制度设计得到优化和完善之前，可暂缓推行，宜把精力集中用于经济适用房建设。支持地方政府购买一些适合的房源，用于经济适用房项目。

第四，规范地方政府行为，增强地方的有效监管能力。一方面，必须通过深化体制改革，强化中央政府对地方政府行为的约束，逐步纠正作为房地产泡沫重要推动力量的地方政府投资冲动，改变地方政府的预算软约束以及偏重增长的政绩观。另一方面，政府应致力于规范市场行为、提供信息服务，利用税收和货币政策监控市场交易，以保障土地市场交易的公开、公正、公平，保障土地利用的高效和优化配置。建议给予地方政府更大的监管和调控职能，加强政府部门的市场监测和监管能力，加大对房地产中长期发展规划与政策的研究。同时，要问责纵容开发商囤地的地方政府，让房地产开发中的腐败现象无处藏身。

第五，灵活运用税收和信贷政策。抑制投机是调控房价的重要内容，房地产保有环节的税种是抑制投机的最有效手段。从以往效果看，提高对家庭第二套住房的贷款首付比例是抑制投机的很好手段，也是我国目前唯一能较好区分改善型购房需求和投资性购房需求的渠道。为此，银行业应长期严格执行“二套房”信贷政策，始终如一地控制投资型购房需求，避免在房地产不景气时放松标准造成投资性购房比例的波动进而引发房地产价格波动。此外，银行业的放贷秩序也亟须整治。银行业应加大风险管控，建立有效的约束机制、健全科学的放贷机制以及确立贷款的保障和补偿机制。相关监管部门应该通过利率变化与对贷款人按要求严格审查，以增加使用资金的成本，减少个人在住房消费信贷上作假造假，减弱银行资金的易获得性及减少商业银行所面临的风险。

第六，规范销售市场秩序。市场销售中许多不规范之处仍然未能得到根治，这些不规范甚至是欺诈性质的销售行为对房价上涨也起到了推波助澜的作用。对此，有关部门应摆脱利益牵扯、排除负面压力，尽快制定详细的法律法规，对虚假广告宣传、雇人虚假购买等破坏市场秩序、欺骗消费者的行为加大处罚力度，一经发现便严惩不贷。

(4) 尽快推动经济和金融体制改革，引导充裕的流动性从单一的股票和房地产市场回流到有真正融资需求的实体经济中或向境外输出

第一，推动金融体制改革。加大企业债券市场的发行力度、开发为中小企业融资的债券品种或其他可能的金融产品，扩大中小企业的融资渠道，摆脱单一的通过银行贷款的模式，开发并推出有关房地产投资信托基金（REITs）或其他产品，改变投资者单一的买房投资的形式，从单一的通过房价上涨获利扩大到通过房租、信托基金等多种渠道获利，等等。

第二，放松管制，破除垄断，不断激活和扩大民间投资。进一步放宽对民间资本的投资限制，降低市场准入门槛，拓宽投资领域和渠道，为民间资本创造更多的、可赢利的投资机会，从而为经济增长带来新的活力。

第三，加快金融市场开放。通过允许更多的国外机构在国内发股发债、鼓励并放松企业对外投资的管制、放松国内机构和个人对外金融投资的管制、加快人民币国际化的进程等等，多种渠道将国内的充裕流动性输出，缓解国内资产价格膨胀的压力。

二 我国创业板市场“三高”问题研究

创业板市场开设之初，高发行价、高市盈率和高超募资金的“三高”现象较为严重，由此滋生出很多问题，损害了投资者的利益，其原因主要在于发行制度、监管制度及退市制度不合理、不完善。解决“三高”问题对我国创业板市场的健康发展至关重要，应从完善制度入手，通过改革新股发行制度、完善各项监管制度和制定严格和可操作的退市制度，从根源上杜绝“三高”现象的发生。

自 2009 年 10 月推出以来，在“两高六新”理念的指引下，创业板

市场快速扩容。截至 2011 年 8 月 19 日，共有 256 家上市公司，分布于 16 个行业，总市值超过 8100 亿元。然而，由于设立时间较短、相关制度规则尚不健全，创业板市场初创时期暴露出一些问题，其中高发行价、高市盈率和高超募资金的“三高”现象备受质疑。

1. 创业板市场“三高”问题概况

因发行制度的缺陷，以及公众对创业板上市公司高成长、高回报的非理性预期，使创业板市场的股票发行价格普遍较高。截至 2011 年 8 月，创业板市场 256 家上市公司的平均发行价是 32.63 元，其中汤臣倍健的发行价最高，为 110 元，而同期中小板市场和上海主板市场的平均发行价仅为 28.06 元和 16.52 元。

表 6－1　三个市场发行价最高的十大上市公司（截至 2011 年 8 月 19 日）

单位：元

创业板		主板（上海）		中小板	
名　　称	发行价	名　　称	发行价	名　　称	发行价
汤臣倍健	110	华锐风电	90	海 普 瑞	148
沃森生物	95	庞大集团	45	宁基股份	86
世纪鼎利	88	风范股份	35	科伦药业	83.36
国民技术	87.5	招商证券	31	搜 于 特	75
东 富 龙	86	昊华能源	29.8	海康威视	68
奥克股份	85	桐昆股份	27	森马服饰	67
电 科 院	76	博威合金	27	洋河股份	60
华平股份	72	内蒙君正	25	杰瑞股份	59.5
汇川技术	71.88	正泰电器	23.98	东方园林	58.6
新研股份	69.98	永辉超市	23.98	广 联 达	58

资料来源：Wind 资讯。

在缺乏整体业绩支撑的情况下，发行价越定越高致使破发风险随之而来。统计显示，截至 2011 年 8 月 19 日，2011 年创业板共发行股票 93 只，其中 21 只上市首日便出现破发，占比达 21.7%。而颇具讽刺意味的是，在 28 家好中选优的首批创业板股票中，2011 年 8 月有 17 只已处于破发状态。

表 6-2 破发率最高的十大创业板上市公司（截至 2011 年 8 月 19 日）

单位：元，%

名　称	发行价	收盘价（8 月 19 日）	破发率
世纪鼎利	88	18.85	78.58
宁波 GQY	65	15.73	75.80
国民技术	87.5	24.77	71.69
安居宝	49	14.58	70.24
奥克股份	85	25.7	69.76
三五互联	34	10.81	68.21
科泰电源	40	12.98	67.55
中科电气	36	12.4	65.56
中瑞思创	58	19.99	65.53
康芝药业	60	20.75	65.42

资料来源：Wind 资讯。

高发行市盈率是当前创业板“三高”问题的另一个方面。2011 年 8 月，创业板市场 256 家上市公司的平均发行市盈率为 63.54 倍，其中发行市盈率最高的新研股份为 150.82 倍，同期中小板平均发行市盈率为 41.99 倍，全部 A 股平均发行市盈率为 21.94 倍，而成熟资本市场国家的平均发行市盈率仅为 15 倍左右。令人惊奇的是，发行市盈率最高的十家创业板公司的平均值竟高达 127.27 倍。

表 6-3 发行市盈率最高的十大创业板上市公司（截至 2011 年 8 月 19 日）

上市公司	股票代码	发行市盈率	当前市盈率
新研股份 198	300159.SZ	150.82	60.5
星河生物 198	300143.SZ	138.46	54.3
沃森生物 198	300142.SZ	133.80	51.4
雷曼光电 198	300162.SZ	131.49	52.1
金龙机电 198	300032.SZ	126.67	91.2
世纪鼎利 198	300050.SZ	123.94	24.2
先锋新材 198	300163.SZ	123.81	53.8
东方财富 198	300059.SZ	116.93	55.3
汤臣倍健 198	300146.SZ	115.29	57.9

续表

上市公司	股票代码	发行市盈率	当前市盈率
新宙邦 198	300037. SZ	111. 50	38. 1
平 均 值	—	127. 27	53. 88

资料来源：Wind 资讯。

发行价格及发行市盈率过高致使创业板公司存在严重的超募现象。截至 2011 年 8 月 19 日，创业板市场上 256 家上市公司首发预计募集资金总额约 621. 9 亿元，实际募资总额 1794. 6 亿元，超募比例约为 2. 9 倍，平均每家公司超募 4. 6 亿元之多。超募率最高的国民技术，预计募集 3. 4 亿元，实际募集 23. 8 亿元，超募率达 600%。

表 6 – 4　超募资金额最高的十大创业板上市公司（截至 2011 年 8 月 19 日）

单位：亿元

股票代码	公司名称	超募额
300118. SZ	东方日升 198	13. 9
300068. SZ	南都电源 198	15. 3
300257. SZ	开山股份 198	15. 9
300144. SZ	宋城股份 198	16. 3
300124. SZ	汇川技术 198	16. 5
300082. SZ	奥克股份 198	18. 8
300142. SZ	沃森生物 198	19. 6
300070. SZ	碧水源 198	19. 9
300077. SZ	国民技术 198	20. 4

资料来源：Wind 资讯。

虽然超募资金能够为企业的发展提供充足的资金保障，但超募资金过多也并非一件好事，其负面影响不容忽视。一方面，由于缺乏合适的投资项目，巨额的超募资金被闲置或滥用，造成社会资源的极大浪费。根据创业板信息披露规定，上市公司最晚应于募集资金到账后的 6 个月内，妥善安排超募资金的使用计划，但在实施过程中，市场环境变化或规划周期因素，造成了许多公司将募集资金大量闲置，大大降低了社会资源的配置效率以及股东的资本收益。甚至很多企业将超募资金通过各种手段变相用于购买地产和 PE 投资，例如，神州泰岳公司使用全部超募资金购置写字楼，而经纬建材也使用部分超募资金建设办公及配套设施。另一方面，巨额的超募资金掩盖了企业发展中存在的很多问题，很多财务指标失真，不利于监管者的监管，例如很多企业将超募资金用于归还银行贷款、永久性弥补流动资金。

创业板的“三高”现象，尤其是发行市盈率过高使一些公司的估值已经透支了未来数年的乐观性成长估计。根据陆续发布的半年报显示，创业板公司的上市业绩和预期增长速度与上市之初相比下降幅度过大，业绩变脸过快，呈现出成长性不足的特征。

截至 2011 年 8 月 19 日，共有 169 家创业板上市公司发布了 2011 年上半年业绩报告，平均主营业务收入增长率为 36.4%，同期中小板市场的平均主营业务增长率为 32.0%，整个 A 股市场的主营业务增长率为 156.2%。创业板市场上市公司主营业务收入增长率最高的为中能电气，其上半年主营业务收入增长率为 144.7%，中小板市场主营业务收入增长率最高的紫鑫药业主营业务增长率为 225.99%，整个 A 股市场主营业务增长率最高的上市公司为国兴地产，其上半年主营业务收入增长率为 109442.86%。创业板共有 10 家上市公司的主营业务收入出现下降，其中安居宝下降幅度最大，其公布的半年报显示，上半年公司实现营业收入 0.9 亿元，同比下降 20.31%。

数据显示，创业板上市公司平均净利润增长率为 29.5%，同期中小板市场及其整个 A 股市场的平均净利润增长率分别为 64.9%、285.8%；净利润增长率最高的为华平股份，其净利润增长率为 287.9%；而同期中小板市场净利润增长率最高的为冠福家用，其净利润增长率为 6517.39%；整个 A 股市场净利润增长率最高的上市公司为西安旅游，其净利润增长率分别为 110546.47%。共有 19 家创业板上市公司的净利润出现下降，下降幅度最大的当升科技，为 83.71%，而这 33 家上市公司平均下降幅度为 28.2%。

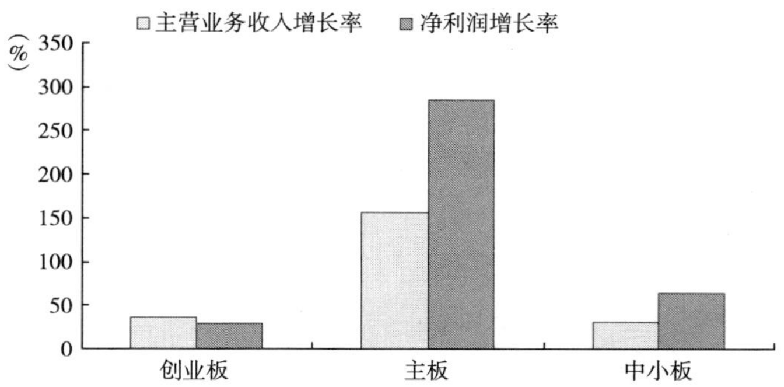

图6-1　三个市场2011年上半年业绩增长情况对比

资料来源：Wind资讯。

就净资产收益率而言，创业板上市公司平均净资产收益率为5.22%，而同期中小板和整个A股市场的净资产收益率分别为5.42%和5.03%。

创业板上市公司平均每股收益为0.3元，同期中小板和整个A股市场的平均每股收益分别为0.28元和0.25元。

创业板上市公司平均每股净资产为7.35元，而同期中小板和整个A股市场的平均每股净资产分别为5.62元和4.58元。

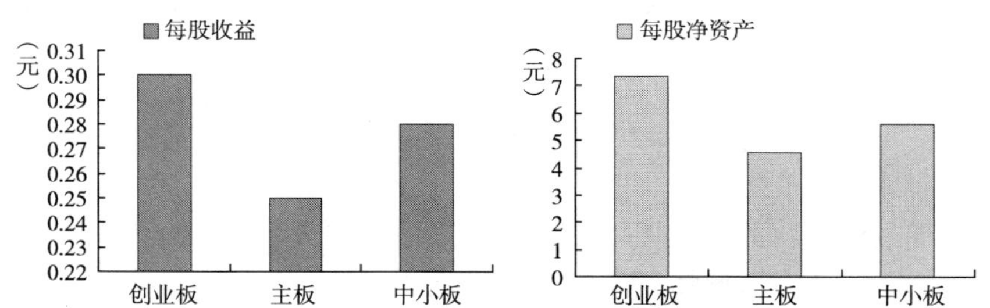

图6-2　三个市场市盈率及市净率对比（2011年8月19日）

资料来源：Wind资讯。

2011年8月19日，创业板市场平均市盈率为46倍，而同期中小板和整个A股市场的平均市盈率分别为35.23倍和16.89倍；创业板平均市净率为3.9倍，同期中小板和整个A股市场的平均市净率分别为4.11倍和2.46倍。

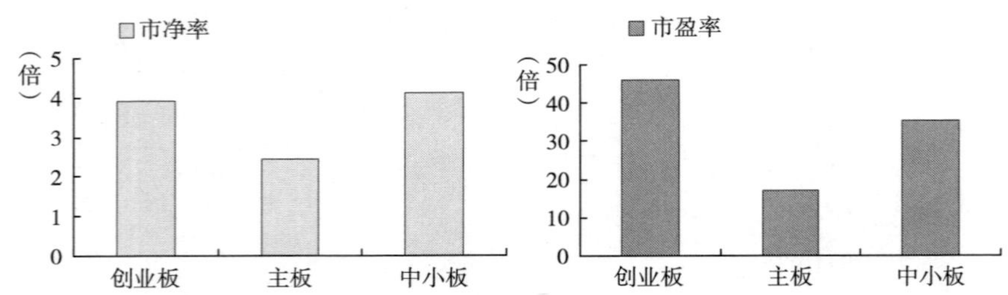

图 6-3　三个市场 2011 年上半年每股收益及每股净资产对比

资料来源：Wind 资讯。

除每股净资产因受到资产评估的影响可比性较差外，各项指标均显示，创业板上市公司上半年业绩并没有体现出高成长性的特点，甚至很多指标远低于同期中小板市场和整个 A 股市场。

"三高"现象使得创业板的创富效应被无限放大，大股东成为企业上市的最大受益人。截至 2011 年 8 月 19 日，256 家创业板上市公司的前十大股东名单中，有 1432 位自然人，以 2011 年 8 月 19 日收盘价计算，至少有近 600 位已达到上亿元身价。在巨额财富面前，一些创业者失去了创业的理想，纷纷减持套现。以华谊兄弟为例，2011 年 5 月 6 日，董事虞锋本人通过大宗交易减持 445.86 万股，虞锋之母王育莲减持 360 万股，马云减持 1109.16 万股，3 人的套现金额合计超过 3 亿元。而事实上，加上 2011 年 1 月减持的 73.6 万股，虞锋及其母累计减持华谊兄弟股份多达 879 万股。另外，从华谊兄弟上市，马云本人共有两次大笔减持，第一次在 2010 年 11 月 26 日，减持 300 万股，套现超过 9000 万元，另一次便是 2011 年 5 月 6 日，套现 1.77 亿元，两次合计逾 2.6 亿元。创业精神的缺失使得高管自公司上市开始就设法尽快实现个人收益最大化，为此不惜纷纷辞职以规避相关法律约束来加快套现进程。2010 年 1 月 18 日，同花顺公司董秘方超和监事易晓梅在公司上市还不足 1 个月时就辞职。2010 年 9 月 10 日，朗科科技创始人邓国顺宣布辞职，成为创业板上市公司中首位上市不足 1 年就离职的总经理。

"三高"现象还滋生了权利寻租、PE 腐败以及券商以"保荐 + 直投"方式突击入股等现象。这些急功近利的现象极大地损害了广大投资者的利益。它们将巨大的投资风险转嫁到投资者身上，造成公众投资者财富的流失，在创业板推出不到两年的时间里，投资者亏损或被套牢的比重接近七成。

2. 创业板市场“三高”现象的原因分析

造成创业板出现“三高”现象的原因是多方面的，最主要的是制度方面的原因，包括发行制度、监管制度及退市制度。

（1）不合理的发行制度

一方面，创业板的发行制度采用核准制，所有拟上市企业均须通过发审委的审核才能最终上会，发审委的审核有着严格的标准，涵盖成长性、赢利能力、商业模式、行业地位、技术含量等诸多因素。虽然相对于主板市场，这些上市标准门槛较低，但与全球其他主要创业板市场的上市条件相比，仍然偏高，尤其是在财务指标方面限制过细且过于严格。另一方面，由于创业板的“三高”能够使上市企业募集到更多的资金，大量的中小企业上市时首选创业板而不是中小板。截至2011年8月19日，256家创业板上市公司中，八成以上的公司达到了中小板市场甚至主板市场的上市标准。而大量此类企业涌入创业板市场，占用了有限的上市资源，无形中抬高了创业板公司的上市门槛。在上市门槛被实质性提高的形势下，大量具有高成长性的中小型企业无法获得上市机会，巨额的申购资金面对数量较少的上市企业，必然出现供不应求的情况，最终致使创业板市场出现严重泡沫。

最后，创业板市场的询价制度也存在着很大的问题，主要表现在有资格参与询价的机构数量较少且所受约束不足，在询价中存在垄断行为，而且受利益驱使，容易与发行人、承销商合谋推高发行价格。投资者在网上申购80%的新股，却没有询价知情权和参与权，只能被动接受发行人、保荐人及机构联合确定的价格，而承销商、发行人和保荐人受利益驱动，往往采取“三高”发行，他们与询价机构大都存在这样或那样的人脉关系和业务联系，询价机构一般不会对发行人和承销商申报的价格提出反对意见，因此创业板企业在询价和募资路演过程大多流于形式。

总之，在创业板市场的规模没有放开、市场化询价制度不够完善甚至整个发行制度问题重重的情况下，创业板市场“三高”现象的发生是必然的结果。

表 6－5　我国创业板市场与主板市场上市条件对比

市场层次	主板	创业板
主体资格	依法设立且合法存续的股份有限公司	依法设立且持续经营 3 年以上的股份有限公司
赢利要求	（1）最近 3 个会计年度净利润均为正数且累计超过 3000 万元。 （2）最近 3 个会计年度经营活动产生的现金流量净额累计超过 5000 万元，或最近 3 个会计年度营业收入累计超过 3 亿元。 （3）最近一期末不存在未弥补亏损。	（1）最近两年连续赢利，最近两年净利润累积不少于 1000 万元且持续增长，或者最近一年赢利且净利润不少于 500 万元，最近一年营业收入不少于 5000 万元，最近两年营业收入增长率均不低于 30%。 （2）最近一期末不存在未弥补亏损
资产要求	最近一期末无形资产占净资产的比例不高于 20%	最近一期末净资本不少于 2000 万元
股本要求	发行前股本总额不少于 3000 万元	发行后股本总额不少于 3000 万元
董事及管理层	最近 3 年内未发生重大变化	最近 2 年内未发生重大变化
实际控制人	最近 3 年内实际控制人未发生变更	最近 2 年内实际控制人未发生变更

资料来源：《中国资本市场研究报告（2011）》。

表 6－6　全球主要创业板市场的上市条件概况

市场名称		资本额	净有形资本	总市值	公众流通股市值	总资产
美国纳斯达克市场	标准一	不要求	600 万美元	不要求	800 万美元	不要求
	标准二	不要求	1800 万美元	不要求	1800 万美元	不要求
	标准三	不要求	不要求	7500 万美元	2000 万美元	7500 万美元
日本佳斯达克市场		不要求	2 亿日元以上	不要求	不要求	不要求
中国香港创业板市场		不要求	不要求	不要求	3000 万美元或 2 亿港元	不要求

续表

市场名称	资本额	净有形资本	总市值	公众流通股市值	总资产
中国台湾柜台买卖市场	一般类股票：新台币1亿元；第二类股票：新台币3000万元	不要求	不要求	不要求	不要求
韩国科斯达克市场	5亿韩元（建筑业10亿韩元）	不要求	不要求	不要求	不要求

资料来源：《中国资本市场研究报告（2011）》。

（2）不完善的监管制度

由于相对于主板市场，创业板上市公司的信息披露专业性强，公司治理基础较为薄弱，股本规模较小，经营不确定性较大，因此创业板市场的发展与规范更需要辅以严格的监管制度。但是在创业板推出时，其监管框架是依托原有上市公司监管体系构建的，虽然当时明确将侧重点放在信息披露、公司治理、保荐人持续督导和募集资金管理四个方面，但缺少细化和量化的监管标准，而监管标准不够明确必然会产生监管漏洞。例如，针对大量超募资金如何使用的问题，监管力度明显不够，很多创业板公司利用超募资金购置豪华办公楼，有的用于永久性补充流动资金，有的甚至用于偿还银行贷款；此外，承销商在辅导拟上市公司发行上市时，一般需要对公司的业绩增长作出预测，却没有规定，一旦公司上市后业绩没有达到预期，后果会怎样。事实上，不少创业板公司实际业绩增长都无法达到预期，承销商却很少承担责任和风险，而监管的无力却无法对这一问题加以规避。2011年4月1日，深圳证券交易所发布实施《创业板上市公司公开谴责标准》，对创业板超额募集资金使用、重大事项信息披露、资金占用等事项制定细化和量化的标准，重点规范和强化对创业板上市公司的监管。

在信息披露违规方面，《公开谴责标准》规定，违规披露、不披露事项涉及的资产达到最近一期经审计的资产总额30%以上的，涉及的利润超过2000万元且达到最近一个会计年度经审计的净利润30%以上的；违规披露、不披露重大诉讼、仲裁、关联交易（不含日常关联交易）或者其他重大事项连续12个月涉及金额累计超过人民币5000万元且达到最近一期经审计的净资产50%以上的都将被公开谴责。

在规范运作违规方面，《公开谴责标准》特别关注募集资金的规范运作，将募集资金用于证券投资、创业投资等高风险投资等，以及质押、委托贷款、为他人提供财务资助，涉及金额超过人民币500万元的；变更募集资金投向，未按规定履行审批程序和信息披露义务，涉及金额超过人民币3000万元或者超过募集资金净额10%的；使用募集资金置换先期投入的自筹资金、使用闲置募集资金暂时补充流动资金或者归还银行贷款等，未按规定履行审批程序和信息披露义务，涉及金额超过人民币5000万元或者超过募集资金净额20%的等行为，都将受到公开谴责。

虽然设定细化、量化的公开谴责标准非常必要，但公开谴责所产生的效果十分有限。目前在主板市场与中小板市场上，由于上市公司本身或其高管存在违规行为，监管机构每年都发布大量的谴责公告，甚至罚款与市场禁入的处罚也屡见不鲜，但违规者仍然层出不穷。例如根据《公开谴责标准》的规定，创业板公司如果出现变更募集资金投向，未按规定履行审批程序和信息披露义务，涉及金额超过人民币3000万元或者超过募集资金金额10%的行为，将会遭到深圳证券交易所的公开谴责。但实际在主板与中小板市场中，不按规定履行审批程序和信息披露义务而变更募集资金投向的例子不胜枚举，仅仅只是公开谴责，无法起到警示作用，必须采取更加严格的处罚措施。

另外在询价时，面对大起大落的发行价格，监管部门没有采取必要的措施，这客观上纵容了高发行价的兴起。只有对发行人、承销商以及整个发审过程进行严格的监管，加强制度建设，强化制度约束，才能更好地保护投资者的利益，才有利于建立一个健康有序的创业板市场。

（3）直接退市制度缺失

退市机制与上市发行制度共同构成创业板市场完整的市场进出机制，退市制度实际上是一种风险退出机制，它的建立能够有效降低市场风险，实现对创业板市场的净化，将那些利用发行制度的缺陷进入创业板市场进行“圈钱”的空壳公司清除出市场，促进创业板市场的健康平稳发展。

当前，世界各主要创业板市场均建立了相对完善而严格的退市机制。以纳斯达克市场为例，每年的退市比例为8%，在大量公司进入市场的同时，很多上市公司因触发退市条件，被迅速“清退”。例如在2011年4月，在纽约证券交易所上市的中国公司东南融通受到美国一家民间研究机构财务造假方面的质疑，公司无法按时公布财务报告。在触发退市条件后，美国证监会随即宣布启动东南融通的退市程序。与此同时，股东针对公司和董事会成员的诉讼启动，真正达到了“优存劣汰”的目的。而我国在创业板设立之初并没有建立直接的退市机制，深圳证券交易所只是在2009年6月5日发布的《深圳证券交易所创业板股票上市规则》中，列举了创业板上市公司风险警示处理与暂停、恢复、终止上市等具体标准。由于创业板退市制度不完善，投资者普遍预期创业板公司不会被轻易退市，即使业绩恶化也有重组的可能，因此很多投资者大肆参与炒作创业板，使得“三高”问题难以根治。

2011年7月12日，深圳证券交易所总经理宋丽萍首度披露了创业板退市制度的原则及框架。确定创业板退市制度的基本原则是杜绝直接退市、快速退市和借壳炒作现象。在退市制度的设计上，深圳证券交易所在现有《创业板上市规则》规定的退市标准基础上，增加了两个退市标准：一是连续受到交易所公开谴责的，即创业板公司在最近36个月内累计受到交易所公开谴责三次的，将终止该公司股票上市；二是股票成交价格连续20日低于面值的，将终止该公司股票上市。

但是这两个退市标准的约束力值得商榷，创业板公司在最近36个月内累计受到交易所公开谴责三次的可能性微乎其微。例如，根据公开谴责标准的规定，违规披露或不披露重大诉讼、仲裁、关联交易（不含日常关联交易）或者其他重大事项连续12个月，涉及金额累计超过人民币5000万元，且达到最近一期经审计的净资产50%以上的将被公开谴责。要想违反这个标准必须同时满足三个条件：连续12个月违规披露或不披露重大诉讼、仲裁、关联交易（还不包括日常关联交易）；涉及金额必须超过5000万元；必须达到最近一期经审计净资产的50%以上，这样强的条件想违反都难。《公开谴责标准》还规定：创业板公司如果出现变更募集资金投向，未按规定履行审批程序和信息披露义务，涉及金额超过人民币300万元或者超过募集资金金额10%的行为，将会遭到深圳证券交易所的公开谴责。而当时创业板公司普遍存在高超募，相对其超募资金来说，300万元或许不算什么，但是一旦创业板退市制度出台，其新股发行价格和发行市盈率步入正轨，资金超募情况将得到极大的改善，3000万元是一个非常大的数目，这样的约束标准很难起到作用。另外，对于新增的第二个退市标准，在我国上海证券交易所和深圳证券交易所流通的股票，其面值都统一定为一元，即每股一元，而对于股票成交价格连续低于面值的情况，也就是说，成交价格连续低于一元的情况，在我国证券市场上从未发生过，这个标准形同虚设。

3. 解决创业板市场“三高”问题的几点建议

解决“三高”问题对创业板市场的健康发展至关重要。应从完善制度入手，通过改革新股发行制度、完善各项监管制度和制定严格和可操作的退市制度，从根源上杜绝“三高”现象的发生。

（1）进一步推动新股发行制度改革

首先，应努力降低创业板市场的上市门槛，以进一步扩大创业板市场的容量，通过提高供给量、扩大创业板市场上市企业规模来调节发行价格，让创业板市场上的上市公司不再是稀缺资源，同时通过调整发行节奏和规模使市场化的询价范围达到合理的区间。其次，应建立真正市场化的询价机制，增加询价机构的数量，对机构在询价过程中的垄断行为进行严密的监控。再次，可以考虑成立一个专门负责监管询价机构、发行人和承销商的机构，以杜绝三者之间的利益输送；另外可以考虑对发行价格、发行市盈率设置一个类似于股市中涨跌停板的制度，以防止过度投机的发生。最后，可以尝试将发行审核权下放至深圳证券交易所，当时在我国创业板发行体制中，由证监会组织的发审委负责核准新股发行，但当时的上市企业资源丰富，而发审委人手有限，排队等待发行审核的企业数量众多，严重影响审核进度和效率，通过把审核权限下放到交易所，监管部门可以将主要精力放在政策制定及监管层面，以提高整体效率。

（2）完善各项监管制度

应将侧重点放在信息披露、公司治理、保荐人持续督导和募集资金管理四个方面，制定细化和量化的监管标准。在对信息披露的监管上，首先，应突出风险提示的职责，防患于未然，例如，要求公司及时披露补充公告和更正公告，强化经营风险的披露，增加研发相关成本和费用的披露，加大现场排查力度；其次，应对《创业板上市公司公开谴责标准》进行修订，目前的标准过于宽泛，不具有现实的约束力，应制定更加严格的标准，对不披露、虚假披露、或选择性披露的行为进行严厉的处罚，例如可考虑建立问责制，对于遭公开谴责的公司，应叫停其再融资，或者在直接退市机制建立后作为创业板公司直接退市的先决条件。

在对公司治理结构的监管上，应仿效中小板，制定创业板上市公司控股股东和实际控制人行为指引，以规范上市公司控股股东和实际控制人行为，切实保护上市公司和中小股东合法权益。

在对保荐人持续督导的监管上面，应尽快制定持续督导细则，可以学习英国 AIM 市场的成功经验，实行保荐人终身制，以强化约束保荐人勤勉尽职，自觉规范行为。

最后在对募集资金管理的监管方面，应将重点放在监管好超募资金的使用上，保荐机构应加大核查力度，对存在超募资金使用问题的上市公司，采取严厉的惩罚措施，并追究其保荐机构的责任，还可要求其提供会计师事务所的鉴定报告，另外对超募资金，可探索建立独立第三方托管账户；为了更好地保护发行人和投资者的利益，还应建立集团诉讼制度和欺诈发行赔偿制度，消除关联人的违规成本。

（3）制定严格和可操作的退市制度

应建立完善的退市指标体系，避免出现 A 股退市制度存在的退市标准单一、不科学，以及退市标准与上市标准缺乏对称性的缺陷。2011 年 7 月 12 日，深圳证券交易所总经理宋丽萍首度披露了创业板退市制度的原则及框架。在退市制度的设计上，深圳证券交易所在现有《创业板上市规则》规定的退市标准基础上，增加了两个退市标准（如前所述）。但是这两个标准都不具有可行性，公开资料显示，截至 8 月 18

日，创业板共计有256家上市公司，其中仅有南风股份和豫金刚石两家公司曾经在上年遭到过深圳证券交易所的公开谴责，这样宽泛的标准显然不具有约束力；而股票成交价格连续20日低于面值的情况，放眼整个A股历史也未曾出现过。要达到退市效果，还应有其他的标准，如资不抵债的退市标准等。国际上比较发达的创业板市场大都建立了比较完善的退市机制，制定了比较具体的退市标准。在纳斯达克市场，退市标准非常具体，对于不符合财务要求；流动性、市值规模或股权分布未达标；缺乏做市商；公司治理、高管诚信出现问题等都有明确的退市标准。创业板市场退市机制的确立还依赖于多层次资本市场的完善，尤其是三板市场的构建。在由主板、创业板及三板构成的多层次证券市场流通过程中，凡是已在主板上市却不满足主板上市条件的企业以及不满足创业板上市条件的创业板上市公司均退至三板市场，以解决后续流通问题，而凡不满足三板上市条件的三板企业退出三板，结束交易活动，这有利于形成完善的风险退出机制，在“净化”市场的同时，拯救那些业绩有望回升的企业。

三　附录：1990～2012年我国资本市场发展历程回顾

根据文献整理，我国资本市场21年发展历程如下。[①]：

1990年

1990年12月19日，上海证券交易所开业，时任上海市市长朱镕基在当时交易所所在地浦江饭店敲响开市之锣。

1991年

1991年7月3日，深圳证券交易所正式开业。

1991年7月15日，上海证券交易所开始公布沪市8种股票的价格变动指数。

1991年8月1日，第一只可转换企业债券琼能源发行。

---

① 尚晓娟：《中国证券市场20年大事记》，《投资与理财》2010年6月28日；新华网，《2012年1月资本市场大事记》，http://news.xinhua08.com/a/20120201/895234.shtml。

1991 年 10 月 31 日，中国南方玻璃股份有限公司与深圳市物业发展（集团）股份有限公司向社会公众招股，这是中国股份制企业首次发行 B 股。

1992 年

1992 年 1 月 19 日，邓小平视察南方，考察了深圳股市情况并发表讲话。

1992 年 2 月 21 日，第一家 B 股上市公司上海真空电子器件股份有限公司首次向境外投资者发行股票。

1992 年 5 月 21 日，沪市全面放开股价管制，大盘直接跳空高开在 1260.32 点，较前一天猛涨 104.27%，上证综指当天从 616 点蹿升至 1265 点，首度跨越千点。股价随后一飞冲天，仅隔 3 天，又登顶 1420 点。

1992 年 7 月 7 日，深圳原野股票停牌。

1992 年 8 月 10 日，深圳数千人因为排队数日没买到认股抽签表而爆发震惊全国的“8·10”事件。“8·10”之后第三天，沪指猛跌 22.2%。此时点位与 5 月 25 日的 1420 点相比，净跌 640 点，两个半月内跌幅达到 45%。

1992 年 10 月 12 日，国务院证券委员会中国证监会成立。

1992 年 10 月 19 日，深圳宝安企业（集团）股份有限公司发行 1992 年认股权证，这是中国首家发行权证的上市企业。

1993 年

1993 年 2 月开始，在国家遏制经济过热的宏观紧缩政策影响下，中国股市开始进入长达 3 年的第一次大熊市。

1993 年 4 月 22 日，《股票发行与交易管理暂行条例》正式颁布实施。

1993 年 5 月 3 日，上证所分类股价指数首日公布，分为工业、商业、地产业、公用事业及综合共五大类。

1993 年 6 月 1 日，上海证券交易所、深圳证券交易所联合编制“中华股价指数”。

1993 年 6 月 29 日，第一家 H 股上市公司青岛啤酒在香港正式招股上市。

1993 年 7 月 7 日，国务院证券委发布《证券交易所管理暂行办法》。

1993 年 8 月 6 日，上海证券交易所所有上市 A 股均采用集合竞价。

1993 年 8 月 20 日，第一只上市的投资基金淄博基金发行。

1993 年 9 月 30 日，中国宝安集团股份有限公司宣布持有上海延中实业股份有限公司发行在外的普通股超过 5%，由此揭开中国收购上市公司第一页。

1993 年 10 月 25 日，上海证券交易所向社会公众开放国债期货交易。

1994 年

1994 年 4 月，棱光股份成为第一家国家股转法人股公司。

1994 年 6 月，哈岁宝成为第一家上网竞价发行股票的上市公司。

1994 年 6 月，陆家嘴成为第一家国家股减资的上市公司。

1994 年 7 月 28 日，《人民日报》发表《证监会与国务院有关部门共商稳定和发展股票市场的措施》，引发“7·29 股灾”，上证综指最低 325 点，较 1993 年的高点 1558 点跌去近 80%。

1994 年 7 月 30 日，监管部门推出“停发新股、允许券商融资、成立中外合资基金”三大政策救市，上证综指从当日收盘的 333.92 点涨至 9 月 13 日的 1052.94 点，累计涨幅 215.33%。

1995 年

1995 年 1 月 1 日，即日起实行 T+1 交易制度。

1995 年 2 月 23 日，上海国债市场发生著名的“327 风波”，直接导致后来万国证券倒闭和国债期货试点暂停。

1995 年 3 月，证券市场在发展 4 年多以后正式被写进政府工作报告。

1995 年 4 月 3 日，深交所公布成分股名单。

1995 年 5 月 17 日，中国证监会发出《关于暂停国债期货交易试点的紧急通知》，强制协议平仓，暂停国债期货交易试点。

1995 年 5 月 18 日，沪市 A 股跳空 130 点开盘，沪指当天涨幅 30.99%，留下新中国股市上最大的一个跳空缺口。

1995 年 5 月 22 日，国务院证券委宣布当年新股发行规模将在二季度下达，沪指瞬间跌去16.39%。

1995年7月11日，中国证监会正式加入证监会国际组织。

1996年

1996年开始，中国股市进入新一波牛市，上证综指从年初的500多点一直涨到1250点，深证成指从年初的900多点涨到了4200点。

1996年4月1日，中国人民银行发布公告称不再办理新的保值储蓄业务。

1996年4月24日，上海证券交易所调低包括交易年费在内的7项市场收费标准。

1996年4月25日，“申银万国证券股份有限公司”以合并方式组建，同年7月17日正式挂牌。

1996年5月29日，道琼斯推出中国股票指数，分别为道琼斯中国指数、上海指数和深圳指数。

1996年6月24日，上海证券交易所选择市场最具代表性的30家上市公司作为样本，编制“上证30指数”，并在7月1日正式推出。

1996年9月24日，上海证券交易所决定从10月3日起分别下调股票、基金交易佣金和经手费标准；同时对证券交易方式作出重大调整，即由原来的有形席位交易方式改为“有形无形相结合，并以无形为主”的交易方式。

1996年12月13日，沪、深两交易所发出通知，决定自16日起对在两交易所上市和交易的股票和基金类证券的交易价格实行10%的涨跌幅限制。

1996年12月16日，《人民日报》发表特约评论员文章《正确认识当前股票市场》，称“最近一个时期的暴涨是不正常和非理性的”，从而引发市场暴跌。

1997年

1997年1月4日，四大商业银行与信托公司脱钩基本完成，所属186家信托投资公司已撤销148家，转让股份的有33家，上千亿元资产完整移交。

1997 年 4 月 10 日，发行可转换公司债券试点拉开序幕。

1997 年 5 月开始，中国股市进入两年的第二次大熊市。

1997 年 6 月 6 日，人民银行发文禁止银行资金违规流入股票市场。

1997 年 8 月 15 日，国务院决定沪、深证交所划归中国证监会直接管理。

1997 年 11 月，国务院证券会颁布实施《证券投资基金管理暂行办法》。

1998 年

1998 年 3 月 23 日，金泰、开元、兴华、裕阳、安信等五大证券投资基金和南化转债、丝绸转债两个可转换债券相继登场，成为机构投资和金融衍生工具扩大的标志。

1998 年 3 月 25 日，央行该年首次降息，随后，又在 7 月 1 日、12 月 7 日连续降息。

1998 年 4 月 22 日，深、沪两市交易所实行“特别处理”制度。4 月28 日，辽物资 A 成为第一家 ST 公司。

1998 年 6 月 12 日，国家宣布降低证券交易印花税，从单边交易千分之五降低到千分之四。

1998 年 11 月 25 日，中国证监会下发通知，规定股份有限公司公开发行股票一律不再发行职工股。

1998 年 12 月 29 日，酝酿 5 年多的《中华人民共和国证券法》终于获得通过。该法于 1999 年 7 月 1 日起正式实施，它是我国证券市场健康发展的基本大法。

1999 年

1999 年 3 月 10 日，财政部一期凭证式 500 亿元国债正式公开面向广大城乡居民发行。

1999 年 4 月 2 日，央行颁布《人民币利率管理规定》，规定借贷双方可以就提前归还贷款或延期归还以及相关的利率问题进行约定和协商。

1999 年 4 月 20 日，中国第一家经营商业银行不良资产的资产管理公司——中国信达资产管理公司成立，注册资本为 100 亿元。

1999 年 5 月 7 日，周末北约导弹袭击中国驻南斯拉夫联盟大使馆。周一，沪深股市跳空而下，“导弹缺口”炸在每个股民心中。

1999年5月19日，中国股市开启以网络科技股为龙头的“5·19”行情，网络股领头启动，当日沪市上涨51点，深市上涨129点，随后这波牛市一直延续到2001年。

1999年6月1日，国务院宣布降低B股印花税。

1999年6月10日，央行宣布第七次降息。

1999年6月12日，棱光股份成为第一家遭交易所公开谴责的上市公司。

1999年6月14日，证监会官员发表讲话，指出股市上升是恢复性的。

1999年6月15日，《人民日报》再次发表特约评论员文章，重复股市是恢复性上涨。

1999年7月1日，《中华人民共和国证券法》正式实施。

1999年7月9日，农商社、双鹿、苏三山、渝钛白成为第一批PT上市公司。

1999年9月9日，国有企业、国有资产控股企业、上市公司等三类企业获准进入股市，沪指大涨103.52点，涨幅6.59%。

1999年9月16日，国务院批准实施《中国证券监督管理委员会股票发行审核委员会条例》。

1999年10月，申能股份成为第一家国家股回购的上市公司，首钢股份成为第一家引入战略投资者的上市公司。

2000年

2000年1月初，经济学家吴敬琏抛出“股市赌场论”，引发对股市定位与建设的大讨论。

2001年

2001年2月，境内居民获准可投资B股市场。

2001年4月，吴江丝绸成为第一家发行可转债的上市公司。

2001年6月14日，国有股减持办法出台，沪指创下此前11年来新高2245点，直到7月13日，股市仍在高位盘整。

2001年7月26日，国有股减持在新股发行中正式实施，股市开始暴跌。

2001 年 10 月 19 日，沪指已从 6 月 14 日的 2245 点猛跌至 1514 点，50 多只股票跌停。

2001 年 10 月 22 日，晚 9 时中央电视台报道，国有股减持办法暂停，证监会宣布首发增发停止国有股出售。

2002 年

2002 年 6 月 23 日，国务院决定，除企业海外发行上市外，对国内上市公司停止执行关于利用证券市场减持国有股的规定，并不再出台具体实施办法。

2002 年 6 月 24 日，市场爆发井喷式“6·24”行情。

2002 年 11 月 5 日，中国人民银行和中国证监会联合发布《合格境外机构投资者境内证券投资管理暂行办法》，这标志着我国 QFII 制度正式启动。

2003 年

2003 年 7 月，QFII 第一单出炉，瑞银抢得头筹。

2004 年

2004 年 1 月 31 日，《国务院关于推进资本市场改革开放和稳定发展的若干意见》出台，史称资本市场“国九条”。

2004 年 4 月 14 日，市场著名“庄股”、德隆旗下的新疆屯河、湘火炬、合金投资等 3 只股票开始崩溃式连续跌停，多年来纵横市场的德隆系轰然倒下。

2004 年 6 月 1 日，《中华人民共和国证券投资基金法》施行。

2004 年 9 月 4 日，券商开始清理整顿，南方证券、汉唐证券、闽发证券、大鹏证券等相继被托管或被清盘。

2005 年

2005 年 4 月 29 日，上市公司股权分置改革启动。

2005 年 5 月 9 日，三一重工等 4 家上市公司进入股权分置改革首批试点程序。

2005 年 6 月 6 日，证监会推出《上市公司回购社会公众股份管理办法（试行）》，上证综指应声跌破千点。

2005 年 6 月 8 日，沪指暴涨 8%，股票市场创下了自 2002 年以来的最大单日涨幅和最大单日成交纪录。

2006 年

2006 年 7 月 5 日，中国银行在上海证券交易所挂牌，掀开大型国有商业银行国内上市序幕。

2006 年 10 月 27 日，全球最大 IPO 中国工商银行在沪、港两地同日上市。

2007 年

2007 年 5 月 30 日，国家半夜上调印花税税率导致“5·30”大跌。印花税由千分之一调整为千分之三，调整幅度超出市场预期，多数股票连续出现了 5 个以上的跌停。

2007 年 6 月 20 日，中国证监会发布《合格境内机构投资者境外证券投资管理试行办法》和相关通知，QDII 制度开始实施。

2007 年 7 月 26 日，“带头大哥”王秀杰因非法经营证券投资咨询业务被捕。

2007 年 8 月 23 日，上证综指达到 5000 点。

2007 年 10 月 15 日，上证综指突破 6000 点。

2008 年

2008 年 4 月 20 日，在大小非减持成为众矢之的之际，《上市公司解除限售存量股份转让指导意见》出台，中国证监会规定大小非减持超过总股本 1% 的，须通过大宗交易系统转让，大小非减持情况在中登公司网站定期披露。

2008 年 4 月 24 日，财政部、国家税务总局下调印花税税率，由千分之三下调至千分之一。

2008 年 6 月 20 日，最后一只股改权证——南航认沽权证存续期满。自此，股改权证彻底退出资本市场。

2008 年 8 月 27 日，中国证监会正式发布了修改后的《上市公司收购管理办法》，为大股东增持打开方便之门。

2008 年 9 月 18 日，国资委宣布支持中央企业增持或回购上市公司股份。

2008 年 9 月 19 日，印花税改为单边征收。

2008 年 10 月 5 日，中国证监会宣布将正式启动证券公司融资融券业务试点工作。

2008 年 11 月，中国家电连锁巨头国美集团“掌门人”、2008 胡润百富榜上的中国首富黄光裕因为涉嫌经济犯罪，被警方拘留调查。

2009 年

2009 年 6 月 29 日，桂林三金开始接受网上申购，这是继 2008 年 9 月 16 日以来的第一只新股申购，也标志着中国 A 股市场的 IPO 在停批近一年后首次重新开启。

2009 年 10 月 30 日，创业板正式揭开帷幕，首批 28 只股票同日挂牌，刷新了中国股市多股齐发的历史纪录。

2009 年 11 月 13 日，沪、深 B 股爆发狂飙行情，出现大面积的个股涨停，而没有涨停的 B 股大多数股价上升了 7% 以上。

2010 年

2010 年 3 月 31 日，融资融券试点正式启动。

2010 年 4 月 16 日，筹备多年的合约正式上市交易，首次上市的四份股指期货合约的挂牌基准价定为 3399 点。

2010 年 4 月，史上最严厉的房地产调控政策出台。

2010 年 5 月 2 日，中国人民银行宣布上调人民币存款准备金率 0. 5 个百分点至 17%，农村信用社、村镇银行暂不上调，这是央行年内第三次宣布上调存款准备金率。

2010 年 5 月 21 日，首个股指期货合约 IF1005 平稳交割。

2010 年 6 月 9 日，融资融券试点扩大范围。

2010 年 6 月 19 日，人民币连续升值，央行重启汇改。

2010 年 7 月，中国农业银行启动全球最大 IPO。

2010 年 9 月，国务院确定七大战略性新兴产业。

2010 年 10 月，美国推出第二轮量化宽松的货币政策。

2010 年 11 月，央行加息和提高存款准备金率。

2010 年 11 月，10 月 CPI 涨幅 4.4%，创 25 个月新高。

2010 年，区域振兴规划纷纷出台，欧债危机进一步恶化。

2011 年

2011 年 11 月 28 日，深交所推出完善创业板退市制度。

2011 年 11 月 9 日，证监会要求上市公司明确分红政策。

2011 年 12 月 5 日，融资融券的标的证券扩容到 285 只，并且首次把中小盘股纳入。

2011 年 12 月 16 日，证监会、央行、外汇局宣布即将联合发布“小 QFII”（RQFII）试点办法及配套文件，“小 QFII”初期试点的额度约为 200 亿元人民币。

2011 年 12 月，证监会主席郭树清在首次公开阐述监管理念时郑重声明，“零容忍”打击违法交易。

2012 年

2012 年 1 月 3 日，人力资源和社会保障部副部长胡晓义表示，截至 2011 年底，全国城镇五项社会保险基金的累积结余预计可达 2.7 万亿元。

2012 年 1 月 4 日，中国人民银行发布实施《基金管理公司、证券公司人民币合格境外机构投资者境内证券投资试点办法》有关事项通知。《通知》重申，试点机构在香港募集人民币进行境内证券投资的资产配置应当符合以下要求：在获批的投资额度内，不超过募集规模 20% 的资金投资于股票及股票类基金，不少于募集规模 80% 的资金投资于固定收益证券，包括各类债券及固定收益类基金。

2012 年 1 月 4 日，商务部发布“十二五”时期我国商务发展的预期目标：国内市场总体规模逐步位居世界前列，社会消费品零售总额年均增长 15% 左右，2015 年达到 32 万亿元；城镇现代流通体系基本形成；货物进出口年均增长 10% 左右，2015 年达到 4.8 万亿美元，服务贸易年均增长 11% 以上，2015 年达到 6000 亿美元。

2012 年 1 月 6 日，中国人民银行发布公告称，为促进春节前银行体系流动性平稳运行，人民银行决定春节前暂停中央银行票据发行，并根据实际需求开展短期逆回购操作。为了缓解资金紧张的态势，央行分别于 17 日、19 日实施了 1690 亿元、1830 亿元 14 天期逆回购。

2012 年 1 月 7 日，国土资源部部长徐绍史在全国国土资源工作会议上表示，2011 年我国土地供应量同比增长 37%，其中商品住房用地全年实际供应增长 4%。2012 年我国将从严从紧投放年度建设用地计划指标。

2012 年 1 月 9 日，国务院讨论通过《西部大开发“十二五”规划》和《东北振兴“十二五”规划》。

2012 年 1 月，全国金融工作会议在北京举行。国务院总理温家宝表示，要实施好稳健的货币政策，优化信贷结构，加强对国家重点在建续建项目和保障性住房建设、对符合产业政策的企业特别是小型微型企业、对企业技术改造的信贷支持。进一步完善人民币汇率形成机制，稳妥有序推进人民币资本项目可兑换。

2012 年 1 月，中央国债登记结算公司数据显示，截至 2011 年末，中国债券托管量达 21.36 万亿元，首次突破 21 万亿元大关。全年债券托管总量实现净增长 1.18 万亿元。

2012 年 2 月 19 日，中国人民银行宣布从 2012 年 2 月 24 日起，下调存款类金融机构人民币存款准备金率 0.5 个百分点。

第二节　房地产价格波动冲击下的货币政策选择

货币流动性过剩是引发价格高涨的重要推手。房地产价格也不例外。房地产业是资金密集型产业，其供给和需求都离不开金融支持。货币政策的方向性变化会影响到房地产市场的发展。通常来说，货币政策对房地产价格的影响主要通过开发投资、房地产抵押贷款和消费者预期来实现。如果房地产开发商和置业者都可以从银行取得贷款，那就意味着资金可以通过开发投资和房地产抵押贷款流入房地产行业。随后，消费者会产生价格持续上涨的预期，并且房地产市场可能出现群体投机行为和风险转嫁行为，从而推动房地产价格脱离正常轨道，打破房地产价格与经济基础的均衡关系，造成房地产价格高于基础价格，加速使社会财富进一步向少数人转移。当前我国房地产价格持续上涨就属于这种情况。有关研究表明，房地产价格的迅速上涨与金融支持变量有紧密的关系。我们认为当前降低房地产业的金融支持力度，实行有限度的偏紧的货币政策，对保持我国房地产价格稳定将起到积极的作用。

一　中国房地产市场及调控政策效果评述

（一）中国房地产泡沫风险正在加大

国际金融危机以后，随着应对金融危机出台“四万亿”刺激计划效应的显现，全国物价快速上涨，至 2001 年 8 月 CPI 同比涨幅已连续三个月保持在 6% 以上的高位。相比通胀，中国房地产市场的泡沫化风险将更加长期和深远。中国房地产市场近两年来可以说是极度亢奋，2009 年、2010 年住房销售面积是之前 10 年的 48.1%，销售金额则是之前 10 年的 75.7%，全国平均房价上涨了 75.7%。在过度信贷优惠政策下银行信贷无限扩张，并以不同的方式涌入房地产领域。当大量的银行信贷资金涌入房地产市场时，房价快速飙升；而房价飙升，又进一步诱惑更多资金进入房地产市场，房地产泡沫遂在此循环下逐渐吹大。

已经累积到具有全局性意义的中国房地产泡沫的风险主要表现为两大方面：一是经济上的泡沫化严重扭曲了经济结构，挤压了消费、绑架了投资、推高了通胀、强化了土地财政、威胁了金融安全、妨碍了经济稳定，成为制约发展方式转变的重要障碍；二是经济泡沫的影响正迅速外溢，不仅造成经济增长的波动，而且对整个社会发展产生重要影响、对社会稳定构成现实威胁。房地产市场通过畸高不下的房价这一载体，放大了中国家庭财产的两极分化，强化了社会分配不公的状态，妨碍了公平正义的实现，打击了青年人和低收入者对未来的希望，对社会的长治久安形成潜在的威胁，成为酝酿风暴和危机的温床。

（二）新一轮房地产调控政策的述评和反思

为进一步遏制房价，2011 年 1 月新“国八条”出台，与 2010 年的两轮调控相比较，第三轮调控在总结前两轮调控经验的基础上，综合运用了信贷、税收、土地、行政等多方面手段，作出了更为细致、全面、严厉的调控安排。在信贷方面，再次提高了第二套住房的首付比例和贷款利率；在税收方面，提高了个人购买住房不足 5 年转手交易的征税标准，在重庆和上海试点征收房地产税；在土地及住房供给方面，增加各地商品住房用地供应计划，落实保障性住房、棚户区改造住房和中小套型普通商品住房用地不低于住房建设用地供应总量的 70%，开工建设 1000 万套保障性住房等；在行政措施方面，进一步强化了地方政府促进房地产市场平稳健康发展的责任，在督促各地加大保障性安居工程建设力度的同时，要求各城市政府根据当地经济发展目标、人均可支配收入增长速度和居民住房支付能力，合理确定本地区年度新建住房价格控制目标。这些政策措施对当前稳定房地产价格预期具有十分积极的意义。

与此同时，我们也看到这些政策的一些局限性，以及有待进一步改进和完善的地方。

（1）限购令

限购政策强制性地关闭了社会资金通过购买资产的方式增值保值的一条渠道，减少了公众财产性收入的获得，这部分资金被迫向其他资产或商品领域蔓延，加剧部分商品价格上涨，恶化通胀形势。而且，限购政策只是要求部分一线城市实行，政策漏洞使得部分资金仍可投资没有实施限购的地区，反而强化了居民进入住房投机炒作的动机，由此造成广大二、三线城市房价上涨。

（2）限贷令

与限购令类似，限贷令也是限制部分一线城市，对二、三线城市并无具体要求，导致这些地区楼市也出现了火爆局面。

（3）控涨令

按照“国八条”的要求，2011 年各城市地方政府要根据“当地经济发展目标、人均可支配收入增长速度和居民住房支付能力”，来制定当地的房价控制目标。目前，全国657个城市中有608个城市公布了房价控制指标，已出台的指标表述不一、五花八门，有些不啻在玩“文字游戏”，绝大多数地区传递出“很想涨”的明显意图，实际上是宣布了一个“涨幅目标”，基本逻辑是房价涨幅可以与GDP增速和居民人均可支配收入增幅挂钩，除长春外均未参照居民支付能力。除北京明确提出“稳中有降”的调控目标之外，几乎所有城市都在各自的参照系下为2012年房价的继续上涨留下了“充足”的空间，一窝蜂地将控制目标界定在10%。原本以控制房价、扭转预期为目的的“控涨令”变成了“催涨令”，不是挤泡沫，更像是保泡沫。这让人不得不怀疑地方政府的诚意和责任感，其内心根本就不想对房价真正进行调控，与政策博弈的心态极为明显。因此，若不及时进行修正，“房价控制目标”很可能成为空谈。

从另一个角度来讲，当前我国低质量、可人为操纵的住房价格统计指标体系及评估体系，也难以承担起管理或控制住房价格的目的。并且，住房价格控制目标无论与什么指标挂钩，都是希望以计划经济的思维方式来管理或控制已经市场化的住房价格，本质上是与市场化改革方向背道而驰的。总之，在房价控制目标问题上产生的争议和质疑，再次表现出地方政府在执行中央调控政策时面临的两难抉择，凸显我国房地产调控的复杂性、紧迫性和特殊性。

（三）房地产泡沫风险短期难以消除

在连续三轮政策组合拳的强力作用下，预计未来几个月的房地产销量以及投资增速均会出现一定程度的下滑，这不可避免地会对我国投资增速及经济增速产生负面影响。有研究认为，如果房地产投资增速从2010年的33%回落到2009年的20%的水平，这将拖累2011年投资增速2.6个百分点，而考虑到房地产开发投资对GDP增长的贡献率大约为17%，这将拖累GDP增速1.7个百分点。但我们认为，不必对房地产调控过于悲观，房地产市场的适度降温将有助于降低目前居高不下的租房价格回落，从而降低通胀预期；有助于政府积极推动战略性新兴产业发展，助推我国产业升级和结构调整。而且，1000 万套保障性住房的开工建设也会有效对冲未来房地产投资增速下滑的影响。因此，房地产调控改变不了 2011 年经济平稳增长的大局。

就房地产开发投资来看，前两年住房开发投资的滞后效用依然存在，2011 年住房开发投资增长不会低于上年，再加上保障性住房 1000 万套投入，2010 年土地销售快速增长，这些都为 2011 年住房开发投资增长奠定了基础。也就是说，无论 2011 年住房销售增长如何放缓，住房开发投资快速增长势头仍不会改变，就 2011 年而言，房地产宏观调控对相关产业拉动的影响还不至于太弱。

就房地产销售来看，稳健的货币政策将继续执行，信贷政策预期仍将收缩，蔓延全国的住房投机炒作有望得到一定程度遏制，房价上涨概率总体上将会降低。但一线城市限购以后，投资投机资金是否会全面转战二、三线城市还有待进一步观察，在总体依然较低的融资成本及市场仍然预期房价会微幅上涨或很难大幅下跌的情况下，这些地区房地产投机炒作的隐患尚未根本消除。只要投机炒作不退出市场，住房交易量增长也许会扩展至二、三线以下城市，2011 年的住房销售仍然会保持稳定增长，只不过增幅有所下降。

就民众和市场普遍最为关心的房价来看，笔者认为，在既有的调控力度下，未来房价涨幅放缓应是一个趋势，但不太可能出现大跌。实际上，房价涨幅从 2010 年下半年开始就已逐步放缓，尽管这一定程度与房地产调控政策相关。导致房价涨幅趋缓的一个非常重要的原因是整个宏观经济中流动性逐步趋于紧张，信贷政策更加趋紧。考虑到未来应对通胀，宏观政策相对趋紧仍将持续一段时间，房价涨幅放缓应是趋势。此外，大规模建设保障性住房势必减少用于普通商品住房的土地供应，这对稳定住房价格也是一个很大的挑战，因此对增加保障性住房遏制房价的作用不可过高估计。

（四）应将“维护房价的基本稳定”纳入货币政策目标

当前的房地产市场调控处于十分关键的时刻，只有尽快抑制房价继续过快上涨，将巨大的房地产泡沫平稳化解，才能为今后房地产市场的持续健康发展打下一个好的基础，才能为未来中国经济的持续健康发展消除最大的一个定时炸弹，这是当前宏观调控的关键和当务之急。展望未来，现行调控政策能否得到有效贯彻并转化为长期制度、房地产税收等制度设计能否有重大突破并在全国予以推广、区域经济发展中能否有新的产业有效替代房地产的支柱地位、中央与地方政府财权事权的有效划分能否取得突破性进展、保障性住房建设的资金筹集和开工完成情况等五大因素将决定中长期房地产市场的走势。上述任何一个方面目标的实现都将取决于各级地方政府“执政为民”的态度和对中央各项决策的执行力。

从短期来看，各级政府特别是地方政府必须承担起应尽的责任来。在某种程度上代表政府利益和形象的众多央企及地方国企，更应站在道德的制高点上，勇于承担社会责任，尽快从商品房开发这一竞争性行业中悉数退出，防止它们借助各种特权和垄断进入商品房开发领域，拿着全民所有的资产，不计成本地拉抬地价、炒高房价、获取垄断利润。应通过公开的招投标方式，让以房地产开发为主业的国企特别是央企，转向具有半公共产品性质的保障性住房建设这一领域来，让利于民而非与民争利，让自己的身体里流着更加道德的“血液”，发挥对全社会的正面引导作用。

就具体的政策措施而言，相对于限购这种行政化色彩浓重的方式外，应多运用市场手段，按市场规律办事，才能给民众带来最大的福利、给经济发展和经济运行带来最小的负面影响。

（1）抓紧进行土地供应制度改革

逐渐使地方政府和土地财政脱钩、和房价脱钩，避免问题越积越多、越积越大，彻底铲除房地产问题反复发作的制度根源。改革土地出让金制度。土地出让金如果从 70 年一次收逐步改成一年一收，就会和房价形成比较合理的市场关系。另外，应毫不迟疑地扩大土地供应以缓解供需矛盾，尽快允许农村的集体土地直接上市，通过市场竞争，降低土地价格。

（2）发挥货币政策的独特作用

高房价的一个重要症结在于货币超发，因而短期内可采取更有针对性的差异化信贷政策，加大公积金覆盖面，提高公积金贷款额度，进一步提高房地产贷款利率，继续收缩流动性、大幅提高资金使用成本、降低购房杠杆率的政策，这对遏制投资投机型需求、利于消费者转变市场预期、控制高房价非常有效。从中长期来看，货币政策不仅要考虑控制CPI上涨率，也要顾及控制资产价格上升，应将资产价格变化纳入货币政策关注的范围之内，将“维护房价的基本稳定”作为货币政策的主要目标之一。可行的一个方案是，将地方“新建住房价格控制目标”与CPI挂钩。

（3）采取多种方式加大对保障性住房建设及其资金供给的支持力度

面对2011年1000万套、总投资1.3万亿元保障性住房建设的庞大计划，要想顺利推进、按时完成，关键在于资金的落实。在兼顾保障性住房作为公共产品属性的基础上，利用金融创新，发挥金融杠杆调节作用，将传统的政府主导型融资模式转化为政府引导下的商业化运作方式。

第一，中央和地方财政都应拿出更多的资金给予支持。2010年全国财政收入8.3万亿元，最近几年财政收入每年增长上万亿元，增幅和持续性是罕见的。而且8.3万亿元还不包括土地出让金收入。从历史情况看，即便让地方政府拿出土地出让金的10%左右支持保障房建设，落实情况也不理想。为此，应建立地方政府落实资金情况的问责机制。

第二，加大财政贴息的力度，形成地方政府和商业银行的风险分担机制，提高银行放贷的积极性，用较少的资金撬动庞大的社会资金。由省级财政部门直接对保障性住房贷款给予全额贴息，贴息年限为贷款年限，并对贴息资金的来源进行安排。对地方承担保障性住房的房地产公司要追加资本金和添加优质资产，以确保保障性住房资金的落实。

第三，积极稳妥推进房地产税费改革，制定向低收入者减税的政策措施。在房地产市场上，税收手段是政府调控体系的重要组成部分，借助于税收和减免，政府通过改变市场主体行为发生时的行为条件，影响其经济决策，进而促进资源优化配置和市场的良性运行。加快推行房地产税制改革，同时应充分考虑实际情况和改革中可能存在的各种矛盾，通过先试点的办法，总结经验，不断创造改革的基础条件，再逐步推广。

第四，充分调动社会资金的积极性，特别是注重长期回报的社保基金和保险资金。保险资金作为全社会最大的财富管理者，随着我国保险深度和保险密度的不断提高，迫切需要寻找安全性较高的长期资产配置渠道。保险资金可使用“债权投资计划”等金融工具，其实质是一种私募债券，相当于发放一笔长期贷款，用于特定的保障性住房建设。财政资金、银行信贷和社会资金都是保障房建设的重要资金来源，但要解决长期大规模建设的资金需求，还需依靠金融创新。例如，对于一些需要大量建设公租房的大城市，比如北京、上海、广州、深圳以及其他一些省会城市，其财政状况相对较好，可考虑容许它们定向发行地方债，即可以利用公租房这一优质资产所产生的现金流——租金，来发行收益率较高的债券，用于支持保障性住房建设。相对于地方政府融资平台，发行地方债更透明也更容易监管，只要控制住赤字率、公共债务负担等关键性指标，其风险完全可控。

从长远计，为保证今后 5 年乃至更长时期保障性住房建设的可持续发展，应努力构建一个完善的保障性住房体系，尤其是构建一个有效的激励相容机制，激励各级政府和社会机构积极参与保障性住房建设，并使保障性住房体系合理、规范、可持续运行。宜通过建立中央政府向地方政府专项性财政转移计划或适度的税收返还，激励地方政府积极履行保障性住房建设之责。还应进一步明晰“新建住房价格控制目标”，对调控目标提出更加具体、明确和可量化的标准或规定，避免地方政府以“玩数字游戏”方式逃避责任。

二　中国保障性住房融资状况及若干建议

处理好保障性住房与市场的关系是调控房地产市场、防范房地产泡沫破裂的重要环节。当前，我国保障性住房发展滞后的最大问题在于资金投入不足。围绕资金缺乏这一障碍，地方政府、开发商、商业银行、保险公司及各类基金等各相关主体面临着不同的困难。完善我国保障性住房融资体系，需遵循全国统一架构、兼顾各地特殊情况的原则；构建多层次、多渠道住房融资体系的原则；简单和有限借贷的原则；政府为主、市场为辅的原则；优先发展公租房、廉租房，限制、弱化经适房、限价房的原则。与此同时，还需要适当的制度保障，应尽快建立健全支持我国保障性住房建设的法律体系、组织体系、地方政府融资体系、住房金融体系和全过程管理体系。创新我国保障性住房融资体系的主要思路是：强化中央及地方政府责任，引导、调动社会各方力量参与；通过各种合作模式吸引开发商投资参与，破解保障房建设资金困局，充分发挥银行信贷的引导作用，鼓励、吸引社会资金参与；创新金融工具和手段，撬动各类社会资金参与。

1. 我国保障性住房融资现状及其主要问题

（1）保障性住房的含义及其分类

保障性住房是指政府在对中低收入住房困难家庭实行分类保障过程中所提供的限定供应对象、建设标准、销售价格或租金标准，具有社会保障性质的住房。按照针对所保障群体的收入情况划分，保障性住房大致可以分为五大类：廉租住房、公共租赁住房、经济适用住房、限价商品房、各类棚户区安置房及“城中村”改造和旧住宅小区整治。

廉租住房是以政府核定的较低的租金出租给城市特困人口的住房，套型建筑面积小于60平方米，只租不售，其所有者为国家。此类住房的建设资金主要来自地方政府预算及中央政府的财政转拨。

公共租赁住房是由政府或公共机构所有，用低于市场价或者承租者承受得起的价格，向既不住在棚户区也不符合申请廉租住房条件又没有能力通过市场购房改善居住条件的部分中低收入居民出租，如处在“夹心层”位置的新就业职工，包括一些刚毕业的大学生，还有一些从外地迁移到城市工作的群体的住房。公租房具有租金水平较低、租赁关系稳定、配套设施完善等优点，能够适应“夹心层”群体的住房需求。

经济适用住房是以低于市场的政府指导价出售给有一定支付能力的低收入住房困难家庭的住房，套型建筑面积限定在60平方米左右。经适房在取得完全产权前，只能用于自住，不得出售、出租、闲置、出借，但按原价卖回给地方住房主管机关除外；经适房如果住满五年，可以进行更名交易、按市场价格与购买价格之间差价的一定比例补交土地收益等价款，届时购房人拥有完全产权。

限价商品住房是限地价、限房价的普通商品住房，套内户型面积在90平方米以内，它是按照政府和开发商的约定价位出售给中等收入家庭的中低价位、中小套型住房，价格水平通常介于经济适用房和普通商品房之间。在规定年限内不得转让和出租，年限满后出租或转让的，须按市场价格与购买价格之间差价的一定比例补交土地收益等价款。

棚户区安置房及“城中村”改造和旧住宅小区整治。虽然棚户区不属于保障房，棚户区改造却是组成保障房建设的重要部分，棚户区居民是中国保障性住房计划覆盖的主要群体。棚户区分为城市棚户区、国有工矿棚户区、国有林区棚户区和国有林场危旧房、国有垦区危房、中央下放地方煤矿棚户区五类，其中城市棚户区约占65%。对城市棚户区改造补偿分为实物房屋安置和货币补偿两种方式。实物房屋安置通常按原住房建筑面积的一定比例置换为指定区域定向安置的经济适用房或者限价房，货币补偿通常为一次性补偿费用。回迁安置的住宅和非住宅房屋，自回迁之日起，规定年限内不准上市交易。

表6-7　保障房构成及其特征

	廉租房	公租房	经济适用房	限价房	棚户区改造
2011年计划（万套）	160	220	100	120	400
方式/途径	实物配租为主 租金补贴为辅	出租	出售	出售	实物安置或 货币补偿

续表

	廉租房	公租房	经济适用房	限价房	棚户区改造
产权	政府	政府	购房者有限产权	购房者有限产权	原居民/购房者，同经适房/限价房
建筑面积	一/二/三居室 35/45/55m^2	中套 60~80m^2；小套 60m^2左右	90m^2 以内	同经适房/限价房	—
价格	租金较低	租金较低，高于廉租房	价格较低，限定出售	价格较低，高于经适房	无偿或极低
面向对象	低收入者	中等收入者	中低收入者	中等收入者	原居民或中低收入者

资料来源：中华人民共和国住房和城乡建设部。

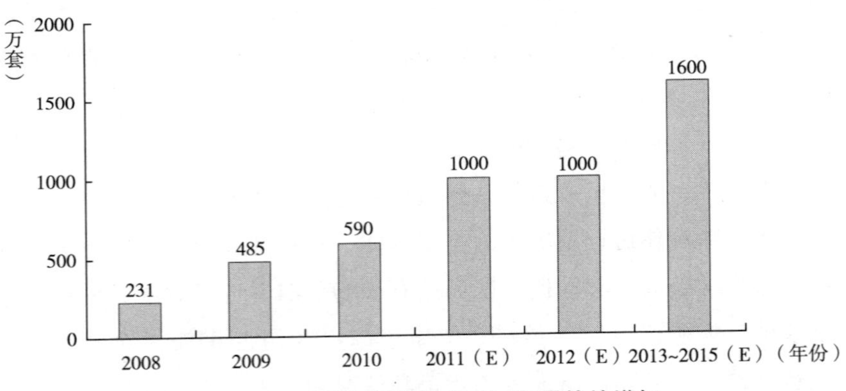

图 6-4　全国保障性住房开工数量持续增加

说明：2008~2010 年为实际开工量，2011~2015 年 E 表示计划开工量。

资料来源：中华人民共和国住房和城乡建设部。

（2）各类保障性住房面临的融资问题

当前，我国保障性住房发展滞后的最大问题在于资金投入不足，使得建设无法大规模开展。资金不足主要有以下几个原因：第一，保障房利润率较低，很难有效吸引民间资本参与其中；第二，保障房建设资金需求量大，地方政府财力有限，而且建设用地地方政府本可以出让，这也变相减少了土地出让收入，缩减了土地财政；第三，2010 年以来，中央对房地产市场的调控力度明显加强，土地市场的趋冷使得开发商对拿地更加谨慎和犹豫，进而使得土地出让的溢价率大幅下降，各个地方政府的卖地收入锐减；第四，也是最根本的一点是：中央对地方政府及其干部的考核以 GDP 为纲，这在一定程度上使得地方政府把本来有限的财力花费在不必要的“园区建设”“形象工程”等方面，过度投资透支了大量的地方财力。总之，诸多因素交织在一起，使得保障房建设资金缺乏有效“保障”。

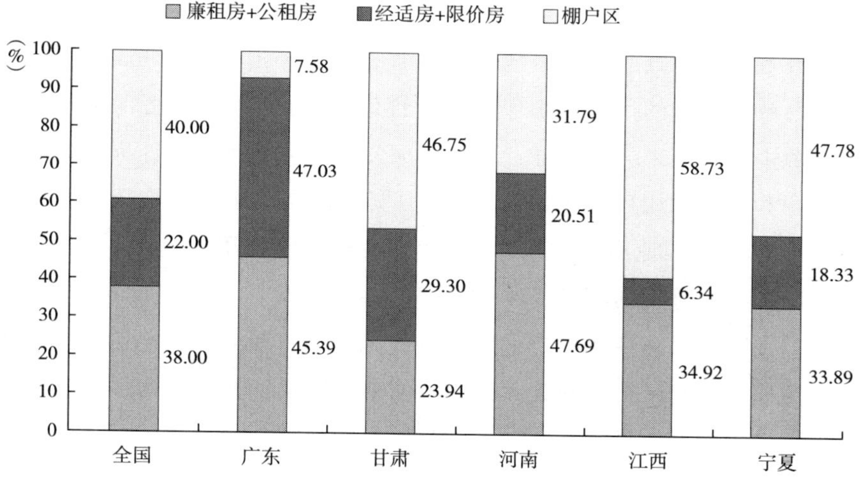

图 7－5　2011 年全国及部分省份保障房计划开工结构

资料来源：中华人民共和国住房和城乡建设部。

经济适用房和限价房由政府出地及税费减免，由开发商建造并赚取不超过 3% 的利润，建成后都以略高于成本但低于市场价格配售给特定的保障对象，能完全覆盖建房成本（包括财务费用），建设周期短，现金流有保证，还能依靠开发商注资及利用在建工程抵押获得银行贷款。因而，融资相对容易，银行也有成熟的操作模式，地方政府一般有能力承担建设所需的净投资。

各类棚户区改造所需投资除中央财政将提供一小部分补助，省级、市级财政补助外，剩余的大部分需由工矿企业和参与改造的职工筹集资金。其中，工矿企业和职工自己能筹集的占一部分，剩余的还需要向金融机构融资。这部分资金缺口可能主要由银行贷款解决，目前国开行、建行、工行、交行等都有此类贷款品种。棚户区改造一般联动土地一级开发，可以用相应的土地运营收益抵押，或财政等第三方提供担保，加之期限也较短，银行资金进入难度不大，几部分加起来基本能够覆盖成本。再有，选作重建的棚户区一般位于市区内，地价相对较高，可按更高容积率进行重建。

廉租房土地和建设资金均由政府提供，对财政投入依赖较大，如果资金投入不足，廉租房所受影响很大。除承诺在长时间内维持低水平的租金收益外，地方政府还需放弃卖地收益，且一般还需承担建设成本。根据财政部发布的《廉租房保障资金管理办法》，廉租住房保障八项资金来源中，主要来自两部分：一是住房公积金增值收益（计提贷款风险准备金和管理费用后的余额），稳定但资金量相对小、增长较慢；二是不低于10%的土地出让净收益，资金量大但实际使用少。

除了政府筹集的项目资本金外，公租房全部需要向金融机构融资，因此，在五类保障性住房当中，公租房对资金的需求最为迫切。若承建主体为地方融资平台，则其高企的负债率，以及抵押担保物的缺乏，将极大地限制银行信贷资金的介入。公租房融资难，也正是体现于此。假如政府能给银行符合条件的担保物，银行的顾虑并不大。从实践来看，一些地方政府进行公租房融资，开出的贷款条件都较苛刻，如重庆市的条件是：信用贷款、资本金比例20%，期限12年、基准利率下浮10%。地方政府拿不出过硬的担保物，靠公租房本身的租金收益收回成本期限又太长，这是银行资金徘徊不前的主因。按目前公租房租金收益水平，靠租金收回建房成本（土地由政府划拨不计算在内）至少需要二三十年。这使得银行信贷资金面临两个难题：一是期限不匹配，银行的负债来源多为5年期以下的存款，贷款期限若长达二三十年，短借长贷，对银行的流动性管理带来挑战；二是利率风险无法对冲，目前国内金融衍生品市场不发达，长期贷款的利率风险无法对冲。

（3）现阶段我国保障性住房融资体系的主要缺陷

首先，我国保障性住房的融资渠道单一，缺乏可持续供应、可循环使用的固定资金来源。我国的住房金融体系目前以银行信贷为主，缺乏直接融资手段，房地产市场的风险过分集中在商业银行。而且，由于我国对商业性的房地产融资与保障性的住房金融没有明确加以区分，导致各类保障性住房的消费者不能充分享受应有的政策优惠，广大中低收入家庭在首次置业的时候也缺乏足够的政策性融资支持。例如，住房公积金贷款是目前我国中低收入家庭首选的购房融资途径，但是，住房公积金贷款本质上只是一种以强制储蓄为基础的互助性融资制度，覆盖面只限于城市工薪阶层，可贷资金并不充裕，所以，各地对公积金贷款额度都有严格限制，难以满足工薪族旺盛的贷款需要。但是，如果像北京、广州等地那样，人为地大幅提高公积金贷款额度，则必然加大住房公积金管理机构所承担的长期信贷风险，一旦中国经济和房价进入下行周期，则可能会产生类似“次贷危机”那样的严重问题。

其次，我国保障性住房建设的资金来源严重依赖于各地政府的财政预算。目前，我国地方政府在财力上相对不足，加上城市建设用地又有限，而且建设保障性住房没有直接和明显的投资回报，因此，实际上各地政府对建设保障性住房是不积极的。根据国务院的要求，各地政府建设保障性住房的资金主要来自地方的财政拨款、每年土地出让净收入的10%和公积金增值收益的可提取部分。但是，随着2011年国内房地产市场不景气，土地屡次流拍，各地政府的土地出让金收入大减，建设保障性住房的资金来源因此很难保证。而且，即便是在好年景，相对于大规模建设保障房的集中性资金需求，地方可调动的财力也是杯水车薪。

最后，我国缺少一个住房信贷的政策性担保体系。美国早在1934年就颁布了《国民住房法》，确立了一个由政府主导的抵押贷款保险制度，由联邦住房管理局（FHA）承担主要的贷款担保职能。与商业性的抵押贷款保险不同，由FHA等政府机构提供的贷款保险设有信贷上限，其目的是通过政府担保来减少中低收入家庭在首次置业时的首付压力。在我国，城市房价过高、中低收入家庭购房的首付能力相对不足的问题十分突出。如果由政府提供政策性的信贷担保，就可以降低广大中低收入家庭在首付和供房过程中的经济负担，对现阶段刺激广大城乡居民在住房和其他领域的消费需求将大有帮助。

2. 保障性住房各相关主体的参与情况及其主要困难

随着保障性住房建设的加速推进，资金缺乏是目前保障房建设的主要障碍。如何引入符合条件的资金以及融资模式的创新，成为当前保障房建设的工作重点。

（1）地方政府的困难与挑战

近年来，地方政府收入中超过20%～30%来自土地出让金，看似庞大的土地出让金中其实很大部分都属于成本，日益高涨的拆迁补助也在推高土地成本。这意味着，一方面，政府以免费划拨的方式为保障性住房提供大量土地；另一方面，地方政府面临的机会损失是可按市价售予以高端市场为目标的开发商的土地。这些免费划拨的地块对土地市场的侵占，最终或许会影响政府的土地出让金收益，而成为压垮地方政府的沉重负担。如此一来，政府似乎缺乏为保障性住房提供土地的动力。随着近几年地价上涨，这种现象变得越发明显。鉴于在中央政府强力调控下土地销售放缓，且中央继续对地方政府投资工具的借贷实施限制，地方政府若要筹措足够资金以完成2011年的目标，将面临巨大压力。并且，地方政府的有限投入目的是为了作为杠杆撬动更广泛地利用社会资金，而各类社会资金的投入，始终要着眼于回报，底线则是不亏本。因此，实质上，社会资金的投入最终都需通过保障房的出租或出售收益来收回。这兜底的重担最终还是要落在地方政府，尤其是县市一级政府身上，这笔资金的缺口非常大。

值得关注的一个事件是：国家发改委2011年6月9日发布《关于利用债券融资支持保障性住房建设有关问题的通知》，该《通知》指出：各地规范后继续保留的投融资平台公司申请发行企业债券，募集资金应优先用于各地保障性住房建设。只有在满足当地保障性住房建设融资需求后，投融资平台公司才能发行企业债券用于其他项目的建设。显然，投融资平台发债不完全是专为保障性住房融资，“优先”只不过强调债券融资在使用上的先后次序而已。因此，《通知》实际上是放行了地方政府发行地方债作为地方融资方式。从潜在资金量来看，对于庞大的保障房资金缺口来说，按照目前的发行量，企业债加上之前的地方债能够提供的资金量依然有限。据估计，债券融资政策的开闸将使企业募集到3000亿～4000亿元规模的资金，即便上述两个平台融到的资金全部投入保障房建设，依然还有数千亿元的资金缺口待补。

（2）开发商参与保障房建设的热情与障碍

据住建部政策研究中心发布的《中国房地产企业社会责任实践报告》显示，房地产企业参建保障房的整体情况并不乐观。在房地产企业百强中，仅有30家在2007～2010年间参与保障房建设，其他70家房企没有参建。不过，值得安慰的是，位列房地产企业第一梯队的百强前十名都参与了保障房建设，承担了相应的社会责任。

对于主要以商品房为主的开发商而言，保障性住房项目的利润率远低于商品房，但在2011年房地产市场低迷的环境下，之所以仍然有很多开发商对此趋之若鹜，主要是因为：一是开发商借此增强商誉并巩固与决策者的关系；二是追求更多的贷款渠道、更容易的贷款及更快的审批；三是为住房市场即将到来的结构性改革作准备；四是在政策支持下资本要求远低于商品房；五是可享受大量的税务优惠。

至于很多开发商在参与保障房建设方面表现不十分积极，主要是有三方面的障碍。其一，多数地方的保障房项目开发企业，主要是本地国资背景的相关企业，市场化的开发商尤其是民营企业，参与的比例相当小。其二，不少地方政府在保障房的土地供应、开发流程、投资回报等具体方面的游戏规则，尚未能形成公开、透明、成熟的运作体系，存在诸多未知风险，房企不愿也不敢冒这个险。保障性住房的关键在于土地问题，参与保障性住房建设的主体的赢利空间多少也在于土地的问题，地方政府不在土地问题上让步，地方政府发债也好，企业平台融资也好，进行保障性住房建设都是无稽之谈，这也是百强房企中有七成未参与保障房建设的主要原因。其三，保障房开发利润未达到开发商的利润底线，商品房开发利润基本在30%以上，而保障房的利润处于3%～5%之间，相对于商品房来说，建保障房利润低，很难让开发商心动。另外，廉租房、公租房不可以上市交易的制度，让开发商感到保障房价格很难上涨，影响利润空间。利润空间较低还导致保障房建设缺少吸引社会资金的魅力。

(3) 商业银行的主要顾虑

在当前的经济环境下，商业银行的贷款依旧是保障房资金来源中的主要力量。对于经济适用房及限价房，以及保障房项目中带有商品房和商业配套的，地段好、可销售的，贷款发放无非是赚多赚少的问题，银行愿意做；但对公租房及廉租房尚存疑虑，因为这两种不能直接出售的房子将长期占用银行的资金，何时能回收面临风险，银行大多不愿意做。此外，一线城市的房价有保障，银行愿意提供贷款，而越到下级的城市，银行越不愿意做。

具体来看，银行贷款资金支持保障性住房建设主要面临三大风险。一是信用风险。公租房和廉租房的建设主要靠地方财政投入，而2010年底全国地方政府性债务余额高达10.7万亿元，地方政府已透支了未来若干年的财政收入。并且，目前各地政府推动落实保障性住房的载体多为政府融资平台企业，贷款偿债第一来源实为地方财政，因此，贷款存续期间政府换届、体制改革以及行政干预等均有可能产生贷款风险。二是担保风险。由于保障性住房以政府主导为主，银行难以争取优质担保，尤其是抵押担保。银监会2010年统一部署对地方融资平台贷款实行“解包还原”，重新落实抵押担保物。时至今日，大多数地方比较优良的能抵押资产悉数抵押给了银行，地方政府已很难再拿出过硬的抵押物。另外，保障性住房实际操作过程中，大多数土地属于非正常出让，或免交土地出让金，或存在大量拆迁等，因此银行正常抵押难度也较大。三是利率风险。公租房将是今后保障房建设的重点，而各类金融机构对公租房融资都没有经验。公租房投资回报周期长，至少需要20～30年，除国开行、建行等少数大银行，大多数银行根本没有期限如此之长的贷款品种，且银行资金来源多为短期负债，发放长期贷款，期限高度不匹配，也无法对冲利率风险。因此，依靠传统的贷款模式解决公租房融资，难度很大。

(4) 保险公司的待解难题

保险资金具有规模大、周期长、资金来源稳定以及回报要求偏低等特点，需要寻找安全性较高的长期资产配置渠道，而公租房和廉租房刚好合适。截至 2011 年 5 月底，全国保险业资产总额为 5.36 万亿元，若以保监会允许保险公司在房地产投资上限 10% 计算，约有 5360 亿元资金可流入房地产行业。尽管保险商的房地产投资涉及范围不仅仅是保障性住房，但鉴于飞速增长（年复合增长率超过 20%）的保费收入需进行长期投资，保险业未来可能成为保障性住房的重要资金来源。事实上，当前保险资金对保障房项目已经是跃跃欲试。

不过，保险资金进入保障房领域依旧有一些待解的难题：与银行一样，集中在风险防范及最低收益的保证。以收益率较高的公租房来说，根据有关部门的测算，年收益率只有 3% 左右，这个收益率即便从保险资金的角度来看，依旧太低，距离他们 5% ~10% 的预期年收益率还有差距。除了少数一线城市，要达到这样的收益率，地方财政必须贴息、贴现，或者在税收方面进一步优惠。

相比收益率的高低，保险资金更为关心的是各种不确定性的风险：资金链断裂或不畅引起烂尾房，租户纠纷，租金回收困难，公租房、廉租房管理混乱低效率，等等，这些虽属于经营管理范畴的细节，但最后都将影响其收益率，甚至影响公租房、廉租房最后能否顺利运营下去。正因为如此，目前表态希望投资保障房建设的保险公司多愿意以债券的方式进入，要求地方政府担保，而不愿意直接介入经营管理。但对许多地方政府而言，未来五年 3600 万套的保障房建设任务，负债率显然高得让他们难以承受。

（5）八仙过海、各显神通的各类基金

信托资金。相比经济适用房、限价房和棚户区改造住宅，信托资金介入公租房和廉租房的项目还是相对陌生的。从目前的案例来看，信托资金更倾向于建设回购模式，就是信托资金和公租房承建方合作设立项目公司，负责公租房建设，建成后由政府的公租房管理中心进行回购，项目公司收回投资，信托资金退出。信托资金在介入前，要求政府出具公租房回购承诺函，并且由财政或其他地方融资平台对回购行为进行担保。其本质上是信托公司给地方政府发放的短期贷款，这样就将政府的即期支付压力向后拖延了1～3年。考虑到地方政府和中央签署的2011年底必须开工的责任状，因而在一定程度上地方政府可以接受这样的短期债务。但是信托产品的期限一般是1～3年，一年期产品最受欢迎，投资者对通胀有强烈的预期，期限较长的产品发行特别困难。此外，建成项目后地方政府能否如期回购也是一个风险，即使是信托公司控制了公租房但由于产权上的不完整，也很难将其出售。

房地产信托投资基金，即REITs（Real Estate Investment Trust）。作为一种较新的融资工具，它是以发行收益凭证的方式汇集特定多数投资者的资金，由专门投资机构进行房地产投资经营管理，并将投资综合收益按比例分配给投资者。主要分为“股权式”和“债券式”。但由于目前中国证监会主导的“股权式”REITs仍在“积极研究，谨慎行动”，因此央行主导的“债券式”REITs备受关注。作为中国第一个REITs概念产品，天津“债券式”的REITs试点方案已经上报国务院。方案中提出，天房集团代表政府以实物配租的方式向符合条件的低收入家庭提供房源，其中向低收入家庭收取的租金与周边市场上房屋租赁的差值由天房集团的保障性住房的资产包中出资，资产包中的限价商品房的销售将作为利润回报。也就是说，廉租房和公租房上的补贴和亏损，可以通过限价商品房赚回来。基于此，REITs有可能成为保障性住房在财务上可行的潜在资金来源。但有两个问题困扰着REITs未来发展：一是REITs收到租金后应缴纳营业税，而分配剩余收益时，发起人可能还须缴纳剩余收益的营业税，出现所谓的“双重”纳税，至今国税总局并未对REITs产品是否将最终获得税收优惠政策作出回应；二是公租房和廉租房收益较低，使REITs产品的回报缺乏吸引力，采用政府补贴的模式，实际是一种变相的地方债。

私募股权投资基金，即PE（Private Equity Fund）。为实现投资回报，PE和信托一样比较看重保障房项目中收益相对较高的经济适用房、限价房及棚户区改造项目。现有中小PE介入地产开发的模式，与信托模式相似程度超过80%，不是pre-IPO意义上的股权投资，主要是采取与大股东签订股权回购的方式来实现投资，投资的地产项目周期都比较短，一般不会超过3年，实质上是“真债权、假股权”。由于保障房土地成本便宜，建设和安居成本又固定，消费群体庞大，可以将保障房与普通住宅、商业地产开发捆绑到一起销售，其中保障房项目比例为40%～60%。虽然保障房收益可能低，但由于配套的周边商业地产开发，其收益也会有一个相当不错的回报率。

3. 完善我国保障性住房融资体系的基本原则和制度保障

（1）完善保障性住房融资体系应遵循五大基本原则

一是全国统一架构、兼顾各地特殊情况的原则。一方面，要强调全国保障性住房市场的统一和有序；另一方面，还要鼓励和尊重各地对于市场高效运行、创新发展的积极有益探索。

二是构建多层次、多渠道住房融资体系的原则。该体系既重点解决低收入家庭住房问题，也逐步考虑解决中等收入家庭住房问题，还注重解决“夹心层”群体的住房问题；既包含无产权的廉租房、公租房，也包含有限产权的经适房、限价房；既需要中央财政投入，也突出强化地方政府责任；既包含财政资金，也充分吸收银行信贷和保险、开发商、各类基金等社会资金。

三是简单和有限借贷的原则。吸取美国“次贷危机”对房地产按揭贷款过度包装和过分证券化的教训，确保融资结构不要太复杂，融资期限不要拉得太长。

四是政府为主、市场为辅的原则。住房保障是社会保障体系的一个重要组成部分，它关系整个社会的和谐与稳定发展，政府应在其中承担主导作用，引导开发商、银行、保险及各类基金等社会资金介入。

五是优先发展公租房、廉租房，限制、弱化经适房、限价房的原则。鉴于各地经济适用房、限价房供给方面漏洞甚多、弊病丛生、管理成本甚高而扭曲现象防不胜防的现实，因此首先要把发展重点放在公租房、廉租房上，其次才是考虑让部分中低收入家庭拥有产权房（经济适用房、限价房）。

（2）完善保障性住房融资体系的五大制度保障

完善我国的保障性住房融资体系，离不开适当的制度保障，这至少应包含以下一些基本要素。

第一，尽快建立健全支持我国保障性住房建设的法律体系。应借鉴美国、日本、新加坡等国家住房保障制度的立法理念和法律框架，尽快制定并颁布专门的住宅法和住房保障法，从立法层面对各级政府的住房保障职责、住房保障的实施计划、惠及对象、供应标准、资金来源、融资渠道、运作方式、运作机构、保障措施等方方面面进行法律界定，用立法为中低收入居民、特殊阶层、边缘化人群的住房需求提供足够的财力支持，为我国的住房保障建设提供全面法治保证。

第二，尽快建立健全支持我国保障性住房建设的组织体系。在中央和地方设立专门的、非营利性的保障性住房管理机构，具体负责保障性住房的投资建设和日常运营，以便从组织上确保住房保障的工作有效落实。作为住房保障工作的执行机构，其由国务院住房和城乡建设部归口管理，并建立垂直一体化的机构体系，专门负责全国范围内保障性住房的规划建设、投融资管理、租售运营和日常维修等，其基本的资金来源列入中央财政预算。在取得资金和土地之后，保障性住房管理机构应在建设环节尽可能引入市场化机制，或是直接兴建公共住房，或是通过公开招标的方式将各地的保障性住房建设工程承包给承建商，或是通过优惠政策鼓励开发商建设公共住房，或是鼓励居民合作建设住房，或是通过补贴等多种方式实现居民的住房保障，确保保障性住房的开发、管理和运营全程高效、透明和优质。

第三，尽快建立健全支持我国保障性住房建设的地方政府融资体系。规范地方政府债务，放闸地方政府直接发行保障性住房债券融资，应作为未来筹集保障性住房建设资金的一个重要渠道。随着我国经济运行状况的变化以及分级财政体系的逐步形成，发行市政债券的条件已基本成熟，应该考虑允许地方政府规范地直接发债，这已是大势所趋。应该通过改革形成一种全新的制度，让地方政府公开透明地去融资，通过资本市场、银行和外部力量监督保障性住房的运营，切断地方政府收入和土地出让的直接联系。不在财政体制方面有突破性的改革，就不能实现地方政府对保障性住房建设的长期承诺。目前，为确保保障性住房建设任务的顺利完成，进行保障性住房债券的发行与流通试点，既有必要也有可能。可以先由国务院制定并出台有关法规、政策，使地方政府发行保障性住房债券有法可依。未来在各方面条件成熟时，可考虑修改预算法，赋予地方政府一定限度的举债权。在此基础上，加快建立地方保障性住房债券管理体制和制度，研究制定地方保障性住房债券试点办法，明确规定债券的审批、发债资格、发债规模、使用范围、发债方式、偿还、流通交易、评级及监管等。

第四，尽快建立健全支持我国保障性住房建设的住房金融体系。无论是日本的官办的住房金融公库，德国的住房储蓄，还是新加坡的公积金制度，住房金融体系在住房保障政策实施过程中都发挥着非常重要的作用。

这一体系包含两大机制：一是信贷担保机制。我国应学习发达国家的成熟经验，研究建立一个支持保障性住房消费的信贷担保体系，尽快成立专门为住房困难家庭提供住房抵押贷款以及政策性的贷款保险（担保）的机构，建立财政担保、补贴和市场之间的调节和补偿机制。例如，可赋予前述保障性住房管理机构作为住房保障的政策性信贷担保机构的职能；同时，可以在各省市的保障性住房管理机构对口设立相应的住房信贷担保机构，实施信用等级增强措施。二是信贷资金循环机制。应认真研究建立保障性住房信贷的证券化机制，以解决建设资金循环和住房抵押贷款的流动性管理问题。1968 年，美国建立了政府国民抵押贷款协会（简称 GNMA），这是支持保障性住房抵押贷款形成二级市场的一项历史性措施。香港政府为了支持中低收入家庭购房，在 1997 年也建立了类似 GNMA 的信贷保险机构，即香港按揭证券公司（HKMC）。需注意的是，GNMA 与备受关注的房利美（Fannie Mae）和房地美（Freddie Mac）不同，“两房”公司是两家有一定美国政府背景、专门从事住房抵押贷款证券化的上市公司；而 GNMA 则始终是美国联邦政府的直属机构，代表完全的联邦政府信用。而且，GNMA 既不购买住房抵押贷款，也不直接发行按揭支持证券，其主要业务是为由政府机构保险的住房抵押贷款的证券化提供债券发行担保。最重要的是，GNMA 并未受到“次贷危机”的拖累，因此，很值得我国在构建保障性住房融资体系的过程中认真研究和借鉴。

第五，尽快建立健全支持我国保障性住房建设的全过程管理体系。保障性住房建设短期靠中央政府的强力约束，中长期还是要靠制度和管理。要制定保障性住房规划、用地、融资、建设、定价、分配、管理等一系列制度，只有这些全过程管理的制度有效建立起来，才能对整个保障性住房市场的持续健康发展起到支撑作用。其中的重点有三个：一是决策层面的规划，主要包括制定保障性住房相关政策和长期发展规划，整体协调与规划、财政、金融、土地、法律、建设等部门之间的运作；二是执行层面的前期，主要包括保障性住房的用地、融资与建设环节；三是执行层面的后期，主要包括保障性住房的定价、分配、准入和退出、惩罚等运行环节。

4. 创新我国保障性住房融资体系的主要思路

(1) 强化中央及地方政府责任，引导、调动社会各方力量参与

鉴于保障房的民生保障属性以及不同于商品房的产业经济属性、其建设资金的筹集，政府应在其中承担主导作用。中央曾明确指出：“要加快推进住房保障体系建设，强化政府责任。”政府投入是保障性住房的主要资金来源，必须改变地方政府积极性不高的问题，采取多种方式加大对保障性住房建设及其资金供给的支持力度，在此基础上，鼓励和引导各方积极参与，帮助政府加速保障房建设。为此，应将保障性住房的完成情况纳入政绩考核，建立地方政府落实资金情况的问责机制。

一是加大中央和地方政府财政预算投入，逐年力争不断增加保障房建设中央财政专项补助资金，省级政府比照中央财政配套补助资金。进一步提高保障性住房资金供给水平，应从多方面入手，形成政策合力。一是设立财政专用账户，各类支持保障房建设的财政性资金应全部存入专用账户；二是加大财政贴息的力度，由省级财政部门直接对保障性住房贷款给予全额贴息，贴息年限为贷款年限，并对贴息资金的来源进行安排，形成地方政府和商业银行的风险分担机制，提高银行放贷的积极

性，用较少的资金撬动庞大的社会资金；三是必要时可对地方承担保障性住房的房地产公司追加资本金和优质资产，以确保保障性住房资金的落实；四是适当扩大每年中央代地方政府发行的债券中用于保障性住房建设的资金规模，并且在地区分配上，更多地偏向于地方财政偏弱、资金缺口较大的地区。

二是在按时足额计提土地出让纯收益的10%给廉租房建设使用的基础上，各地区要作出努力，适当提高土地出让收益用于保障房建设的比例，可考虑将这一比例从10%增加到15%～20%。

三是继续完善住房公积金制度，逐步提高公积金存、贷款额度，利用公积金账户中闲置资金来参与部分保障房建设。我国公积金的缴存比例目前为10%，适当提高缴存比例能更好地满足保障性住房贷款需求。如采取累进缴存比例制，即在规定底线的基础上，按收入增长比逐级增加一定百分比，可以依据行业部门的平均水平确定。对于高收入群体，在自愿的基础上，可以通过制定灵活的缴交底线或是缴交比例来提高缴存额。此外，在具体操作中还应加强监管，避免暗箱操作和可能遭受的投资损失。

四是积极创新财政支持方式，通过政府资本金注入、税费优惠、允许地方政府直接定向发债及发挥政策性银行的政府辅助功能等措施，筹集保障房建设资金，吸引社会力量参与保障性建设和运营。例如，对于一些需要大量建设公租房的大城市，比如北京、上海、广州、深圳以及其他一些省会城市，其财政状况相对较好，可考虑容许它们定向发行地方债，即可以利用公租房这一优质资产所产生的现金流——租金，来发行收益率较高的债券，用于支持保障性住房建设。相对于地方政府融资平台，发行地方债更透明也更容易监管，只要控制住赤字率、公共债务负担等关键性指标，其风险完全可控。

（2）通过各种合作模式吸引开发商投资参与，破解保障房建设资金困局

针对开发商对投资参与保障房开发缺乏热情及面临的主要障碍，可为开发商提供多种参与模式，以降低经营风险、提高企业经营的整体收

益率。模式一：委托代建方式。开发商仅以项目建设代理者的身份参与保障房开发全过程，不涉及开发资金的投入、监管等环节，以政府支付代建费作为其收益来源。廉租房和公租房建设多采用这种方式，收益率较低，但资金回流安全。模式二：配建方式。开发商在建设保障房的同时，获得政府搭售的商品房建设用地，从而对冲保障性住房建设收益率较低的局面。换言之，是在普通商品房用地出让交易中要求开发商配建一定比例的廉租房并负责运营，其实质是政府与房地产商合作，通过土地“拼盘开发”方式提供廉租房，将政府的一部分土地出让金收入强制用于廉租房建设。相比委托代建方式，配建方式的收益率有所提高，但资金回流的不确定性也有所增加。模式三：直接招标方式，或建设—移交（BT）模式。地方政府与开发商签订建设—移交协议，前期开发商垫付建设成本和融资成本，按照政府要求，在得到合同确定的政府特定政策支持的条件下，承担工程的融资和建设，协议期满后政府按照合同的约定回购该项目，即由政府最终买单，开发商参与保障房建设的收益来自于政府支付的利润率和代建费。模式四：建设—运营—移交（BOT）模式。政府部门对保障性住房建设项目进行公开招标，中标的开发商负责对项目进行融资、建设与管理，并获得该项目建成后一定年限内的独家运营权，在运营年限结束后根据协议将该项目无偿转让给相应的政府管理机构，开发商收回投资并获得合理的商业利润。这其中，社区内的商业资产、酒店以及其他商业物业的收入预期是吸引开发商参与 BOT 的关键点。这些方式能够吸引更多社会资金进入保障房建设，降低了政府负担，避免开发商保障房建设意愿有限造成的开工受限可能。

（3）充分发挥银行信贷的引导作用，鼓励、吸引社会资金参与

商业银行要积极落实中央关于支持保障房建设的政策，在严格控制房地产贷款投放节奏和新增规模的同时，积极支持保障性住房建设，特别是公租房建设，通过提供优惠贷款，吸引社会资金。应将保障房和商品房的开发贷款实现分类管理，确保贷款额度和优惠利率；制定差别化的信贷政策，如投向公租房的贷款打折计算信贷规模，在计算风险资产

时给予特殊的政策，少占用风险资产、少计提拨备等；与此同时，也应对其中的信贷风险加强监管，防止企业“套贷”用于商品房开发，避免新一轮“平台贷款”大跃进。

（4）创新金融工具和手段，撬动各类社会资金参与

要解决长期大规模保障性住房建设的资金需求，还需依靠金融创新。在兼顾保障房作为公共产品属性的基础上，创新金融工具和手段的使用，充分发挥金融杠杆的调节作用，将传统的政府主导型融资模式转化为政府引导下的商业化运作方式。

一是充分调动注重长期回报的社保基金和保险资金的积极性。保险资金作为全社会最大的财富管理者，随着我国保险深度和保险密度的不断提高，迫切需要寻找安全性较高的长期资产配置渠道。保险资金可使用保障性住房“债权投资计划”等金融工具，其实质是一种私募债券，相当于发放一笔长期贷款，用于特定的保障性住房，如公租房项目的建设和运营。为此，地方政府应通过贴息、贴现、提供担保，或者在税收方面进一步优惠等方式，引导希望投资保障房建设的保险公司积极进入。当然，保险公司应制定切实可行的风险防范触发机制，确保投资计划收益和本金按时足额偿付。

二是尽快推出针对公租房的房地产信托投资基金（REITs）产品，吸引民间资本参与保障房的建设。REITs 是一种采取公司或者商业信托形式，通过信托或公司方式汇集投资者资金，再投资于能产生稳定现金流和收益的房地产，并将投资收益分配给投资者的金融产品。可考虑利用 REITs 这一资产证券化形式，将先期建设完成的保障性住房所产生的收入证券化，为今后的保障性住房建设提供资金。未来应把握机遇，积极探索，加快试点，尝试将有稳定出租收入的物业证券化，通过市场流通带来资金，走保障性住房的资产证券化道路。现阶段，推动 REITs 试点已不缺乏理论上的支持，关键在于加快制定试点实施规划。

三是通过债务资本市场创新，推动保障房尤其是公租房的建设融资。在市场化力量的推动下，近年来我国债务资本市场已经成为社会

融资体系的重要部分，为优化社会融资结构、解决企业融资需求发挥了显著作用。我国债务资本市场已经具备了较大规模的和良好的承载力，这为债务资本市场支持保障性住房建设提供了最基本条件。实际上，在近年来的保障性住房建设中，债务资本市场已经发挥了积极作用。例如，一些实际参与保障性住房建设的企业在债务融资时得到了更多的支持和优惠；在2010年发行的2000亿元地方债券中，相当一部分资金投向了保障性住房建设等民生领域。从长期来看，债务资本市场完全可以在多个方面发挥积极作用。第一，对于参与保障性住房建设的房地产企业，对其利用债务资本市场进行融资给予支持，但是对于募集资金的用途则要严格限制，只能用于保障性住房建设，不可挪作商品房开发；第二，对于地方政府专门针对保障性住房建设而设立的融资平台，在严格风险防范的前提下，对其债务融资给予适当支持；第三，除了房地产开发企业和承建单位外，还会有一些相关产业的企业参与其中，对这类企业为满足保障性住房建设需求而进行的债务融资，也要加大支持力度。

三　2001～2012年中国房地产调控政策大事记

2001年

对住房消费采用扶持政策，积极促进房地产业发展，消化积压商品房，对1998年6月30日以前的商业用房、写字楼、住房免缴营业税、契税、行政事业性收费。

市场反应：房地产行业进入高速发展阶段。

2002年

降低住房公积金存、贷款利率，5年以上贷款利率由4.59%降到4.05%；修改《住房公积金管理条例》；强化土地供应管理，严格控制土地供应总量；恢复征收土地增值税。

市场反应：房地产市场持续升温。

2003年

6月，出台121号文件。加强房地产信贷，要求四证取得后才能发放贷款；提高第二套住房的首付比例。

7月，出售的房屋开始征收房地产税。

市场反应：房价开始呈现不正常的快速暴涨。

2004年

4月，存款准备金利率上调，从7%提高到7.5%。上海市发布《上海市房地产登记条例修正案》，期房限转，打击上海房地产投资行为，打压房地产泡沫。

10月，加息，金融机构一年期基准利率上调0.27个百分点。

市场反应：2005年上海房价出现明显下降，最大降幅超过20%；除上海之外，全国各地房价继续大肆上涨。

2005年

3月，"国八条"出台（"旧国八条"），大力调整住房供应结构，调整用地供应结构，增加普通商品房和经济适用房土地供应。

5月，七部委意见（"新国八条"），调整住房转让环节营业税政策，严格税收征管。

9月，银监会212号文件——收紧房地产信托。

10月，国税总局重申二手房缴纳个税。

市场反应：房价继续上涨。

2006年

5月，"国六条"出台，国务院出台限制套型90/70政策，国税总局出台二手房营业税政策。新一轮房产调控开始。

7月，建设部出台171号"外资限炒令"——打击房地产投资；108号文强制征收二手房转让个人所得税——进一步打击房地产投资。

8月，土地新政出台，要求规范土地市场，清查土地违规；央行再次加息；建设部出台廉租房管理实施办法——逐步落实住房保障政策。

9月，房地产市场整顿，规范交易秩序。完善二手房市场交易管理。

市场反应：房价继续上涨，涨幅相对平稳，中小户型增加。

2007 年

1 月，建设部规范房地产经纪行业，国家税务总局清算土地增值税——标志 2007 年新一轮调控的开始。

3 月，通过《物权法》，央行 2007 年首度再次加息（全年共计 6 次加息，10 次上调存款准备金）。

6 月，加强外资管理——进一步遏制房地产市场外资过热。

8 月，国发〔2007〕24 号文件，回归保障、健全廉租住房制度——标志着政策调控思路的转变。

9 月，央行规定以家庭为单位，第二套住房贷款首付不得低于 40%，利率不得低于基准利率的 1.1 倍——严厉打击炒房行为。

10 月，加强土地供应调控，缩短土地开发周期，物业税“空转”试点扩至十省市。

12 月，外商投资房地产业限制范围有所扩大。

市场反应：当年市场价格暴涨，“地王”频现，政策出台后，全国房价出现下跌。

2008 年

1 月，国务院重拳打击囤地。

3 月，免征出租廉租住房租金收入的营业税、房产税、住房用地城镇土地使用税和免征廉租房、经济适用住房的印花税。

4 月，国家税务总局《关于房地产开发企业所得税预缴问题的通知》，提高了房地产企业预缴的税金额，但是总的税率没有改变。

6 月，再次上调存款准备金率，缩紧银根（全年共 5 次上调准备金率，从年初的 14.5% 上调至 17.5%）。

9 月，降低贷款利息 0.27 个百分点，除工商银行、农业银行、中国银行、建设银行、交通银行、邮政储蓄银行暂不下调外，其他存款类金融机构人民币存款准备金率下调 1 个百分点。

10 月，财政部发文降低真实购房需求的置业门槛，降低贷款利息 0.27 个百分点，降准备金率 1 个百分点——宣告政府由“控制”向“救市”的态度转变。

市场反应：其他金融政策权限松绑，2009 年楼市复苏，后继续大涨。

2009 年

1 月，四大国有银行宣布：只要 2008 年 10 月 27 日前执行基准利率 0.85 倍优惠、无不良信用记录的优质客户，原则上都可以申请七折优惠利率。

5 月，国家税务总局制定《土地增值税清算管理规程》，对土地增值税清算的前期管理、清算受理、清算审核和核定征收等具体问题作出具体规定，加强房地产开发企业的土地增值税征收管理。保障性住房和普通商品住房项目的最低资本金比例降低为 20%，其他房地产开发项目的最低资本金比例为 30%。

6 月，查处“小产权房”。

7 月，银监局发布《固定资产贷款管理暂行办法》与《项目融资业务指引》，加强贷款资金监管。

9 月，发文要求地方政府要加强建设用地批后监管。

12 月，个人住房转让营业税征免时限由 2 年恢复到 5 年；财政部、国家税务总局发布营业税减免细则。

市场反应：短期内出现观望，二手房成交量下降，2010 年春节后市场恢复上涨。

2010 年

1 月，发布“国十一条”。国务院发布《关于促进房地产市场平稳健康发展的通知》，严格二套房贷款管理，明确二套房贷首付不能低于 40%，加大房地产贷款窗口指导，对二套房不再区分改善型和非改善型；明确要求央行及银监会要加大对金融机构房地产贷款业务的监督管理和窗口指导，贷款利率严格按照风险定价，同时要求增加保障性住房和普通商品住房有效供给，合理引导住房消费抑制投资、投机性购房需求等。加强监控跨境投融资活动，防境外“热钱”冲击中国市场。省级政府负总责是该政策的重要关注点。国土资源部发布《国土资源部关于改进报国务院批准城市建设用地申报与实施工作的通知》提出，申报住宅用地的，经济适用住房、廉租住房和中低价位、中小套型普通商品住房用地占住宅用地的比例不得低于70%。

3月，国土资源部出台《关于加强房地产用地供应和监管有关问题的通知》，内容包括了“开发商竞买保证金最少两成”“1月内付清地价50%”等19条土地调控政策。国土资源部称，将于2010年3~7月在全国开展对房地产用地突出问题的专项检查，本次调查重点针对擅自改变房地产用地用途、违规供应土地建设别墅以及囤地炒地等问题。国资委要求，78家不以房地产为主业的中央企业加快调整重组，在完成自有土地开发和已实施项目后要退出房地产业务，并在15个工作日内制订有序退出的方案。国土资源部会议提出，在2010年住房和保障性住房用地供应计划没有编制公布前，各地不得出让住房用地；将在房价上涨过快的城市开展土地出让“招拍挂”制度完善试点；各地要明确并适当增加土地供应总量；房价上涨过快、过高的城市，要严控向大套型住房建设供地。

4月，财政部下发通知称，对两个或两个以上个人共同购买90平方米及以下普通住房，其中一人或多人已有购房记录的，该套房产的共同购买人均不适用首次购买普通住房的契税优惠政策。国土资源部公布2010年住房供地计划，当年拟计划供应住房用地总量同比增长逾130%，其中中小套型商品房将占四成多，超过上年全国实际住房用地总量。国务院要求对贷款购买第二套住房的家庭，贷款首付款不得低于50%，贷款利率不得低于基准利率的1.1倍。对购买首套住房且套型建筑面积在90平方米以上的家庭，贷款首付款比例不得低于30%。实行更为严格的差别化住房信贷政策。国务院发布通知指出，商品住房价格过高、上涨过快、供应紧张的地区，商业银行可根据风险状况，暂停发放购买第三套及以上住房贷款；对不能提供一年以上当地纳税证明或社会保险缴纳证明的非本地居民暂停发放购买住房贷款。

6月，住房和城乡建设部等三部委通知称，商业性个人住房贷款中居民家庭住房套数，应以拟购房家庭（含借款人、配偶及未成年子女）

成员名下实际拥有的成套住房数量进行认定。

9 月，史上最严厉房产调控政策出台：暂停发放第三套房贷，部分城市限购房套数，推进房产税改革试点。中国国土资源部称，将严格土地竞买人资格审查，土地闲置一年以上竞买人及其控股股东将被禁止拿地。国家有关部委要求在房价过高、上涨过快、供应紧张的城市，要在一定时间内限定居民家庭购房套数；完善差别化的住房信贷政策，对贷款购买商品住房，首付款比例调整到 30% 及以上；各商业银行暂停发放居民家庭购买第三套及以上住房贷款，要加强对消费性贷款的管理，禁止用于购买住房；切实增加住房有效供给。

10 月，中国人民银行宣布，自 20 日起，金融机构一年期存款基准利率上调 0.25 个百分点，由现行的 2.25% 提高到 2.50%；一年期贷款基准利率上调 0.25 个百分点，由现行的 5.31% 提高到 5.56%；其他各档次存贷款基准利率据此相应调整。

11 月，住房和城乡建设部、财政部、中国人民银行、银监会联合印发《关于规范住房公积金个人住房贷款政策有关问题的通知》。公积金新政强调，第二套住房公积金个人住房贷款利率不得低于同期首套住房公积金个人住房贷款利率的 1.1 倍，首付款比例不得低于 50%，严禁使用住房公积金个人住房贷款进行投机性购房，并停止向购买第三套及以上住房的缴存职工家庭发放住房公积金个人住房贷款。住房和城乡建设部和国家外汇管理局发布通知，进一步规范境外机构和个人购房管理，要求境外个人在境内只能购买一套用于自住的住房。根据通知，在境内设立分支机构和代表机构的境外机构只能在注册城市购买办公所需的非住宅房屋。法律法规另有规定的除外。

12 月，住房和城乡建设部宣布，于 26 日起，五年期以下（含五年）及五年期以上个人住房公积金贷款利率均上调 0.25 个百分点。

市场反应：一线城市持续上涨，二、三线城市出现暴涨。

2011 年

1 月，发布“新国八条”。

国务院办公厅发布《国务院办公厅关于进一步做好房地产市场调控工作的有关问题的通知》，要求：一是各地一季度要公布房价控制目标，二是增加公共租赁住房供应，三是住房不足5年转手按销售款全额征税，四是二套房首付款比例从原来的不低于50%提至60%，五是土地两年不开工要收回使用权，六是暂停省会城市居民购第三套房，七是未完成调控目标政府将被问责，八是散布虚假消息要追责。同时要求各直辖市、计划单列市、省会城市和房价过高、上涨过快的城市，在一定时期内，要从严制定和执行住房限购措施。截至2月22日晚，已有北京、上海、天津、青岛、南京、成都、南宁、太原、贵阳、哈尔滨、石家庄、武汉等16个城市出台了相关细则。

中国人民银行决定，从2011年1月20日起，上调存款类金融机构人民币存款准备金率0.5个百分点。住房和城乡建设部等部门联合出台的《房地产经纪管理办法》落实国务院关于加强房地产市场调控的重要举措，整顿房地产市场秩序，规范房地产经纪行为，保护房地产交易及经纪活动当事人的合法权益。财政部公布了《关于调整个人住房转让营业税政策的通知》，规定个人将购买不足5年的住房对外销售的，将全额征收营业税。上海和重庆正式实施房产税，深圳宣布成为第三个房产税试点城市。

2月，中国人民银行决定，自2011年2月9日起，上调金融机构人民币存贷款基准利率0.25个百分点。住房和城乡建设部发布《关于调整住房公积金存款利率的通知》，要求从2011年2月9日起，上调个人住房公积金贷款利率。五年期以上个人住房公积金贷款利率上调0.20个百分点。五年期以下（含五年）个人住房公积金贷款利率上调0.25个百分点。中国人民银行宣布，将于24日起上调存款类金融机构人民币存款准备金率0.5个百分点。山东等省市出台限购令细则。

表 6－8　2011 年地方出台限购令时间表及调控政策

地方	出台时间	范围	是否与户籍挂钩	本地人	外地人	税收政策	调控目标
山东	2 月 21 日	济南、青岛和房价过高、上涨过快城市	是	已有 2 套及以上住房的家庭限购	限购 1 套住房，须一定年限纳税或社保证明	购房不足 5 年全额征收营业税；征收个人所得税；首付款比例不低于 60%，贷款利率不低于基准利率的 1.1 倍	一季度公布
石家庄	2 月 21 日	市内五区、高新区	是	已有 2 套及以上住房的家庭限购	限购 1 套住房，1 年（含）以上纳税证明或社保证明	同上	未公布
天津	2 月 21 日	限购范围扩大到市区	是	同上	同上	同上	3 月底前公布
宁波	2 月 20 日	全市	是	同上	限购 1 套住房，2 年内累计缴纳 1 年以上个税或社保证明	同上	3 月公布
南京	2 月 19 日	全市	是	同上	同“国八条”	同上	3 月公布
太原	2 月 19 日	市辖六区	是	同上	同上	同上	一季度公布
哈尔滨	2 月 18 日	全市	是	同上	同上	未公布，要求严格执行国家政策	未公布
广州	2 月 18 日	增城、从化纳入限购范围	是	同上	2 年内累计缴纳 1 年以上个税或社保证明，自购房日起。符合高层次人才条件的非本市户籍人员，限购 1 套住房	同上	未公布
北京	2 月 17 日	全市	是	同上	社保及个税证明由 1 年调为 5 年，须连续缴纳	同上	一季度公布

续表

地方	出台时间	范围	是否与户籍挂钩	本地人	外地人	税收政策	调控目标
南宁	2月17日	市区	是	有房成年子女不纳入限制范围，其余同上	累计1年以上社保及个税证明	无征税相关规定	未公布
贵阳	2月16日	一环内	是	家庭购买行为，须申报	1年以上纳税或社保证明	未公布，要求严格执行国家政策	未公布
成都	2月15日	主城区（锦江区、青羊区、金牛区、武侯区、成华区、高新区）	是	—	未规定纳税及社保证明年限	同“国八条”	未公布
济南	2月12日	市区范围	否	只能在市区新购一套新建商品房	同本市居民	商业房贷首付30%及以上；二套房不低于50%；购三套房停贷	未公布
长春	2月10日	市区	是	同“国八条”	1年以上纳税或社保证明	首套房减半征收契税；90平方米及以下住房减按1%税率征契税，其余同国八条	未公布
上海	2月1日	市区	是	同上	2年内累计缴纳1年以上个税证明或社保证明	同“国八条”。已开征个人房产税	3月公布
青岛	1月29日	市辖七区，不包括周边县市	是	暂缓办理房屋受赠手续	同“国八条”	同“国八条”	未公布
郑州	1月5日	市区人口过密区域	是	只能在限购区新购1套商品住房	须1年证明，可在其他区域买房	唯一住房减按2%税率征契税，90平方米及以下减按1%税率征收契税	未公布

资料来源：东方财富网。

3 月，发改委发布《商品房销售明码标价规定》指出，商品房销售要实行一套一标价，并明确公示代收代办收费和物业服务收费，商品房经营者不得在标价之外加收任何未标明的费用。金融机构存款准备金率上调，上调金融机构存款准备金率 50 个基点。

4 月，中国人民银行决定，上调存贷款基准利率 0.25 个百分点，调整后，一年期存款利率达到 3.25%，一年期贷款利率达到 6.31%。五年期以上个人住房公积金贷款利率上调 0.2 个百分点，由 4.5% 上调至 4.7%；五年期以下（含五年）个人住房公积金贷款利率上调 0.2 个百分点，由 4.0% 上调至 4.2%。21 日，上调金融机构存款准备金率 50 个基点。

5 月，中国人民银行决定，从 2011 年 5 月 18 日起，上调金融机构存款准备金率 50 个基点。

6 月，住建部要求各地公开保障房建设信息，其中 1000 万套保障房 11 月底前要开工，年度建设计划、开工和竣工项目信息，应在当地政府网站公开。开工项目信息，还应在项目建设地点公开。中国人民银行决定，从 2011 年 6 月 20 日起，上调存款类金融机构人民币存款准备金率 0.5 个百分点。

7 月，国务院召开会议部署房地产调控，称部分城市房价上涨压力仍然较大，要求继续严格执行限购政策，上涨过快的二、三线城市也要采取限购。中国人民银行决定，自 2011 年 7 月 7 日起上调金融机构人民币存贷款基准利率。金融机构一年期存贷款基准利率分别上调 0.25 个百分点，其他各档次存贷款基准利率及个人住房公积金贷款利率相应调整。

8 月，住房和城乡建设部公布对各地列入新增限购城市名单的五项建议标准：6 月新建住房价格指数同比增幅或 1 ~ 6 月新建住房价格指数月环比增幅较高、排名靠前的；6 月新建商品住房均价比上年底涨幅超过或者接近全年房价控制目标的；1 ~ 6 月新建商品住房成交量同比增幅较高的；位于已限购区域中心城市周边，外地购房比例较高的；存在房价上涨过快、调控政策执行不严格等突出问题，社会反映强烈的。

10 月，宁波市住建委下发《宁波市商业性个人住房按揭贷款转住房公积金贷款管理暂行规定》。按此规定，用商业贷款买房的市民，可以转公积金贷款。将商业个贷转成公积金贷款，购房者能省下一笔不小的开支。以 50 万元 20 年期的贷款为例，商业个贷要比公积金贷款多还至少 15 万元。南京住房公积金管理中心恢复南京公积金贷款最高可贷额度。最高贷款额度由原先的 20 万元/人、40 万元/户，恢复为 30 万元/人、60 万元/户。家庭已申请过一次公积金贷款，在全部还清贷款并卖出唯一住房后，再次购房时可以使用公积金贷款，但首付不得低于 60%，贷款利率是公积金基准利率的 1.1 倍。

11 月，中国人民银行决定，从 2011 年 12 月 5 日起，下调存款类金融机构人民币存款准备金率 0.5 个百分点。

12 月，胡锦涛主持政治局会议，要求 2012 年实施积极财政政策和稳健货币政策，根据形势变化作出预调、微调；坚持房地产调控政策不动摇，促进房价合理回归；保证物价总水平基本稳定。住建部政策研究中心房地产处处长赵路兴明确表示，房地产调控政策从严落实的方向不会改变，并将延续至 2013 年。而此前有媒体证实，住建部已知会地方政府，对于限购政策将于 2011 年底到期的城市，地方政府需在到期后对限购政策进行延续。无锡住房公积金管理中心实施住房公积金新政，首次购房且面积在 90 平方米以下的家庭，只要夫妻双方均符合公积金贷款条件，即使可贷额度不足 50 万元，也能按最高 50 万元的额度申请贷款。同时，新职工住房补贴也一并纳入可贷额度计算之列。合肥市住房公积金管理中心上调个人住房公积金贷款最高限额，借款人及配偶均按规定正常缴存住房公积金的，最高贷款额度调整至 45 万元；借款人单方按规定缴存住房公积金的，最高贷款额度调整至 35 万元。

市场反应：房价快速上涨势头得到遏制，房地产投资开始有所降温，部分城市房价出现一定幅度下降。

2012 年

1～2 月，全国将建设 700 万套保障性住房。国土资源部表示，建设用地指标的投放领域已经确定，其中保障性住房是必保内容。国务院批准用地城市必须在 2 月底之前，对保障性住房用地单独组卷申报，审查通过的用地由国土资源部安排计划指标，4 月底完成用地审批。2012 年建设用地指标将重点支持欠发达地区、科技创新、节能环保、战略新兴产业、国家重大基础设施在建和续建项目合理用地，重点保障“三农”、社会事业等的建设。

市场反应：坚持房地产调控目标不变，而刺激刚性需求开始启动，房价将趋于稳定。

第七章

资产价格波动预警指数应用

第一节　2012 年 1 ~ 9 月 CCIEE 股票价格波动预警指数走势评述

一　潜龙勿用，或龙在渊
——CCIEE 股票价格波动预警指数 1 月走势评述

在充分考虑国内宏观金融政策和国际市场影响因素的基础上，为反映股票市场价格的总趋势和波动水平，我们创建了能够充分反映我国股票市场波动特征的 CCIEE 股票价格波动预警指数，并结合信号分析法给出股市泡沫程度预警信号，以及时给有关部门甚至整个金融体系发出预警信号，提醒各金融机构、监管部门以及投资者予以高度警惕，必要时采取相应措施以控制和防范风险。预警信号分为五个级别，分别以“红灯”“黄灯”“绿灯”“浅蓝灯”“蓝灯”表示，分别对应股市“过热”“偏热”“稳定”“偏冷”和“过冷”的五个状态。

2012 年 1 月，CCIEE 股票价格波动预警指数由 2011 年 12 月份的过冷状态（24.8）迅速反弹至 40.1。预警指数表明当时股市有所回暖，处于正常区间，但仍接近偏冷临界点。其中春节前，因技术超跌、政策利好及流动性的改善预期，市场在探底 2132.63 点之后，在资源股带动下，出现了一波震荡上行行情。节后，两市未能延续节前的强势，股指遭遇获利盘的疯狂打压，快速下行，沪指击穿 2300 点整数关口，最终

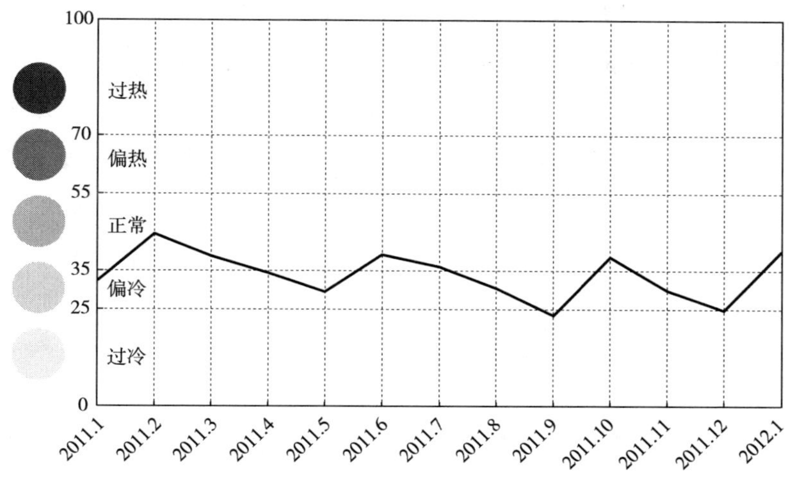

图 7－1　CCIEE 股票价格波动预警指数

资料来源：作者计算所得。

收于 2292.61。

从基本面来看，2012 年的经济增速将继续温和回落，短期增长面临的主要挑战是外需疲弱、房地产投资降温并可能波及制造业投资，致使总需求增长的内在动能较弱。但是，经济增长的“三驾马车”中，消费仍有继续提升的空间，投资增速下滑程度较缓，出口竞争力相对其他国家依然强盛，短期内不存在较大幅度降温的可能性，不必过度担心“硬着陆”风险，全年经济增长或将呈前低后高走势，但波动幅度不会太大。汇丰 1 月制造业采购经理人指数 PMI 预览值为 48.8%，是 3 个月来的新高，但仍在荣枯线以下。而中国物流与采购联合会同国家统计局联合发布的 PMI 为 50.5%，比上月微升 0.2 个百分点，超出市场预期，表明未来经济虽有回调但趋稳迹象日益明显，实现“软着陆”可能性较大。

外围市场方面，近期美国经济数据环比向好，显示美国经济复苏迹象明显，且美联储 25 日宣布维持超低利率政策直至 2014 年下半年。1 月 14 日，标准普尔下调了欧洲九国的主权信用评级，其中包括欧元区第二大经济体法国，这标志着欧债危机进入新的阶段。惠誉国标 27 日宣布下调意大利、西班牙等5个欧元区国家的主权信用评级，警告欧元区持续的债务危机将进一步危害这些国家的融资能力。30日，欧盟各国领导人就欧洲新财政协议及永久性援助基金达成共识，总额为5000亿欧元的“欧洲稳定机制”将在7月正式生效，该基金将为债务负担沉重的欧盟国家提供支持，并将取代现有的“欧洲金融稳定机制”。欧盟外长会议23日通过决议，禁止欧盟国家从伊朗进口石油并同时对伊朗中央银行实施制裁，对已经签约的合同可以执行至2012年7月1日。对于欧盟的举动，伊朗强硬回应，威胁要叫停对欧供油，伊朗局势一时剑拔弩张。

从市场资金面来看，2012年在稳增长的政策环境下，流动性逐步宽松是大趋势。节前最后一周央行连续进行大幅度逆回购，向市场注入资金额相当于下调一次存款准备金率的威力，一定程度上缓解了资金紧张的局面。加之年初新增贷款较多，使得年后一段时间内流动性较为充裕。但是，投资者期待的下调存款准备金率迟迟不见出台，导致节前缓和的资金面重新紧张，节后市场并未能如人所愿出现龙抬头和开门红。预计未来流动性宽松将是一个非常缓慢的过程，这将在一定程度上制约反弹的展开。不过从当时管理层一系列政策措施来看，长期资金入市开始进入实质进展阶段。养老金及RQFII的正式入市标志着鼓励长期资金入市已从政策转为实际行动，将有利于市场资金缺口的改善，对市场也起到较强的信心提振作用。

就政策面而言，中央经济工作会议确定了“稳中求进”的工作总基调，明确提出2012年稳定增长成为宏观调控新的首要任务和主要目标。2011年11月底存准率近3年来首次下调，已明确发出政策微调信号。虽然“积极加稳健”的政策提法依旧保持不变，但政策执行重心和力度已发生改变，积极的会更加积极，稳健的会略微偏松。换言之，名为稳健，实则是稳中有松、稳中偏松、稳中求进、动态优化。

从资本市场的各项相关政策看，时任总理温家宝在全国金融工作会议上提出要深化新股发行制度市场化改革，抓紧完善发行、退市和上市公司分红制度；监管部门也提出了强化上市公司分红、打击内幕交易、完善新股价格形成机制、积极推动全国养老保险基金与住房公积金等长期资金入市等一系列推动资本市场建设的措施，极大地提振了市场信心，这将对A股市场构成中长期利好。

再看消息面，1月也颇为活跃。春节期间多地楼市遭遇寒冬，是历年表现最差的；广东千亿元养老金入市传闻不断，证监会、人保部、全国社保基金等各方正激烈博弈；国际板推出时机又起波澜，先是无时间表，后是未来等待条件成熟后肯定会推出；IMF降低中国经济GDP增速，印度下调存款准备金率50个基点，而国内春节期间降存款准备金率的预期利好并未出现。各种消息反复影响和冲击了春节之后的A股市场，因而出现持续走软也就不足为奇了。

综合来看，一方面随着通胀形势的缓解及“稳中求进”政策思路逐步得到体现，主导市场走势的基本面、资金面和政策面等多重因素也在逐步向好的方向转化。但另一方面，我们也需认识到，市场还将面临几大变数，如美国经济复苏之路曲折以及欧债危机持续恶化的不确定性，美股是否继续调整，美元是否继续走软，大宗商品价格是否出现反弹，国际资本是否出现持续流出，外围市场存在的诸多不确定性是否会影响A股市场走势等都值得关注；国内市场利率走势如何，货币宽松程度如何，下调存款准备金率这只靴子何时落地等，也同样充满较大不确定性。这些不确定因素会在一定程度上抑制2012年股市的反弹，并将对今后一段时间的市场走势构成持续影响。

二　“牛”路漫漫，其修远兮

——CCIEE股票价格波动预警指数2月走势评述

2012年2月，CCIEE股票价格波动预警指数由2011年12月的过冷状态（24.25）连续两个月反弹至51.06，预警指数表明当时股市持续回暖，处于正常区间。当时A股持续走强，主要受益于实体经济改善、流动性预期缓解和资本市场制度红利释放等因素的共振。截至2月底，随着外部增量资金逐步入市，沪指已连涨6周，创出此轮反弹以来的新高，两市成交量也同步放大，出现“量价齐升”的态势。从形态上看，大盘已突破一年多来形成的中期下降趋势线的压制，市场的中期趋势发生了本质性的改变，一轮大级别反弹或“慢牛”行情正向我们慢慢走来。

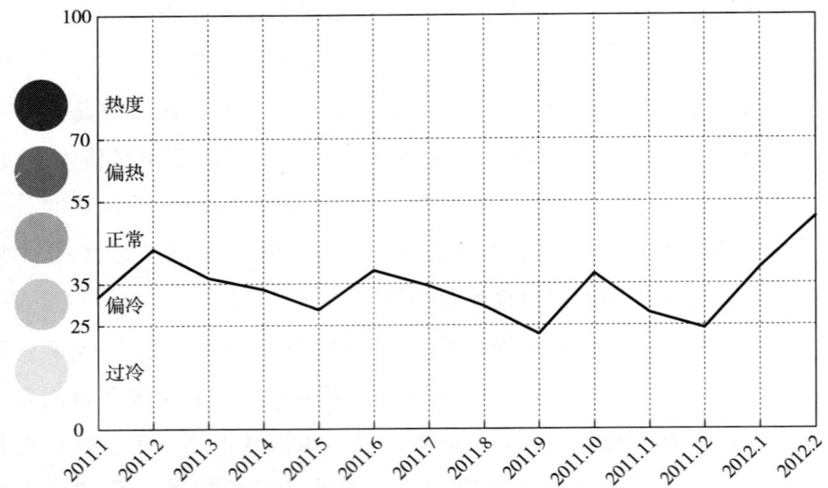

图 7－2　CCIEE 股票价格波动预警指数

资料来源：笔者计算所得。

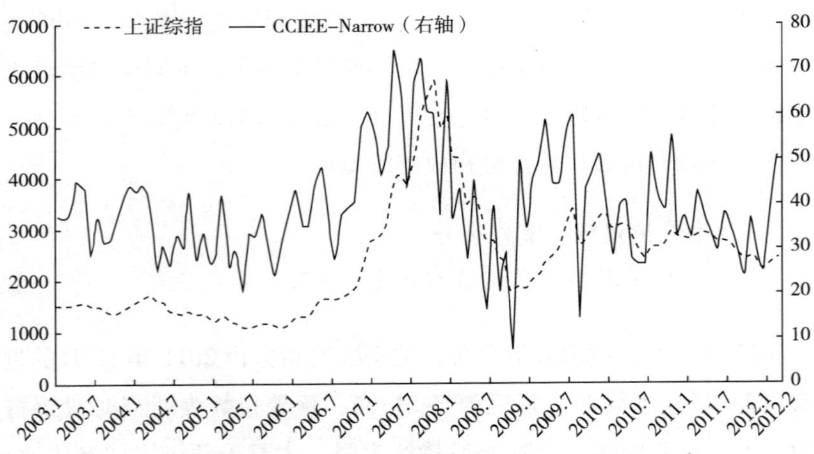

图 7－3　上证综指和 CCIEE 股票价格波动预警指数

资料来源：上海证券交易所、笔者计算所得。

（一）国内实体经济运行持续得到改善

2012 年 2 月以来，宏观经济数据虽未完全走出低谷，但实体经济运行明显得到改善，并有逐步企稳回升之势。汇丰中国制造业 PMI 预览指数连续回升，中国物流与采购联合会发布的 PMI 再次越过荣枯分界线，达到 51.0%，已连续 3 个月回升，反映出当前市场需求有所扩张，生产经营活动趋于活跃，制造业经济整体表现稳中趋升。部分行业的积极因素也有所增多，如房地产成交量显著回升、钢铁库存回落、港口煤价反弹等。另一个更为积极的信号是，随着春节因素的消退，食品价格涨幅下降较为明显，通胀压力持续下降。这无疑给货币政策的适度放松提供了基础条件。CCIEE 股票价格波动预警指数的国内综合股指指标波动持续出现小幅回升，如果将股票市场看作未来经济走向的一种预期，那么这将预示未来经济增速回落趋稳迹象日益明显，宏观经济的短期前景并不十分悲观。

（二）外部国际环境趋于好转

美国经济复苏势头良好，失业率下降，增长率回升，美联储政策取向明朗，维持低利率不变且近期不会推出 QE3，美国股市涨势不俗，标准普尔 500 指数已升至 2008 年雷曼兄弟破产前的最高水准，道琼斯指数也已逼近历史最高点；欧元区 17 国财长决定批准总额为 1300 亿欧元的第二轮希腊救助计划，将使希腊免于立即出现无序违约，欧元区为解决债务危机作出的积极努力使得投资者对海外不确定因素的担忧情绪得到一定程度的缓解，欧债危机最严重的日子可能已经过去；叙利亚、伊朗危机虽属负面的不确定性，但还不是左右大局和走势的主导因素，短期内以美国为首的西方国家与伊朗之间爆发战争的可能性不大。

（三）市场流动性预期缓解

央行于 2 月 18 日宣布再度下调金融机构人民币存款准备金率，即资金面即将面临改善的标志性事件。伴随 CPI 的趋势性回落，预计上半年存款准备金率仍有调降空间。1 月，新增外汇占款一改此前连续 3 个月负增长的“颓势”，显示外汇流入出现反弹。从更为实际的资金利率角度看，珠三角、长三角等地的 6 个月期票据直贴利率自 1 月以来便呈现出较为明显的趋势性回落迹象。这表明随着管理层宏观政策的调整，当前市场流动性紧张的局面已得到了有效缓解。2012 年 1 月受春节影响，物价有所反弹，货币政策较为谨慎，新增信贷少于预期，但总体来看 2012 年通胀压力小于上年，货币政策将以稳中偏松为主。当时预计 2 月信贷略超 1 月，将达到 7000 亿元左右。CCIEE 股票价格波动预警指数的成交量指标、成交金额增长率指标以及换手率指标均出现明显反弹，表明市场交易活跃，资金交易频率大幅提升，显示外部增量资金正在入市。

（四）政策层面暖风频吹

决策层多次表态，强调经济政策适时适度的预调微调。货币政策已没有理由进一步从紧，否则无法“稳增长”，也没有理由实质性转向宽松，否则难以“控通胀”。房地产调控限购没有理由更加严厉，只能维持现状，否则有“硬着陆”风险；但绝无理由立即放松，否则会前功尽弃。包括四大国有商业银行在内的大多数银行，都已将首套房利率回调至基准利率。当时地方与中央就房地产调控方面的博弈频现，佛山、芜湖、上海放松政策被叫停反映出地方经济对地产的依赖，以及地方政府对调控政策的纠结和中央政府对调控政策坚决执行的态度。国务院办公厅发布《关于积极稳妥推进户籍管理制度改革的通知》，对三、四线城市长期工作人员及其家庭的落户限制有所放宽，从短期看，这有利于提振市场对三、四线城市房地产的投资信心。政治上维稳、经济上稳增长决定了未来政策取向将呈现稳中略松。

（五）资本市场制度性红利提振股市信心

2012 年以来，管理层屡次发表谈话，提振投资者做多信心，在不同场合反复发表对当前股市估值认识言论，并提出“蓝筹股目前显示出罕见投资价值”，建议投资者多关注蓝筹股投资价值。此外，按照国务院提出的“服务实体经济”的要求，管理层积极推进促进 A 股市场长期健康发展的各项改革，证券市场制度体系趋于完善，强制分红、养老金入市、发行制度改革、修改收购管理办法鼓励大股东增持、市场产品创新等，或正在酝酿，或呼之欲出。在政策暖风和制度红利支撑的背景下，市场情绪逐步回暖，A 股市场久未曾见的做多情绪被点燃。

（六）综合各方面因素看，我国股市运行环境得到有效改善

当时 A 股市场所处的内外部宏观环境与 2011 年相比已发生显著改善，国内政策微调、通胀持续回落、美国经济复苏以及欧债问题的进一步明朗，都为市场运行创造了相对正面的环境。再从大类资产配置的角度看，房地产调控力度不减，中长期股票市场的吸引力进一步增强。从估值水平看，A 股市场仍然具备长期投资价值。截至 2 月底，A 股全部上市公司、中小板和创业板平均市盈率分别为 24.72 倍、29.59 倍和 34.51 倍，仍处历史重要底部区域。

另外，股市走势仍面临较大风险。本轮市场震荡攀升始终是在犹豫不决中展开，反弹还是反转始终令市场非常纠结和僵持。这主要反映了市场在四大风险的重压之下仍面临诸多考验。首先，实体经济改善还需更多有力数据继续确认。宏观环境的压力依然不小，房地产市场在调控政策影响下持续低迷，战略性新兴产业仍处于培养时期。经济活动放缓意味着上市公司业绩增速的减缓，这始终是决定大盘走势和股价的最根本因素。其次，扩容解禁压力不容小觑。在新股扩容速度未减的同时，近期行情好转后上市公司再融资需求增加，新三板或柜台交易、“大小非”减持等依然考验着市场资金面，当时国际油价大涨也在一定程度上制约了货币政策放松的空间，这预示着单纯靠市场流动性大幅改善进而推动指数上行的逻辑缺乏有力支撑。再次，制度性改革红利对 A 股市场的利好影响兑现尚需时日，短期内不可冀望过高。最后，全球货币政策如若再趋宽松将导致大宗商品价格上涨，由此带来的输入性通胀压力或对国内政策调整空间产生挤压。延续已久的欧债危机将在 3 月进入偿债高峰期，“黑天鹅”事件是否出现难以预料。

三　奈何浮云遮望眼，只缘身在最底层

——CCIEE 股票价格波动预警指数 3 月走势评述

2012 年 3 月，CCIEE 股票价格波动预警指数结束连续两个月的反弹，由 2 月份的 47.47（正常状态）大幅下降到 3 月的 26.12（偏冷阶段），已接近过冷临界点。在各种利好预期迟迟未能兑现、悲观经济数

据的利空打击而扩容压力则实实在在的情况下，3月份市场连续4周下跌，特别是“两会”结束后恐慌情绪不断蔓延，市场再次陷入“多杀多”的惨烈状态，沪指连续跌穿2400点、2300点，市场惨绿一片，哀鸿遍野，仿佛发生了“春游集体踩踏事件”，弱势格局一览无余。

“长恨春归无觅处，不觉转入阴跌来。”

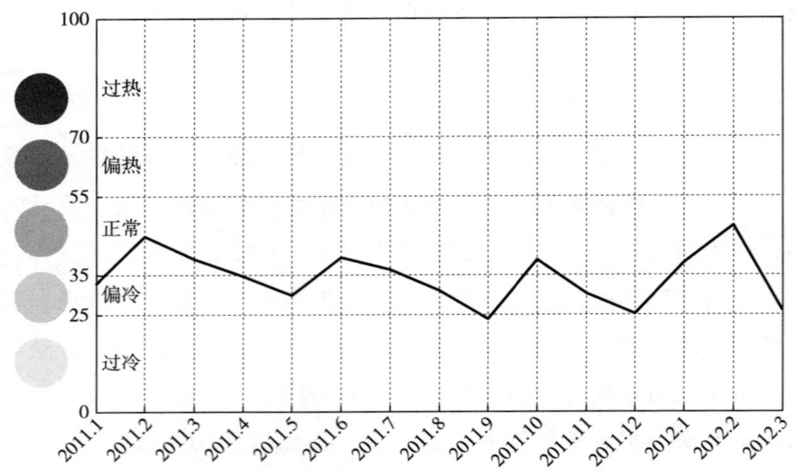

图7-4　CCIEE狭义股票价格波动预警指数

资料来源：笔者计算所得。

（一）部分经济指标增速回落，引发投资者对经济增长动力不足的担忧

从3月份陆续公布的一系列经济数据来看，投资者普遍期待的经济见底信号迟迟没有出现，相反却显示经济见底时间可能会推迟。1～2月，固定资产投资和社会消费品零售总额分别累计同比增长21.5%和14.7%，和2011年底相比均有明显回落；规模以上工业增加值同比增长11.4%，这是一年多来增速首次低于12%；日均发电量为120亿千瓦时，也显著低于2011年12月；全国规模以上工业企业经济效益，实现利润6060亿元，同比下降5.2%，这是两年多来工业企业利润首次出现负增长，其中国企利润同比下降10.9%。此外，3月中旬汇丰中国公布的制造业采购经理人指数PMI初值为48.1%，终值为48.3%，均创

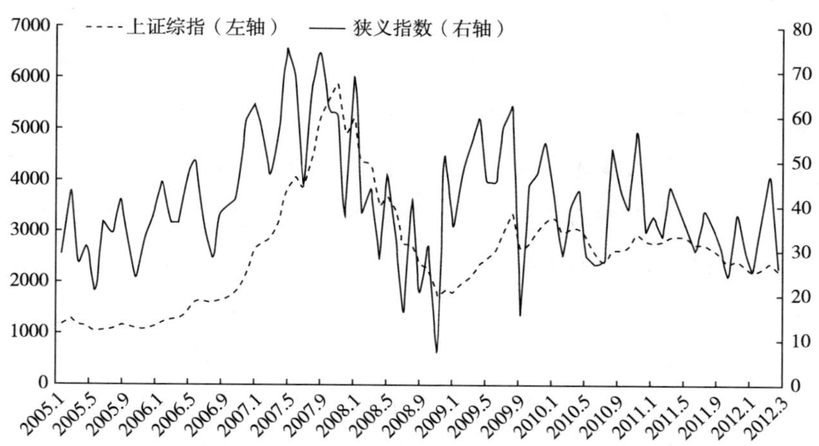

图 7－5 上证综合指数和 CCIEE 狭义股票价格波动预警指数

资料来源：上海证券交易所及笔者计算所得。

4 个月以来最低，产出、新订单和就业均出现较大幅度的下降，且连续 5 个月低于 50% 的荣枯分水岭下方，显示经济仍然偏冷，仍处于震荡寻底过程之中，引发了市场对经济下滑甚至是经济“硬着陆”的再度担忧。之前支撑市场上涨的利好预期迟迟得不到数据证实，导致市场在悲观经济数据打压下展开调整，市场信心渐渐丧失，空方重新占据优势。

反观 3 月份的国际市场，与 A 股市场则是冰火两重天。受到当时美国经济持续改善且有可能推出 QE3、继续实施宽松货币政策的消息影响，纽约股市表现活跃，连创新高，稳稳站在 13000 点之上，距金融危机前的历史最高点只有一步之遥。但外围市场的利好没有对境内股市构成正面拉动，可见我们的资本市场仍是一个封闭运行并只对国内经济及数据作出反应的市场。

（二）“两会”在政治意外事件揭盖中结束，政策放松预期落空激发投资者避险情绪

2012 年“两会”上，经济政策总体上突出了“稳中求进”的基调。尽管强调要“继续实施积极的财政政策和稳健的货币政策”，并“根据形势变化适时适度预调微调”，但更令市场担忧的是：2012 年国内生产总值预期增长目标由 8 年来的 8% 降为 7.5%，市场悲观地将之与经济

“硬着陆”联系在一起。3月份的意外事件是，油价上调、以玉米为代表的部分农产品期货和现货价格均出现上扬，通胀反弹忧虑重起，这将压缩货币政策放松的空间。特别是，“两会”后期时任总理温家宝再次强调房地产调控政策不放松，将继续促进房价合理回归，进一步降低了市场对于房地产调控放松的预期，政策的微调与之前市场对放松的预期出现较大差距，对投资者信心打击较大，激发了市场的避险情绪，导致大盘出现阶段性调整。

（三）供求关系阶段性失衡，对市场造成较大资金压力

就资金需求而言，2012年以来扩容速度并不见显著降低，节奏还在加快，进入3月这种累积效应越发明显，当月有26只新股首发，募集资金166亿元，接近前两个月的总和。除去IPO募集资金外，3月的再融资额依然持续在高位，增发实际募集资金达到433亿元，是前两个月的1.5倍，是IPO募集资金额的2.6倍；配股实际募集资金也达72亿元，是前两个月的3.3倍。消息面上还不断传来负面信息：城市商业银行上市脚步加快、大型公司启动上市程序、大盘银行等金融股的再融资压力不减、大量开放式基金高位减仓、产业资本逢高减持兑现、大小非在市场反弹和解禁之后选择夺路而逃、沪深300ETF的即将推出，打开了市场套利空间。此外，较低标准的创业板、债券市场、全国统一的场外市场、“新三板”以及再融资审批权下放等市场创新都会增加筹码、分流资金，这些均持续不断地令市场承压。

资金供应方面，当时市场下行降低了市场的风险偏好，令增量资金望而却步。2012年一季度以来虽然市场利率下行，证实当时市场资金供给层面相对宽裕，但流动性改善还是不及预期，资金价格进一步下行的空间有限，增量资金明显不足。受限于存贷比考核，部分银行的信贷供给能力仍然不足，由此影响了信贷扩张；另外，受制于企业赢利下滑、地方融资平台贷款的限制以及外汇占款对于流动性的贡献越来越小，3月份市场的贷款需求减弱，市场已普遍预计3月新增信贷不会出现明显改善。

再有，养老金入市一波三折，长线资金“远水解不了近渴”。2012

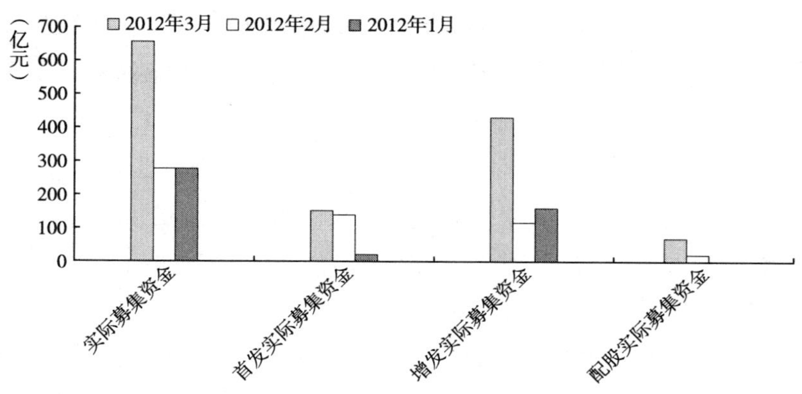

图 7－6　2012 年 1～3 月股票发行统计

资料来源：Wind 资讯。

年以来，投资者对于“长线资金”进入股市充满了期望，视为极大的利好。3 月中旬，广东千亿元养老金获准入市，但随后就明确表示主要是投资固定收益类品种。可见，养老金投资试点获批的政策意义大于实际意义，1000 亿元资金的股市部分至多在 200 亿元左右，对市场资金面的直接影响十分有限。并且，财政部又专门发文规范社保基金财政专户管理，强调地方财政部门不得动用基金结余进行除定期存款和购买国债以外的任何其他形式的直接或间接投资，这使投资者对长期资金入股市的期待之情大打折扣。这明白无误地告诉市场，在现阶段也许根本就还不存在像养老金这样的“长线资金”大规模入市的基本条件。这也对市场信心打击较大。

从趋势上来看，大盘阶段性调整已经展开，但是鉴于蓝筹股估值处于历史低位，从反弹高点调整已经有 2/3，大盘下跌空间有限。市场调整何时结束，将最终取决于较为有利的经济数据出现，并且有货币松动政策如降息或者下调存准率政策配合。如果这一切的出现仍旧晚于市场一致预期，那么后市就需警惕市场的调整幅度可能超预期，极端情况下不排除二季度跌破前期低点 2132 点。考虑到 2012 年经济运行的复杂性，股市的运行将多有反复，始终将看经济增长及物价走势的“脸色”行事，提前反应经济的“晴雨表”功能将有显现。

总体来看，当时市场整体估值依然处于历史底部区域，特别是蓝筹股估值重新具有安全边际，具备中长期投资价值。截至 3 月底，全部 A 股、沪深 300、中小板和创业板市场平均市盈率分别为 13.47 倍、10.92 倍、27.73 倍、31.43 倍，均比 2 月有明显下跌，已接近 2011 年底及 2012 年 1 月底水平，而同期道琼斯指数市盈率在 15 倍左右，纳斯达克指数在 18 倍左右，均高于全部 A 股和沪深 300 指数。如果市场在当时点位再次出现快速下跌，那么估值吸引力将会进一步增加。相较整体估值水平的合理性，当时市场估值的结构性风险主要在创业板与中小板，如果这些公司年报和一季度报弱于预期，那么其估值在 4 月份依然有向下回归的需求。从这个意义上来看，短期内大盘股调整空间不大，但中小盘股依然有一定调整空间。从 CCIEE 股票价格波动预警指数来看，当时已快速回落至偏冷区间内，并随时有跌破分界线滑入过冷状态的可能，指标处于弱势，理论上继续下滑的空间小于上升空间。

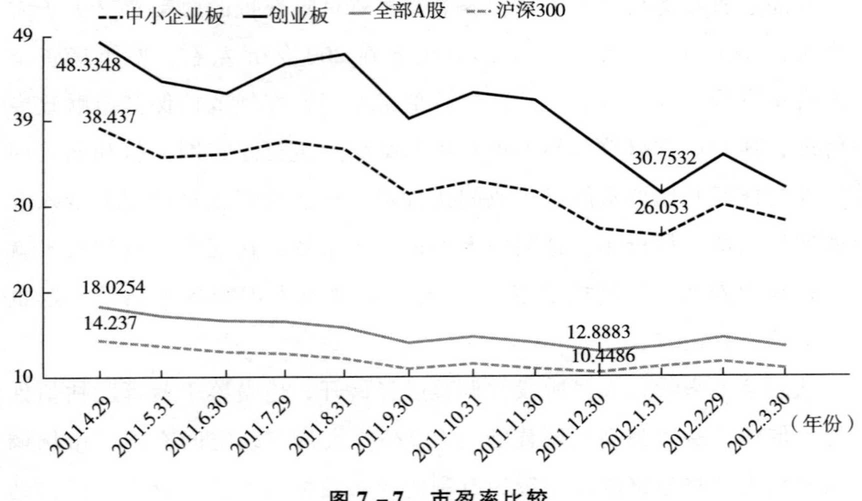

图 7－7　市盈率比较

资料来源：Wind 资讯。

4 月初的清明小长假尚未过完，已经有几大利好消息陆续出台：先是 1 日公布的官方 PMI 为 53.1%，比上月上升 2.1 个百分点，各项分类指数普遍回升，其中，以新订单指数上升最为明显，升幅达到 4.1 个百分点。预示经济增长显现回升态势，并未如市场预料那样悲观，前期的快速下跌有些过度反应。此外，证监会在1日夜间正式公布了新股发行体制改革指导意见的征求意见稿，拟采取多方措施强化信息披露、抑制新股高价发行、引入个人投资者参与询价、加强定价监管、推出存量发行和抑制炒新等六大焦点问题，拉开了酝酿已久、期盼已久的改革大幕，料将对市场构成中长期正面支撑。3日，证监会更是联合中国人民银行、国家外汇管理局，决定合格境外机构投资者QFII和人民币合格境外机构投资者RQFII大幅度扩容，前者增加500亿~800亿美元，后者增加500亿元人民币。“为有源头活水来”，尽管数量有限，但无疑是为市场输血的重大利好，充分反映出管理层对于市场的一片呵护之情。

我们相信，随着二季度流动性的逐渐改善，宏观经济和上市公司业绩逐步开始走出低谷，通胀仍将处于下行阶段，政策预期仍将渐趋宽松，同时，外部需求随着国际经济复苏仍将见底回升。

羌笛无须怨杨柳，春风必度玉门关。

四 人间四月芳菲尽，股市桃花始盛开

——CCIEE股票价格波动预警指数4月走势评述

2012年4月，CCIEE股票价格波动预警指数在3月份大幅下跌之后，出现明显反弹，由3月份的26.12（偏冷状态）反弹至4月的41.27（正常状态），已接近2月份的47.47这一近期高点。经历了3月份的调整之后，经济增速和上市公司业绩下滑预期已经明朗，受一系列“金融改革创新”事件的鼓舞，市场主流资金先后拉抬金融、地产、基建类股票，走出了一波犀利的结构性行情。上证指数先后攻克2300点和2400点两大整数关口，将“3·14”长阴失地收复大半，全月以接近2400点水平报收，延续了2012年以来的上升趋势，投资者信心得到一定程度的修复。当时，主导A股市场的逻辑已从对经济增速放缓的担忧逐渐转移到了对宏观经济政策因基本面恶化可能加速放松步伐的预期。

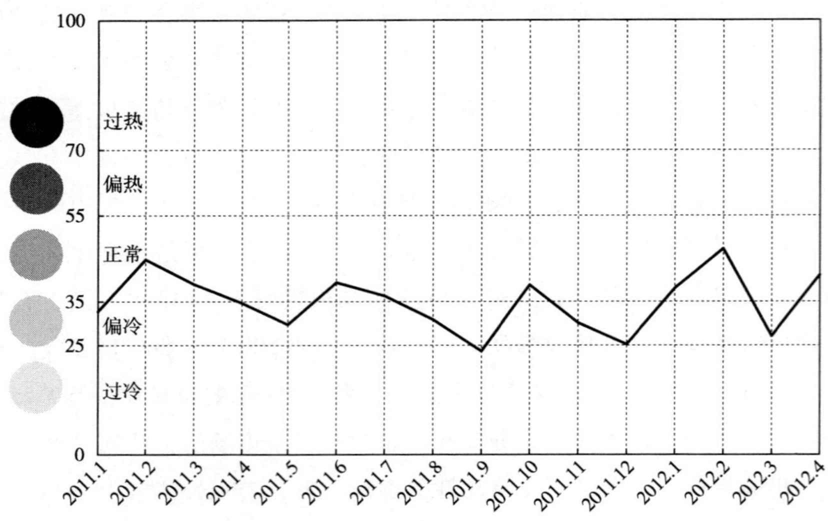

图 7－8 CCIEE 狭义股票价格波动预警指数

资料来源：笔者计算所得。

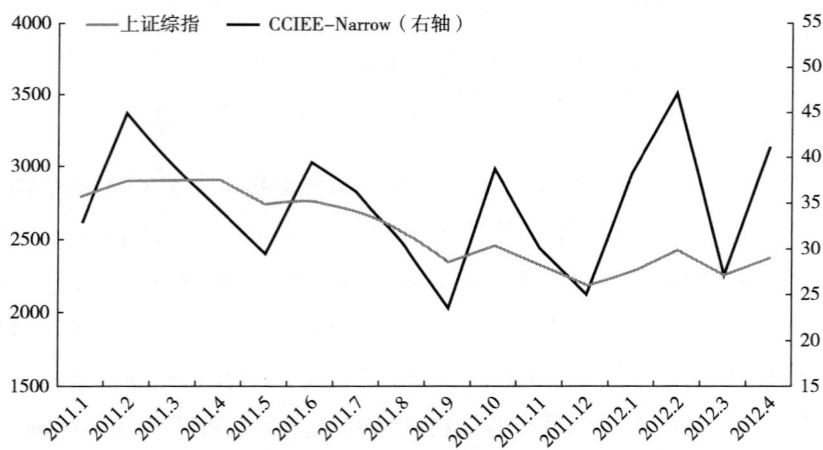

图 7－9 上证综合指数和 CCIEE 狭义股票价格波动预警指数

资料来源：上海证券交易所及笔者计算所得。

（一）一季度经济低位开局，增速出现快速回落，下行幅度略超预期，加大了市场对经济增速持续较快下行的担忧

GDP 同比增长 8.1%，比 2011 年第四季度下降 0.8 个百分点；环比

增长 1.8%，比 2011 年第四季度下降 0.1 个百分点。全国规模以上工业增加值同比增长 11.6%，增速比 2011 年同期回落 2.8 个百分点；全社会用电量累计同比增长 6.8%，增速比 2011 年同期回落 5.9 个百分点，且显著低于 GDP 增速，印证经济减速势头。值得注意的是，3 月份工业增长显著回升，规模以上工业增加值同比增长 11.9%，比 1 ~ 2 月份提高 0.5 个百分点，比 2011 年同期低 2.9 个百分点。环比看，3 月份规模以上工业增加值增长 1.22%。

三大需求增速继续平稳回落：市场销售平稳较快增长，社会消费品零售总额同比名义增长 14.8%，剔除价格因素后实际增长 10.9%；固定资产投资同比增速小幅放缓，基础设施投资负增长，固定资产投资同比增长 20.9%，剔除价格因素后真实增速为 18.2%；进出口增速放缓，贸易顺差大幅缩小，进、出口累计增速分别为 6.9% 和 7.6%，顺差收窄至 6.7 亿美元。从动力结构看，一季度 GDP 增速大幅下滑主要在于政策调控导致的投资下滑和出口下降。从贡献度看，资本形成总额贡献率仅有 33.4%，上拉 GDP 增速 2.7 个百分点；而最终消费支出则创下了 76.5% 的近 4 年来高点，上拉 GDP 增速 6.2 个百分点；而净出口的负贡献也在拉大，-9.5% 的数值也是两年多来的最大值，下拉 GDP 增速 0.8 个百分点。从内外需动力看，内需拉动 GDP 增长 8.9%，因此，GDP 低于预期增长主要在于外需的下拉作用加大。

一季度通胀总体延续了回落态势，取得 3.2% 的同比增幅，物价涨幅得到有效控制。尽管 3 月份 CPI 涨幅 3.6%，有所反弹，但不足以说明短期内通胀压力再度来临，仍不改中期回落趋势，短期内“稳增长”仍是重中之重。此外，货币供应低位企稳，新增贷款大幅增加；房地产业主要指标如房地产开发投资、商品房销售额均有下滑。

4 月中旬，汇丰中国公布的制造业采购经理人指数 PMI 初值为 49.1%，终值为 49.3%，较上月上升 1 个百分点，二季度经济逐渐回暖的预期较为明显。中国物流与采购联合会和国家统计局服务业调查中心发布的 4 月份 PMI 为 53.3%，比上月上升 0.2 个百分点。该指数经历连续 5 个月回升之后，已经高于上年同期水平，显示经济增长呈现趋稳向好的态势。PMI指数的回升更多是受到流动性改善、信贷投放等货币供给因素的推动，经济自身的需求拉动因素并不明显。新订单指数回落表明需求仍低迷，积压订单指数也有恶化迹象，表明经济增长仍有一定的不确定性。如果需求端维持低迷状态，资金推动下的经济恢复力度将十分有限。但该指数环比持续反弹的趋势也表明了当时经济运行状况处于改善之中，预示着在前期管理层政策预调微调的背景下，国内实体经济正逐步好转。

企业业绩方面，如果我们将银行等垄断行业剔除，那么整个微观赢利下滑周期并未因为4月PMI的反弹而有所改观。2011年年报剔除银行股的2195家上市公司净利润增速同比下降2.59个百分点，2353家可比公司2012年一季度实现归属母公司净利润4918.5亿元，同比下滑0.41%，而除去金融上市公司一季度利润同比大幅下滑15.2%，下降幅度较2011年年报进一步扩大。

综合而言，此轮经济增速下滑恐怕将预示着中国经济告别过去30年的高速增长时期，未来经济见底企稳将是一个相对漫长和屡有反复的过程。相应的，微观企业赢利的“着陆”也不会是一帆风顺的，甚至有可能比2008年国际金融危机时更长、更难熬。

（二）海外市场方面，美国经济复苏的确定性增强，欧债危机顶点已过，外部环境好转有利于A股市场上涨

从目前的数据来看，美国经济复苏主要表现在制造业产能和资本性支出的复苏，私人消费好转，失业率的持续下降。从就业的情况来看，失业率回落的持续性来自于长期失业人口的下降。此外，进口的扩张也进一步证实了美国经济复苏的速度。4月份，美联储议息会议维持货币政策不变，会议声明较上次更为乐观，但伯南克讲话仍表示保留QE3选项。第一季度GDP数据低于市场预期，当时就业市场复苏明显放缓，一旦失业率反弹通胀稳定，新一轮的宽松并不意外。

欧元区4月份制造业PMI初值跌至34个月新低，同时债务/GDP比率也创出历史新高，西班牙央行预计该国经济一季度继续收缩0.4%，其国债收益持续上升并突破6%，德国4月份制造业PMI跌至3年来最

低，引发了市场新一轮对欧债危机的担忧。一旦德、法两大欧盟核心成员国传出负面消息，无疑将引发市场更大的担忧和恐慌。因面临多国大选，政治因素仍是当时影响欧债危机进展的主要因素。虽然当时西班牙国债收益持续上升并突破6%，欧元区还有多重不确定因素，市场动荡可能还会持续一段时间，但我们认为，欧洲央行通过两轮 LTRO 成功地降低了意大利、西班牙等国的融资成本，防止了欧债引发银行流动性层面的系统风险，并且阻断了有能力偿还国和无能力偿还国之间的传导，这意味着欧元区最危险的时刻可能已经过去。

（三）从影响市场运行趋势的政策因素来看，宏观经济政策预调微调预期增强是推动市场强劲反弹的主要推动力

一季度经济增速加速下滑至 8.1%，使得未来中国经济超预期下滑风险加大；特别是房地产投资增速回落较快，引发投资增速较快回落。在此背景下，政策预调微调预期持续升温，管理层重新启动高铁、水利等基建投资项目。央行也释放出信号，称在继续实施稳健货币政策的前提下，要引导货币信贷平稳适度增长，将通过适时加大逆回购操作力度、下调存款准备金率等多种方式释放流动性，稳步增加流动性供应。因此，以“减税”为核心的财政政策和货币政策局部松动的双重预期成为改变市场强弱格局的关键。从某种程度上讲，3 月份大盘的快速下跌已经完成了对经济数据利空因素的消化，“经济数据差—宏观政策松”的逻辑和利好预期成为支持大盘 4 月份逐步走强的主要因素，进而也改变着市场主流资金的流向。

4 月下旬，国务院正式出台《关于进一步支持小型微型企业健康发展的意见》，从加大财税支持、缓解融资困难、支持开拓市场等多个方面，进一步支持小型微型企业健康发展。并将小型微型企业减半征收企业所得税政策延长到 2015 年底并扩大范围，要求结合深化税收体制改革，完善结构性减税政策，研究进一步支持小型微型企业发展的税收制度，还将支持符合条件的小企业上市融资、发行债券。国务院还公布了《关于加强进口促进对外贸易平衡发展的指导意见》，称在保持出口稳定增长的同时，更加重视进口，适当扩大进口规模，调整“奖出限进”

“宽出严进”的工作思路和政策体系，坚持进口和出口并重。将通过财税、金融、管理等多方面促进对外贸易基本平衡，实现对外贸易可持续发展。对符合国家产业政策和信贷条件的进口合理信贷需求，积极提供信贷支持。鼓励和支持符合条件的企业通过发行股票、企业债券、短期融资券、中期票据等扩大直接融资。以上种种以及可预见到的新政策还将会陆续出台，乐观的政策预期不断得以延续，股指的推升力量就不至于缺失。

（四）资金面相对较为充裕为市场向上拓展空间提供了必要的流动性支持

4 月份，与市场一致预期相悖，央行迟迟不肯启动存款准备金率的下调，主要是当时市场流动性处在较为充裕状态。央行数据显示，2012 年 3 月外汇占款余额为 25.65 万亿元人民币，当月外汇占款新增约 1246 亿元人民币，连续 3 个月出现增加。此外，3 月末财政性存款余额达到 2.69 万亿元人民币，较上月减少 4058 亿元，商业银行体系显然得到了流动性注入。4 月份央行通过公开市场操作累计向市场净投放资金 2530 亿元，一举扭转了此前连续两个月的单月资金净回笼态势。央行一季度金融机构贷款投向统计报告显示，3 月末全部金融机构人民币各项贷款余额 57.25 万亿元，同比增长 15.7%；一季度增加 2.46 万亿元，同比多增 2169 亿元。小微贷款的增长、轻工业贷款增速呈现回升、房地产贷款增速持续回落以及中西部地区贷款增速的回升，也表现出了宽松政策执行力度的增强。在近期市场资金面较前期明显趋紧、未来几个月公开市场到期量环比下滑幅度较大的背景下，央行公开市场操作 5 月份有望延续当时较为温和的操作基调，同时继续将到期资金向后续月份平滑。

（五）资本市场制度改革持续发酵，政策红利助力市场回升

“五一”节前，证监会密集发布了几项重大政策，包括发布新股发行改革指导意见、沪深两大交易所同时发布主板及中小板退市方案征求意见稿，降低 A 股交易的相关收费标准。这是完善证券市场制度建设的重要举措，是对长期制度缺陷的一种自我修正，是继股权分置改革后

影响最大、波及面最广的一次制度变革，对整个资本市场制度的完善具有深远意义，对股市未来发展形成长期利好。这一系列市场制度建设和改革新政，以及未来将要出台的相关配套政策措施，将构成我国资本市场未来新的市场法规框架，单个看来也许意义有限，但累积在一起引发的政策红利则不容小觑、非常可观，是近年来所罕见，从这个意义上讲，可与多年前的股权分置改革相提并论。

如果再考虑之前的几项改革，更将有助于改善A股市场资金环境，促进中国资本市场制度红利的加速释放，短期内都起到了刺激市场走强的直接效果。例如，温州金融综合改革，有利于化解民间借贷风险，将民间资本合理有序引入金融监管范畴，促进银行业对内资开放；深圳拟出台系列金融改革创新意见，有利于推动直接融资，完善多层次资本市场体系，促进金融业对实体经济的推动作用、拓展证券行业的发展空间；人民币汇率相对美元扩大浮动范围等多项金融改革，有利于改善投资者对人民币汇率单向升值的预期，为人民币下一步资本项目可兑换构建一个可参照的平衡机制，逐步打开海内外资本进出A股市场的通道。

在近期经济基本面有略微好转迹象的配合下，这一系列金融改革对投资者信心具有较大的提振作用，将有助于不断唤起市场的觉醒，有效促进中国资本市场制度红利的加速释放，短期内会刺激市场走强。当然也需要看到，制度变革也不全是正面因素，或者正面效应其实非常有限。例如，退市制度改革、发行制度改革所造成的“去泡沫化”效应，对于市场的结构性冲击和风险不容忽视；关于降低交易费用的相关政策只是降低了交易经手费，并且幅度有限，没有直接下调投资者的交易费用，没有改变A股的基本面，因此不会改变市场原有趋势，市场对此可能有过于乐观积极的幻觉。

（六）从估值角度看，当时市场整体估值水平依然处于合理范围内，特别是蓝筹股仍具备中长期投资价值

截至4月底，全部A股、沪深300、中小板和创业板市场平均市盈率分别为14.25倍、11.38倍、29.27倍、32.61倍，均比3月略有回升。当时，中小板、创业板的估值较2008年底部仍有70%左右的溢价，而相关

企业的数量明显高于当时，企业经营环境也更为艰难，因此小盘股延续4月中旬的价值回归并无太大悬念，这也是A股二季度最大的风险源。

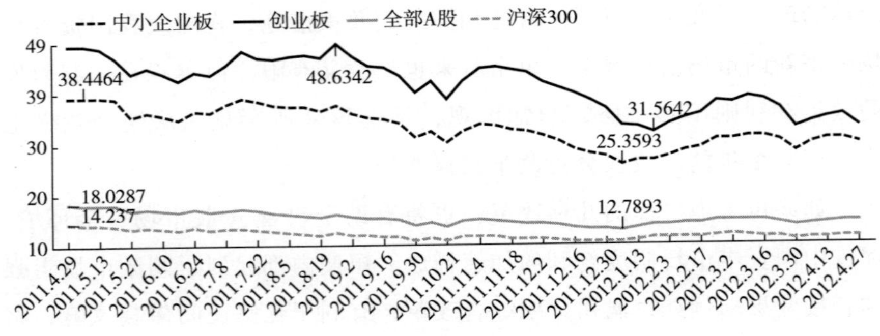

图7-10 市盈率比较

资料来源：Wind资讯。

当时，随着前期市场风险的释放和基本面的转暖，市场最危险、最困难的时期正在过去，已经看不到十分明显的做空理由和系统性风险，A股中性偏强、震荡向上的格局已然形成。在财政政策和货币政策“稳中偏松”的驱动下，大盘有望逐步进入强势周期，指数很可能不断创出2012年反弹以来的新高。

尽管我们短期和长期看好中国资本市场，但从中期的角度观察和分析，也需要保持一份必要的冷静和理性。未来中国经济仍面临增速过快下滑的风险，欧债危机反复导致的外需降低风险，企业经营困难加剧的风险，物价走势下半年出现反弹的风险以及发展方式转变进展缓慢、结构调整任务艰巨等更深层次矛盾和问题。就市场本身而言，长期投资性资金仍然缺乏，市场供需失衡的状态还未从根本上解决，结构性估值泡沫依然存在，一些制度变革对市场的结构性冲击也不容忽视。

未来中国股市下一个大牛市的来临，需要中国经济转型的成功和新增长动力的获得，包括证券发行、交易、分红、信息披露、退市、监管等一系列制度朝着市场化方向的进一步改革，资本市场资源配置、优胜劣汰功能的真正发挥，上市公司核心竞争力、创新能力和赢利能力的大幅提升，显然这仍将是一个十分漫长的过程。

五　蔗浆金碗冰盘冻，不信人间五月凉

——CCIEE 股票价格波动预警指数 5 月走势评述

2012 年 5 月，在内忧外患的夹击下，CCIEE 股票价格波动预警指数呈现先下后上的调整蓄势状态，总体由 4 月底的 41.27（正常状态）逐步滑落至 5 月底的 34.8（偏冷状态）。上半月，受国内 4 月份经济数据表现欠佳、南海局势紧张以及欧元区政局不稳等众多负面因素影响，A 股呈现弱势回调态势，一度跌破半年线；下半月，随着决策层“把稳增长放在更加重要的位置”，预调微调力度逐步加大，A 股短期见底反弹，收复当月下跌一半左右的失地，显示出很强的“抗跌”能力。经济数据向下与宏观政策向上的激烈博弈构成了 5 月市场运行的主线。

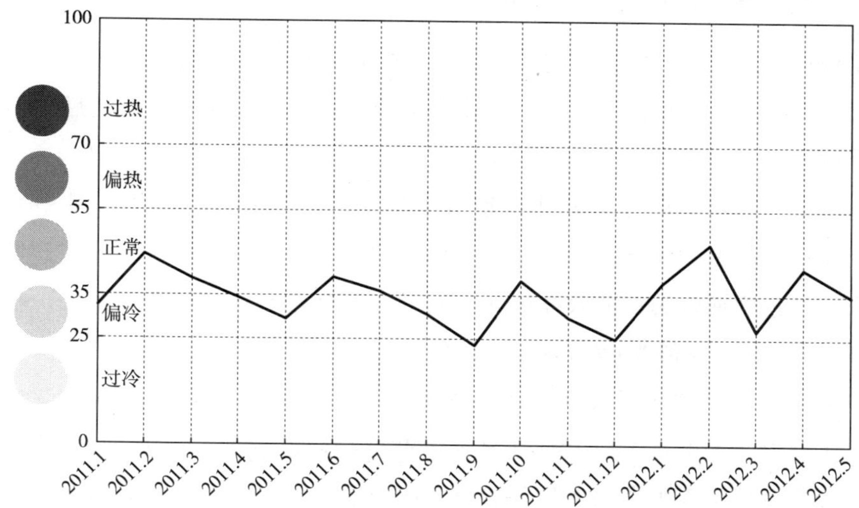

图 7－11　CCIEE 狭义股票价格波动预警指数

资料来源：笔者计算所得。

（一）宏观经济数据继续下行印证三大需求乏力、经济低迷偏冷的格局，内忧困扰在不断打击市场人气的同时，也提高了政策放松的预期

4 月，工业增加值同比增速仅有 9.3%，比 3 月超预期回落 2.6 个百分点，创出 2009 年以来新低，首次跌破 10%；4 月全社会用电量同比增长 3.7%，增幅也创下自 2011 年 1 月以来 16 个月新低，工业用电

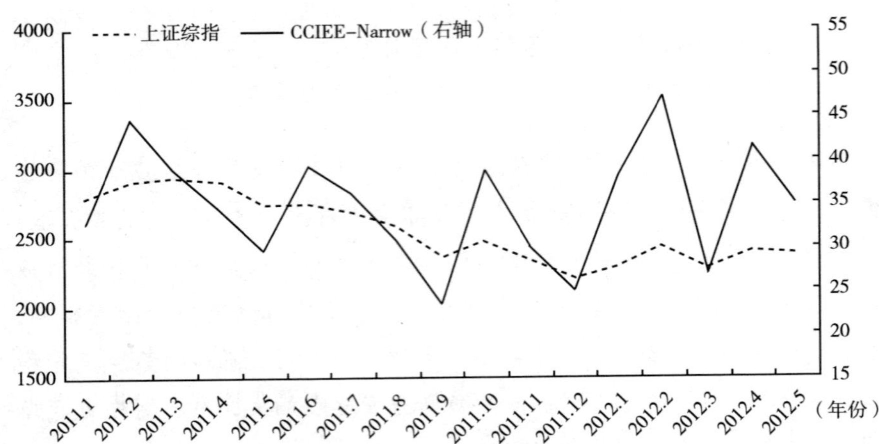

图 7－12　上证综合指数和 CCIEE 狭义股票价格波动预警指数

资料来源：上海证券交易所及笔者计算所得。

量仅同比增长 1.55%，也从侧面印证了我国工业生产增长放缓，经济仍处在下行并寻底过程之中，中国经济出现拐点的时间恐怕要延后到三季度甚至四季度。

受总需求不振与季节性因素双重影响，6 月 1 日公布的 5 月中采 PMI 大幅回落 2.9 个百分点至 50.4%，终结了之前连续 5 个月的上升势头，且再度逼近制造业收缩区间。而汇丰 PMI 指数已连续 7 个月处于收缩区间，5 月终值为 48.4%，不但低于上月 49.3%，也低于 5 月预测初值 48.7%，传递出增长动能不足的明确信号。在未来几个月制造业传统淡季中，无论是中采 PMI 还是汇丰 PMI 均面临较大下行压力。

受商品房销售大幅下降及油价上调影响，4 月消费名义增速和实际增速均明显回落，差于预期。社会消费品零售总额同比名义增长 14.1%，实际增长 10.7%，分别比 3 月回落 1.1 个和 0.6 个百分点。

投资名义增速和实际增速双双回落，房地产开发投资增速继续大幅下滑。1～4 月份，固定资产投资（不含农户）同比增长 20.2%，增速较一季度回落 0.7 个百分点，较上年同期回落 5.2 个百分点；实际增长 17% 左右，比一季度回落 1.2 个百分点左右。民间固定资产投资也出现回落，但仍高于整体投资水平，且比同期固定资产投资高 7.1 个百分点。

疲弱的“三驾马车”中，最弱的是外贸数据，4月进出口总值同比仅增长2.7%，出口增长4.9%，进口增长0.3%，均远低于市场之前近两位数的一致预期，不过印证了之前广交会数据的低迷。

受经济增长趋缓、企业利润下降、价格涨幅回落等因素影响，4月财政收入再次大幅下滑，已跌至2009年经济危机后同期收入增幅最低点6.9%，这将制约未来财政政策对经济增长的支持力度。财政支出方面亦呈现趋缓态势。

物价方面，4月份CPI同比上涨3.4%，PPI同比上涨-0.7%，涨幅继续双双回落，也说明当时国内需求疲软，尤其是体现工业生产需求的PPI指数再度延续负增长，反映出生产环节的不景气。

综上可见，当时宏观经济仍然处于下行过程之中，经济缺乏企稳回升的足够动力，国内需求不足是困扰经济增长的主要因素，经济见底时间可能未如之前大多数市场机构的乐观预期，料将进一步被推后。

（二）已成为一种“慢性病”的欧债危机进一步恶化，外部环境的不稳定叠加疲弱的内部经济数据，成为扰动市场运行的另一重要因素，且具有较强不确定性

前半个月，希腊组阁失败后，希腊是否退出欧元区不断地被公开地放在台面上讨论，市场持续放大此类信号，加上美国经济减速，使得海外市场连续震荡下跌，大宗商品承压，美元指数持续走强，投资者避险情绪上升，并带动亚太股市下跌，全球股市和大宗商品市场似有构筑中期顶部的趋势。国内A股市场在此内忧外患之际，也很难独善其身。部分投资者悲观地认为，前期虽然通过注资、展期、减免等手段，希腊等高债务国家暂时逃过了违约风险这一劫，但上述措施治标不治本，希腊等欧洲五国经济持续下滑才是欧债危机的根源所在。一旦希腊退出，其连锁反应恐令“雷曼效应”重现，欧债危机可能卷土再来，将对整个欧洲乃至全球经济造成重创。

后半个月，形势似乎峰回路转，欧债问题紧张局面开始出现一些积极迹象。G8峰会强调，希腊应留在欧元区，强大且有凝聚力的欧元区对全球稳定和经济复苏至关重要，这表明各国依然尽力避免最坏局面的

出现。与此同时，欧元区内部强调经济增长、反对一味紧缩的力量也有所增大，希腊民众对实施紧缩政策的支持率有所上升，进而支持国际救助计划的希腊保守党也获得了更高的支持率，这将使未来希腊债务问题救助双方达成新协议的可能性大增。这在一定程度上缓解了外界对希腊退出欧元区的担忧，此前其对A股市场形成的负面影响也有所减弱。

回顾全月，美股遭遇"黑色五月"，道琼斯指数月跌6%，纳斯达克指数跌7.2%；大宗商品方面，纽约黄金5月下跌6%，纽约原油重挫17%。欧洲股市全月重跌7%，创5个月新低，月度表现是上年8月以来最差；港股恒生指数月跌12%，创14年来5月最大跌幅。

事实上，由于我国资本项目并未完全开放，A股仍是一个相对封闭的市场，外围市场的联动效应本来不会很明显。但从近几年情况看，外围市场的涨跌总在一定程度上牵动着A股市场的神经。这背后的逻辑是，在全球化的背景下，欧美国家的经济状况影响着全球经济，尤其是新兴经济体，进而导致这些国家股市对这种预期作出反应。这同时说明，A股市场作为反映国内外经济运行状况的"晴雨表"功能越来越明显，市场也越来越有效率。

（三）"把稳增长放在更加重要的位置"，对冲经济下滑的政策已从预期走向现实，从而宣告股市"政策底"的到来

随着5月上旬各项重要经济数据的陆续公布，对冲经济下滑的宏观政策次第出台、明显加力，令人目不暇接。

5月12日，中国人民银行宣布从18日起，下调存款类金融机构人民币存款准备金率0.5个百分点，预计可以释放流动性4000亿~5000亿，这是央行2012年以来第二次下调存款准备金率。其意图不难理解，除对冲外汇占款超预期下滑之外，主要是为了缓解银行体系的流动性压力，刺激银行增加信贷投放，引导市场资金价格进一步回落，改善企业融资环境，降低企业融资成本，通过增强企业信贷意愿来提升信贷数据，从而达到助推实体经济企稳的最终目的。

不过需要指出的是，一直以来，央行下调存款准备金率的频率与力度均小于市场预期，仅降低存款准备金率难以从趋势上改变实体经济运行态

势。当时的主要问题是实体经济的有效贷款需求不足。降低存款准备金率虽可增加银行放贷能力，却无助于提高货款的有效需求。因而，降低存款准备金率存在一定的"边际效应递减"的规律，其信号意义大于实质效应，故此次降低存款准备金率后出现高开低走的走势也就不难理解了。

16 日，国务院常务会议安排 265 亿元财政补贴，促进节能家电等产品消费；18～20 日，温家宝就当前经济运行情况进行调研并主持召开从南到北、从东到中到西的六省经济形势座谈会，强调要把稳增长放在更加重要的位置。23 日，国务院常务会议再次强调，要认真贯彻稳中求进的工作总基调，根据形势变化加大预调微调力度，提高政策的针对性、灵活性和前瞻性，积极采取扩大需求的政策措施，为保持经济平稳较快发展创造良好的政策环境。特别是，推进"十二五"规划重大项目按期实施，启动一批事关全局、带动性强的重大项目，已确定的铁路、节能环保、农村和西部地区基础设施、教育卫生、信息化等领域的项目，要加快前期工作进度。

中下旬，铁道部、国资委、证监会、银监会、交通部、卫生部等多部委先后发布文件，密集出台落实"新 36 条"的配套实施细则，鼓励和引导民间投资参与铁路、市政、能源、金融、电信、教育、医疗等领域建设，以期优化投资的所有制结构。

（四）整体货币供应依然呈现偏紧态势，在一定程度上制约了市场的上升空间

4 月货币供应增速明显回落，货币活化指标 M1 - M2 为 -9.7%，已经连续 16 个月为负，且剪刀差不断扩大，这一数值创下 2009 年 2 月以来的新低。显然，当时市场活期资金正在持续不断地转化为定期，而且转化速度较之前有所加快。由此反映出宏观需求依然不容乐观，企业及个人投资者投资意愿处于偏冷状态。当月人民币贷款仅增加 6818 亿元，同比、环比均大大低于市场预期，企业中长期贷款只新增 1200 亿元，表明实体经济有效贷款需求不足 。

5 月底，在内外因素的共同影响下，银行信贷需求疲弱导致资金融入意愿不强，资金面不紧反松，市场流动性相对充裕，短期资金利率继

续下行，再度刷新年内低点。从理论上讲，经济下行实体经济需求较弱时，资金价格的下降有利于资本市场的上行。但是“巧妇难为无米之炊”，银行信贷规模较小使得整体货币供应依然呈现偏紧态势。不过，社保基金、QFII 的整体仓位飙升到年内最高水平，新成立的 35 只股票市场基金募集总份额为 843.8 亿份，这些机构投资者将为市场带来增量资金，改善流动性偏紧状态。

数据还显示，4 月金融机构外汇占款余额为 255888.21 亿元，较 3 月减少 605.71 亿元，这是 2012 年以来的首次负增长。结合当月贸易顺差和实际使用外资额的情况，4 月资本再度出现外流迹象。外汇占款下降的原因是当时结汇减少，购汇增加，企业与个人外汇债务去杠杆化，深层则是我国经济增速放缓、贸易顺差额下降、人民币出现贬值预期。为此，未来根据外汇占款增长情况，央行仍可能继续下调存款准备金率。

（五）国内证券市场的创新及制度化建设仍是如火如荼，管理层对市场的呵护不言而喻，A 股市场相信不会长期对此视而不见

当时，证监会修改发行承销办法、中小企业私募债的破冰、年内有望推出的转融通、呼声极高的新三板以及金融创新中涉及的有条件放松经营杠杆，都充分表明中国证券市场正在用实际行动来完成全方位的创新。此外，证券市场制度建设也在不断完善过程中，中国首部证券内幕交易犯罪司法解释正式出台。2011 年以来管理层一系列的治市之举虽然短期难见成效，但打造一个更透明、更完善的 A 股市场，对于日后大资金的吸引至关重要。

我们认为，未来股市政策偏向积极的取向不会改变，管理层仍将致力于健全和完善股市制度，提升各类投资者长期投资股市的信心，提升 A 股在大类资产配置中的相对吸引力，引导存量财富再向股市配置，最终强化股市的融资、投资和资源配置功能。因为这对于化解金融风险、推动金融改革和国企改革深化等有着独特的重要作用。

（六）历史性的低估值为 A 股市场提供了宽宽的“护城河”和厚厚的“安全垫”，将有效遏制系统性风险

从估值来看，随着蓝筹股的连续下跌，市场整体安全边际有所提

升。截至5月底，全部A股、沪深300、中小板和创业板市场平均市盈率分别为14.31倍、11.21倍、30.25倍、34.13倍，其中，沪深300市盈率已连续38周低于12倍。

虽然创业板与中小板业绩增速不尽如人意，板块估值仍有下调空间，但是前期中小板与创业板的快速杀跌已较为充分地释放了一定的做空动能，短期继续大幅回落的可能性也不大。再从蓝筹股的估值来看，银行、地产等早周期板块短期仍然存在震荡整理的要求，但机械、铁路、医药、消费等其他蓝筹板块的接力活跃，将会封杀指数的下行空间。当时，A股市场不论是估值还是股指，都处于历史底部区域，全部A股PE的倒数与十年期国债的差值隐含的风险溢价，处于仅次于2008年10月和2011年底的水平。可见，当时的股价已经较为充分地反映了基本面恶化的预期。在这样的估值水平下，除非再次出现流动性特别紧张而导致被动抛售的情况，否则很难想象有大的系统性风险，而当时流动性正在持续改善。

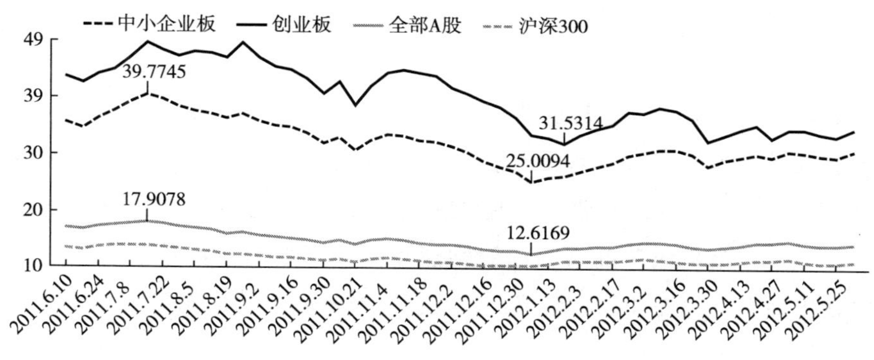

图7-13　市盈率比较

资料来源：Wind资讯。

（七）未来市场很可能继续进行区间震荡筑底，一波三折但不改反复向上的总趋势，投资者不必过度悲观，应从市场调整中看到希望，从市场恐慌中看到机会

当时，A股市场运行的逻辑主线依然是：经济基本面证伪—股市下

跌—宏观政策放松预期—股市反弹。事实上，这一逻辑主导国内股市已有近一年的时间，自2011年9月起，上证指数便在2100~2500点一带的狭窄区间内反复震荡；与其走势相仿，CCIEE股票价格波动预警指数更是从2011年1月起，大致以2个月左右为周期，在“正常”与“偏冷”之间如“坐电梯”般上上下下。但自2011年9月起，预警指数便拒绝再随股指创新低，其底部已先于上证指数有逐步抬高之势，其中深藏的技术含义值得投资者高度关注，大盘似乎正在极富耐心而又十分缓慢地构筑又一个罕见的历史长期大底。

5月初以来的调整行情，主要是源于内部需求与欧美外部需求的双双萎缩导致经济增速超预期下滑。当时从一些先行指标如PMI来看，5月经济数据估计仍将较为难看，市场关注的焦点仍是两方面：经济下行何时见底及政策放松程度如何。总之，经济基本面硬伤难以抚平，中期市场风险仍未完全释放。经济走势偏空与政策基调偏暖两者博弈的结果，使得市场仍将反复在一个大箱体中震荡。

未来市场能否走出震荡市，以及市场调整的时间和空间，主要是看两个方面：一是国内新一轮经济刺激计划力度有多大，二是欧债危机持续恶化的时间有多长、对全球经济的拖累有多大。从当时看来，新一轮经济刺激的规模和力度都会比较有限，而且会随着外围经济形势的变化随时出现调整。如果希腊没有脱离欧元区，下半年国际金融市场没有出现类似当年雷曼兄弟倒闭一样的剧烈动荡，下半年“稳增长”的措施将会更加有限；而如果希腊退出欧元区，整个欧元区的衰退将加剧，势必引发全球金融市场动荡，国际大宗商品价格大跌，进而对全球经济造成较大损害，国内决策层政策放松的力度才会更大、时间才会更快，但我们判断这是一个小概率事件。因此，总体上我们对这一轮经济刺激计划的规模和作用持谨慎乐观态度。

但是，鉴于日益明确的“稳增长”政策基调、证券市场自身环境也在不断改善且估值又处于历史底部等长期利好因素的存在，指数下跌的空间将较为有限。

六　阴阴松竹满东山，闻说股市六月寒

——CCIEE 股票价格波动预警指数 6 月走势评述

回顾 6 月的 A 股市场，“上涨时难跌不难，经济无力股市残”。受国际板推出预期、欧债危机反复不定、央行降息及利率市场化改革、5 月宏观数据疲弱的多重影响和打击，市场反复震荡走软，市场重心不断下移，先后跌破 2300 点和 2200 点整数关口。上证指数全月累计下跌 6.2%，深证成指累计下跌 6.32%。CCIEE 股票价格波动预警指数也呈现一路向下的调整状态，总体由 5 月底的 34.8（偏冷状态）快速滑落至 6 月底的 25.2（过冷状态临界点），股市运行十分低迷。

当时，股指运行趋势仍以下跌为主旋律，并已跌破 2012 年以来形成的重要上升趋势线，1 月份出现的低点 2132 点正面临考验，大“M 头”形态已跌破颈线，理论上其量度跌幅大致从 2242 点向下有 230 点左右，如此形态无疑令投资者心生恐惧。正所谓“仰天叩心发长叹，股市六月寒霜飞”。

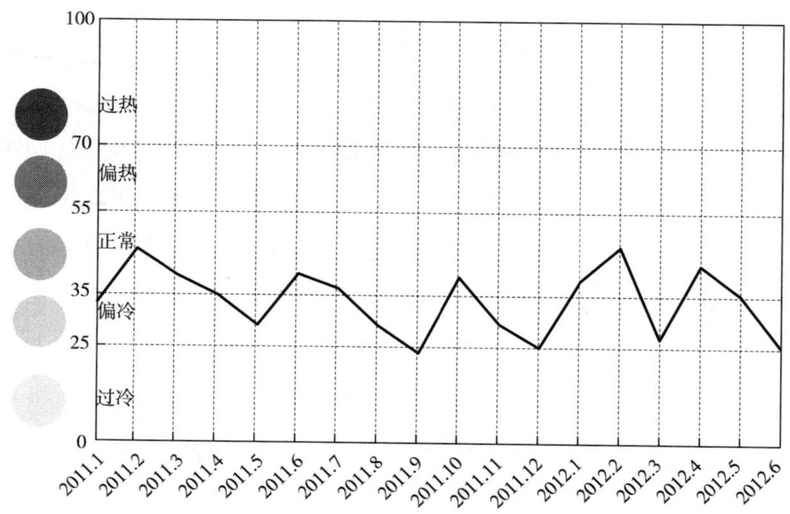

图 7－14　CCIEE 狭义股票价格波动预警指数

资料来源：笔者计算所得。

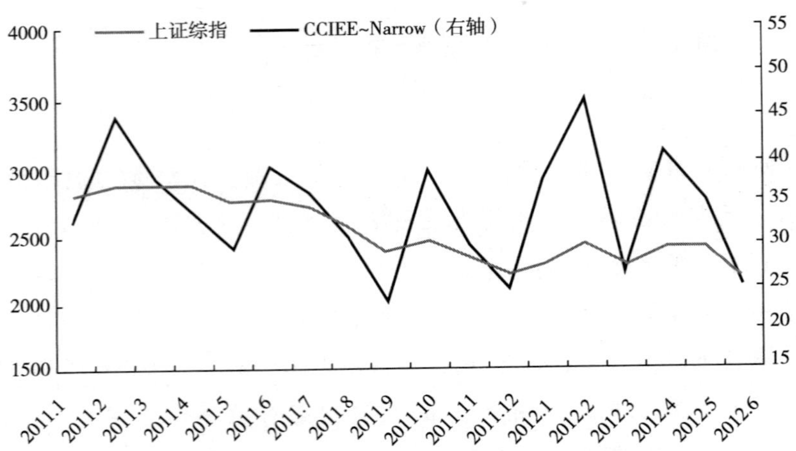

图 7－15　上证综合指数和 CCIEE 狭义股票价格波动预警指数

资料来源：上海证券交易所及笔者计算所得。

（一）宏观经济数据显示经济增速与物价继续双双回落，未来经济前景不容乐观，见底时间恐将进一步推迟

6 月中旬公布的 5 月宏观经济数据依旧亮点不多，乏善可陈。

工业增加值受稳投资、促出口相关政策影响，同比增长 9.6%，增速比上月略微回升 0.3 个百分点，但整体仍处于近年来较低水平，预示着二季度 GDP 增速不容乐观。

汇丰中国 21 日公布的 6 月份中国制造业采购经理人指数（PMI）初值为 48.1，创 7 个月来新低。其中，新出口订单数据创下 3 年多以来的最大跌幅。PMI 继续走低，说明制造业活动在继续放缓，国内需求相对偏弱，出口增速可能回落，实体经济下行压力依旧很大，稳增长的任务依旧突出。6 月份中国制造业 PMI 为 50.2，比上月回落 0.2 个百分点，创 7 个月来新低，显示当前经济发展仍有下行压力。其中新出口订单指数、采购量指数、购进价格指数回落较明显，降幅在 3 个百分点左右。

受消费刺激政策的推动，社会消费品零售总额同比名义增长 13.8%，增速比上月回落 0.3 个百分点，连续 3 个月下降；扣除价格因

素后实际增长 11%，增速比上月反弹 0.3 个百分点。

受益于地方投资项目的增长和房地产投资的回升，前 5 个月，固定资产投资同比名义增长 20.1%，增速较前 4 个月回落 0.1 个百分点；实际增长 17.9%，增速较前 4 个月反弹 0.2 个百分点。其中，基建投资增速明显回升，已连续第三个月出现回升；房地产开发投资增速下行速度明显趋缓。5 月当月增速较 4 月份显著上升近 1 倍，房地产市场最严峻的时期可能正在过去。

5 月经济数据最大的亮点是进出口数据大幅超出市场预期，出现止跌回升走势，月度规模再创历史新高。5 月当月出口增长 15.3%，增速比上月提高 10.4 个百分点；进口同比增长 12.7%，增速比上月提高 12.4 个百分点；当月贸易顺差为 187 亿美元，较 4 月增加 2.8 亿美元。出口规模的提振源自于对美国和日本出口的大幅增长，但对欧盟出口依然较为疲软。

乐观数据一方面表明，国内当时出台的一系列稳定和促进出口政策开始显现效果，出口退税便利化政策以及人民币相对于美元的贬值走势，也在一定程度上有利于我国出口环境的改善；另一方面，世界经济增长依旧低迷，欧债危机对世界经济的潜在威胁增大，国内招工困难、成本提高、人民币升值、资金紧张等多方面存在困难，国内出口企业扩大出口的能力下降，5 月份超预期反弹恐怕不具可持续性，预计未来出口增速难以有明显恢复。

受食品价格环比明显下跌影响，5 月 CPI 出现明显回落，同比上涨 3.0%，涨幅比上月回落 0.4 个百分点；受国际大宗商品价格大幅下跌影响，PPI 同比下降 1.4%，降幅比上月扩大 0.8 个百分点。物价形势的好转直接导致了 6 月上旬的降息举动。

综合上述分析，三大需求增速总体呈现回落态势，预计未来经济增长下行趋势仍将持续。之前市场普遍预期的二季度同比见底恐怕过于乐观，如能在三季度见底已是超预期。全年乃至 2013 年中国经济预料将呈现“李宁型”的微弱复苏态势。

（二）外部环境的短期扰动并未减弱、长期不确定性依然存在，在欧债危机的持续困扰和欧美经济数据的不断冲击下，国内股市震荡下跌的疲软走势与外围市场走势表现出较强的相关性

一如既往，境外市场负面因素此起彼伏，欧债危机依然在蔓延，欧洲杯的热闹丝毫不能掩盖欧债危机的冲击。穆迪调降了全球 15 家最大银行的债信评级，市场对于欧洲债务问题前景依然悲观。未来最使人担忧的是，评级机构针对欧洲银行业的降级行动很可能将波及欧元区的核心成员国，如果德国、法国、意大利、奥地利、荷兰等国的银行业信用评级遭到进一步下调，将令本已处于困境的欧洲金融体系面临更大的挑战。

希腊大选结果是全球资本市场当时关注的焦点。6 月 17 日希腊二次大选结果已经出炉，理性暂时战胜非理性，遵守欧盟金援协议、赞成紧缩政策的新民主党派以微弱优势获胜，暂时降低了希腊退出欧元区的可能性，持续数周的市场担忧情绪短期得以缓解。但从长期来看，希腊退欧风险并不会因选举而终结，该国经济孱弱局面短期内难以逆转，财政运转已经难以为继，希腊问题并非一朝一夕能够解决。但也需要从乐观的角度看到，市场炒作这一事件时日已久，对于所有最坏可能的预期业已存在，很难再产生“黑天鹅”的效果，对于欧债危机和希腊退出事件的恐慌情绪可能已处于拐点前后。对德法等大国而言，欧元区不仅是经济同盟，更是政治考量，希腊不退出将是底线。无论是希腊左翼还是右翼政党都没有作出退出欧元区的勇气决定，德、法恐怕也是如此，毕竟谁也不想担上“历史罪人”这一负面名声。因此，投资者没有必要将这一长期问题短期化。

随着西班牙寻求银行业重组的资金援助，市场开始将焦点转向比希腊更令人担忧的西班牙这一巨大隐患。西班牙央行公布的其国内银行业 2012 年 4 月坏账率已升至 8.72%，为 18 年来最高水平；十年期国债收益率已经向上突破 7% 关键水平，创出历史新高，政府融资成本大幅上升。穆迪投资者服务机构 26 日发布报告，将 28 家西班牙银行的长期债务和存款评级下调了一到四个等级。在此以前，穆迪已经在 13 日下调

了其主权评级。数额可能高达千亿欧元以上的西班牙银行的“黑洞”如何弥补，是横悬在投资者心头的一把利刃。

6月中旬在墨西哥举行的G20峰会所发表的最后声明倒是传递出一些乐观声音：欧元区领导人承诺，“采取一切必要的政策措施”以捍卫货币联盟，并保护该地区挣扎的银行；20国集团表示，欢迎欧洲联盟努力建立危机防御计划，包括欧洲稳定机制以及永久救助基金；各国还承诺继续对IMF增资，特别是外汇储备丰厚的“金砖国家”，这次更是大举增资930亿美元。这表明，不只是投资者对希腊及西班牙的危机感到担忧，与欧洲贸易紧密的世界其他主要经济体，也非常担心欧元区甚至欧盟的衰退会像多米诺骨牌一样传染给本国经济。当时各经济体对于由欧债引发经济衰退的担忧空前一致，各央行时刻保持警惕，以便采取刺激措施，避免债务危机波及自身。

6月底举行的为期两天的欧盟峰会尽管会前并不被看好，但最终取得了出人意料的三大成果：欧洲稳定机制（ESM）将可直接向银行注资，稳定机制可通过购买重债国国债来压低其融资成本，推出1200亿欧元（约合1519亿美元）一揽子经济刺激计划。这一意外结果促成了6月最后一天全球股市均出现了罕见的大幅上涨，不禁使全球投资者对未来又暂时充满了乐观的遐想。

尽管不如欧洲的问题那么棘手，但美国经济复苏缓慢也是不争的事实。近期公布的多项经济数据均表现不佳，如连续多周首次申领失业金人数差于市场预期，美联储也将2012年经济增长预测从4月份的2.4%~2.9%下调至当时的1.9%~2.4%，对2013年的增长预测从2.7%~3.1%下调至2.2%~2.8%，这使得市场对美国经济复苏进程放缓忧虑再度升温。没有承诺对IMF增资的美国，把精力更多地放在了国内的刺激政策上。6月20日的美联储议息会议，虽然并未决定实施市场普遍预期的新一轮量化宽松措施以刺激近期持续走弱的美国经济，但还是宣布2014年底之前保持联邦基金目标利率在0%~0.25%不变，并推出第二轮扭曲操作OT2。

（三）提前于市场一致预期的降息举动显示出“稳增长”政策逐步加力，决策层力图尽快稳定经济增长的意图彰显无疑，政策底再次得到确认的同时，未来多空双方对宏观经济政策的博弈会更加复杂和激烈

6月最大的政策信号来自7日晚央行宣布降息的突然举动。5月份的数据还没有出，央行就出其不意地降息，说明经济形势到了非常严峻并已达到需要下猛药的地步。

此次降息最引人注目的是首次扩大存款利率的浮动上限，最多可上浮至基准利率的1.1倍；将贷款利率的浮动下限由之前最多可下浮基准利率的10%扩大为20%。政策设计别具一格，因此，此次降息名为对称降息，实则为不对称降息。此次降息通道的提前打开普遍被认为将有助于修复市场悲观预期，引领一波明显升势。但事与愿违，市场丝毫不予理会，高开不久之后，当日以及全月几乎以单边大幅下挫作为回应，其中奥妙颇值得反复玩味。

仔细分析不难看出，此次降息和利率市场化改革措施推出后，银行贷款实际执行利率的加权平均值将更多由资金的市场供求决定，即由企业和个人对贷款的需求以及银行系统对贷款的供给共同决定，预计较之前不会发生太大变化。原因是影响贷款需求和贷款供给的因素，尤其是影响贷款供给的因素，较政策推出前并未发生明显的变化。特别是，考虑到我国的特殊国情，对于像我们这样一个融资服务依然十分短缺的国家而言，资金的“可获得性”远比资金的“管制价格”重要得多。因此，单次降息并不足以扭转投资者对经济下滑预期的悲观情绪，短期内股市依然延续前期规律运行。这也是央行降息后，股市不涨反跌、依然走软的原因所在。

事实上，我们更愿意将此次降息看成是决策层对“稳增长”政策进一步加码的一个强烈信号，昭显政府力挽经济下滑、激发实体经济活力的政策意图。但客观来看，其对实体经济的实际刺激作用恐怕有限。从专业角度讲，我们更愿意将此次降息看成是我国利率市场化改革进程中的一次具有里程碑式意义的重大改革举措。

另外，6月A股市场迭创新低的走势也反映了投资者对当时各项政

策的困惑。

第一，变相非对称降息虽然总体而言利好居民和企业，尤其是房地产企业；但相对利空银行业，息差收窄对银行的贷款定价能力和揽存能力是一次重大考验，或将导致银行利润降低，银行股的估值支撑力大为减弱，超低估值也许将由此发生逆转，进而抬升市场整体估值水平。

第二，到当时为止，汲取前车之鉴，此次扩张的财政投资无论是规模还是力度，都是较为温和的，仅仅局限于稳住下滑的经济，并加快推动经济结构调整和各项体制改革，而非简单使增长重回高增长轨道，远非 3 年多前“四万亿”刺激计划那样夸张。政策累积效应何时才能出现并形成市场上涨动力，投资者心中无底。

第三，随着近期房地产市场出现显著回暖迹象，一些地方政府为摆脱各自财力紧张局面，重新开始试探中央政府调控政策的底线，试图通过刺激房地产投资来实现“稳增长”，这种有可能再次吹大资产价格泡沫的危险举动已引起宏观调控部门的高度警觉，决策层三番五次严厉表态，四部委 10 天 4 次辟谣，驳斥房价调控松动传言，重申坚持房地产市场调控不动摇，郑州房产新政也戏剧般地不了了之。由此可以看出，房地产调控政策短期内全面大幅放松可能性微乎其微，维持既有政策力度已属不宜。

可以想象，未来宏观经济政策的任何微妙变化均会令多空双方对政策的博弈更趋复杂和激烈。

（四）新增贷款大幅增加和货币供应量增速反弹，难改企业层面货币资金匮乏及投资意愿低迷态势，短期市场资金利率持续上扬反映近期资金面持续趋紧，恐是市场大跌之元凶之一

5 月社会融资规模和新增贷款大幅增加，其中，人民币贷款增加 7932 亿元，同比多增 2416 亿元，环比多增 1114 亿元，高于市场预期；而且从期限结构上来看，主要来自当月新增中长期信贷规模的上升，这是 2010 年以来企业中长期信贷增速首次出现反弹。

货币供应量增速也如期反弹，M2、M1 同比增速小幅反弹，5 月末，广义货币 M2 同比增长 13.2%，比上月末高 0.4 个百分点，比上年同期

低1.9个百分点；狭义货币M1同比增长3.5%，比上月末高0.4个百分点，比上年同期低9.2个百分点。M1增速仍处在较低位置，说明在信贷规模的增长下企业流动性的实质性改善仍然较慢，企业层面货币资金依然匮乏，投资意愿依然较低，经济增长动力仍然不强。

自从央行月初宣布下调基准利率以来，货币市场资金利率不仅没有顺势下行，反而触底反弹、持续攀升，20日后，银行间市场各期限回购利率先后升破3%、4%整数大关。特别是，6月底适逢月度末、季度末和半年末多个重要时点，各家银行为应对年中考核，加之新增贷款增加对银行间流动性的挤压、外汇占款增量萎缩、中信重工大盘股的申购发行及上次非对称降息没有降低总体资金成本等原因，导致市场资金面骤然趋紧、供给严重不足，短期资金利率不断走高，也让A股市场出现了恐慌抛售。尽管央行连续数周在公开市场投放流动性，但显然并未从根本上解决这一局面。从月度环比来看，6月份资金利率强劲上扬的特征十分明显。

为此，笔者认为，未来央行仍需拿出更多宽松手段，如前期央行采取的“先逆回购再降准”的政策组合方式，以保障资金面重回长期宽松格局。否则，资金面持续趋紧状况可能难以显著改观。央行26日和28日在时隔近2个月后，再度在公开市场开展了950亿元和300亿元14天期逆回购操作，凸显央行解决当时市场流动性不足状况、引导货币市场利率下行、为稳定经济增长提供金融支持的意图，并似乎预示着再次降准的可能性大增。

（五）证券、保险、银行监管层密集出台多项新政，多角度倡导价值投资、扩大投资范围、加大信贷投放力度

相信这些能够促进股市价值投资的制度的逐步建立，将有利于股市长期健康发展，值得投资者从利好角度对待。

证监会主席郭树清2011年上任以来，一直坚持不懈地提倡价值投资，并多次在不同场合表态支持蓝筹股。近期证监会再次宣传教育价值投资，在其官方网站发布系列投资者问答，对投资者如何进行理性投资以及蓝筹股投资理念作了进一步的探讨，再次力挺蓝筹股，并明确表示

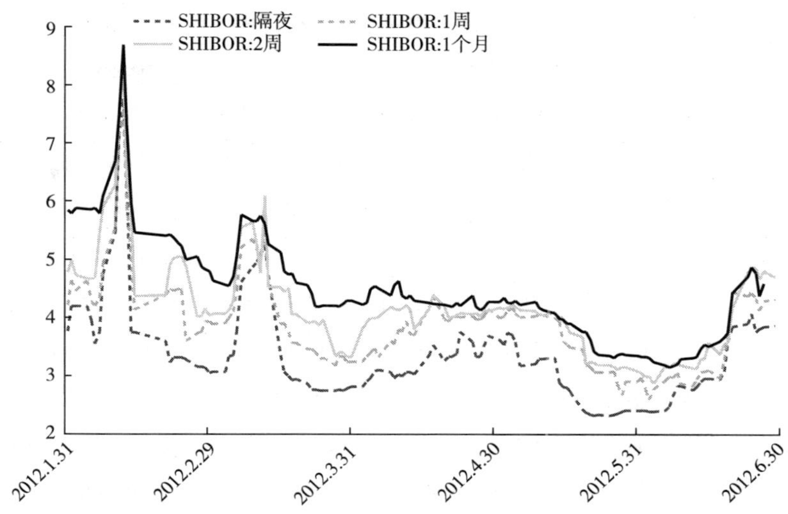

图 7-16　上海银行间同业拆放利率走势

资料来源：Wind 资讯。

蓝筹股是股市的真正价值所在。同时透露，证监会当时正在与财政部、人社部等有关部门探讨养老金等长期资金入市税收减免等方面的措施；关于引入银行理财产品方面，相关部门也正在研究。

监管层还努力引进机构投资者，塑造国内证券市场理性投资环境。证监会、央行及国家外汇局联合决定新增 QFII 投资额度 500 亿美元，证监会并表示拟适当降低境外机构的 QFII 资格标准、扩大机构类型、增加投资便利性等，以进一步提高 QFII 投资占资本市场的比例。此外，证监会还将扩大 QFII 机构的投资范围，允许 QFII 投资银行间债券市场以及股指期货、融资融券等投资工具，且明确表示将在近期推出更多与蓝筹股挂钩的投资产品，为蓝筹股聚拢人气。

保监会发布了扩大保险公司投资范围等 13 项保险投资新政，使以往受到严格监管的保险公司在配置资产寻求高回报和风险保护方面拥有更大自由。这些新政中，虽然直接涉及股市的内容不多，股票和股权投资性基金的投资占险资比例仍被限定在 20% 以下，但保监会将拓宽保险资产管理范围，引入信托、券商等金融机构进行投资管理，那么通过这些举措，险资依然可以实现“曲线”增资股市。

沪、深交易所还于同日发布主板及中小板上市公司退市制度方案。上交所重点从两个方面对现行退市制度进行了调整：一是为提高退市制度的完备性和可操作性，增加相关暂停上市、终止上市指标，细化相关标准，严格恢复上市要求，完善退市程序；二是为进一步保护投资者权益，提出风险警示板、退市公司股份转让服务、退市公司重新上市等退市配套机制的安排。深交所退市制度改革的要点是：填补原有退市制度存在的漏洞。完善退市标准，形成市场化、多元化的退市指标体系。明确恢复上市和重新上市标准，降低市场对重组的非理性预期。保证新旧制度的平稳衔接和过渡。两市退市制度总体框架和主要退市条件基本相同，仅在风险警示和退市后续安排方面存在一定差异。但此番修订后，无论退市指标还是起始期限都较此前有大幅度放松，极大地缓解了多数濒临退市公司的压力。

银监会当时也开始有所“动作”，推动商业银行加大信贷投放力度，以此刺激经济增长，防止宏观经济超预期下行。6 月初，银监会要求商业银行加大信贷投放力度，尤其是对“铁公基”和保障房等领域的信贷支持。当时，银监会已经要求商业银行有选择性地恢复对省级融资平台的信贷支持，对于平台资质较好、还款来源相对有保障的融资平台，要继续发放贷款，不能“一刀切”地卡死平台贷款，防止出现较大的流动性风险。

《珠三角金融改革创新综合试验区总体方案》于月底获批，涉及城市、农村、城乡统筹发展金融改革创新综合试验等方面。相比于温州的金改方案，珠三角金融改革创新综合试验区政策“内容更全面、覆盖面更广、表述更具体”，相信未来也将对资本市场有正面作用。

（六）经济下行、企业业绩滑坡将考验 A 股市场的估值水平，“估值底”也许还在路上，何时真正见底反弹最终将取决于上市公司业绩拐点的出现，这决定了市场未来的寻底过程将较为复杂和漫长

随着指数的下行，“两市”估值也再下一个台阶。截至 6 月底，全部 A 股、沪深 300、中小板和创业板市场平均市盈率分别为 13.51 倍、10.54 倍、29.04 倍、34.13 倍，其中，沪深 300 市盈率已连续 42 周低于 12 倍，创 11 个月的新低。但是应该清晰地看到，A 股的低估值主要是依靠银行、石油

等若干高权重板块所拉低的，随着经济下行，其赢利能力及其可持续性备受市场质疑。另外，中小板和创业板企业仍然具有远高于市场平均水平的高估值，从过去几年的收益和回报情况看，这显然更加不可持续。

对一再恶化的宏观经济数据的担忧自然会引发对上市公司未来业绩的担忧。随着经济持续下行并向企业利润传导，上市公司中期业绩有可能延续季度下降的趋势继续下滑。1～5月全国规模以上工业企业实现利润增速同比下降2.4%，连续4个月下降，正是体现了这一点。试想，如果上市公司赢利持续放缓乃至进一步恶化，那么所谓被“砸实”了的“估值底”也并非牢不可破。毕竟，估值是一个动态指标，而且是一个结果指标而非先行指标，当前低估值并不代表未来低估值。在经济下行周期，也许最使人悲哀的是，没有最低，只有更低。7月份将进入2012年中期业绩的披露期，市场对于“估值底”的考验也许才刚刚开始，正如我们难言短期内经济见底，“估值底”也许还在路上，同时并不是简单地等同于“市场底”，这将成为压制市场未来走势的又一关键因素。

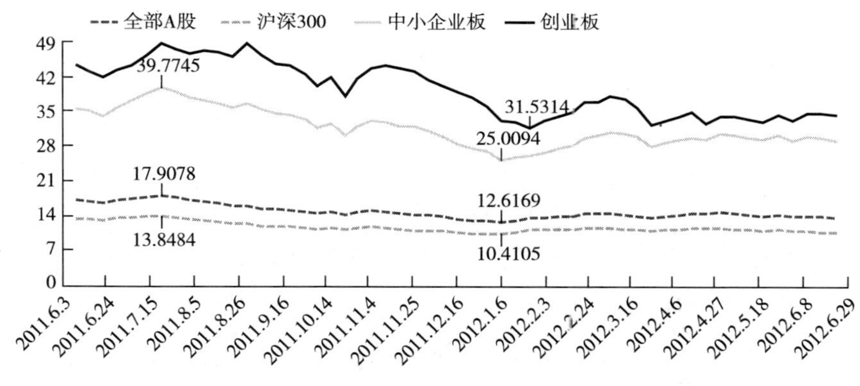

图7－17　市盈率比较

资料来源：Wind资讯。

（七）我们坚持认为市场仍处于区间震荡筑底阶段，在相对低位的“M头”失败的可能性很大，投资者不必过度悲观，应从市场调整中看到希望，从市场恐慌中看到机会

对未来市场走势的判断依然离不开对宏观经济形势及其政策的估

计。5 月中旬以来导致 A 股跌跌不休的关键内因便是市场对经济持续下行的悲观预期，而央行在经济数据公布前夕宣布降息更是一度加剧了投资者的担忧。总体来看，随着财政政策和货币政策的相继加码和调结构、转方式的推进，短周期的经济底的构筑有望在三、四季度间实现。特别是，相对于同比数据，各项主要指标环比数据的率先改善，意味着“经济底”渐行渐近已是不争的事实。

从近期对一些机构的调研和对市场的持续观察，我们能够明显地感觉到市场普遍弥漫着浓厚的过度悲观预期。尽管未来几个月还将有一些偏悲观的数据出现，但应该不会再有太多的未被预期的“黑天鹅”。一旦宏观数据环比及同比大幅改善能够持续并形成正向的“预期差”，将对市场信心构成明显提振。因此，短期内市场实现阶段性反弹还是可以预期的，沪、深两市在当时位置企稳的概率在进一步增加。当然，A 股市场要想真正迎来中长期重要拐点乃至步入确定、清晰的牛市轨道尚需时日。

有研究表明，从短周期来看，按照投资时钟理论，股市在经济底部、利率下行及风险偏好提升环境下的相对吸引力会进一步上升，其配置价值也将缓慢提升，但这个过程可能非常缓慢，且易受各种不利事件的扰动，表现在股市上则是振荡向上的格局。

股谚云：五穷六绝七翻身。我们坚持认为，在当前内外环境和政策影响下，A 股市场维持大箱体震荡格局将是大概率事件。尽管股市仍然处于调整阶段，何时结束似乎遥遥无期，看不到转机，但下跌空间已经十分有限，在相对低位形成的“M 头”失败的可能性很大，投资者不必过度悲观。不破不立，应从市场调整中看到希望，从市场恐慌中看到机会，市场应该会在区间震荡过程中逐渐完成筑底，下半年迎来转机的希望还是存在的。

从更长的时间周期看，我们依然对未来 A 股市场维持谨慎乐观的判断，而这种乐观则是建立在国内经济终将缓慢企稳回升的基础之上。再从一个更广、更大的视角来分析经济和市场的走势，会发现我们可能正处在一个中长期大的投资机会的起点。对一个中长期投资者来说，现在也许是寻找重要投资机会的战略机遇期。

七　股市七月阴气寒，重云低湿天漫漫

——CCIEE 股票价格波动预警指数 7 月走势评述

“虽是太平今有象，股市七月述艰难。”7 月，A 股市场艰难度日、再下一城，从月初到月末，陆续报出的悲观数字不断给悲观已久的股市重重的打击，悲观情绪蔓延，市场持续低迷。在日益悲观的市场环境下，也许只有通过股价下跌来释放悲观预期。上证指数周线图上收出罕见七连阴，2132 点“钻石底”不堪一击，大“M 头”形态愈加标准，2100 点整数关口岌岌可危，2012 又是一个“股灾”年。上证指数全月累计下跌 5.5%，7 月 31 日盘中创下 2100 点 41 个月以来的新低，深证成指累计下跌 4.6%。CCIEE 股票价格波动预警指数却并未出现与指数同步的下跌和创新低走势，而是出现了由 6 月底的 25.2（过冷状态临界点）微弱反弹至 7 月底的 27.7（偏冷状态）。此情此景，似乎与 2012 年 1 月有些类似：预警指数与上证指数也出现了底部的背离，随后即展开了一波凌厉上攻行情。

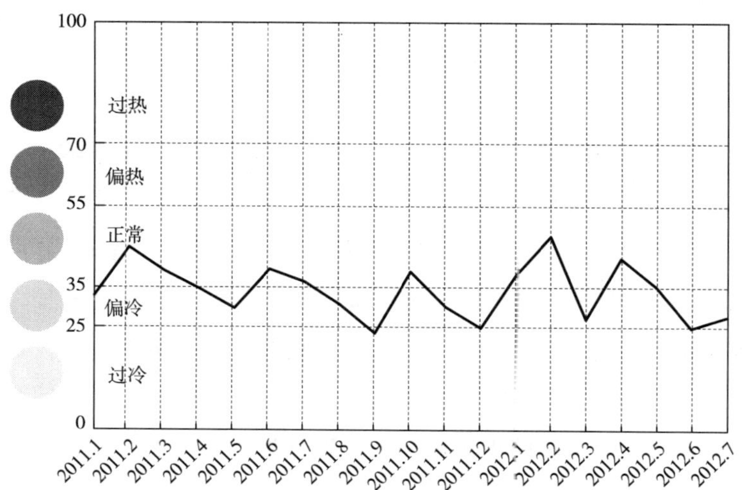

图 7－18　CCIEE 狭义股票价格波动预警指数

资料来源：笔者计算所得。

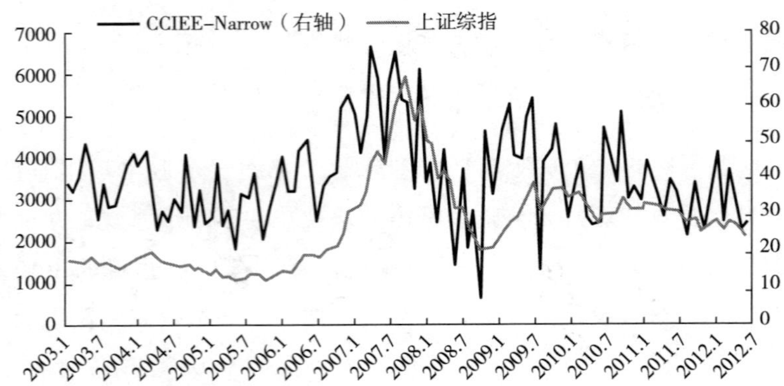

图 7－19　上证综合指数和 CCIEE 狭义股票价格波动预警指数

资料来源：上海证券交易所及笔者计算所得。

（一）宏观经济形势依然严峻，二季度经济难言见底，通缩迹象开始显现

2012 年二季度 GDP 同比增速仅 7.6%，虽然基本上在大多数机构预期范围之内，且略高于全年政府确定的调控目标，但如果我们连续观察过去 10 个季度，GDP 增速已从 12.1% 逐渐滑落了 4.5 个百分点，与 2008 年四季度持平，过去 10 年间仅高于 2009 年一季度的 6.6%，经济形势之严峻可见一斑。

比 GDP 增速更难看的，是 6 月份 PMI、CPI、PPI、工业增加值、国企利润及进口数据的快速滑落。汇丰 PMI 和中采 PMI 分别为 48.2% 和 50.2%，双双创下 7 个月新低；CPI 同比增长 2.2%，是 29 个月的新低，且环比开始转负；PPI 同比下降 2.1%，连续 4 个月负增长，且降幅不断扩大，环比也是负数，早已落入通缩区间，显示出企业投资明显缺乏后劲，工业生产活动低迷；出人意料的高贸易顺差主要是因为进口过快下降，而这恰恰反映出国内需求特别是投资需求乏力；发电量零增长，全社会用电量 4.3% 的超低速增长；6 月，规模以上工业增加值同比增速 9.5%，稍微高出之前市场预期，但仍旧徘徊在 10% 以下；上半年，全国规模以上工业企业实现利润同比下降 2.2%，国有企业累计实现利润总额同比下降 11.6%；长期信贷需求不振，前 6 个月 M2 增速均

落在全年调控目标14%之下……尽管中国尚未出现严格意义上的通货紧缩，但通货紧缩迹象开始显现、通缩预期不断加大则是事实。

所有数据都显示，国内宏观经济不容乐观，三大需求疲弱格局没有改变，经济增速惯性下滑态势还没有稳住，经济下行压力还比较大。之前市场一致预期二季度经济可能见底，恐怕还是过于乐观，甚至还很难说三季度就一定能够真正见底。下半年“稳增长”的任务依旧艰巨。

再看微观经济领域。表现得比宏观层面更差，当时还没看到环比转暖迹象。上市公司的中期业绩是反映微观层面经济状况比较好的参照。从已经公布的业绩预告来看，情况不容乐观。截至7月31日，共有1494家上市公司公布了业绩预告。其中52%预增，47%预减，预增比例较上年同期减少近20个百分点。细分至各预告类型的业绩预告占比来看，2012年中期业绩大幅预增的比例明显回落，但预减比例明显增加，业绩情况相对并不乐观。

上述数据显示，随着二季度宏观经济低迷，上市公司业绩总体出现较大滑坡。当时，创业板公司除了7月份上市的个股以外，已经全部披露了半年业绩预告。其中共有124家业绩预减或亏损，占全部创业板公司的37%。187家业绩预增，20家业绩持平。即使是在187家预增的上市公司中，业绩也不容乐观。统计数据显示，创业板明确涨幅超过30%的仅有61家，同时有98家明确其涨幅会低于30%，其中多数在5%～20%。

（二）国际环境依旧风雨飘摇，欧债问题解决之路阻力重重

外围市场的焦点还是欧债危机。西班牙国债利率飙升至欧元区成立以来新高，由此推高了全球市场风险厌恶情绪。相比美国经济的无就业弱复苏情形，欧元区经济问题更显严峻。尽管欧盟峰会致力于解决危机以及西班牙银行问题有所缓和，但是货币与财政的分离使得欧债问题解决之路阻力重重。根据欧盟峰会上达成的协议，ESM可以购买各国债券，从而降低西班牙和意大利等国的高昂借贷成本，但其实施的前提是欧元区银行联盟成立，这也意味着需要欧元区国家的银行让渡部分控制权。当时来看，欧洲北部国家的反对，意味着短期内ESM仍然在襁褓

中，相关债务国家国债利率水平仍将维持高位。26日，欧洲中央银行行长德拉吉表示，欧洲央行已准备好“采取一切措施”保护欧元，避免欧洲单一货币联盟解体。法国总统奥朗德与德国总理默克尔27日发表联合声明强调，法、德两国在根本上与欧元区完整性紧密相连，决心采取一切措施捍卫欧元区。受此提振，市场人气大受鼓舞，欧洲主要股市随后一路走高，西班牙和意大利两国同时禁止股市沽空。在债券市场上，西班牙和意大利十年期国债收益率有所降低。

（三）政策面继续预调微调，力度有所加大

基本面的不乐观促使管理层加大了预调微调的力度。

7月5日，央行再次在当月经济数据还没有出来之前，出其不意地宣布降息，进一步释放决策层对“稳增长”政策再次加码的强烈信号。但客观来看，这次降息对实体经济的实际刺激作用恐怕有限，对于像中国这样一个融资服务依然十分短缺的国家而言，资金的“可获得性”远比资金的“管制价格”重要得多。

国务院领导7月份也展开了密集调研。温家宝总理先是在江苏等长三角地区调研，再次提出要适当加大政策预调微调力度，指出稳定投资是扩内需、稳增长的关键；之后连续召集各行业企业代表、学者进行了4场经济形势分析会议；13～15日又去四川等中西部地区进行实地考察，并在成都主持召开河南、湖南、广西、四川、陕西五省区经济形势座谈会。另外，王岐山副总理5日到江苏考察外贸情况，李克强副总理13～14日在湖北考察当地经济。

25日，国务院常务会议决定，扩大营业税改征增值税试点范围。自2012年8月1日起至年底，将交通运输业和部分现代服务业营业税改征增值税试点范围，由上海市分批扩大至北京、天津、江苏、浙江、安徽等10个省（直辖市、计划单列市）。2013年继续扩大试点地区，并选择部分行业在全国范围试点。

26日，中共中央召开党外人士座谈会；31日，中央政治局召开会议。均围绕当时经济形势和下半年经济工作展开研讨。胡锦涛总书记一再强调，坚持稳中求进的工作总基调，把稳增长放在更加重要的位置，加大财政政策和货币政策对实体经济的支持。

从4月开始，政策重心就开始转向“稳增长”，一系列政策措施逐步开始发挥效果，但从6月数据看，经济反弹并不明显。当时，要改变市场的通缩预期，有效应对经济增速继续下滑，一定要以果断措施坚决遏制通货紧缩的苗头，进一步加大宏观经济政策调整力度，而不应仅限于“预调微调”的范畴。如果宏观经济政策能逆周期操作、继续适度放松，经济会企稳并温和回升；如果政策依旧彷徨迟疑，止步不前，经济很可能出现继续失速，让前期预调微调的政策效果前功尽弃。

（四）社会融资规模和新增贷款继续大幅增加，央行以连续逆回购平抑市场资金压力

6月份，社会融资规模和新增贷款继续大幅增加。社会融资规模为1.78万亿元，分别比上月和上年同期提高6381亿元和6940亿元；人民币贷款增加9198亿元，环比多增1266亿元，同比多增2859亿元，市场信贷需求有所增加。非金融企业新增贷款主要以短期贷款为主，而新增中长期贷款规模有所回落，票据融资大幅度回落。资金供给端的银行信贷“顺周期”特征明显。从信贷结构来看，短端利率水平改善态势较强，但是一般贷款与个人住房贷款利率水平依然处于较高水平，与短端的票据贴现贷款表现迥异。这说明资金的流通更多是在银行层面，实体经济资金“缺血”的问题并没有得到很好的缓解。银行的“惜贷”行为使得这部分资金难以流入实体经济中，所以才造成了短期利率与中长期利率背离的现象。

货币供应量增速同比小幅反弹。6月末，广义货币M2同比增长13.6%，比上月末高0.4个百分点，与上年末持平；狭义货币M1同比增长4.7%，比上月末高1.2个百分点，比上年末低3.2个百分点。6月份，银行信贷规模大幅增加，存款规模也大幅增加，导致当月M1和M2增速继续反弹。

从银行间市场资金面来看，7月以来，央行采取历史上极为罕见的、连续5周在公开市场实施共计超过5000亿元的逆回购滚动操作，向市场释放流动性，平抑市场资金压力，降低企业信贷成本，市场资金

成本再度明显下行。上海银行间同业拆放利率下行趋势明显，其中，隔夜利率由6月末最高的3.60%回落至当时7月末的2.60%，1个月期利率由6月末最高的4.48%回落至当时7月末的3.35%。

央行没有采取市场一致预期的降低存款准备金率，对此市场始终难以理解，使得市场对于央行释放出的信号十分茫然，以至于对未来货币信贷增速能否继续反弹、货币政策是否进一步趋于宽松产生了怀疑。笔者认为，短期内央行能否再度下调存款准备金率，不但影响资金利率走向，也影响市场情绪，更影响“稳增长”的大局。当时“稳增长”正处于关键时刻，再次降低存款准备金率非常必要。

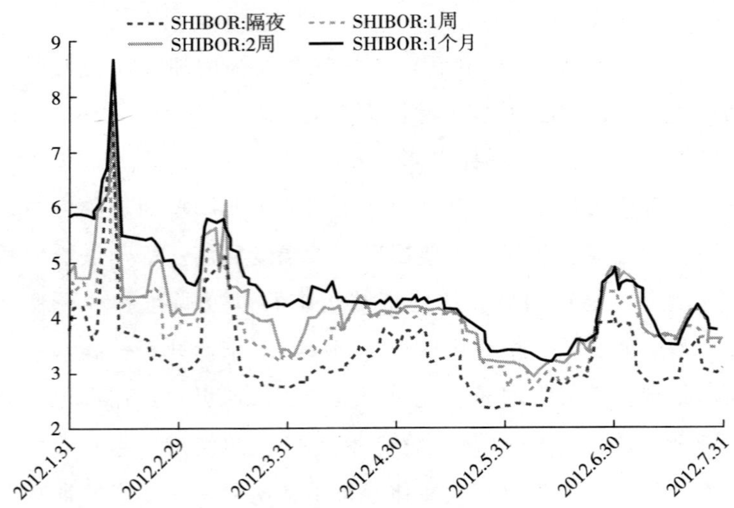

图7-20 上海银行间同业拆放利率走势

资料来源：Wind资讯。

从资金供应其他方面或A股市场的需求端来看，中国证监会副主席刘新华4日表示，要大力推进机构投资者建设，进一步加强机构多元化业务发展，促进包括证券公司、证券投资基金等多种机构投资者协调发展，引导风险投资、私募投资、私募股权投资阳光化、规范化运作，加快引进合格境外投资者步伐。中国证监会27日表示，将降低QFII资格要求，鼓励境外长期资金进入；满足QFII选择多个交易券商的需求，增加运作便利；允许QFII投资银行间债券市场和中小企业私募债，扩大投资范围；将所有境外投资者的持股比例由 20% 提高到 30%。显然，这些举动都意图增加市场的长期资金来源，对稳定市场有正面作用。

（五）股市扩容压力仍然很大，供求关系进一步恶化

当时，市场一方面面临紧锣密鼓的扩容压力，包括 IPO 筹资、增发、配股和可转债再筹资在内的股票供给在增加，且累积效应越发明显；另一方面，“大小非”解禁压力表明产业资本逐步离场，市场供需失衡格局对市场形成压力。

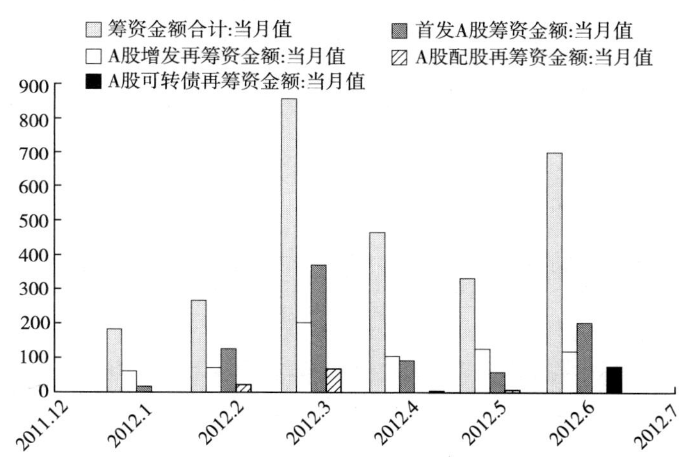

图 7－21　2012 年 1～7 月股票发行统计

资料来源：Wind 资讯。

持续几年的大幅增量扩容及存量扩容，造成 A 股流通市值的快速增加。与之相伴的是，A 股自 2007 年 6124 点回落至今，特大熊市已持续整整 5 年，还未有翻转的迹象。其根源，与近几年“大跃进”式的大扩容密不可分。

2007 年 10 月 16 日，上证指数创出 6124 点的历史高点，其时 A 股流通市值为 8.9 万亿元；时至 2012 年 7 月 31 日，上证指数仅有 2103 点，是历史峰值的 34%，而流通市值却已暴增为 16.3 万亿元，是 6124 点的 1.83 倍。近 5 年时间，A 股在价格打了 3.4 折的情况下，流通市值反而增加了近 2 倍。古今中外，绝无仅有，这才是证券市场疲弱的主要原因。

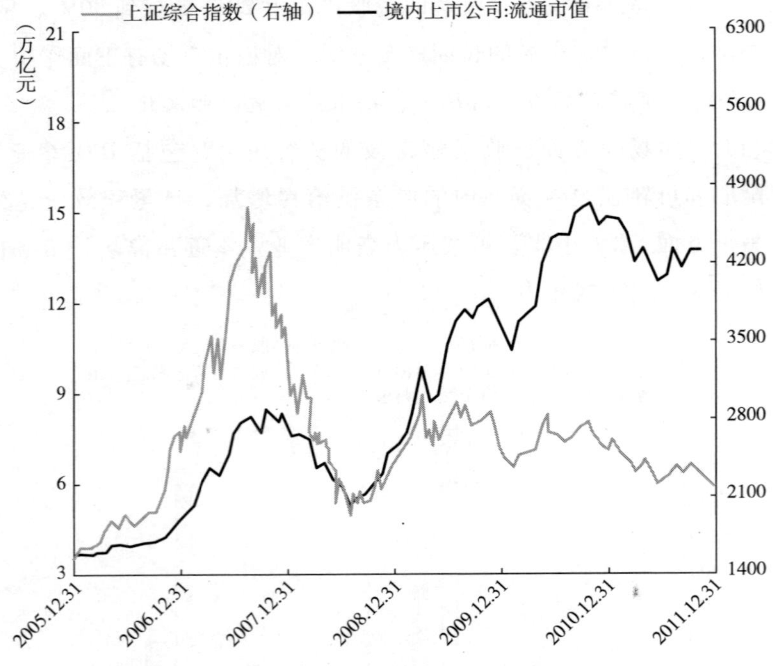

图 7－22　上证综合指数与境内上市公司流通市值统计

资料来源：Wind 资讯。

因此，把沪深股市的疲弱不振完全归咎于国内宏观经济以及欧债危机的影响是非常勉强的，至少是不全面的。就宏观经济来讲，欧美的情况远比我们更糟，但其股市比我们表现要好。如与金融危机前的最高点相比，反差明显：截至 7 月 31 日，道琼斯指数 13006 点，是 2007 年 10 月最高 14280 点的 91.1%；标普 500 指数 1379 点，是 2007 年 10 月最高 1576 点的 87.5%；德国 DAX 指数 6772 点，是 2007 年 7 月最高 8151 点的 83.1%；而上证综指 2103 点，与最高的 6124 点相比，只有 34%。如与金融危机后的最低点相比，反差更明显：道琼斯指数与最低的 6440 点相比，涨幅达 102%；标普 500 指数与最低的 666 点相比，涨幅达 107%；德国 DAX 指数 3588 点也上涨了 89%；而上证综指与最低的 1664 点相比，只涨了 26%。

由此可见，造成 A 股疲弱的根本原因或说决定因素不是宏观经济，也不是欧债危机，而是供求关系。2005年末，A股流通市值仅有1万亿元，占当年全社会活钱M1的比重为10%；到2008年10月末，流通市值3.8万亿元，占当年M1的比重为24%，3年流通市值增加了2.8倍，翻了近两番，占M1的比重增长1.4倍。而到2012年5月高点时，流通市值超过18.4万亿元，占M1的比重已高达66%。只过去了3年多，流通市值又增加了3.8倍，翻了两番还多，占M1的比例又增加了1.75倍！

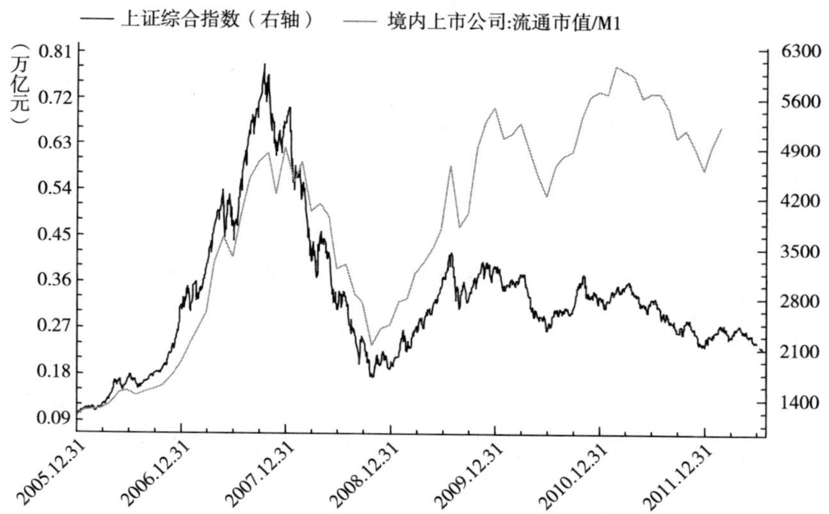

图7-23　上证综合指数与境内上市公司流通市值/M1统计

资料来源：Wind资讯。

当前，市场已积弱难返，而大规模的过度“圈钱”行为还在继续，导致供求严重失衡。据统计，A股当时排队上市企业超过700家，可见未来融资压力很大。证监会为了不停发新股、损害所谓“市场化”名声，一再强调新股发行不会对资金供求产生大的影响，IPO不是市场表现弱的原因。这个理由是站不住脚的。股市扩容确实带来了股市的失血。1～7月，A股IPO数133家、增发76家、配股4家，雄冠全球，实际募集资金总额达2676亿元。没有哪个国家在股市下跌如此严重的情况下，还从股市抽了这么多“血”，很难讲两者之间没有密切联系。

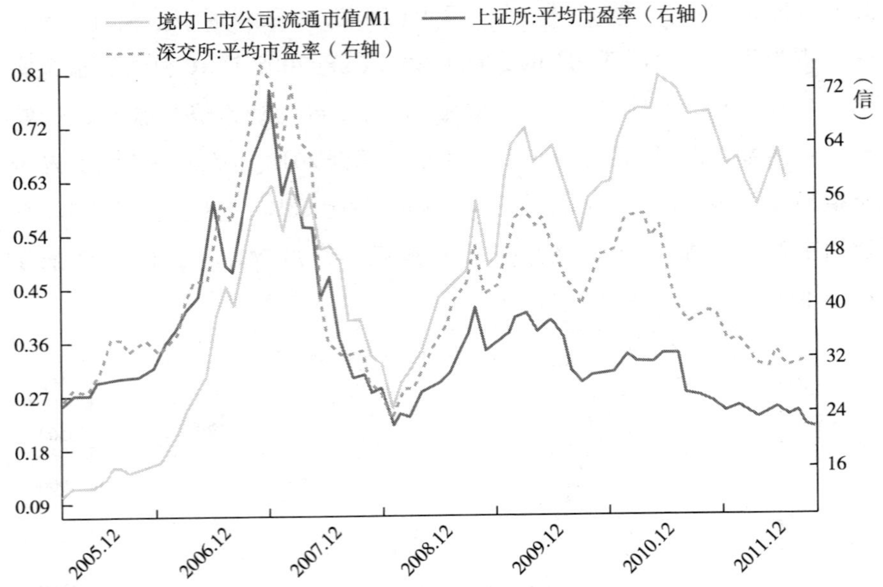

图 7－24　境内上市公司流通市值/M1 与沪深股市市盈率统计

资料来源：Wind 资讯。

其实，抽走资金的不只是上市公司，还有全流通后的“大小非”。A 股刚刚经历了股改全流通，相当于整个市场所有股票都重新发行了1～2遍，这也是为什么流通市值在大熊市时还能增加 2 倍之巨。全流通被“大小非”抽走了大量资金，而且越是弱市的时候，“大小非”套现意愿越坚定，此时再加上 IPO 和各类再融资，再健康的股市也会不堪重负，何况，“屋漏偏逢连阴雨”，宏观经济又出现了减速，A 股想不跌都难。

因此在新股发行问题上，对企业融资适度进行管制，并继续对新股发行制度进行改革，以恢复市场内在的供求平衡，是十分必要的。何况，严格说来，当时所谓“市场化”的新股发行只不过是“伪市场化”，行政因素还起着很大作用，寻租、插队随处可见。对这样一个还远未完善的市场，如果迷信所谓市场的力量，以为市场可以依靠自身的力量自动纠偏，那就太天真了，就滑向了市场原教旨主义的深渊。何况，当前的市场已极度疲弱。现代市场经济复杂多变，并不排斥必要的政府干预。

（六）两市估值纷纷再创新低，短周期估值上升拐点还未显现

随着指数的破位下行、再创新低，“两市”估值也纷纷再创新低。截至7月31日，全部A股、沪深300、中小板和创业板市场整体市盈率分别为12.68倍、10.21倍、26.89倍、30.4倍。其中，“具有罕见投资价值”的沪深300市盈率和创业板市场整体市盈率已创出该指数有统计以来的历史最低水平，全部A股和中小板市场整体市盈率分别创30个周和27个周的新低。从市场估值角度看，长周期估值中枢下移是大势所趋，短周期估值上升拐点还未显现。从上市公司上半年整体业绩有可能持续走软的情况来看，当时的估值是否真正见底还难以确定。尤其是在A股净利润中占比较大的银行板块，随着其业绩增速回落，会动摇当前A股低估值的根基，由此看来，当时看似处于历史低位的估值水平仍将面临考验。

“股市七月阴气寒，重云低湿天漫漫”。

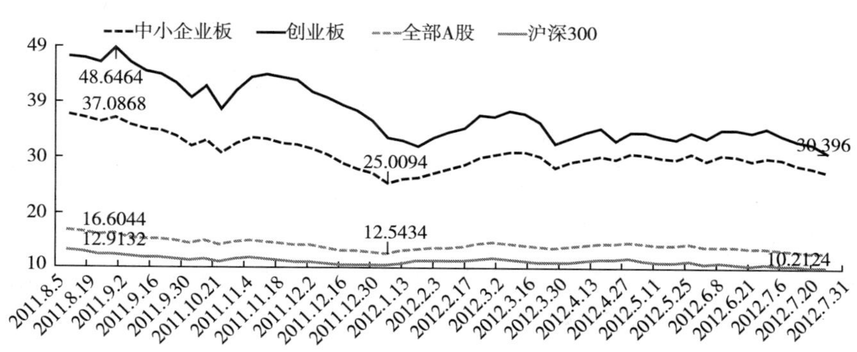

图7－25　市盈率比较

资料来源：Wind资讯。

（七）A股底部运行过程漫长、反复且痛苦，对后市谨慎看多

整体来看，当前市场仍然处于外围市场动荡、实体经济下行、政策预期不甚明朗的时期，指数上行缺少有效的催化剂，短期市场料将仍以震荡筑底为主。且因市场十分脆弱，对任何风吹草动都犹如惊弓之鸟，所以市场在底部运行的过程可能会漫长、反复且痛苦，一如预期中的经

济企稳。鉴于5月初大盘冲高回落以来，沪指依然运行在标准的下行通道中，综合考虑基本面、国际面、政策面、资金面及资本市场供求面和估值等因素，市场还处于艰难筑底过程中，阶段性震荡反复在所难免，V形复苏或反转概率较低。

但短期市场超跌严重，反弹也一触即发。7月CCIEE股票价格波动预警指数与上证指数在底部发生明显背离，拒绝下跌和再创新低，预示着8月以后的股市并不完全悲观，触底之后的反弹似乎已呼之欲出。因而，笔者对后市谨慎看多。

31日收市后，证监会有关部门负责人发表讲话回应市场连跌，认为：虽然股市下跌从一定程度上反映了宏观经济增速放缓和企业赢利预期下降的趋势，但有些反应过头，在悲观情绪的支配下，A股市场存在恐慌性下跌。A股股息率与发达国家相比已经不低，投资者不要盲目跟风，以免造成巨额损失。证监会还特别指出，鼓励现金条件许可的上市公司回购自己的股票。该负责人还表示，各方应该共同努力树立投资者信心，这既有利于保护投资者自身利益，也有利于增强市场对经济发展的信心，要坚信中国股市长期发展的基本面没有改变，没有理由怀疑资本市场具有的广阔发展前景。

证监会主动向市场“喊话”，不同寻常，再次显示市场跌到这个位置，是管理层所难以接受的，是不利于市场融资投资功能发挥、不利于稳增长大局、不利于营造中共十八大前良好氛围的。既然我们还是“政策市”，那就请我们一只眼睛看着市场，一只眼睛高度重视政策信号吧！

八　江边松菊荒应尽，八月股市夜正长

——CCIEE股票价格波动预警指数8月走势评述

8月份，A股市场没有出现期盼中的反弹，反而选择了破位下跌。在相继跌破2132点“钻石底”和2100点整数关口后，市场信心严重受挫，场外资金驻足观望、场内资金割肉离场，出现非理性多杀多现象，多头溃不成军，市场极度低迷，A股市场又一次沦为大部分投资

者的“财富毁灭器”和“资本绞肉机”。上证指数全月累计下跌2.7%，8月30日盘中创下2032点42个月以来的新低，出现历史上的第五个月K线“四连阴”，逼近沪指最高纪录月K线“五连阴”的极限。深证成指当月累计下跌9.4%。“股市八月阴风起，叶落花黄心欲死”。CCIEE股票价格波动预警指数也呈现一路向下的调整状态，总体由7月底的25.2（过冷状态临界点）跌至8月底的24.9（过冷状态）。

（一）宏观经济依然延续下滑趋势，尚看不到筑底企稳的明显迹象

规模以上工业增加值同比和环比增速继续回落，表明当时工业企业回稳动力仍显不足，工业生产需求依然比较疲软。7月份，规模以上工业增加值同比增长9.2%，比6月份下降0.3个百分点；环比增长0.66%，年化增长8.2%，增幅比6月份缩小1.0个百分点。1～7月份，规模以上工业增加值同比增长10.3%。增速回落0.2个百分点；规模以上工业企业实现利润26785亿元，同比下降2.7%。

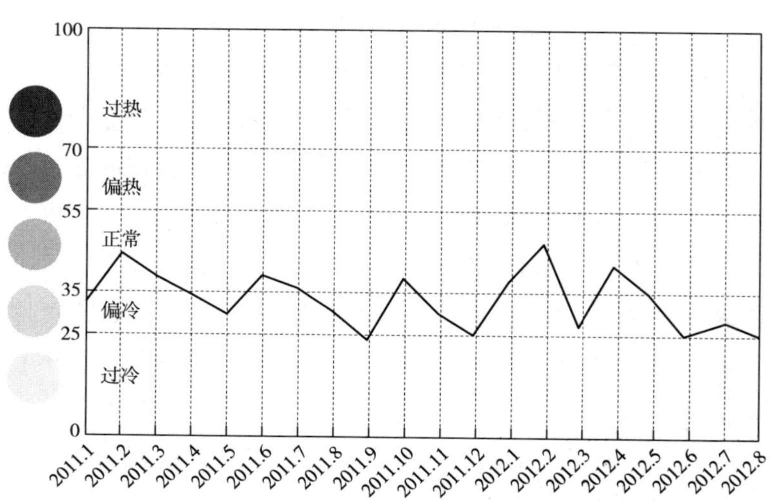

图7－26　CCIEE狭义股票价格波动预警指数

资料来源：上海证券交易所及笔者计算所得。

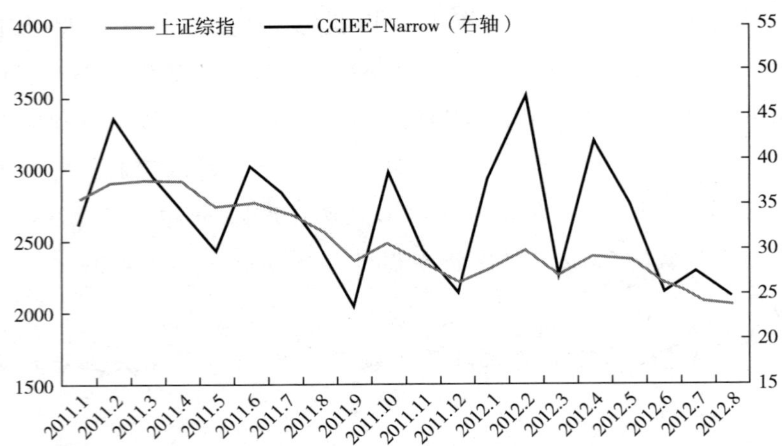

图 7-27　上证综合指数和 CCIEE 狭义股票价格波动预警指数

资料来源：上海证券交易所及笔者计算所得。

8 月汇丰中国制造业采购经理人指数（PMI）初值创 9 个月来的新低，从上月终值 49.3% 下跌到 47.8%，出乎市场意料大幅下滑。制造业产出转向了萎缩，新出口订单指数的萎缩还在加剧，就业也在萎缩，这充分说明了 8 月份制造业主动去库存的行为比较剧烈，尚未结束，企业增加库存的意愿不大。8 月官方 PMI 为 49.2%，是自 2011 年 11 月以来首度跌破 50%，比上月下降 0.9 个百分点，特别是大型企业回落速度较快，显示制造业已落入萎缩区间，中国经济仍在下行探底之中。构成制造业 PMI 的 5 个分类指数四降一升。除生产指数位于临界点以上，新订单指数、原材料库存指数、从业人员指数均回落至临界点之下。

消费名义增速回落，实际增速基本持平。7 月份，社会消费品零售总额 16315 亿元，同比名义增长 13.1%，增速较 6 月份回落 0.6 个百分点；实际增长 12.2%，较 6 月份提高 0.1 个百分点，连续第三个月回升。环比增长 1.05%，年化增长 13.3%，低于 6 月份的 16.6%。7 月份，名义社会消费品零售总额大幅下降可能主要是由于物价水平的大幅回落所致。

固定资产投资实际增速继续反弹，房地产开发投资增速下行趋缓。1～7 月份，全国固定资产投资（不含农户）184312 亿元，同比名义增长20.4%，增速与1～6月份持平；实际增长约为18.5%，较6月份提高0.5个百分点。环比增长1.42%，较6月份下降0.29个百分点。

CPI和PPI同比增速继续大幅回落。7月份，CPI同比上涨1.8%，涨幅比6月份回落0.4个百分点。其中，食品价格上涨2.4%，非食品价格上涨1.5%；CPI环比上涨0.1%，其中，食品价格环比下降0.1%，非食品价格环比上涨0.2%。1～7月，全国居民消费价格总水平比上年同期上涨3.1%。然而，随着7月、8月农产品价格的持续反弹，以及海外大宗商品的连续上涨，通胀预期再度回升，下半年通胀回落的空间较为有限。

进口、出口增速双双大幅回落，贸易顺差低于预期，由此体现出外围需求状况令人担忧。7月，我国进出口总额为3287.33亿美元，同比增长2.7%，增速比6月回落6.3个百分点。其中出口1769.4亿美元，同比增长1.0%，增速比6月回落10.3个百分点；进口1517.93亿美元，同比增长4.7%，增速比6月回落1.6个百分点。当月贸易顺差251.47亿美元，比6月减少65.8亿美元。另外，在海外经济复苏放缓的拖累下，对主要经济体出口增速回落，主要初级产品进口量环比大多上升，进口价格普遍回落。

总体来看，从7月份依旧疲软的经济数据揭示的情况来看，三季度我国经济迎来阶段性企稳的信号还没有出现。至少在8月份，我国经济还在一个持续探底的过程当中，未来经济依然存在进一步下滑的可能。前一阶段各项稳增长的政策效果尚未明显显现，近期稳增长政策面虽然有所扩大，但实施力度离市场预期仍有一定距离，尚不足以促使经济企稳回升。如果相关政策力度未来还不能进一步加大，经济下行趋势短期内难以根本扭转，经济企稳回升的时间也将延长。

（二）经济回暖支撑美股持续反弹，其估值依然具有吸引力，美联储后续动向值得关注

与其他市场更为糟糕的情况相比，美股尽管依然面临着欧元区可能解体、企业收益下滑以及中国经济增速放缓的担忧，但依然成为全球“最坚挺的市场”。截至8月31日收盘，道琼斯工业股票平均价格指数

收于 13090.84 点，距离 2007 年 10 月 11 日创下的最高位 14279.96 点仅 9%。标准普尔 500 指数收于 1406.58 点，仅需再攀升 12% 就可达到 1576.09 点的高点。而纳斯达克综合指数则早已超越了 2007 年的高点，收于 3066.96 点，几乎与 2012 年 3 月 27 日创下的近 10 年新高 3134.17 点持平。

美国股市的回暖首先得益于其国内宏观经济数据的利好。美国当时公布的 7 月就业数据明显改善，就业人口增长 16.3 万人，远远超出第二季平均每月增长 7.3 万人的水平。与此同时，稳健的企业赢利也为美股投资者提供投资价值。大批高科技公司的第二季度财报给了投资者惊喜，如英特尔、微软、IBM、谷歌等大盘蓝筹股业绩表现不俗，这显示科技股赢利并未受到欧债危机和新兴市场经济下滑的太大影响。尤其值得一提的是，曾经深陷破产困境的美国房利美、房地美这两家住房抵押贷款公司，其二季度业绩显著改善，赢利大幅增加，分别连续两个和三个季度赢利。这令投资者相信，市场期盼已久的美国房地产市场转暖信号已经出现。投资者对房地产走出低谷的信心还源自美国的住宅建筑商 2012 年以来的抢眼表现。标准普尔住宅建筑指数 2012 年以来已累计上涨超过 50%，远远跑赢标准普尔 500 指数同期 11.64% 的涨幅。种种数据均显示，美国房地产市场已经呈现出复苏的迹象。

美国股市较低的估值水平是目前支撑投资者将资金投向股市的重要原因，而且市场普遍预期上市公司赢利在 2013 年将会继续得到较大提升。以预期赢利计算，股市现在的估值水平尚处于历史估值区间的低位。据估计，美国市场 2012 年和 2013 年的赢利增长预测分别维持在 8.9% 和 10.7% 的较高水平。特别是，尽管 2012 年以来科技股的表现已经远超其他板块，但其估值水平依然低于历史平均水平，与 2008 年金融危机期间相当。其原因在于，企业赢利的增长速度远远快于股价的增长，充分显示了当时美国科技公司的强劲赢利能力。这也是中美两国股市表现大相径庭的根本原因。

美联储的动向也值得关注。8 月 23 日公布的政策会议纪要显示，除非美国经济显示出持久回升的迹象，否则很可能将需在不久以后采取更多的经济刺激性措施。这是到当时为止美联储对推出第三轮量化宽松（QE3）释放出来的最强烈的信号，超出市场预期。受此预期鼓舞，市场资金随即出逃美元，投资者将资金涌入非美货币或美国债券市场。若接下来美国就业市场复苏放缓，一旦失业率反弹通胀稳定，新一轮宽松推出的可能性依然较大。因此，美联储下月中旬货币政策会议的动向及中国央行的跟随反应，值得投资者密切关注。

欧洲经济数据好于预期，自德拉吉发表捍卫欧元的强硬讲话之后，市场对欧元区债务危机的担忧情绪得到显著缓解，欧元逐步上扬，我们认为欧元区债务危机最危急的时刻已经过去，但仍将在中长期内反复。整体而言，海外市场风险偏好情绪有所上升。

（三）政策面依旧波澜不惊，“加大预调微调力度”的陈词稍稍令人失望

8 月份的政策面乏善可陈，并未有进一步刺激经济的明显措施。发改委主任张平表示，要密切跟踪国内外形势变化，及时完善预案，加大预调微调力度，提高宏观政策的前瞻性、针对性和有效性，做好应对更加复杂困难局面的准备。此外，发改委关注的一个焦点是房地产市场。随着当时房地产市场房价反弹压力增加，发改委以及各个主管部门均一再强调，下半年要稳定房地产市场调控政策，坚决抑制投机、投资性需求，切实增加普通商品住房特别是中小套型住房供应，防止房价反弹；加强舆论引导，稳定市场预期，避免不实信息炒作误导。

需要特别指出的是，当时稳增长政策遭遇房价反弹的严重干扰，决策层始终面临“稳增长”和“抑房价”的两难选择。虽然取消房地产预售政策被澄清，但是房产税征收范围扩大将对房地产市场造成重大影响，调控政策加码预期不减，将继续对 A 股市场造成打压。由于房地产股票价格远比房价敏感，地产股价格的大幅下挫势必拖累 A 股市场，因为不仅地产股，水泥、建材、家电等一系列上下游产业都会受到影响。因此，尽管稳增长呼声日益高涨，但是如果稳增长措施如降息、降准等将会导致房价进一步反弹，就会阻碍货币政策继续放松。由此可见，2012 年的政策扶持力度不可能与 2009 年同日而语，因为房价处于

高位，可供使用的政策手段有限，而单纯依靠战略性新兴产业或金融改革依然无法有效令经济尽快触底回升。

（四）新增贷款大幅萎缩，央行继续以创纪录的连续大量逆回购平抑市场资金压力

7月信贷数据显示，1~7月社会融资规模为8.82万亿元，比上年同期多5143亿元。7月份社会融资规模为1.04万亿元，比上年同期多5023亿元。其中，人民币贷款增加5401亿元，创下10个月以来的新低，同比多增485亿元，环比少增3797亿元。7月中长期贷款占比虽然由6月的30%回升至38%，但是中长期贷款的总量在下降，这表明企业有效信贷需求仍然萎靡，特别是投资需求不振。

7月末，广义货币（M2）余额91.91万亿元，同比增长13.9%，比上月末高0.3个百分点；狭义货币（M1）余额28.31万亿元，同比增长4.6%，比上月末低0.1个百分点。货币活化指标M1－M2由上月的－8.7降至－9.3，显示货币定期化程度加重，当时企业投资意愿依然低迷。

自2011年以来，外汇占款增速下降令流动性外生增长的机制发生改变，货币供给出现自上而下的萎缩是造成流动性整体偏紧的大背景。央行数据显示，7月份外汇占款出现近40亿元的负增长，1~7月份外汇占款新增月均值仅在430亿元左右。考虑新增贸易顺差及FDI后，7月份统计口径热钱流出规模仍保持在2000亿元以上，从2012年二季度开始，统计口径热钱以每月2000亿元的规模在流出，持续时间及规模均超过了2011年末的水平。从热钱流出的月均值来看，2012年1~7月，月均热钱流出规模已经达1030亿元，超过1997~1998年亚洲金融危机时期的流出规模，绝对数值上已接近2008年的净流入规模。因此，从7月份数据来看，外生流动性状况进一步萎缩，造成基础货币投放下降，货币供应出现自上而下的收缩。

继7月天量逆回购之后，面对持续较紧的资金面，8月央行固执地维持法定存款准备金率不下调，再度连续实施大手笔逆回购，以缓解资金紧张局面。至此，本轮逆回购进入第十周，累计操作规模逾万亿元。

这是自 6 月 26 日以来央行连续第十周于公开市场逆回购操作，创下自 2002 年 6 月以来连续逆回购操作的最长时间纪录。除了日益常态化的 7 天逆回购操作，14 天逆回购亦接连登场。

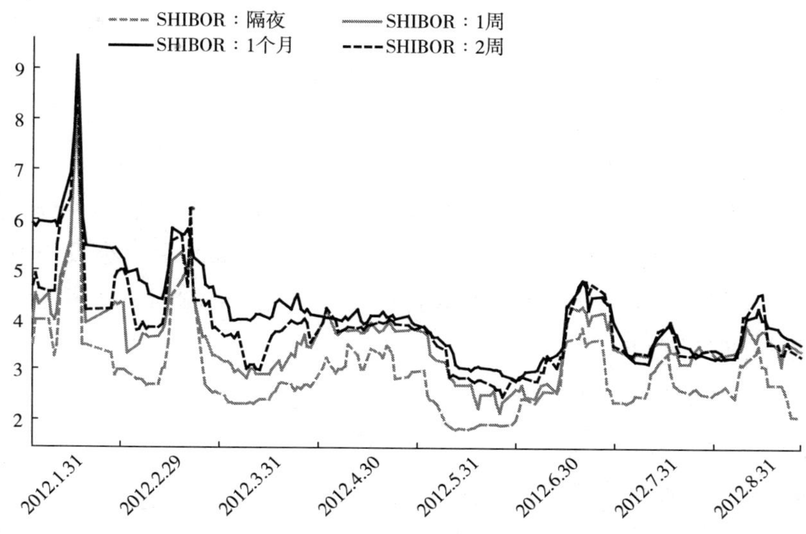

图 7－28　上海银行间同业拆放利率走势

资料来源：Wind 资讯。

我们依然认为这种“滚雪球”的投放方式并不能够持续。如果未来资金环境，特别是下月初资金面紧张氛围依然难以反转，这种靠逆回购支撑的流动性最终必将通过一次降准来加以“终结”。连续的巨量逆回购或已暗示“降准”已箭在弦上，不得不发，预计 9 月份央行会调降准备金率一次。

在央行接连的强力逆回购操作过后，货币市场利率继续显著回落。如果单从资金利率来看，逆回购操作效果值得肯定，维持了资金面的稳定；但还要看到商业银行资金成本偏高与实体经济有效需求不足的问题，这些不是逆回购所能解决的。而且，就本质而言，“降准”和逆回购二者并不相同。逆回购是短期融来的资金，而“降准”则是长期的使用预期，所以尽管数量一样，但银行对这些资金的配置和使用大相径庭。这也是我们一再强调和呼吁央行尽快“降准”的缘由。

前瞻地看，若未来外生流动性不发生改变，或央行在货币宽松方面仍保持谨慎，流动性偏紧局面还将维持下去，逆回购只能防止货币市场利率飙升，或者保证市场机构不发生大规模的流动性事件。在“降准”预期一再推后的情况下，考虑到外汇占款减少，季节性财政缴款等因素构成货币供给压力，估计未来央行仍会继续加量逆回购，以维持资金面的中性状况。

（五）资金供求将继续左右A股运行趋势，新股发行、上市公司再融资、“大小非”减持节奏和规模是三个关键因素

在市场积弱不堪、投资者“心力交瘁”特别是大量中小投资者挥泪斩仓离场时，8月IPO审核基本处于暂停状态，未有一家新增预披露企业的招股说明书“亮相”证监会网站，也未有一单IPO项目上过发审委会议。上市率也有所下降，当月仅有12家公司完成首发。但再融资、产业资本减持、高管套现的“嗜血狂潮”却仍在继续。8月首发实际募集资金全年倒数第二；但增发实际募集资金560亿元，全年最高；当月实际募集资金总额625亿元，是全年第二峰值。更令人担忧的是，在不远的10月还将迎来一轮创业板566亿元解禁潮。

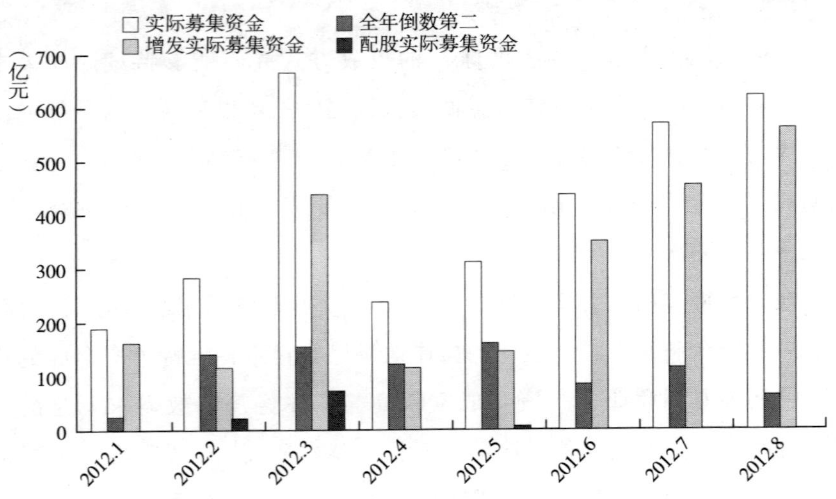

图7－29　2012年1～8月股票发行统计

资料来源：Wind资讯。

8月3日收市后，中国证监会宣布，经国务院批准，决定扩大非上市股份公司股份转让试点，首批扩大试点除北京中关村科技园区外，新增上海张江高新技术产业开发区、武汉东湖新技术产业开发区、天津滨海高新区。酝酿多时的传统利空事件新三板扩容正式敲定，分别选择华东、华中、华北三大区域布局，意味着覆盖全国的场外股权交易市场建设向前迈进了一步。但是对于这一看似利好企业的措施，在市场人气低迷的背景下，新三板扩容因其可能对资金的分流无疑给当时“失血”严重、饱受打击的A股市场带来巨大的心理压力。在监管层连续推出的退市新规已经把市场打到了创历史的低点之后，这时再紧接着推出新三板扩容政策无疑是“落井下石”，进一步扼杀了投资者短期内的信心，特别是新三板扩容后对中小板、创业板构成一定压力，对其上市渠道的稀缺性构成负面影响，也对其炒作资金造成分流，8月份中小盘股票在其影响下显著承压。

当时市场处于熊市阶段，股市的长期低迷导致资金持续净流出，根本原因就是股市资金供求关系失衡。未来资金供求仍将左右A股运行趋势，新股IPO、上市公司再融资、产业资本减持成为三大资金“抽血机”。从供给角度看，由新股发行上市引起的增量供给早已不占大头，由限售股解禁引起的存量扩容才是供给大幅增加的主要矛盾。从需求角度看，新股发行也不是股票保证金大幅减少的主要原因，再融资加各种“大小非”减持的数额远远超过新股融资额达数倍之多。从对股市的杀伤力讲，IPO或再融资虽然也会减少股市资金，但毕竟增厚了公司价值，减持却是单纯的抽资。在新股发行、上市公司再融资、“大小非”减持节奏和规模不变的背景下，市场仍将持续震荡下行，直至多渠道“抽血”放缓。这三者相互影响、相互作用，彼此强化市场悲观或乐观预期。增加资金供给方面，当时比较引人注目的有两个：一是加速引入境外合格机构投资者，二是启动转融资，但是跟资金净流出规模相比，数十亿美元或数百亿元人民币增量仍属于杯水车薪，何况还有同时令人恐惧的转融券在后面虎视眈眈。

（六）两市估值再创新低，经济底并未出现，估值水平亦不知底在何方

8 月股指再度破位下行、创出近四年新低，两市估值也随之再创新低。截至 8 月 31 日，全部 A 股、沪深 300、中小板和创业板市场整体市盈率分别为 12.49 倍、9.81 倍、27.48 倍、33.02 倍。其中，反映蓝筹股的沪深 300 市盈率和创业板市场整体市盈率已创出该指数有统计以来的历史最低水平，全部 A 股和中小板市场整体市盈率分别创 31 周和 28 周的新低。

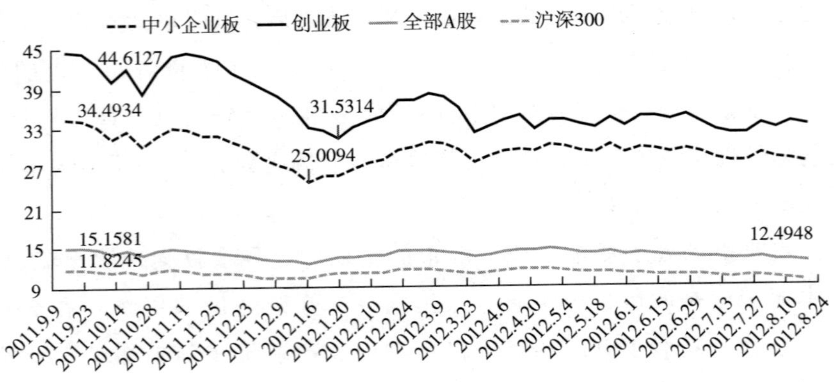

图 7－30　市盈率比较

资料来源：Wind 资讯。

统计显示，截至 8 月 31 日，我国 A 股市场 2453 家上市公司上半年实现营业总收入 11.43 万亿元，同比增长 6.82%；实现归属于母公司股东的净利润 1.01 万亿元，同比下滑 0.38%；平均实现基本每股收益 0.1749 元，同比下滑 28.14%。创出 2009 年中报以来最差水平。若剔除银行板块，全 A 整体净利润降幅为 17.6%；中小板整体营业收入同比增长 9.33%，净利润同比下降 11.16%；创业板整体净利润同比下降 2.7%。受经济增速放缓影响，A 股上市公司整体赢利能力正在下滑。

与一季度相比，上市公司二季度业绩同比增速明显放缓。由于内外需增速放缓、成本上升、产能过剩等因素持续施压，再加之去库存进展

缓慢等因素的影响，上市公司三季度业绩恐将继续寻底。鉴于管理层下半年推出大规模经济刺激政策的可能性较低，去库存进展、宏观调控政策等因素变数仍存，此轮中国经济增长调整或将延续至2013年，上市公司业绩也难以很快触底反弹，四季度业绩同比增速是否会出现反弹，尚不明朗。受此影响，上市公司的赢利能力恐将继续下降，并拖累A股市场重心及其估值继续缓慢下移。从最近几年情况看，A股市场涨跌在某种程度上已成为上市公司业绩和宏观经济运行变化的“晴雨表”，真正支持股价的归根结底还是“业绩”，恰恰在经济尚未见底的情况下，按照宏观经济基本面对微观企业业绩的传导机制，当时经济对上市公司业绩的不利影响尚未结束。在这一背景下，我们判断三季度上市公司业绩难以出现大幅改善的迹象，因而“两市”估值明显好转料将延后。因此，轻言现在A股估值已见底恐怕为时过早。

（七）技术面的严重超跌与经济面的逐步好转使得股指继续大幅下挫的空间较为有限，大可不必对后市报以过分悲观的判断，但根本性转机尚需假以时日

“八月风高草木悲，股市日夜尘沙飞。”自2012年初以来，2132—2478—2242—2453—2032，半年多的时间，上证指数日K线已构筑了一个标准的“M头”形态，且当时已基本达到理论上的量度跌幅。显然，就单纯的技术面而言，沪指跌至该区域后，短期来看，继续杀跌的动能已稍显不足。

再从基本面来看，当时市场对经济中长期下行的悲观反应，也存在着短期反应过度的嫌疑。经济底究竟是在三季度出现还是后延，尚需要继续观察，未来经济究竟如何运行还不得而知，但经济增速的放缓显然是一个较长的过程，其间也会有弱复苏。但市场正在以最悲观的情景反映未来数年的经济预期。

按照美林投资时钟理论，当时经济增长与通胀的搭配属于典型的“经济下行，通胀下行”，即经济周期中的衰退阶段。在衰退阶段，通胀压力下降，货币政策趋松，随着经济即将见底的预期逐步形成，以股票为代表的权益类资产的吸引力逐步增强。尽管市场寻底筑底的过程不

可能一蹴而就，股指短线在2000～2100点区间内可能还会有所反复，但经济面的逐步好转使得股指继续大幅下挫的空间较为有限，大可不必对后市抱以过分悲观的判断。从这个角度而言，投资者对经济的悲观预期需要适当纠偏。

另外也应认识到，在市场处于积弱已久的熊市末期，证券的市场价格并不只由其内在价值所决定，在很大程度上还深受投资者行为特别是心理预期的影响，而投资者的行为和决策不总是理性的。当时A股持续、过度的低迷状态就是投资者心态持续、过度悲观的一种反应，是对市场总体风险预期过高、对经济增长预期过低的反应。

尽管从估值等多个指标来看，当时A股都已处于底部区域，但从市场层面确实看不到短期市场有反弹的迹象。相比大涨大跌的行情，当时这种绵绵不绝的阴跌行情的杀伤力更强。在实体经济仍然乏善可陈而宏观政策又没有相应改变，加上有关股市的措施也缺乏针对性的背景下，大盘的进一步回落和重心下移也就不可避免，大盘破位之后恐将延续跌势、继续震荡探底，弱势格局短期难改，后市依然不容乐观。

只有当投资者逐渐接受中国经济潜在增长率缓慢下滑这一事实、不再把高增长看成理所当然，并更加客观看待、分析和对比中国与世界经济状况之时，投资者才能重新找回对于中国经济应有的信心；只有当中长期持股的增量资金进场之后，特别是产业资本长期看好资本市场并有意愿大规模进场、增持力度远高于减持力度之时，才能看到市场真正的底部。

政策依然是主导未来行情的唯一看点。从历次A股大熊市来看，单靠市场自身的力量根本无法扭转下跌的趋势。每一次走出底部无一例外是有相关宏观政策配合，从而激发股市的信心和流动性。如果市场持续低迷，并结合疲弱的经济，能够倒逼有效政策出台，如从制度安排上解决发行、交易、退市、分红、公司治理等核心问题，暂停新股发行并解决非理性扩容问题，以及大力倡导各类机构投资者入市等长期制度性变革，市场才会发生根本转机。这一切，也许还需要时间。

九　九月风光虽已暮，股市景物未全衰

——CCIEE 股票价格波动预警指数 9 月走势评述

尽管在多重因素的共同作用下，大盘于 9 月 7 日绝地反击，惊天逆转，以旱地拔葱之势走出了长达 5 个月的下降通道，似乎一轮“吃饭”行情触手可及。但很快，年内第三大 A 股 IPO 洛阳钼业于 10 日发布招股书，这动摇了各方对新股融资放缓的预期。加之国内 8 月宏观经济数据依旧不理想，资金面也不配合，特别是因日本“购岛”闹剧愈演愈烈，也使越来越多的投资者变得更加谨慎，对风险市场和风险资产产生一定厌恶情绪，给股市维稳及机构做多带来负面影响，导致 2029 点反弹因“夹生”而夭折。“穷秋九月西风高，股指跌落声萧骚。”9 月 26 日，沪市 A 股盘中创出近 4 年来的最低点 1999.48 点。兵临城下，一场 2000 点的保卫战开始打响。终于在节前，“天兵九月渡遐水，马踏沙鸣惊雁起”，在各方对于关键点位“维稳”的强烈预期下，沪、深两市连续两日放量上涨，宣告 2000 点保卫战暂告胜利，避免了沪指月 K 线“五连阴”被动局面的出现。综观全月，上证指数微涨 1.89%，深证成指累计上涨 2.49%。

（一）宏观经济仍处于黎明前的暗夜，亮点不多

9 月上中旬公布的 8 月国内各项宏观数据，仍显示我国经济处于探底过程中。

8 月份，规模以上工业增加值同比实际增长 8.9%，比 7 月份回落 0.3 个百分点；环比增长 0.69%；1～8 月份，规模以上工业增加值同比增长 10.1%。8 月份，全社会用电量同比增长 3.6%。汇丰中国 9 月 PMI 初值为 47.8%、终值 47.9%，较 8 月份 47.6% 的终值小幅回升，但连续 11 个月在荣枯线下方，显著低于历史水平，显示中国制造业增速仍然缓慢，制造业整体依然低迷，但制造业活动已有所企稳。最新公布的官方制造业 PMI 为 49.8%，比上月回升 0.6 个百分点，该指数自 2012 年 5 月份以来首现回升。主要分项指数当中，只有个别指数略有下降，多数指数均不同程度回升，尤其是新订单指数、原材料库存指数

等主要先行指数回升明显，显示国家“稳增长”的政策措施效应逐渐显现，经济运行已有筑底趋稳迹象。

1~8月份，全国固定资产投资同比名义增长20.2%，增速比1~7月份回落0.2个百分点，环比增长1.33%；全国房地产开发投资同比名义增长15.6%，增速比1~7月份提高0.2个百分点。

8月份，社会消费品零售总额同比名义增长13.2%，环比增长1.28%；1~8月份，社会消费品零售总额同比名义增长14.1%。

8月份，我国进出口总值同比增长0.2%。其中，出口增长2.7%，进口下降2.6%，贸易顺差266.7亿美元。1~8月份，我国进出口总值同比增长6.2%。其中，出口增长7.1%，进口增长5.1%，贸易顺差1206亿美元，扩大31.8%。

8月份，全国居民消费价格总水平同比上涨2.0%，环比上涨0.6%。其中，食品价格同比上涨3.4%，环比上涨1.5%；非食品价格同比上涨1.4%，环比上涨0.1%。1~8月平均，全国居民消费价格总水平比上年同期上涨2.9%。

（二）欧央行公布购债计划捍卫欧元，美联储推出QE3再次注水，日本加强量化宽松接力放水，中日围绕钓鱼岛争端剑拔弩张，市场面临多重不确定性外部环境

9月6日，欧央行宣布维持0.75%基准利率不变，并提出了新措施支持陷入财政困境国家的债券市场，表示将启动“直接货币交易”（OMT）计划，在欧元区二级市场不限量采购主权债，确保这些国家的银行能够从欧洲央行获得足够的融资，以缓解受到债务问题困扰的欧元区国家借贷成本不断攀升的压力。欧央行行长德拉吉表示，这将为防止市场大幅波动提供全面有效的支持。他还强调，必须捍卫欧元区所有成员国的货币政策传导机制。

9月13日，美国联邦公开市场委员会（FOMC）发布最新货币政策，宣布推出第三轮量化宽松政策（QE3），即每月购买400亿美元的抵押贷款支持证券，并维持当时扭曲操作（OT）不变，延长0%~0.25%的超低利率至2015年年中。随后，美联储主席本·伯南克在

新闻发布会上重申，美国经济形势不容乐观，疲弱的就业市场正在影响到每个美国人，而 QE3 的推出正是为了加强经济持续复苏，以及支持房产市场和其他部门的回暖。他同时强调了美联储“不看到经济上涨不会罢手”的决心，并表示美联储的决定不受大选政治的左右，完全出于促进美国经济的目的。值得注意的是，与以往两轮量化宽松不同，美联储并未就此轮货币宽松的数量和时间作出明确规定，看起来比以往更有宽松度和调整性。但与此同时，不确定性也较前两次大大增加。

9 月 19 日，继欧美相继开启印钞机拯救经济之后，日本中央银行也宣布，将进一步加强量化宽松措施，追加 10 万亿日元（约 1264 亿美元）购买国债的基金规模，一半用来购入短期国债，一半用来购入长期国债，并维持基准利率在 0% ~0.1% 的水平不变。这是继欧美“OMT”和“QE3”之后，全球主要市场第三个“量化宽松”行动。对于本次推出新一轮量化宽松，日本央行指出，由于海外经济增速放缓，日本经济复苏出现暂停，因此将日本经济的景气现状从“缓慢改善”下调为“改善势头停滞”。

9 月份，受欧美先后再次放松货币政策消息的影响和鼓舞，欧美日股市均出现大幅扬升，纷纷再创危机后的新高；而 A 股则再次成为全球流动性盛宴“与世隔绝”的旁观者，迭创新低，凸显自身问题的独特性和开放程度的有限性。

9 月，对于 A 股市场影响最大的国际因素还不是欧美，而是中日之间围绕钓鱼岛产生的自“二战”结束以来最大的政治纠纷和争端。随着钓鱼岛事态不断升级，武装冲突一时间似乎已并非不可能。自 A 股市场诞生以来，投资者第一次离战争如此之近。在某种程度上，9 月 A 股反弹失败、逆普遍上扬的全球股市而动的一个很大原因，就是投资者对于战争不确定性的恐惧。这种不确定性是国内投资者前所未遇的，以往的投资分析框架和逻辑难以企及和覆盖。整个 9 月，股市和钓鱼岛都紧密地联系在一起，钓鱼岛事件的后续发展备受投资者关注。

（三）政策面风生水起，投资审批、外贸新政、金融改革及服务业改革接连发力

9月5日，在沉寂近一年后，国家发改委对城市轨道项目的审批再度开闸，涉及的城市包括苏州、杭州、成都、深圳、长春、天津等，涉及项目和规划共25个，投资再度发力。据计算，除内蒙古和江苏的城际间铁路规划外，其余省市当时计划投资总规模超过7000亿元人民币。6日，发改委再次公布批复13个公路建设项目、10个市政类项目和7个港口、航道项目。保守估计，两天内集中公布批复的这些项目总投资规模超过1万亿元，这直接催生了7日当天的大幅反弹。在间接融资方面，预计银行或进一步放松基建类项目信贷；在直接融资方面，企业债和公司债将进一步加大对基建投资的支持力度；同时，保险资金将进一步加大对实体经济的投资。

9月11日，国务院总理温家宝表示，从宏观经济各项指标的组合看，中国经济增速仍保持在年初确定的预期目标区间内，呈现出缓中趋稳的态势。随着政策措施落实到位并发挥作用，中国经济有望进一步趋稳。他表示，将根据经济运行的态势，进一步加大预调微调力度，着力刺激消费需求，着力扩大有效投资特别是激活民间投资活力，着力稳定外部需求，着力促进实体经济发展。

9月12日，国务院常务会议研究确定促进外贸稳定增长的政策措施。为支持发展对外贸易，会议讨论通过《关于促进外贸稳定增长的若干意见》，确定了八条政策措施：加快出口退税进度，确保准确及时退税；扩大融资规模，降低融资成本；扩大出口信用保险规模和覆盖面；提高贸易便利化水平；妥善应对贸易摩擦；积极扩大进口，重点增加进口先进技术设备、关键零部件以及与人民群众密切相关的生活用品；优化外贸国际市场布局，支持企业开拓非洲、拉美、东南亚、中东欧等新兴市场；优化外贸国内区域布局，扩大中西部地区对外开放，推动边境省区发展对周边国家的经贸合作。

9月17日，央行正式发布《金融业发展和改革“十二五”规划》，《规划》明确了金融总量的发展规模、非金融企业直接融资比重、金融结构以及金融市场化改革等内容。《规划》指出，要坚持按照市场化方向推

进金融重点领域与关键环节改革，包括稳步推进利率市场化改革，完善人民币汇率形成机制等。其中，利率市场化改革要按照“放得开，形得成，调得了”的原则稳步推进。“十二五”时期，金融业进一步深化改革的关键领域包括六方面：利率市场化、人民币汇率形成机制、人民币资本项目可兑换、外汇储备经营管理、金融机构改革以及民间资本进入金融服务领域。这些领域已经进入改革攻坚的关键时期。此外，金融政策的目标有所变动，货币政策将更加突出价格稳定目标，关注更广泛的整体意义的价格稳定。此次《规划》是我国金融市场发展的又一里程碑。但是，在当前市场走势极度疲弱的情况下，《规划》加剧了A股赢利的波动预期，事实上在短期内也确实对市场造成了中性偏空的负面影响。

9月26日，国务院常务会议确定了“十二五”时期服务业发展的四项重点任务，其中包括深化体制改革，放宽市场准入，鼓励和引导各类资本投向服务业，深入开展国家服务业综合改革试点，鼓励各地结合实际开展服务业综合改革试点。

（四）央行逆回购再创历史新高，资金面饥渴状况暂时得到缓解，但仍不能排除近期降准的可能性

1~8月，社会融资规模为10.07万亿元，比上年同期多6915亿元。8月份，社会融资规模为1.24万亿元，分别比上月和上年同期多1885亿元和1666亿元。其中，人民币贷款增加7039亿元，同比多增1555亿元；8月末，广义货币（M2）余额92.49万亿元，同比增长13.5%，比上月末低0.4个百分点；狭义货币（M1）余额28.57万亿元，同比增长4.5%，比上月末低0.1个百分点。

2012年6月底以来，央行逆回购操作已经连续进行了13周。并且，央行时隔10年后重启28天逆回购，显示出央行更愿意通过逆回购来维持流动性，使得9月份降低存款准备金率的预期再度落空。此外，当时央行强调社会融资规模重要性，并表示，“当前，通过金融体系向实体经济提供融资支持的不仅有人民币贷款，还有债券、股票、委托贷款、信托贷款、银行承兑汇票等多种方式”。种种迹象表明央行主要的关注点在于：未来潜在通胀压力不容忽视，特别是在美国推出QE3释放流

动性后，还要兼顾通胀预期管理；希望把潜在的风险从央行转向社会融资购买方。为此，逆回购已经成为当时央行主要依赖的货币投放工具。倚重逆回购进行公开市场操作，虽然有利于构建回购利率机制和推进利率市场化进程，也可能有助于降低直接操控货币供应量带来经济过大波动的风险，但不利于尽快降低企业融资成本。

9 月 25 日，央行共进行了 2900 亿元逆回购，为单日史上最大规模。其中，14 天期交易量为 1000 亿元，28 天期交易量为 1900 亿元。27 日，央行继续在公开市场开展 1800 亿元逆回购操作，使得当周逆回购操作规模高达 4700 亿元，最终全周净投放 3650 亿元，成为公开市场历史上单周净投放规模最高的一周。央行大规模逆回购操作显然是为了熨平季末流动性，满足旺盛的长假现金提现需求、出国旅游购汇需求和季末冲存款需求，基本填平了市场资金缺口，季末前资金面紧张高峰基本安然度过。相应的，市场利率继续全线回落。9 月 29 日收市，隔夜回购利率回落至 3.28%，7 天回购利率回落至 3.1867%，14 天品种回落至 3.3558%，28 天品种回落至 3.9925%。

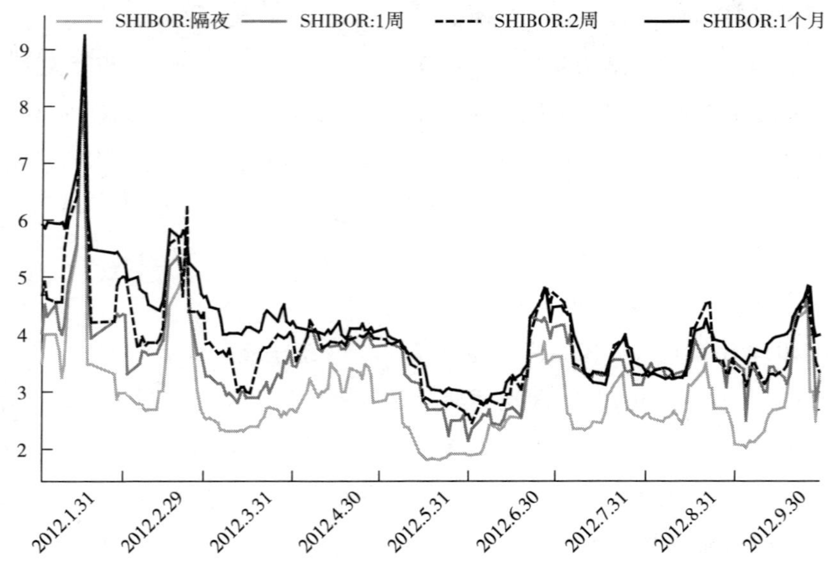

图 7－31　上海银行间同业拆放利率走势

资料来源：Wind 资讯。

此外，公开市场操作期限的延长，表明央行对流动性的调节更依赖逆回购而不是降准，主要希望保持货币政策的相机抉择色彩，也是基于对外汇占款流向及规模的不可预测性。整体来看，当时的资金面还是处于紧平衡状态，基本是按需供给，没有剩余资金。当时逆回购的方式虽然不会让市场资金面出现问题，但只要还不通过降准的方式来缓解流动性，资金紧平衡状态是难以改变的。央行逆回购规模的持续扩大使10月降准的紧迫性和可能性大大增强。如果假期后存准率能再度下调，将一次性解决后期资金面可能面临的隐忧。

（五）资本市场依旧暖风频吹，改革发展仍是主基调，短期内监管层也表达出在敏感时间窗口及市场点位对市场稳定保持高度关心并给予明确的窗口指导

9月5日，证监会主席郭树清分别与四大国有商业银行、中信集团董事长，私募基金、信托公司、资产管理机构负责人召开了密集的座谈会，就资本市场如何统筹长远与当前发展，如何服务实体经济和维护投资者利益等问题进行了交流。郭树清在座谈会上指出，希望各类专业机构秉持价值投资理念，为资本市场的繁荣发展和维护投资者利益贡献更大的力量。座谈会频度的密集、与会人士的跨界和高层级、召开时间相对应的市场关键点位，让市场充满联想和乐观预期。

9月6日，证监会表示，已对差异化征收红利税事宜与财政部、国家税务总局等有关部门进行积极协调，并配合财政部、国家税务总局等有关部门，对相关问题进行认真研究，方案确立后，会尽快出台。

这些举动普遍被解读为与9月7日市场超过3%的暴涨直接关联，表明监管层在重视市场长远改革发展的同时，也表达出在敏感时间窗口及市场点位对短期内的市场稳定保持高度关心并给予了明确的窗口指导。

9月7日，首批8家新三板企业分别在扩容后的四个新三板试点上市挂牌。原先的北京中关村园区以及新增的上海张江、武汉东湖、天津滨海三个试点各上市挂牌2家。8家公司正式挂牌，意味着酝酿六年半之久的新三板扩容实现重大突破，解困中小企业金融需求难题迈出了标

志性一步。

9月17日，在由央行等五部委共同编制的《金融业发展和改革“十二五”规划》中，亦对资本市场提出了基本方略与具体目标。“十二五”时期，按照“夯实基础，培育机制，完善结构，防范风险，促进转变经济发展方式”的主线，确定了资本市场发展和改革的重点工作，具体涉及15个方面内容：市场基础性制度建设和法律法规体系建设，市场监管，债券市场发展和集中监管、统一互联的债市体系建设，多层次市场体系建设和各层次市场间的转板及退出机制，期货市场发展，上市公司分红制度，证券期货经营机构竞争力提升和鼓励创新，创投和股权投资基金规范发展，多元化机构投资者队伍发展，股票发行体制改革，并购重组制度完善，国际板市场建设等。值得注意的是，根据“规划”，到“十二五”末，直接融资占全社会融资总额的比重要达到15%。市场理所当然地会把它同股市的高速扩容联系在一起，这在一定程度上加剧了弱市行情下投资者的担忧情绪。

9月22日，证监会主席助理张育军在第九届中国东盟博览会上透露，当时沪、深交易所正联手在全球路演，游说海外基金投资A股，引起了投资人的良好反应，境外主权基金、养老基金等长期机构投资者普遍看好中国市场。联系证监会在2012年7月底公布的有关规定，降低QFII设立的门槛，简化相关审批程序，并放松QFII开立证券账户投资范围和持股比例限制等措施，都旨在为境外机构投资者投资境内市场提供更多便利。由此不难理解，在市场积弱不改的背景下，监管部门正通过出台一系列举措以关注和呵护市场，一直努力于为市场引入新鲜“血液”。

9月27日，证监会有关部门负责人在新闻通气会上表示，正积极研究推进上市公司现金分红税收制度调整，会同相关主管部门研究修订相关税收政策，降低证券投资税负；进一步研究完善上市公司分红与再融资挂钩制。这个新闻通气会是在投资者因市场跌破2000点而悲观至极的时候召开的，显示管理层呵护市场的一片良苦用心。之后，沪深股市在本月最后两个交易日再次上演了一幕惊天大逆转。对于市场如此这般的戏剧性走势，多数投资者相信正是管理层“政策挺市”的结果。

9月28日，证监会召开创业板发审委2012年第六十六次工作会议，对北京中矿环保科技股份有限公司和上海昊海生物科技股份有限公司进行首发审核。当晚，证监会宣布，主板发审委也将在国庆节之后10月10日“复工”，这标志着经过两个月的审核“空窗期”后IPO再度开闸。这一信息料将对节后市场走势产生直接影响。

（六）市场各方对估值底的分歧依旧，鉴于市场估值分化的现象仍然很严重，仍需警惕非金融股未来整体估值的下行空间

“九月股市新战后，悲风杀气满山河。”截至9月28日，全部A股、沪深300、中小板和创业板市场整体市盈率分别为12.91倍、10.03倍、27.99倍、32.08倍。

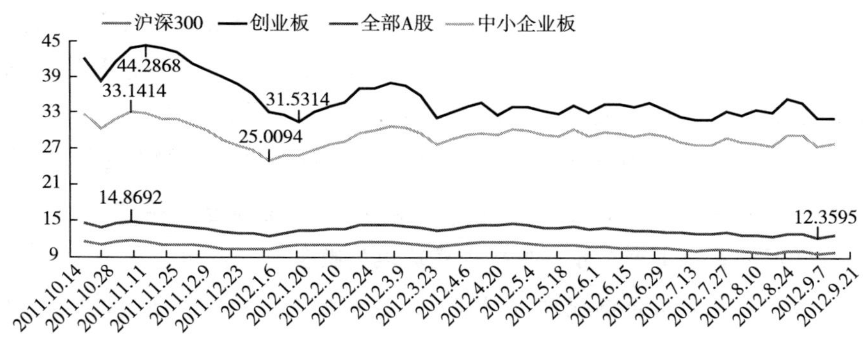

图7-32　市盈率比较

资料来源：Wind资讯。

截至9月27日，共计有973家上市公司披露了三季报预告，其中507家上市公司报喜，461家上市公司报忧，另有5家上市公司无法确定业绩。在报喜的上市公司中，净利润同比增长上限超过50%（即预增）的共计有117家，约占总量的12.02%。这个数字创下了2005年以来的最低，甚至低于2012年中期13.08%的数据。

尽管“两市”估值随着股指探底而屡创新低，并已接近或低于历史大底的估值水平，但市场仍有一股不容忽视的观点认为，考虑到经济放缓、银行股及“两桶油”以外的众多公司的估值仍显偏高，再对比

实际的民间利率和理财产品的收益率，A股显然还是太贵，“安全边际”并不明显，“护城河”不宽也不深。

同时，当时市场估值分化的现象仍然很严重：一部分传统行业中公司股票的估值已经非常便宜，而另一部分股票由于公司具有很好的成长性受到投资者的热烈追捧而导致估值还在相对高位。当时A股非金融股的动态市盈率为20倍，而欧、美、日和新兴经济体各国股市的非金融股动态市盈率无一超过15倍。即便按较为乐观的估计，A股非金融股未来依然有25%以上的整体估值下行空间。从盘面情况来看，似乎也验证了这一点，近期创业板的跌幅远远大于上证指数和大盘蓝筹股。未来很有可能的情况是高估值股票继续向下收敛并迎来持续调整。类似的声音在市场极度低迷之时仍不绝于耳，且十分强大，因其逻辑严密和事实清楚，故投资者也应高度重视，且不可采取鸵鸟心态、视而不见。

（七）破而后立，未来市场必将随着“政策底”和“经济底”的先后到来而作出反应，风雨之后将见彩虹

到当时为止，2012年A股的整体表现再一次印证了经济基本面是影响股市表现的核心因素，股市“晴雨表”作用凸显。在“经济底”一再推迟的背景下，A股每一次探底均以失败告终。不过，随着“稳增长”政策累积效应逐渐显现，特别是以基建为代表的逆周期调控逐渐加码与QE3适时推出，当时很可能就是国内经济形势最严峻的时刻，三季度很可能是本轮经济周期调整的阶段性底部，四季度经济企稳并反弹的可能性增大。在此背景下，A股在四季度迎来阶段性反弹将是大概率事件。考虑到股市作为“晴雨表”的先行作用，不排除A股可能略早于“经济底”探明阶段性“市场底”。

从更长周期来看，市场此前的持续下跌，其估值、跌幅、持续时间、市场信心等方面，与历次历史大底相比都堪称极限，也许我们正面临着A股历史上又一个重要的底部或底部区域。事物发展总是阴阳交替、否极泰来的，从6124点跌了5年跌到2000点附近，股市也是时候该“阳光灿烂”一回了。“干柴烈火”，市场所缺乏的可能只是一个更好的触底反弹的催化剂，最有可能的，依然是宏观经济的见底回暖和微

观经济效益的明显改善。从这一点来看，10 月中旬将要公布的 9 月及三季度经济数据至关重要。只要市场对四季度经济出现阶段性企稳的预期逐步达成一致，此前持续下行的 A 股就很可能在四季度迎来阶段性反弹行情；反之，则恐将继续在底部徘徊或寻求更扎实的底部区域。

9 月底，A 股在跌破 2000 点后放量反弹。人心思涨，各界维稳市场的呼声日益高涨。同时，众多政策利好的累积也给市场增强了信心，使沪指在 2000 点暂时得到一定支撑。

当时，多数机构投资者仓位已处于较低水平，部分创业板大股东承诺暂缓减持使解禁洪峰延后，产业资本开始出手大幅增持部分上市公司，种种因素使得市场在这一点位大幅做空的动能有限。并且，举世瞩目的中共十八大召开在即，政府倾向于大力维稳，“稳增长”政策仍将次第有序推出，各项不利于市场稳定的政策的出台势必十分谨慎。因此，四季度政策面的风险预计将很小，这给股指未来上涨提供重要的支持，从某种意义上讲，“政策底”显然已经出现。

但是，市场短期内仍将维持底部振荡格局，市场真正转“牛”恐非一朝一夕。“维稳”毕竟不是市场化的行为，而且从历史经验以及一年来的实践看，人为的“维稳”行情恐怕也难以真正见效。投资者在兴奋和憧憬之余，对此还需有个冷静的认识。

“罗马不是一天建成的”，牛市也不会在一夜之间从天上掉下来，等待和坚守也许比单纯的信心更加重要。

第二节　2012 年中国房地产调控：向左走，向右走？

2012 年 2 月，安徽芜湖市率先出台了房地产“新政”，随后广东佛山、中山、珠海及河南等地纷纷出台“新政”，至当时放松公积金政策的城市超过 20 个，内容涉及上调贷款额度、下调首付比例、缩短申请贷款所满足的缴存时间等，引发全国高度关注。在货币政策放松动作逐渐加大，至少从 5 月份开始，各地房地产微调政策的刺激下，楼市成交量已经显著回暖，不少地区的房价开始出现回升势头。

市场认为，房地产调控政策已开始出现松动的信号。中央政府却屡次表态，坚持促使房价合理回归不动摇，善始敬终保调控目标。从2012年7月下旬开始，国务院更是决定对16个省（市）贯彻落实国务院房地产市场调控政策措施情况开展专项督察，再次表明中央强化房地产调控的决心未变。由此看来，2012年房地产调控进入微妙时期，中央与地方调控政策博弈加剧，现行的限购政策究竟能否真正促进房价合理回归，还是迎来新一轮报复性反弹，对此，不同的研究给出的结论不太一致。但现实情况是限购政策出台近一年半时间，房价仍然居高不下，这恰恰证明了限购政策对促使房价合理回归的影响有限①。究竟怎样看待这些问题，我们还是从数据事实中来寻找答案。

一 继续实施房地产限购政策会导致经济大幅下滑吗？

2009～2010年度，尽管政府出台紧缩性政策抑制房地产价格过快上涨，在这两年间，全国商品房均价仍从2008年末的每平方米3800元上涨至2011年2月的每平方米6400元的高点，涨幅高达68.4%，从图7－33我们可以看到，虽然2009～2010年政府的房地产调控政策有效地降低了行业景气度，但是并没有抑制住房价的继续飙升。在这种调控效果不是特别明显的格局下，在2011年初政府再次出台了一系列更加严格的限购、限贷、限价等抑制需求的调控措施，受严格的限购政策影响，2011年房地产市场成交量惨淡，房价涨幅得到有效抑制，并开始出现小幅回落，其中全国商品房均价于2011年末降至每平方米5400元，降幅达到了15.6%。

进入2012年，我国经济形势快速变化，1月份电力消费和进出口出现负增长，一季度GDP同比增长8.1%，二季度GDP同比增速继续下降，至7.6%，经济增长连续7个季度下降，“保增长”面临较大压

① 王敏、黄滢在其工作论文《限购和房产税能降低房价吗——基于房地产市场的长期动态均衡分析》（CCER工作论文，2011年9月26日）给出的结论是，限购政策能降低房价，但是影响有限，市场会呈现“价高量低”的局面。其根据国家统计局公布的70个大中城市的房价指数面板数据的实证结果也证实了这一点。

图 7－33　国房景气指数与全国商品房均价走势

力。为防止经济过快减速下滑，自二季度以来财政政策和货币政策宽松步伐加快，特别是 5 月 23 日国务院常务会以后，基础设施投资项目审批速度加快，很好地抵消了经济过快下滑的影响。与此同时，部分地方政府开始微调放松楼市政策。从 2011 年 11 月始，北京、杭州、成都等地松绑了土地出让条件，北京、武汉、上海对普通住房的价格标准进行调整，合肥、南京、常州等地则放宽了公积金，调高了家庭贷款额度和个人贷款额度。与此同时，资金信贷出现适度放松，2012 年 3 月份新增贷款高达 1.01 万亿元，首套房贷利率也逐渐调回至 8.5 折的基准。由于中央政府保持对房地产调控政策基调不变，图 7－33 表明，房地产行业景气度连续走低，截至 2012 年 6 月份，国房景气指数已经连续 7 个月在 100 点以下，并降至自 1995 年以来的新低，甚至比 2009 年的最低点还要低一点。但是全国商品价格出现小幅度的反弹，与 2011 年末的低点相比，涨幅近 10% 左右。

有学者认为，严厉的限购政策将会导致房地产市场“硬着陆”，进而可能引发中国经济出现“硬着陆”。这种担心主要是因为房地产投资呈现连续下滑趋势，其增速从 2012 年一季度同比增速 23.5% 进一步下滑至二季度的 13.1%。摩根大通年初的预测报告称，房地产市场调整是当年中国经济增长面临的最大的国内风险，若全国平均商品价格下跌30%，中国经济将会出现“硬着陆”。近年来，我国经济对房地产依赖逐步增强，考虑到房地产投资的直接带动作用和关联影响，若房地产投资增速下降10个百分点，实际GDP就将下降0.9个百分点①。根据2007年投入产出表进行的测算，我国房地产投资及关联影响对实际GDP增长的贡献通常在2个百分点②。如果房地产投资三季度增速继续下滑10个百分点左右，三季度GDP增速有可能下降至6.6%左右，我国经济真正面临“硬着陆”风险的考验。然而对于高成长的中国经济来说，短期内实际GDP增速快速下滑至6%以下就意味着经济出现“硬着陆”。

从房地产开发投资增长看，我国房地产投资累计额占GDP比重已经从2000年末的5%上升至2012年6月末的13.5%（见图7-34）。2011年住宅投资占GDP比重已经达到9.3%，超过日本最高峰的水平（日本住宅投资占整个经济总量的最高点出现在1970年前后，水平大概是9%）。全国房地产开发投资占固定资产投资总额比例表现平稳，全国房地产开发投资占固定资产投资的比例（房地产开发投资额/固定资产投资额）几乎是逐年增加的，从1999年起均在20%以上，只是在2009年下降到20%以下，2010~2011年又反弹至20%左右，从月度数据看，该比例月均也都保持在20%左右。房地产开发投资的高增长带动了建筑等相关行业占GDP比重的持续增大。比如，建筑业增加值占GDP比例从2008年底的6%上升至6.8%，固定资产投资中建筑安装工程占比也从2008年末的60.8%上升至2011年的64.2%。

从北京、上海、天津、重庆四个直辖市的近年房地产投资状况看，北京和重庆房地产开发投资占GDP比重近年均接近于20%左右，上海和天津房地产开发投资占GDP比重也保持在10%以上。北京和上海的

① 国家统计局综合司课题组：《关于房地产对国民经济影响的初步分析》，《管理世界》2005年第11期。

② 中国农业银行战略规划部：《房地产投资下滑的风险及对策》，《宏观经济周评》2012年第25期。

房地产投资占固定资产投资的比例近两年平均每月都保持在50%左右，而重庆这一比例只有30%左右，天津的房地产开发比例更低，月均只有15%左右。这表明，在四个城市中，房地产开发投资占固定资产比例并未受房地产调控而影响。

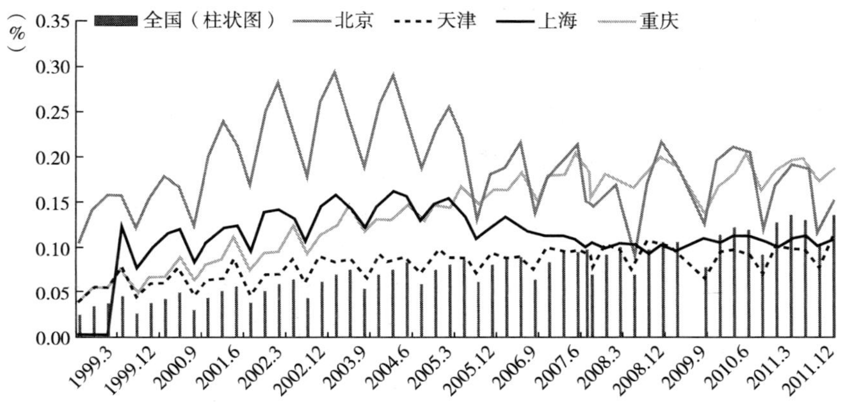

图7-34　房地产开发投资累计额占GDP累计额的比重

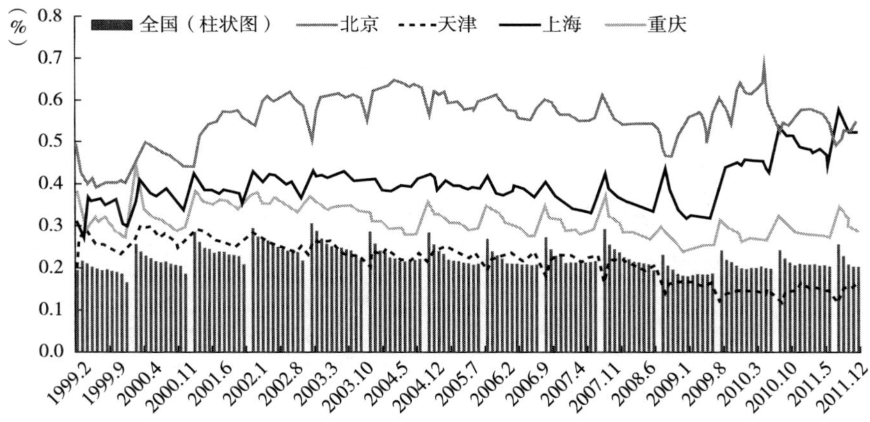

图7-35　房地产开发投资累计额占固定资产投资累计额比率

从宏观经济走势看，房地产调控对中国经济的影响并不大，2012年中国经济尽管出现下滑迹象但尚未形成断崖式回落。从工业增加值和用电量指标看，2012年我国宏观经济确实出现走低，其中1月份用电量一度出现同比负增长，尽管2月份有所反弹，但3~6月份用电量同比增速均在个位数，尤其是6月份几乎与上年同期持平；同样反映在工业增加值同比变化上面，自2012年初21.3%的同比增幅高点迅速回落至6月份的9.50%，工业增加值的回落自然引发实际GDP增速从一季度的8.1%下降至二季度的7.6%。从图7－36可以看出，用电量和工业增加值同比增速都远没有下降至2008年国际金融危机时的最低点。经济增速放缓是既定现实，其中有部分因素是受到2011年紧缩政策的影响。随着财政和货币政策的逐步宽松，下半年经济有所回升，GDP增速下滑至7%以下都比较困难。

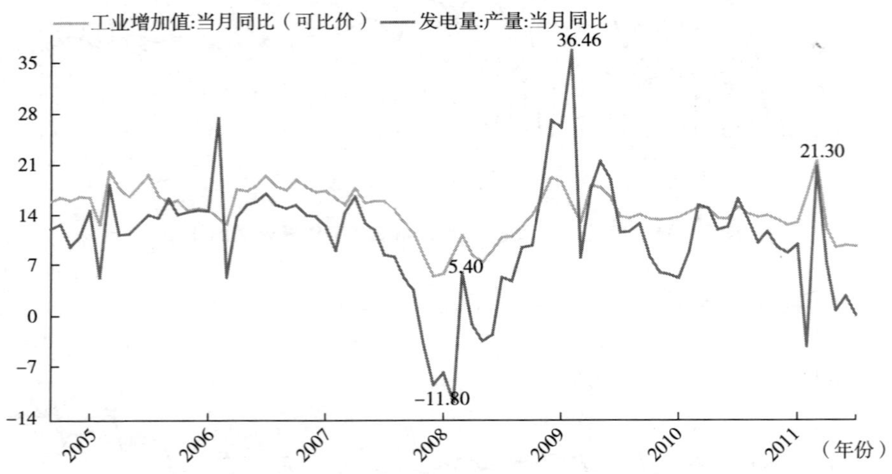

图7－36 工业增加值和用电量同比增长

资据来源：Wind资讯。

很多机构也表示，房地产市场崩盘的可能性不大。这是因为当时房地产市场不景气很大程度上源于政府的紧缩调控政策，而并非市场的自发行为。从房地产投资看，虽然同比增速有所下滑，但是房地产开发投资占GDP的比重并未降低。从商品房需求看，当时市场的疲软主要源于严格的限贷、限购等措施人为压低需求，而一旦这些紧缩性措施得以取消，市场需求将会明显反弹。因为市场有其自我调节功能，其中房地产开发商会随着市场需求变化而作出调整，在减少住房供给的同时将资本投向其他领域。

从中央坚持房地产调控的决心看，2012 年，全国房价总体回落肯定是一个趋势，但中央政府绝不会对其房价采取一味打压的政策，地方政府也难以容忍 GDP 下滑到 8% 以下。各种迹象已经表明，在房价调控的大前提下，政策的弹性空间在加大。2012 年下半年至 2013 年上半年，中央政府的做法可能是，在保持对房地产调控政策基调不变的前提下，通过连续降准、降息以及加快基础设施建设核准等宽松措施，能够有效防止经济过快下滑。

现实情况是，地方政府已率先对继续限购政策作出松绑反应，尤其是财政依赖土地出让金和房地产相关税收的地方政府，商业银行适当放松面向刚性需求的部分贷款限制。从市场需求预期看，全国房价的拐点仍未出现，特别是受到人口结构变化的支撑，1985～1991 年出生的人口正逐渐步入婚育年龄，因而首次住房需求的支撑因素仍然存在，特别是中国城市化进程仍处在加速阶段，这也促使房地产的强劲扩张周期不会过早地结束。

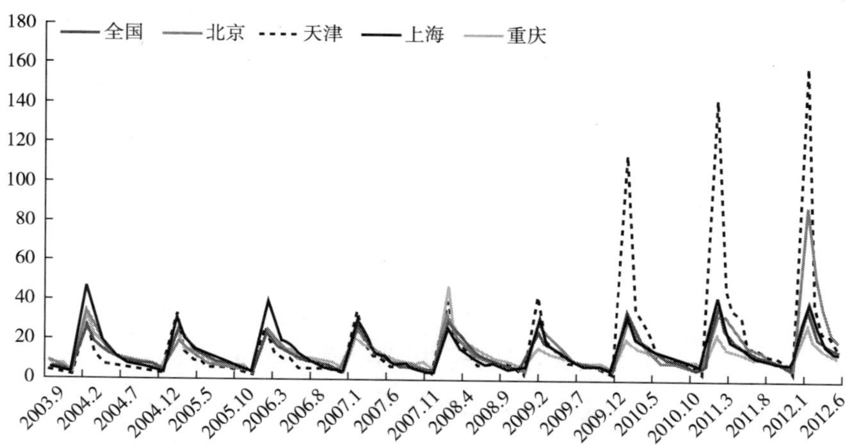

图 7－37　商品房施工面积与竣工面积之比

我们分析认为，只要房地产市场不出现那种非理性的大幅下跌，房地产调控就不会对中国经济产生伤筋动骨的影响。随着房价一定幅度的下跌，有可能倒逼房地产相关产业的结构调整，钢铁、有色金属、建材等行业开始去库存化，用电量增速降下来，促使经济增速有所放缓，但这些变化都属于预料之中。短期看，在抑制不合理需求的同时，正在增加合理的供给，如中央要求对保障房和中小户型、中低价位的普通商品住房给予土地和资金支持，这将确保房地产市场供需的有效均衡。从当时商品房施工面积和竣工面积之比看，无论是全国还是四个直辖市商品房施工面积都远远超过竣工面积，其中2012年上半年北京商品房施工面积与竣工面积之比高达20以上（见图7－37），这表明北京房地产市场上商品房供应远远大于需求。从销售面积看，2012年上半年商品房销售面积39964万平方米，同比下降10%，降幅较前5个月缩小2.4个百分点，反映出当时商品房销售状况的改善。如果考虑到房屋竣工面积仍以20.7%的速度增长，去库存周期会更长，下半年恐难以结束。在去库存结束以前，企业对增加房地产投资的动力将减弱，要保证未来房地产投资增速不急剧回落，政府还需要继续保持保障房建设的投入。尤其是中国城镇化进程尚未结束，房地产行业仍具有很大的市场空间，通过商品房和保障房持续供应，带动房地产投资保持一定的规模并逐步增长。因此，种种迹象表明中国经济快速下跌的可能性不大。

二　刚性需求支撑下房价回归至什么价位才算合理？

从需求侧看，严格的限购政策延缓了部分刚性需求，2012年随着房价回落趋势明显，前期观望的购房者开始进入楼市，选择在自己支付能力范围之内的房产及时出手。从供给面看，由于限购政策致使开发商资金链紧张，拿地意愿下降，新开工面积开始出现负增长，两年后新房供应量有可能大幅减少，新一轮房价上涨可能持续。从房地产贷款看，房地产贷款与调控周期比较一致，就是在调控紧缩的时候，无论是开发商贷款还是个人房贷都比较低迷，占总贷款额的比例相对不足3%。比如，2011年初全国实施严格的房地产调控之后，房地产贷款占总贷款比重不足1%，直到2011年中期才达到1%以上，随着全国房屋交易成交量的回落，2011年底2012年初购房贷款下降很多，房地产贷款占比再次下降至1%以下，直到5月份各地刺激刚性需求的新政出台后，房价的再次反弹，再次推动房地产贷款占比重返1%以上，并有持续走高的趋势。从四个直辖市来看，2011年调控政策实施以来，天津和重庆的房地产贷款占比始终保持在1%～3%，而作为一线城市的北京和上海房地产贷款占比相对偏低一些。在这种背景下，房地产调控的目的不是促进房地产市场大涨大落，而是要促进房价的合理回归。房价怎么样才算合理回归，环比止涨并不意味着房价合理回归。

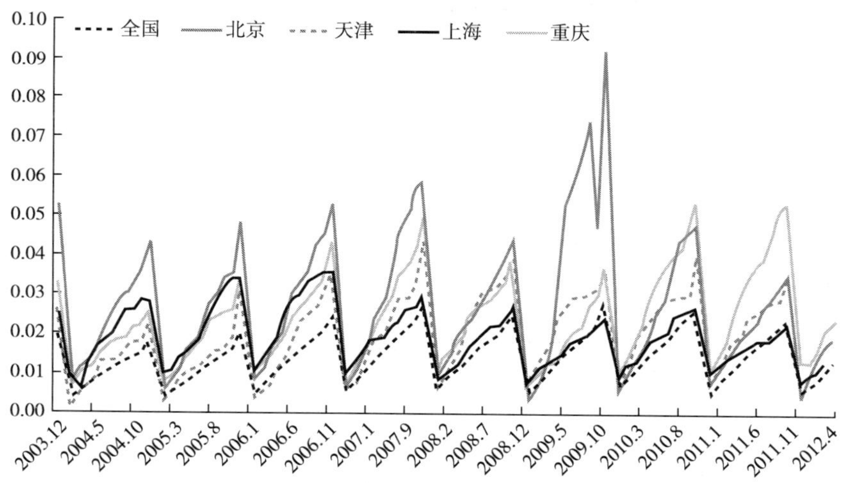

图7-38 房地产贷款占金融机构人民币总贷款的比例

定性讲，房价合理回归就是让真正有居住需求的普通居民能够买得起普通住宅。2012年初全国“两会”上，确认中国“合理房价”有两条标准，一是房价与居民收入相适应，二是房价与成本和合理的利润相匹配。也就是说，开发商成本、居民收支承受能力、经济和金融系统稳定性都是决定房价的关键因素。定量讲，需要一些客观指标界定房价合理程度。常用的指标包括房价收入比、租售比、房地产开发投资占城镇固定资产投资比重等。从“房价回归合理水平”的目标来看，当前，房价收入比、房地产开发投资占城镇固定资产投资比重等参考性指标仍偏离“合理”的区间，即公众购买力与住房价格仍有很大差距。

根据国际经验，如果一户普通家庭用3~6年的收入，能够买得起一套普通住宅，那么，这个房价是比较合理的。近年来，全国范围房价收入比已高达7~9之间[①]。据测算，从近两年月度数据看，全国范围城市房价收入比月均在10以上，其中2010年末达到了14，随着2011年房地产调控的效果逐步显现和居民收入的稳步增长，全国房价收入比有所下降，至2012年6月也仅仅下降至11左右。相比较而言，北京、上海、广州等一线城市房价收入比甚至高达几十。2010~2011年度北京和上海月均房价收入比均在20以上，2011年2月至2011年末北京房价收入比月均高达33左右，而同时期的上海房价收入比更高，月均高达34以上。相比较而言，二线城市天津和重庆的房价收入比就没有那么高，2011年2月至2011年末，天津的房价收入比月均在17以上，而重庆的房价收入比月均仅为9多一点（见图7-39）。由此可见，一线城市的房价收入比更高，泡沫程度更大。多数城市的商品房价格已经止涨，但是并未出现大幅度下降。在限购政策的压力下，供需双方陷入僵持阶段，促使房价合理回归的条件尚不完备。

通常，在加速城镇化背景下，商品房销售额增长率适当高于社会零售额增长是比较合理的。从国际金融危机前后看，全国商品房销售额增长率与社会消费品零售额增长率的比率快速增长超过了2，这说明商品房的需求严重偏离了经济增长而出现一定程度的泡沫，尤其是2009~2010年间这一比值甚至超过了5，说明我国房地产市场出现过热，存在着严重的泡沫，此后受到限购等房地产调控措施的直接影

① 按照Wind资讯金融情报所（《全国“合理房价”探秘“三伏”寒冬降临?》，2012年6月29日）按照城镇居民人均可支配收入计算结果，2011年房价收入比为22.97（该数值没有考虑人均城镇居民面积），以此为结论并考虑收入增长的情况，得出全国房屋均价的合理跌幅是25%。若按照此结论，那么我们计算的房价收入比将会降至5.84%，基本进入国际上认可的房价收入比为3~6的合理区间，若保证房价收入比降至3附近，那么全国房屋均价的合理跌幅则为60%左右，这显然对主要城市是不可能的，不但政府撑不住，银行也撑不住。

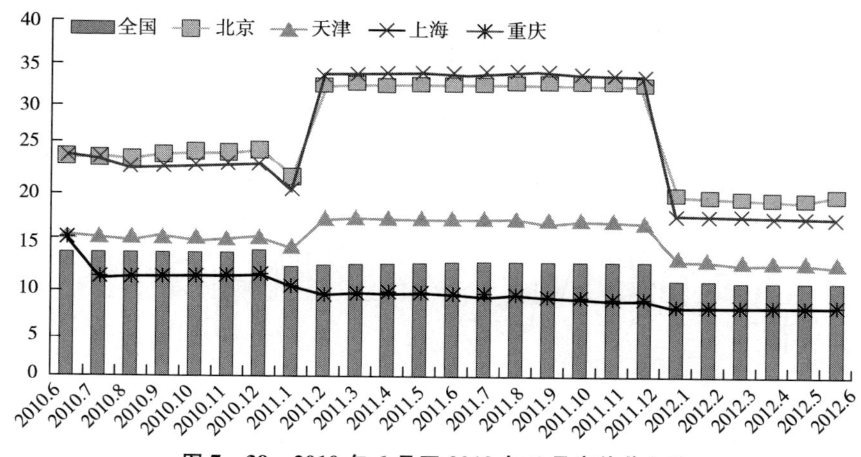

图 7－39　2010 年 6 月至 2012 年 6 月房价收入比

响，这一比值才有所回落，2012 年上半年，商品销售增长率开始有所回升，这一比值也从底部上扬，下半年有可能恢复正值，并再次高于社会零售额的增长。从四个直辖市来看，北京和上海这一比值波动较大，在 2008 年金融危机之后的两年内，商品房销售额增长很快，商品房销售额增长率远远超过社会零售额增长率，这一比值高达 8～10，说明这段时期一线城市房地产市场存在着严重过热，已经累计了严重的泡沫。相比较而言，被视为二线城市的天津和重庆，这一比值波动没有那么剧烈，在2009～2010 年，天津的商品房销售额增长率与社会零售额增长率的比值不足 3，说明在全国房地产市场过热的情况，天津却并未受此影响，只是表现出有轻度的泡沫；而对于重庆而言，作为后发展起来的城市，其城市化还处于扩张期，因而无论是在房地产过热时期还是在相对萧条时期，重庆商品房销售额增长率大都表现得比较正常，比社会消费品零售额增长幅度略高一点，最高的时候也没有超过 4，说明即便有几个月存在严重泡沫倾向，但是随着严厉调控政策的实施，重庆商品房销售额增速有所回落，并回落至较正常的位置，没有持续处于高增长期，说明重庆的房地产市场还是比较平稳的，没有出现大起大落的变化。

2012 年以来，一线城市的房地产泡沫开始出现破裂迹象，但只要

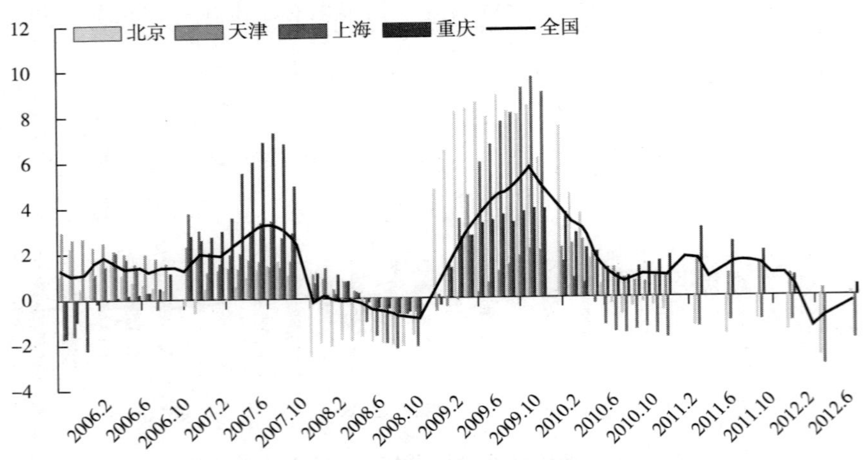

图 7－40　商品房销售额增长率与社会消费品零售额增长率之比

流动性不再骤然收紧或者发生严重的经济危机，短期内出现泡沫崩溃或者市场急剧转向调整的风险并不大。从当时的情况看，中国的流动性不太可能在短期内迅速转为短缺，出于稳增长的需要，流动性还可能再一次大规模释放，这就可能加强市场的预期，形成对房地产市场的支撑；由于近几个月货币政策已有所放松，在中短期内出现严重惜贷的现象可能性也不大，银行体系也不大可能出现崩溃。由于市场再次出现看涨的预期，可能吸引需求持续扩大，只要需求不出现急剧萎缩，房地产开发商就有能力通过调整开发节奏调整商品房供给。

因此，中国要将房价调控到合理位置，这种合理不再是由供求关系决定的，而是要通过细分需求明确什么才是确切的合理位置。从调控政策角度看，调控不放松的主要是挤出投机性或投资性需求，尽管这部分需求有合理存在的理由，但是并不是房地产市场应有的自住购房需求。因为如果完全把房地产市场作为投资品市场，则可以完全不需要实体住宅的存在，只需通过设计投资性产权合约就可以交易买卖了。要保障供需关系回归合理位置，那就需要在规范供给市场的同时，细分出更合理的市场需求。目前看，国家调控的目的就是让房地产从暴利时代回归到薄利时代，因而市场供给的重点是要确保满足刚性需求，完全摒弃或抑制住投机性的投资需求。

当前，我国主要城市房价依旧处于让很多有基本住房需求的人望尘莫及的高度，房价下降的空间依旧很大。按照现在的调控措施，要将房价调至平均家庭收入的 3～6 倍的合理水平，还需要较长的一段时间。在未来的两三年内，中国房地产市场调整的速度将与日本在 90 年代后类似，尽管调整时间不太可能如同日本一样漫长，因为中国的银行体系同样倾向于通过不断提供信贷的方式缓解近期的资产质量问题，这使得房地产市场调整过程也相对缓慢①。从以上分析看，若没有从供需关系上对土地、保障房、房租等一系列制度变革，单凭市场自发调节难以在短期内实现房价合理回归。

三　规模化保障性住房能否完全填补住房供给缺口?

从市场角度看，只从抑制需求的方面促进房价合理回归是远远不够的，还需要从增加供给以确保形成一个合理的均衡价格。2010 年以前，我国的保障房以廉租房和经济适用房为主。近两年大幅度增加公租房性质的保障性住房的开工建设，凸显了政府在增强房屋的社会属性方面所作的努力。根据住房和城乡建设部公布数据，2012 年上半年保障房建设开工 470 万套，完工 260 万套，完成保障房投资 5070 亿元，占上半年房地产投资的 16.6%，成为支撑房地产投资的重要因素。2011 年保障房开工率已经达到 98%，2012 年上半年达到 63%，相比较而言，在 2011 年大规模建设保障房之后，2012 年保障房的建设力度有所下降，住房建设用地总量比 2011 年下降 21% 左右，但对房地产投资的贡献并没有减少太多。如果保障房建设在后续不能持续供应，那么房地产投资就可能下滑得很快，那么对经济的影响，如果不能从其他产业弥补，经济增长将受较大的拖累。从四个直辖市的情况看，2011 年重庆保障房已开工套数达到 52.8 万套，开工率 100%；北京、上海、天津保障房已开工套数 20 多万套，不足重庆已开工套数的一半。

① 柳世庆、莫倩、高善文：《泡沫正在破裂，暂无崩溃之虞——关于房地产市场未来走向及其影响的讨论》，《安信证券宏观研究》2010 年 4 月 22 日。

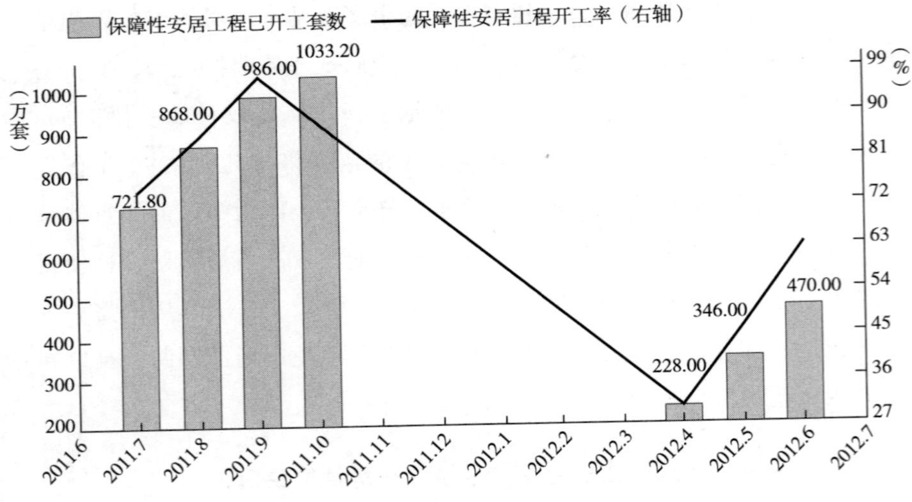

图 7－41　全国保障性安居工程已开工情况

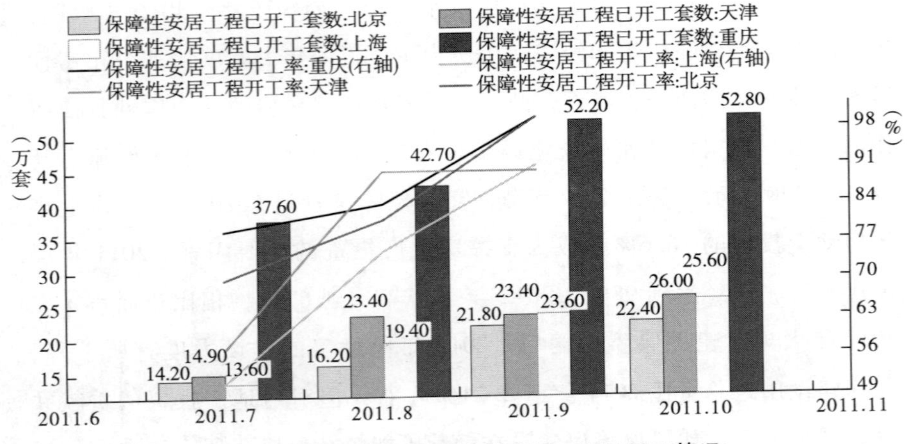

图 7－42　四个直辖市保障性安居工程已开工情况

规模化保障房建设为房价合理回归提供动力和条件。从保障房享受群体看，保障房主要是针对城市低收入群体或者中等偏下群体，在有效需求方面与商品住房并没有交集，但是考虑到保障房结构中有一部分经济适用房，这部分住宅在满足转让年限后，可能会进入商品房市场，不过这个影响一般要出现在 3～5 年之后；而规模化建立的公租房，主要是覆盖到户籍以外的务工和新就业群体，这部分人并不属于当期的商品房需求，因而短期内对商品房供需市场没有多大影响，等到两三年后这部分人经济收入水平有所好转，他们才会成为商品性住房的需求者；因而从总体上看，保障房短期内不可能影响商品房市场的供求关系，但是在未来 2~5 年内将会对商品房市场产生一定的影响。因而长期看，增加保障房供给将会改变楼市供给的单一结构，有效分流或延缓一部分商品房市场刚性需求，减低投资、投机性需求的收入预期，对于抑制商品住宅价格具有积极的作用。2011 年全国新建 1000 万套保障房将于 2012 年逐步入市，以及未来五年 3600 万套保障规模的供给预期，这将在 2013~2015 年内有效填补刚性需求的供给缺口，并对于商品房价格的影响持续显现，进而有力地推动房价的合理回归。

从商品性质看，当前全国各地建设的保障性住房主要以公租房为主，重点解决低收入群体或外来务工者的居住需求，主要用以平抑房租市场价格。而中等收入的“夹心层”还是只能购买商品房。随着“夹心层”的规模越来越大，未来商品房的需求仍会保持一定的规模，商品房供应仍有一定的行业利润。房地产投资增速回落，行业利润率趋降，意味着房地产正在告别暴利时代，房地产开发企业的利润逐步回到正常水平。行业利润正常化为房地产市场理性发展奠定基础。在城市化加速背景下，商品房供应只要有利润就会有人投资开发，因此这两年大规模建设保障房只是保障部分真正低收入者，而不是保障所有的刚性需求者，而刚性需求（包括改善性住房需求）还需要进一步依靠商品房的供应。

四 中国房地产市场启动下一轮改革的重点在哪里？

2012 年中国房地产市场调控仍处在一个非常关键的时期，将由政策调控期转向制度调整期。若抑制需求的调控力度放松，将可能引来房价的报复性反弹，从而影响中国经济的“软着陆”。未来要更侧重实体经济发展，则更需要理顺房地产市场，理顺房地产生态产业链中的政府、开发商、银行、炒房客和自住购房者之间的关系。在房地产这个生态链中更是一个食物链，处于末端的自住购房者力量弱小、分散，没有议价权利，而处于食物链上游的政府、开发商、银行和炒房客都是以食利为目的，具有绝对的定价权力，也决定着整个行业发展方向的口径。从最初的福利分房制度开始房改到“重要产业”地位的确立，从国有土地“招拍挂”机制的形成到后来被更改为“支柱产业”，房地产市场发展的欣欣向荣受到国内外人们的关注，而节节攀升的房价最终要传递到没有话语基础的产业生态链末端，即广大留守城市的刚性需求者。从整个行业的生态链看，前四个角色都是食利阶层，具有强烈的涨价预期，而只有最末端的自住购房者会预期房价下跌，这种力量博弈的结果自然是催生房价继续高位攀升。

我国房地产市场制度调整究竟要调整什么呢？对此，首先需要从我国房地产市场制度改革（简称“房改”）理清制度演进的路径。

在 1978 年之前，我国城镇住房市场制度实行的是统一计划配给制度，即统一管理、统一分配、以租养房的公有住房实物分配制度。随着大量知青返城，国内住房需求增加，1978 年开始放松计划配给的公有住房政策，放开口子允许市场建房，鼓励侨汇购买和建设住宅，这是住房商品化的萌芽。1980 年深圳特区成立，开始商品房制度的探索阶段。

1986 年，国务院住房制度改革领导小组成立，国内进入一个房改高峰期。1992 年海南掀起房地产开发热潮，房地产开发出现局部泡沫现象，1993 年 6 月，中共中央、国务院印发《关于当前经济情况和加强宏观调控的意见》，首次提出针对房地产泡沫的 16 条调控措施，加强行业规范和信贷管理，开始对房地产市场进行大规模清理整顿，海南地产泡沫应声破裂。

1994 年 7 月，国务院下发《关于深化城镇住房制度改革的决定》，实行“三改四建”政策，即全面推行住房公积金制度，积极推进租金改革，稳步出售公有住房，加快经济适用住房的开发建设。1998 年，国务院又下发了《关于进一步深化城镇住房制度改革加快住房建设的通知》（即所谓的房改纲领“23 号文件”），正式提出停止住房实物分配，实现居民住宅货币化、私有化为核心的住房制度改革，现有以商品房为主的房地产制度初步形成，此后房地产市场化进程加快，房地产开始成为国内经济发展的支柱型产业。

从1999年之后，我国住房市场全面进入市场化阶段，公积金、个人售房所得税、商品房销售管理办法、拆迁条例等制度逐步完善。2002年《关于严格实行经营性土地使用权招标拍卖挂牌出让通知》发布，2003年6月，中国人民银行发布了《关于进一步加强房地产信贷业务管理的通知》，对商业银行的开发商开发贷款、土地储备贷款、个人住房贷款、个人住房公积金委托贷款等进行规范，提出更为严格的贷款条件。

2003年8月31日，国务院下发了《关于促进房地产市场持续健康发展的通知》（国发〔2003〕18号文，简称“18号文”），首次明确房地产已经成为国民经济的支柱产业，表态支持房地产市场发展。这个文件引发了国内房地产投资热潮，房地产投资过热迹象明显，政府首次主动实施了限制供给为主的房地产调控，这次调控虽控制住了房地产投资过热问题，房价却出现大涨。此后，房地产政策进入全面调控时代。从2005年开始，房价调控提高到政治高度，连续出台“国八条”，从调整结构、限制需求到2008年的房地产救市政策，再到2010年出台的“国四条”“国十一条”抑制房价过快上涨的调控政策，如此反复仍未压制住房价的上涨势头，2011年不得不出台强力限购、限价、限贷政策以及大规模建设保障性住房。2011年初，住房与城乡建设部和社会保障部公布了3600万套保障房“十二五”建设规划，保障房正式成为房地产市场的中坚力量。2011年10月，住房和城乡建设部表示，未来住房保障制度将由实物保障转向货币保障。经过了最近一系列非常规调整后，房地产市场逐步得到稳定，房价的调整趋势也得到了高层的认可。

2011年调控效果刚有起色，进入2012年，“保增长”的要求又促使房地产调控放松的呼声高涨，房地产市场能否再次成为经济的“稳压器”？是否会再次推高房价形成泡沫呢？中国房地产调控今后究竟要向左走，还是向右走？我们要看这个房地产市场中，哪些是政府可控的，

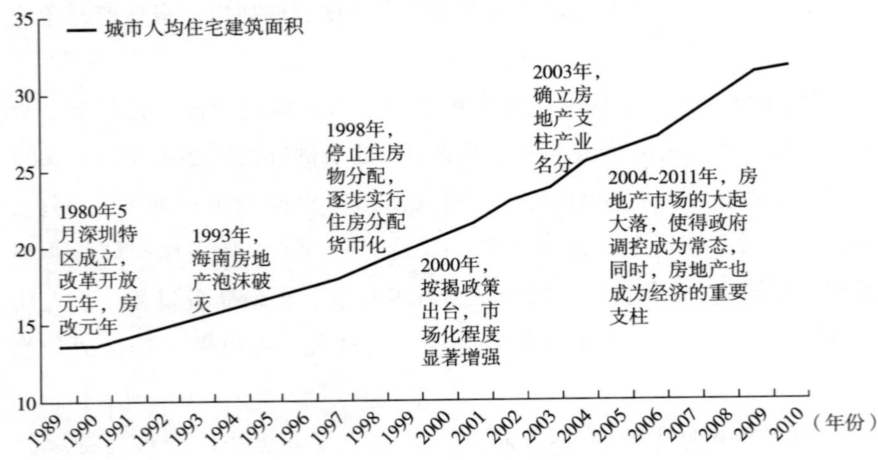

图 7－43　我国房地产市场制度改革重点事件

资料来源：Wind 资讯。

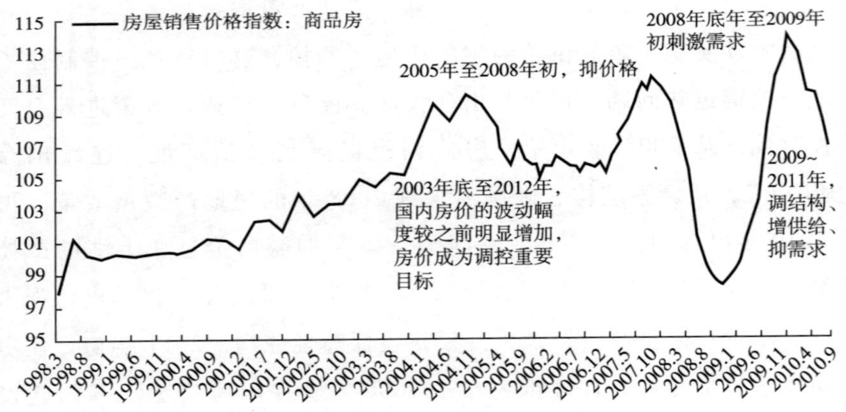

图 7－44　房地产宏观调控政策变化

哪些是市场自发的。我们知道，土地和银行方面是以政府行为，占主导，政府是可以控制的。开发商和购房者（投资和自住购买）是市场行为，占主导，是本轮政府调控的着力点。根据前面的分析，很多学者认为，房价上升的根本原因是土地供给机制与市场需求不匹配、货币政策大幅宽松、银行长期低利率甚至负利率等三方面因素①。其中，银行

① 聂梅生：《房地产当期形势及调控政策分析》，《中国不动产》2012 年第 6 期。

长期低利率是造成投机、投资性需求膨胀的主要动因①，这一结论在经验分析的基础上得到证实。对此，如果政府调控政策的基调是既要促进经济合理增长和发展方式转变，又要防止泡沫堆积造成更大的经济灾难，这就需要从根本上设计好土地流转、房地产税、保障房分配等长期制度，确保房价合理回归正常水平，而又不阻碍城市化进程。

一是改革当前的土地“招拍挂”制度，设计合理的农村土地流转机制。房价快速、非理性上涨的主要动因是地方政府的土地财政。不改变现行的财税体制和地方财政收入渠道，短期内将难以改变地方政府的思维范式，难以从根本上通过政策引导房价合理回归。为此，改革的重点是要加快改变土地的单边供给制度，逐渐使地方政府和土地财政脱钩、和房价脱钩，避免土地与政府互相绑架的问题积重难返。改革土地出让金和“招拍挂”制度。土地出让金如果从“70 年一次收”逐步改成“一年一收”，就会和房价形成比较合理的市场关系。另外，应毫不迟疑地扩大土地供应以缓解供需矛盾，尽快允许农村的集体土地直接上市，通过市场竞争，降低土地价格。同时，政府也应允许市场刚性需求集体买地建房，或者集团单位集资购地建房，这样不仅增加住房供给，而且减少政府与开发商的相互勾结。1998 年房改取消福利分房是正确的，现在房地产市场就是以产权为基础，无论是以团购的方式集资建房，还是单位组织集资建房，只要到政府进行产权备案，符合市场建房行为，都应该鼓励，而不是一味地实行“招拍挂”制度，出现目前集体土地只能由政府征用且政府只把土地卖给开发商的特权行为。

二是差异化设计房地产税费，优化中央与地方分税制度。作为地租一次性收取 70 年土地出让金，对土地公有来说并不合理。这个成本是推高房价的重要因素。改变土地供应体制后，要想使房价回归合理价

① 徐建国在其工作论文《低利率推高房价：中国、美国和日本的证据》（CCER 工作论文，2011 年 8 月 23 日）中提出，低利率是房价快速上涨的重要原因。他认为，名义利率偏低且调整滞后，通货膨胀率上涨且波动很大，导致真实利率偏低，催生投资性购房需求膨胀，是推高房价的首要因素；美国次贷危机和日本房地产泡沫经验表明，房地产泡沫破灭对宏观经济破坏作用巨大。

位，必须在近期不放松限购政策的同时，全面整合房地产领域过多过滥的税费，在房产保有环节全面开征房产税，才能最终以房产税取代限购令。众所周知，住宅的建造原材料、人工成本并不是很高，过多过滥的税费才是推高房价的主要因素。其中最主要的是土地出让金过高，此外，还有土地使用税、土地增值税、契税、印花税、营业税、所得税等20多个项目，而这些税费并不在房产保有环节征收，这就使得各种税费负担易于转嫁到购房者身上。为此，改革的重点是要在主要城市试点征收房地产流转税，尤其是对投机性房产征收高额流转税，对享受型房产征收不动产持有税，对经济适用房征收部分物业税，减少土地出让金制度产生的寻租行为，改为全面征收房产税[①]。同时尽量避免房产税带来的价格扭曲影响，那就需要加快税法改革，设计一套不大影响价格的税收征收机制，在制度上保证房产税征收的合理性和合法性。要做到这一点，还需要同时加快改革房地产领域中央地方的财税制度，尤其是通过增值税改革，降低地方政府对土地财政的依赖，增加中央政府对地方的转移支付。

三是采取多种方式建设保障房，重点设计合理的保障分配制度。1998年房改政策就已经明确，住房分为商品房、经济适用房和廉租房，其中商品房主要面对中高收入群体。由于近十几年来保障房政策在执行中长期被忽视，2010年开始不得不大规模建设保障性住房。目前，政府赋予保障性住房的功能过多。保障房提供的是保障，而不是福利，因此保障房还需要考虑投资回报问题。但是如果不以赢利为目的，怎么实现盈亏平衡呢？如果按照保障房进行补亏，一是财政吃不消，二是也无法吸引社会资金参与。对经济适用房的定位也不清楚，比如政府和住户如何共享产权，政府是采取融资租赁方式还是拥有部分产权，并没有明确界定。这不仅需要完善住房法律体系，从立法的高度解决保障房从建设到分配和后期运营的问题，保证公平的同时，避免寻租行为；还需要设计好保障房建设和分配各环节的资金准入和退出监管问题。在保障房

① 尽管征收房产税可能扭曲市场价格，短期能降低房价，但长期可能会导致房价反弹。

建设环节，中央和地方财政都应拿出更多的资金给予支持，同时加大财政贴息的力度，充分利用金融创新，发挥金融杠杆调节作用，将传统的政府主导型融资模式转化为政府引导下的商业化运作方式，形成地方政府和商业银行的风险分担机制，提高银行放贷的积极性，用较少的资金撬动庞大的社会资金，特别是注重长期回报的社保基金和保险资金，创新社保基金、保险资金等房地产金融产品，加快房地产投资信托基金，以及保障房专项基金的推出，重点解决其中的税收问题。在保障房分配环节，探索创新租金补贴方式，主要是以货币补贴代替住房分配补贴，根据保障对象家庭收入不同给予差别化补贴，保障性住房仍按照当地普通房价进行出租，不再区分租住的人群对象，但是对入住的房客，要建立完备的个人住房信息核查系统，开发保障对象身份识别系统，若确实是低收入者可以通过转移支付的方式给予货币补贴，同时加强保障性住房准入、使用和退出的管理。对保障性住房使用方面，严格控制保障房建设面积标准，加强和改善保障房物业管理，稳步、有序、差别化地放宽农民工住房保障的准入条件。

四是征收住房空置税，保障住房利用效率。据测算，目前，全国已售的住房空置约6000万套，大量住房空置造成了资源的浪费，又加剧了住房市场供求矛盾。从长远发展看，在城镇住房供需平衡和普遍征收房屋空置税的前提下，无论是商品房还是保障房都能得到充分的使用，即实现“十二五”末至少户均一套成套住宅。一个家庭可以购买多套住房，但是一个家庭不能同时使用多套住房，或者说同时使用多套住房的成本很高。居民购买房产后必须保证这些房子有人住，不能空置。如果空置，政府就要收很高的房屋空置税。因此，只要竣工与家庭户数相匹配的住宅数，无论房屋产权归谁所有，最终都能实现“住有所居”。征收某种形式的房屋空置税是保障房管理长远政策设计的政策基础。

参考文献

Abraham J. , and P. H. Hendershott. 1993. Patterns and Determinants of Metropolitan House Prices, 1977 - 1991. Real Estate and the Credit Crunch. Proceedings of the 25th Annual Federal Reserve Bank of Boston Conference. L. E. Brown and E. S. Rosengreen, eds. Blackwell: Boston.

Akram Q. F. , 2006, Monetary Policyand Asset Prices: to Respond or not? *International Journal of Finance andEconomics*, 11: 279 - 292.

Alchian A. , Klein B. , On a correct measure of inflation. Journal of Money, Credit and Banking 1973, 5, 173 - 191.

Barbarino A. , and Jovanovic B. , 2007, Shakeouts and Market Crashes, lnternational Economic Review. vo1. 48.

Barbarino A. , Jovanovic B. , Shakeouts and market Crashes, *lnternationa*1 *Economic Review*. 2007, 01. 48.

Barberis, Nicholas, Andrei Shleifer and Robert Vishny, A Model of Investor Sentiment, NBER Working Paper, 1998, No. 5926, Washington D. C.

Barrell, R. , Kirby, S. and Riley, R. , The current position of UK house prices, *National Institute Economic Review*, 2004, 189, pp. 57 - 60.

Bea, U. S. Department of Commerce, Survey of Current Business, Aug. 1996, Feb. 1997 & Feb 1999.

Ben Bernake, Mark Gertler, Monetary Policy and Asset Price Volatility, 1999, NBER working paper 7559, http: //www. nber. org/papers/w7559.

Bernanke, B. and Gertler, "M. Monetary Policy andAsset Price Volatility", Economic Review of Federal Reserve Bank of Kansas City, 1999.

Black, Fisher, Noise, *Journal of Finance*, 1986, 41: 529 – 543.

Blanchard, Olivier and Mark Waston, Bubbles, Rational Expectations and Financial Markets, In Paul Wachtel (ed.), Crises in the Economic and Financial Structure, Lexing MA: Lexington Books, 1982.

Blanchard Olivier and Mark Waston, Bubbles, Rational Expectations and Financial Markets, In Paul Wachtel (ed.), Crises in the Economic and Financial Structure, Lexing MA: Lexington Books, 1982.

Blanchard Olivier and Stanley Fisher, Lectures on Macroeconomics, Cambridge MA: MIT Press, 1989.

Brock W. and Hommes C., A Rational Route to Randomness, *Econometrica*, 1997, 65: 1059 – 1095.

Cameron, G., Muellbauer, J., Murphy, A. (2006) Was There A British House Price Bubble? Evidence from a Regional Panel. Discussion Paper. Department of Economics (University of Oxford).

Capozza, D. R., Hendershott, P. H., Mack C., An Anatomy of Price Dynamics in Illiquid Markets: Analysis and Evidence from Local Housing Markets, Real Estate Economics, 2004, 32, 1, pp. 1 – 32.

Case, K. E. and R. J. Shiller, 1989. The Efficiency of the Market for Single Family Homes. The AmericanEconomic Review 79: 125 – 137.

Cecchetti, Stephen, Hans Genberg, John Lipsky, and Sushil Wadhwani, 2000, Asset Prices and Central BankPolicy, Geneva Report on the World Economy 2. CEPR.

De Long, J. Bradford & Andrew Sheifer Lawrence H. Summers And Robert J. Waldmann, Noise Trader Risk in Financial Markets, *Journal of Political Economy*, 1990a, 98: 703 – 38.

De Long, J. Bradford & Andrew Sheifer Lawrence H. Summers And Robert J. Waldmann, Positive Feedback Investment Stratgies and Destabilizing Rational Speculation, *Journal of Finance*, 1990b, 45: 379 – 95.

D. R. Capozza and R. Helsley, The fundamentals of urban growth and the price of land, Journal of Urban Econnomics, 1989, 26, 295 - 306.

D. R. Capozza and R. Helsley, The stochastic city, Journal of Urban E-conomics, 1990, 28, 187 - 203.

Edward Chancellor, *Devil Take the Hindmost*: *A History of Financial Speculation*, Penguin Group USA, 1999.

Evans, George W., Pitafalls in Testing for Explosive Bubbles in Asset Prices, American Economic Review 1991, 81 (4), 922 - 30.

Flood. R. and P. Garber, 1980, Market fundamentals versus Price - Level Bubbles, The First Test, *Journal of Political Economy*. No. 88. pp. 745 - 770.

Froot. K and M. Obstfeld, Intrinsic Bubble: The Case of Stock Price, *American Economic Review*, 1991, No. 81, 1189 - 1214.

Garber, Peter, *Famous First Bubbles*, MIT Press, 2000.

Glindro E. T., Delloro V. K., Indentifying and Measuring Asset Price Bubbles in the Philippines. BSP Working Paper Series, 2010, Seriesm, No. 2010 - 02.

Goodhart (1999), "Time, Inflation and Asset Price", paper presented at a conference on the Measurement ofInflation, Cardiff Business School, August.

Granger C., and N. Swanson, An Introduction to Stochastic Unit Root Process, Working Paper, University of California, 1994.

Hahn F. H., Equilibrium Dynamics with Heteroeneous Capital Goods, The Quarterly Journal of Economics, 1966, 80 (4), 633 - 646.

Himmelberg, C., Mayer, C., Sinai T., Assessing High House Prices: Bubbles, Fundamentals, and Misperceptions, NBER Working Paper, No. 11643, Issued in September 2005.

Hong H., Stein, J. C., A Unified Theory of Underreaction, Momentum Trading, and Overreaction in Asset Markets, *Journal of Finance*,

1999, 54.

Hong H. , Stein, J. C. , Differences of Opinion, Short – Sales Constraints, and Market. Crashes, *Review of Financial Studies*. 2003, 16 (2): 487 –525.

IMF, " An Analysis of House Prices in the United Kingdom", United Kingdom: Selected Issues, IMF Country Report, No. 03/47, 2003.

IMF, "An Error Correction Model of House Prices", United Kingdom: Selected Issues, IMF Country Report No. 05/81, 2005.

IMF / Terrones, M. , Three Current Policy Issues; The Global House-Price Boom. Chapter Ⅱ, World Economic Outlook, September, 2004.

Johansen A. , Ledoit O. , Sormette D . , Crashes a5 Critical Points, International Journal of Theoretical and *Applied Finance*, 2000, 3 (2): 219 –255.

Jose Scheinkman, Wei Xiong, Asset Float and Speculative Bubbles, Working Paper, August 19, 2004.

Kapopoulos P. , Siokis F. , Stock market crashes and dynamics of aftershocks, Economics Letters, 2005, 89.

Lux T. , Herd Behavior. Bubbles and Crashes. *The Economic Journal*, 1995, 105 (431): 881 –896.

Peter M. Garber, *Famous First Bubbles*, MIT Press, 2000.

Rosser, J. , Barley, *From Catastrophe to Chaos: A general Theory of Economic Discontinuities*, Kluwer Academic Publications, 2000.

Samuelson P. A. , Indeterminacy of Development in a Heterogeneous Capital Model with Constant Savings Propensity, in Essays on the Theory of Optimal Growth, ed. K. Shell. Cambridge: MIT Press, 1967, 219 –321.

Santoni, DJ. , The Great Bull Markets 1924 –1929 and 1982 –1987: Speculative Bubbles or Economic Fundamentals, *Review of Federal Rerserve Bank of St. Louis*, 1987, 69 (9): 16 –30.

Shell K. , Stiglitz J. , The Allocation of Investment in a Dynamic Economy, Quarterly Journal of Economics, 1967, 81 (4), 592 -609.

Shiller, Robert J. , "Long - Term Perspectives on the Current Boom in Home Prices," The Economists' Voice: Vol. 3: Iss. 4, Article 4, 2006.

Shiller. R. , Stock Prices and Social Dynamics, Brookings Papers on Economic Activity, 1984, 2: 457 -510.

Stephen G. Cecchetti, Hans Genberg. , John Lipsky, Sushil. Wadhwani, Asset Prices and Central Bank Policy, 2000, The Genera Report on the World Econorny, No. 2.

Taipalus, Katja, A Global House Price Bubble? Evaluation Based on a New Rent - Price Approach (2006) . Bank of Finland Research Discussion Paper, No. 29/2006.

The New Palgrave: A Dictionary of Economics, edited by John Eatwell, Murray Milgate and Peter Newman, NewYork, Stockton Press, 1987, 281.

Tirole J. , On the Possibility of Speculation under Rational Expectations, *Econometriea*, 1982, 50: 1163 -1181.

卜嘉音:《基于市盈率的我国股市泡沫分析》,《商业经济》,2008 年第 7 期。

蔡辉明、曹文娟:《我国货币政策干预对股市泡沫的影响——基于货币政策传导机制在我国的运行分析》,《消费导刊》2008 年第 3 期。

查理斯·P. 金德尔博格:《经济过热、经济恐慌及经济崩溃——金融危机史》,北京大学出版社,2000。

陈伟忠、黄炎龙:《货币政策、资产价格与金融稳定性》,《当代经济科学》2011 年第 1 期。

成家军:《资产价格与货币政策》,社会科学文献出版社,2004。

单春红、刘付国:《股票价格波动对银行脆弱性影响的机理分析》,《石家庄经济学院学报》,2008 年第 4 期。

丁昊:《我国股市泡沫的成因及对策透析》,《理论前沿》2002 年第 3 期。

丁培荣：《通货膨胀不确定条件下我国股票价格波动研究——基于VAR模型的实证分析》，《云南财经大学学报》，2009年第3期。

段进、曾令华、朱静平：《货币政策应对股票价格波动的策略研究》，《财经理论与实践》2007年第2期。

段军山：《股票价格波动对银行稳定影响的理论及经验分析》，《上海金融》2006年第6期。

段忠东、曾令华：《资产价格波动与金融稳定关系研究综述》，《上海金融》2007年第4期。

丰雷、朱勇、谢经荣：《中国地产泡沫实证研究》，《管理世界》2002年第3期。

冯用富：《货币政策能对股价的过度波动做出反映吗?》，《经济研究》2003年第1期。

高华研究报告：《大宗商品价格和股票价格的关系》，2010年11月。

高祥宝、蔡晓婧：《本币升值背景下股市泡沫的测量》，《统计与决策》2009年第13期。

荀文均：《资本市场的发展与货币政策的变革》，《金融研究》2000年第5期。

郭永奇：《我国房地产泡沫问题研究》，暨南大学硕士论文，2007。

韩露、唐元虎：《利用市盈率长期增长预期测度股市泡沫》，《技术经济与管理研究》2003年第1期。

郝军红、高丽峰、李平、叶巍：《上海证券市场股票价格波动的因素分析》，《沈阳工业大学学报》，2007年第3期。

何德旭、饶明：《资产价格波动与实体经济稳定研究》，《中国工业经济》2010年第3期。

何国华、黄明皓：《资产价格与货币政策：一个理论综述》，《中国货币市场》2008年第5期。

洪开荣：《房地产泡沫：形成、吸收与转化》，《中国房地产金融》2001年第8期。

黄建兵、唐国兴：《股票价格波动与成交量的天内效应和固内效用》，《数量经济技术经济研究》，2003 年第 4 期。

纪晓宇：《国外股市泡沫理论文献述评》，《山西广播电视大学学报》，2010 年第 4 期。

江振华：《我国股市泡沫的成因及治理——基于行为金融学的角度》，《大众商务》2010 年第 1 期。

蒋丽君：《论合理市盈率与股票价格波动的规律》，《数量经济技术经济研究》2002 年第 4 期。

李存行：《沪市股票价格的波动性研究》，《统计与决策》，2005 年第 1 期下。

李广川、刘善存、孙盛盛：《价格限制机制对股票价格波动及流动性的影响》，《北京航空航天大学学报（社会科学版）》2009 年第 3 期。

李浩、王璞：《资产价格波动、货币政策反应与实体经济牵扯》，《改革》2010 年第 8 期。

李梦军、陆静：《上市公司增发新股信息与股票价格波动的实证研究》，《财经理论与实践》，2001 年第 4 期。

李木祥：《中国房地产泡沫研究》，中国金融出版社，2007。

李佩珈：《房地产泡沫的评价指标体系构建与综合测度——基于重庆市的实证分析》，《建筑经济》2008 年第 11 期。

李鹏、张磊：《我国货币政策干预股市泡沫有效性分析》，《经济论坛》2005 年第 5 期。

李维哲、曲波：《房地产泡沫预警指标体系与方法研究》，《山西财经大学学报》2002 年第 2 期。

李翔、林树：《信息不对称、信息披露与股票价格波动——兼论管理会计信息披露的市场效应》，《山西财经大学学报》2007 年第 6 期。

李雅丽：《货币政策与资产价格：危机前后的主流认识与再认识》，《上海金融》2011 年第 3 期。

李延喜：《次贷危机与房地产泡沫》，中国经济出版社，2008。

李征、伟林、徐冰：《我国现行货币政策框架的五个缺陷》，《当代金融家》，2009 年 3 月 11 日。

梁宇峰、冯玉明：《股票市场财富效应实证研究》，《证券市场导报》2001 年第 4 期。

廖旗平：《对股权分置与股市泡沫关系的实证分析》，《河北经贸大学学报》，2006 年第 3 期。

林楠、张应才：《股市泡沫及其抑制研究》，《经济体制改革》，2002 年第 2 期。

蔺涛、戚少成：《对我国适度商品房空置率的判断与分析》，《统计研究》1999 年第 3 期。

刘桂荣、孙翊伦：《成交量变动对股票价格波动影响的实证研究》，《上海商业》2008 年第 9 期。

刘洁：《基于行为金融学的视角对中国股市泡沫的分析》，《大众商务》2009 年第 4 期。

刘金全、于冬、崔畅：《中国股票市场的信息反应曲线和股票价格波动的非对称性》，《管理学报》2006 年第 3 期。

刘澜飚、马英：《股票价格波动对货币供给的作用》，《南开经济研究》2004 年第 2 期。

刘萍萍：《我国股票价格波动与银行信贷的关联性研究》，《财经问题研究》2010 年第 3 期。

刘学军、马越：《行为金融学视角下的股票价格波动探析》，《世纪桥》2009 年第 3 期。

刘治松：《我国房地产泡沫及泡沫测度的几个理论问题》，《经济纵横》2003 年第 10 期。

柳松：《中国股票市场亏损股价格波动的统计分析》，《韶关学院学报（社会科学版）》2004 年第 1 期。

卢方元：《沪深股市收益率的统计特性分析》，《理论新探》2004 年 12 期。

卢方元：《中国股市收益率分布特征研究》，《中国管理科学》2004 年第 6 期。

吕江林：《我国城市住房市场泡沫水平的度量》，《经济研究》2010年第6期。

吕珊娟：《货币政策应当关注股市泡沫》，《浙江统计》2005年第12期。

罗茜、陶亚民：《市场率对股市泡沫破裂的预警作用》，《东华大学学报（自然科学版）》2009年第2期。

马向前、万帼荣：《影响我国股票市场价格波动的基本因素》，《山西统计》2001年第1期。

马亚明、王姣、谢晓冬：《资产价格波动与货币政策研究评述：信息、效应与选择》，《上海金融》2009年第12期。

米传民、刘思峰、党耀国：《货币政策与股票价格波动的灰色关联度》，《统计与决策》2004年第12期。

米什金：《货币金融学》，中国人民大学出版社，1998。

倪金节：《中国大泡沫》，中信出版社，2010。

牛凤瑞、李景国：《年房地产蓝皮书——中国房地产发展报告》，社会科学文献出版社，2007，2008。

潘思谕：《论企业并购的效益与风险及对其股票价格波动的影响》，《工业技术经济》，2006年第4期。

钱小安：《中国货币政策的形成与发展》，上海三联书店、上海人民出版社，2000。

秦艳梅、黄东石：《我国货币政策对股市泡沫响应的实证分析——基于泰勒规则扩展应用的视角》，《投资研究》，2008年第7期。

邱强：《我国房地产泡沫的实证分析》，《社会科学家》2005年第1期。

人民银行南京分行课题组：《资产价格泡沫与金融稳定》，《金融纵横》2008年第3期。

任啸：《证券市场发展对货币政策的影响及货币政策的创新》，《宏观经济研究》2001年第3期。

任啸、彭卫民：《货币政策的股票市场传导渠道》，《大连理工大学学报》2001 年第 1 期。

三木谷良：《日本泡沫经济的产生、崩溃与金融改革》，《金融研究》1998 年第 6 期。

上海易居房地产研究院：《2009－2010 年中国房地产市场形势》，http：//www. yiju. org。

尚晓娟：《中国证券市场 20 年大事记》，《投资与理财》2010 年 6 月 28 日。

邵宇、吴昊：《房子这点事：戳破泡沫还是结构调整?!》，《西南证券》，《宏观研究报告》2010 年 2 月 27 日。

史永东：《股市泡沫和操纵行为——理论研究与计量分析》，《辽宁省哲学社会科学获奖成果汇编（2003～2004 年度）》，2004。

宋忠敏：《上海房地产泡沫的实证研究》，复旦大学博士学位论文，2004。

苏均和：《资产价格波动对消费影响的传导机制及实证研究》，《学术界（月刊）》2010 年第 11 期。

唐齐鸣：《降息对中国股市的影响分析》，《华中理工大学学报》，2000 年第 3 期。

田传浩：《对目前房地产泡沫研究的几点评论》，《浙江经济》2003 年第 8 期。

汪利娜：《房地产泡沫的生成机理与防范措施》，《财经科学》2003 年第 1 期。

王峰虎、贾明德：《我国股市泡沫的制度分析》，《四川大学学报（哲学社会科学版）》2003 年第 1 期。

王浩：《房地产泡沫评判指标的选用与实证》，《经济研究导刊》2008 年第 7 期。

王建强：《机构投资者投资行为与股票价格波动相关性分析》，《现代商贸工业》2010 年第 2 期。

王军：《A 股的牛市真的到来了吗?》，《中国经济报告》2012 年第 3 期。

王军：《采取综合措施 根治房地产泡沫问题》，《宏观经济管理》2010 年第 6 期。

王军：《宏观调控两难 A 股不确定性放大》，《上海证券报》2010 年 5 月 20 日。

王军：《完善保障房融资体系》，《财经》2011 年第 21 期。

王军：《完善国际板制度建设》，《中国金融》2011 年第 24 期。

王军：《我国创业板市场“三高”问题研究》，《中国市场》2011 年第 46 期。

王军：《我国金融体制改革的关键突破口》，《上海证券报》2012 年 1 月 11 日。

王军：《新兴经济体资产泡沫风险及其未来趋势》，《经济研究参考》2010 年第 2 期。

王军：《资本市场传导货币政策机制的理论及其实证分析》，《新金融》2002 年第 8 期。

王军：《资本市场作用于经济增长的消费需求机制研究》，《财经理论与实践》2002 年第 6 期。

王军波、邓述慧：《中国利率政策和证券市场的关系的分析》，《系统工程理论与实践》1999 年，第 8 期。

王开国：《有效需求不足条件下如何利用证券市场促进经济发展》，《中国金融》2000 年第 5 期。

王开国：《证券市场与经济发展的理论分析和政策建议》，《证券市场导报》2000 年第 5 期。

王连华、吕学梁：《股市泡沫的行为金融学解释综述》，《湖北经济学院学报（人文社会科学版）》2004 年第 2 期。

王亮、叶育甫：《中国股市泡沫的度量及实证分析》，《网络财富》，2010 年第 6 期。

王琦、刘锡标：《股市泡沫产生原因及对策浅论》，《沿海企业与科技》2008 年第 3 期。

吴地宝、余小勇：《房地产泡沫问题及实证分析》，《经济研究导刊》，2007 年第 2 期。

吴作斌、赵晓梅：《浅析中国股市泡沫问题》，《哈尔滨金融高等专科学校学报》2004 年第 2 期。

武剑：《货币政策与经济增长——中国货币政策发展取向》，上海三联书店、上海人民出版社，2000。

向楠：《财政政策和货币政策对股票价格波动性影响的实证分析》，《石家庄经济学院报》2008 年第 4 期。

肖才林：《资产价格波动与金融稳定》，《财税与金融》2007 年第 5 期。

新华网：《2012 年 1 月资本市场大事记》。

徐龙炳、赵娜：《机构投资者与股票价格波动研究综述》，《上海财经大学学报》2006 年第 5 期。

杨继红、王浣尘：《我国货币政策是否响应股市泡沫的实证分析》，《财贸经济》2006 年第 3 期。

杨世信、曾鹏：《股市泡沫的动态分析》，《广西财政高等专科学校学报》2002 年第 4 期。

杨筱燕、刘延冰：《股市泡沫的形成、危害及对策》，《经济论坛》2002 年第 14 期。

于长秋：《C-CAPM 与 M-CAPM 模型对比分析：货币在股票价格波动中的作用》，《辽东学院学报》2005 年第 1 期，第 7 卷。

于长秋：《股票价格波动对货币政策的挑战》，《海南金融》2004 年第 4 期。

于长秋：《中国的股票价格波动及货币政策反应》，《中央财经大学学报》2006 年第 3 期。

于志武：《股市泡沫的成因分析》，《克山师专学报》2004 年第 1 期。

余元全、周孝华、杨秀苔：《资产价格对消费和投资的影响：研究综述与评价》，《生产力研究》2008 年第 10 期。

虞红宾：《完善货币政策》，《控制股市泡沫》，《审计与理财》2005

年第8期。

曾志坚、谢赤：《利率波动对股票价格影响的实证研究》，《科学技术与工程》2006年第1期。

詹银涛：《我国股市对扩大内需的作用分析》，《云南财贸学院学报》2000年第4期。

张纯威、石巧荣、卢方元、李勤英：《我国股市繁荣的宏观经济效应》，《郑州大学学报（社会科学版）》2000年第5期。

张焕波、张永军：《转变经济发展方式评价指数》，《加快转变经济发展方式研究》，社会科学文献出版社，2011。

张妮：《我国权证上市前后标的股票价格波动的实证研究》，《世界经济情况》2008年第8期。

张晓蓉：《资产价格泡沫》，上海财经大学出版社，2007。

张震：《股票市场价格波动分析》，《发展论谈》2001年第12期。

赵怀勇：《论资产价格变化对货币政策效应的影响》，央财经大学硕士论文，2000年。

赵永芳：《我国房地产泡沫的理论与实证分析》，首都经济贸易大学硕士学位论文，2003。

郑振龙、林海：《风险管理、效率市场和我国股票市场价格波动率》，《中国风险投资与资本市场会议论文集》，2004。

钟立灿：《对股市泡沫成因的博弈分析》，《贵州民族学院学报（哲学社会科学版）》2007年第6期。

周京奎：《1998~2005年我国资产价格波动机制研究——以房地产价格与股票价格互动关系为例》，《上海经济研究》2006年第4期。

邹辉文、谢胜强、汤兵勇：《股票价格的波动机理与股市政策对股价波动的影响》，《东华大学学报（社会科学版）》，2005年第3期。

后　记

资产价格泡沫一直是困扰经济学家的重要议题，自历史上有记载的最早的泡沫事件“荷兰郁金香狂热”以来，不计其数的学者就致力于该问题的研究，但至今为止都没有形成统一的认识。近20多年来，无论是发达经济体，例如日本、美国、北欧，还是新兴工业化国家，例如东亚地区、拉美地区，均出现了大量的以股票、房地产价格为主要代表的资产价格大幅波动现象，高频度、高幅度的资产价格震荡大大削弱了金融体系的稳定性，并导致许多经济体发生实际经济的严重衰退，也给货币政策的执行带来较为严重的冲击。而在传统的经济理论和宏观政策实践中，经济行为的决策者和分析者往往更为关注以消费品价格指数（CPI）衡量的通货膨胀风险，相反，对资产价格的关注还很不够。例如，如何衡量和测度资产价格的波动及其泡沫？货币政策应当如何关注资产价格变化？如何防范和治理资产价格泡沫？这些问题还难说认识得一致和深入，并正困扰着经济政策的制定者。此次全球金融危机之后，在人们反思危机产生的根源之时，资产价格泡沫形成和评判的相关理论和现实问题，日益引起经济理论界和宏观经济政策部门的广泛重视。

在以往宏观经济政策的选择中，我们对于资产价格大幅波动考虑得不够充分，对于国际资产价格大幅波动对国内经济发展的冲击估计不足，对于资产价格泡沫堆积引发的连锁反应还驾驭不住。“凡事预则立，不预则废。”我们认为，资产价格波动对宏观经济影响不容忽视，有必要尽早开展预警研究，建立预警机制，并针对各种可能出现的情况，科学前瞻其对宏观政策的影响，研究因应之策。

在中国国际经济研究交流基金的支持下，以中国国际经济交流中心研究人员为主的研究团队，对资产价格波动预警这一课题展开了较为深入的研究。课题组前后用了两年左右的时间，从收集数据、选取指标、构建模型、设计算法到处理数据全过程，做了大量的基础性分析和研究工作。

本书的付梓算是对课题组研究成果的一个阶段性总结。在我们的研究中，王军博士作为课题组负责人，组织了全部的研究工作：从确定总体研究思路和重点方向、构建理论框架、设计篇章结构、组织协调研究工作，到部分章节的写作、全文最后的审校、修改及统稿工作。逯新红博士和刘向东博士也参加了研究提纲的讨论和制定，以及主要章节的研究、撰写工作。课题组的具体写作分工如下：王军，整体框架设计，全书统稿，以及第二章第一节、第二节和第三节的部分内容，第六章第二节，第七章第一节和第二节的部分内容；逯新红，第四章，第六章第一节，第七章第一节的部分内容；刘向东，第五章，第六章第二节，第七章第二节的部分内容；王冠群，第一章；张焕波，第二章；王金萍，第三章。

作为本课题的学术指导，在我们的研究过程中，中国国际经济交流中心郑新立常务副理事长自始至终给予了悉心的指导、倾注了大量的心血，并为本书的出版亲自撰写序言，这是对我们这些后生晚辈的提携，是对我们工作的肯定和支持。中国国际经济交流中心的其他各位领导和同事也为我们的研究提供了很多便利条件和许多非常有价值的意见、建议，特此致谢！

本项研究得到了“2012 年国家社会科学基金后期资助项目”的立项资助，我们对参加匿名评审的专家表示感谢，对全国哲学社会科学规划办公室的支持表示诚挚的谢意。

本项研究在申请国家社会科学基金后期资助项目过程中，特别是在本书出版过程中，得到了社会科学文献出版社的大力支持，邓泳红女士、陈颖女士等编辑部同人，为本书的出版付出了辛勤的劳动，在此一并表示衷心的感谢！

虽然这一研究成果即将付梓，但我们的内心仍旧是忐忑不安的。我们深知，研究和探索永无止境，本项研究还很初步，尚存在许多不足之处，有待今后通过进一步的研究加以完善和深化。

王 军

2013 年 5 月

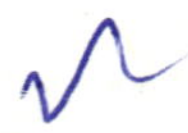

图书在版编目(CIP)数据

资产价格泡沫及预警/王军等著.—北京:社会科学文献出版社,2013.6
(国家社科基金后期资助项目)
ISBN 978-7-5097-4671-4

Ⅰ.①资… Ⅱ.①王… Ⅲ.①资本市场-经济波动-研究 Ⅳ.①F830.9

中国版本图书馆CIP数据核字(2013)第106200号

·国家社科基金后期资助项目·

资产价格泡沫及预警

著　　者/王　军　逯新红　刘向东　王冠群　张焕波　王金萍

出 版 人/谢寿光
出 版 者/社会科学文献出版社
地　　址/北京市西城区北三环中路甲29号院3号楼华龙大厦
邮政编码/100029

责任部门/皮书出版中心(010)59367127　　责任编辑/陈　颖
电子信箱/pishubu@ssap.cn　　责任校对/杨　楠
项目统筹/邓泳红　陈　颖　　责任印制/岳　阳
经　　销/社会科学文献出版社市场营销中心(010)59367081　59367089
读者服务/读者服务中心(010)59367028

印　　装/北京季蜂印刷有限公司
开　　本/787mm×1092mm　1/16　　印　　张/26
版　　次/2013年6月第1版　　字　　数/385千字
印　　次/2013年6月第1次印刷
书　　号/ISBN 978-7-5097-4671-4
定　　价/79.00元